La route d'Horus

Seigneurs des Deux Terres ***

Du même auteur
aux Éditions Stock

LE TOMBEAU DE SAQQARAH, 1991.
LA DAME DU NIL, 1992.
LES ENFANTS DU SOLEIL, 1993.
LE SCORPION DU NIL, 1994.
LA VENGEANCE DU SCORPION, 1996.
SEIGNEURS DES DEUX TERRES :
  * LES CHEVAUX DU FLEUVE, 1998
  ** L'OASIS, 1999.

Pauline Gedge

La route d'Horus

Seigneurs des Deux Terres ***

roman

TRADUIT DE L'ANGLAIS
PAR
CLAUDE SEBAN

Stock

Titre original :

LORDS OF THE TWO-LANDS ***

A trilogy of ancient Egypt

THE HORUS ROAD

Cette trilogie est dédicacée au prince Kamosé, un des personnages les plus obscurs et les plus méconnus de l'histoire égyptienne. J'espère avoir contribué aussi modestement que ce soit à sa réhabilitation.

Remerciements

Mes sincères remerciements à Bernard Ramanausakas dont les recherches, l'esprit d'organisation et l'attention méticuleuse aux détails m'ont permis d'écrire ces livres. Ma reconnaissance aussi au Dr K. F. M. Jackman, M.D., B.F.C., pour ses conseils.

Doch der tatsächliche Bedarf war häufig niedriger. Ließen die Bauern weniger Getreide verarbeiten, blieb die zu zahlende *»Metze«* dennoch gleich hoch. Nutzten sie Privatmühlen, drohten Strafen. Der Rechtsweg blieb unterdessen ausgeschlossen, weil es den Advokaten bei 300 Talern Strafe verboten war, eine Sache gegen den Mühlenpächter zur verteidigen.

Dass die staatliche Steuerpolitik Preußens in diesem Fall zu Lasten der kleinen Leute ging, steht außer Frage. Andererseits erschlossen die Königsmühlen die Windenergie zur Getreideverarbeitung auch für entlegene Gegenden, die sonst noch lange keine eigene Mühle bekommen hätten. Interessant ist hier, wie wirtschaftspolitische Innovation und die Reaktivierung landesherrlicher Tradition Hand in Hand gingen. Der robuste »Holländer« in Seelenfeld steht für gezielten Technologietransfer zur Beförderung der preußischen Staatseinnahmen.

▸ *Lesetipp: Wilhelm Brepohl, Die Westfälische Mühlenstraße im Kreis Minden-Lübbecke, Minden 1992.*

Die Windmühle »auf dem Berge« bei Seelenfeld

Die Schlüsselburg im Weserbogen bei Petershagen

▸ Lage: Die Schlüsselburg im gleichnamigen Petershagener Ortsteil liegt ganz im Norden der ehemaligen preußischen Provinz in einem Weserbogen südlich der niedersächsischen Stadt Stolzenau.
▸ GPS: 52° 28‘ 57“ Nord 9° 4‘ 22“ Ost

Die Schlüsselburg im gleichnamigen Ortsteil der Stadt Petershagen ist mittelalterlichen Ursprungs. Bischof Ludwig von Minden hatte die Burg im Zuge von Grenzstreitigkeiten mit den Grafen von Hoya-Bruchhausen, denen die Zerstörung der mindenschen Burg Neuenhaus unweit von Liebenau vorausgegangen war, 1335 in einer Weserschleife errichten lassen. Von da an stellte die Schlüsselburg die nördlichste Grenzbefestigung des Bistums Minden dar. Benannt ist sie nach dem Wappenzeichen des Bistums – den zwei gekreuzten Schlüsseln.

Direkt am Torpfeiler sind stattdessen die preußische Krone samt Königsmonogramm sowie die Jahreszahl 1710 eingemeißelt, da die Burg zu jener Zeit als Amtshaus von Brandenburg-Preußen fungierte. Angebracht wurden die königlichen Herrschaftszeichen, nachdem Preußen die jahrzehntelange Pfandherrschaft der Familie von dem Bussche abgelöst hatte. Die Anlage war zum Ende des Dreißigjährigen Kriegs preußische Domäne geworden, als nach den Vereinbarungen des Westfälischen Friedens das ehemalige Bistum Minden – und mit ihm Schloss und Amt Schlüsselburg – an die Hohenzollern fiel. Die eingesetzten brandenburgischen Drosten rekrutierten sich aus dem einheimischen Adel, bis Friedrich Wilhelm I. 1722 die Generalverpachtung der Ämter einführte. Von nun an bewirtschafteten wechselnde Pächter, die ihr Amt vom Staat übertragen bekamen, die preußische Domäne. Der Staat entschädigte den letzten Staatspächter, Sanitätsrat von Moeller, für Grundstücksverluste beim Mindener Festungsbau schließlich damit, ihm die Burg ganz zu überlassen. Dieser verkaufte das alte Schlossgebäude mit dem umliegenden Areal 1846 an die Gemeinde, so dass es weiterhin als Amtssitz und zudem als Schule dienen konnte. Seit den 1970er Jahren befindet sich das Schloss wieder in Privatbesitz und wurde seither umfangreich renoviert.

Der zweigeschossige Putzbau mit seinen Dreiecksgiebeln, wie er heute von weitem zu sehen ist, stammt allerdings aus dem 16. Jahrhundert. Ludolf von Klenke ließ, nachdem er auf 50 Jahre die Pfandherrschaft erworben hatte, von 1581 bis 1585 die mittelalterlichen Bauten durch eine zweiflügelige Anlage ersetzen, deren Nordflügel samt der Nebengebäude wiederum im 19. Jahrhundert abgerissen wurde. Das verbliebene hohe Steinhaus mit steilem Satteldach ruht auf einem durchgehenden Keller in Form eines massiven Tonnengewölbes. Insgesamt handelt es sich um ein sehr schlichtes Bauwerk der Weserrenaissance, das ursprünglich von einem doppelten Wall-Grabensystem umgeben war. Von den Befestigungsanlagen ist nur ein Rest des inneren Grabenrings an der Ostseite des Gebäudes erhalten.

Zu preußischer Zeit hatte die Schlüsselburg eine Doppelfunktion als Verwaltungssitz einerseits und landwirtschaftlich genutztes Gut – genannt Domäne – andererseits; der Staat profitierte als Großgrundbesitzer von hohen Pachtsummen. Die Amtsbezirke waren an Generalpächter ausgegeben, die zugleich als Staatsbeamte juristische Funktionen ausübten. Weil innerhalb der Pachtsumme die Einnahmen aus diversen Strafgeldern einen hohen Anteil hatten, ergab sich häufig eine ungünstige Vermischung von Rechtsprechung und finanziellem Eigeninteresse, was sich in zahlreichen Beschwerden der Untertanen spiegelt. In den benachbarten Ämtern Petershagen und Rahden brachen 1721/22 deswegen sogar erste Bauernunruhen aus, die zur Absetzung des Kammerpräsidenten in Minden führten.

Torpfeiler mit Königsmonogramm an der Schlüsselburg

Die Bauern in den nördlichen Ämtern der Provinz Minden hatten zur Gewalt gegriffen und den dortigen königlichen Beamten in seinem Haus belagert. Sie schlugen Türen und Fenster ein und drohten, ihn umzubringen, so dass dieser sich nur durch eine überstürzte Flucht zu helfen wusste. Auch dreißig Soldaten, die daraufhin von Minden aus in Marsch gesetzt worden waren, schlug die aufgebrachte Menge in die Flucht, später sogar noch zweihundert weitere. Der Bauernaufstand konnte schließlich nur durch ein militärisches Aufgebot von 500 Gewehren niedergeschlagen werden. Danach aber ließ der König den anhaltenden Beschwerden gegen seine Beamten nachgehen, und der Bericht über die dramatischen Vorgänge von Chronist Weddigen im *»Westphälischen Magazin«* von 1799 endet versöhnlich: *»Bis an das Ende seiner Regierung hat der König seine Unterthanen gegen die Bedrückung der Beamten geschützt.«*

Das Amtshaus Schlüsselburg verweist auf die Abfolge verschiedener Herrschafts- und Verwaltungsmodelle, die hier ihren Sitz hatten und sich auch in der Baugeschichte abgelagert haben. Die Königskrone und das Monogramm am Torpfeiler gehören zu jener Schicht, die durch ihre filigrane Struktur nur aus der Nähe sichtbar wird. Das ist zugleich symptomatisch für Preußens Spuren in Minden-Ravensberg, die häufig hinter den massiveren Geschichtszeugnissen anderer Epochen zurücktreten.

▸ *Lesetipp: Bernd Wilhelm Linnemeier, Beiträge zur Geschichte von Flecken und Kirchspiel Schlüsselburg, Stolzenau 1986.*

Bildnachweis:

Maren Kiupel:

94, 95, 97, 99, 101, 102, 104, 105, 107, 109, 110, 112, 116, 117, 119, 121, 122, 123, 125, 126, 128, 131, 133

Nils Konvalinka:

Titel, 13, 37, 42, 46, 47, 48, 51, 136, 137, 139, 141, 143, 144, 147, 148, 151

Cem Kozcuer:

9, 54, 56, 59, 60, 63, 65, 67, 68, 71, 75, 77, 78, 80, 83, 85, 86, 88, 89, 91

Stephan Schute:

19, 22, 23, 25, 27, 29, 30, 32, 39, 40, 154, 155, 157, 160, 163, 165, 166

Roland Siekmann:

21, 43, 45

Karten:

Umschlag vorne und Seite 34, 114 und 152:
»Special Charte von den Westphälschen Provinzen Cleve, Geldern, Meurs, Marck, Ravensberg, Minden, Lingen und Tecklenburg nebst den angrenzenden Ländern nach den besten Zeichnungen zusammengetragen von D. F. Sotzmann, Geheimen Krieges Secretair und Geograph der Königl. Academie der Wissenschaften zu Berlin im Jahr 1788, gestochen von Carl Jack, Berlin 1790.«
© Stadtarchiv Bielefeld, Sign. 400-8-Nr. 215.

Umschlag hinten:
Die frühere Provinz Minden-Ravensberg im heutigen Kartenbild.
© tpk-Verlag, Reliefkartografie Gunter Kaiser.

Kartenausschnitte Seite 16, 52, 72 und 92:
»Charte von der Grafschaft Ravensberg auf hohen Befehl aufgenommen und aufgetragen von J. C. Schloenbach 1772 und in Berlin copirt.«
© bpk – Kartenabteilung Staatsbibliothek zu Berlin – Preußischer Kulturbesitz.

Kartenausschnitt Seite 134:
Preußische Kartenaufnahme 1:25.000 – Uraufnahme 1837, Blatt 3719 Minden.
© Geobasisdaten: Land NRW, Bonn, 1931/2009

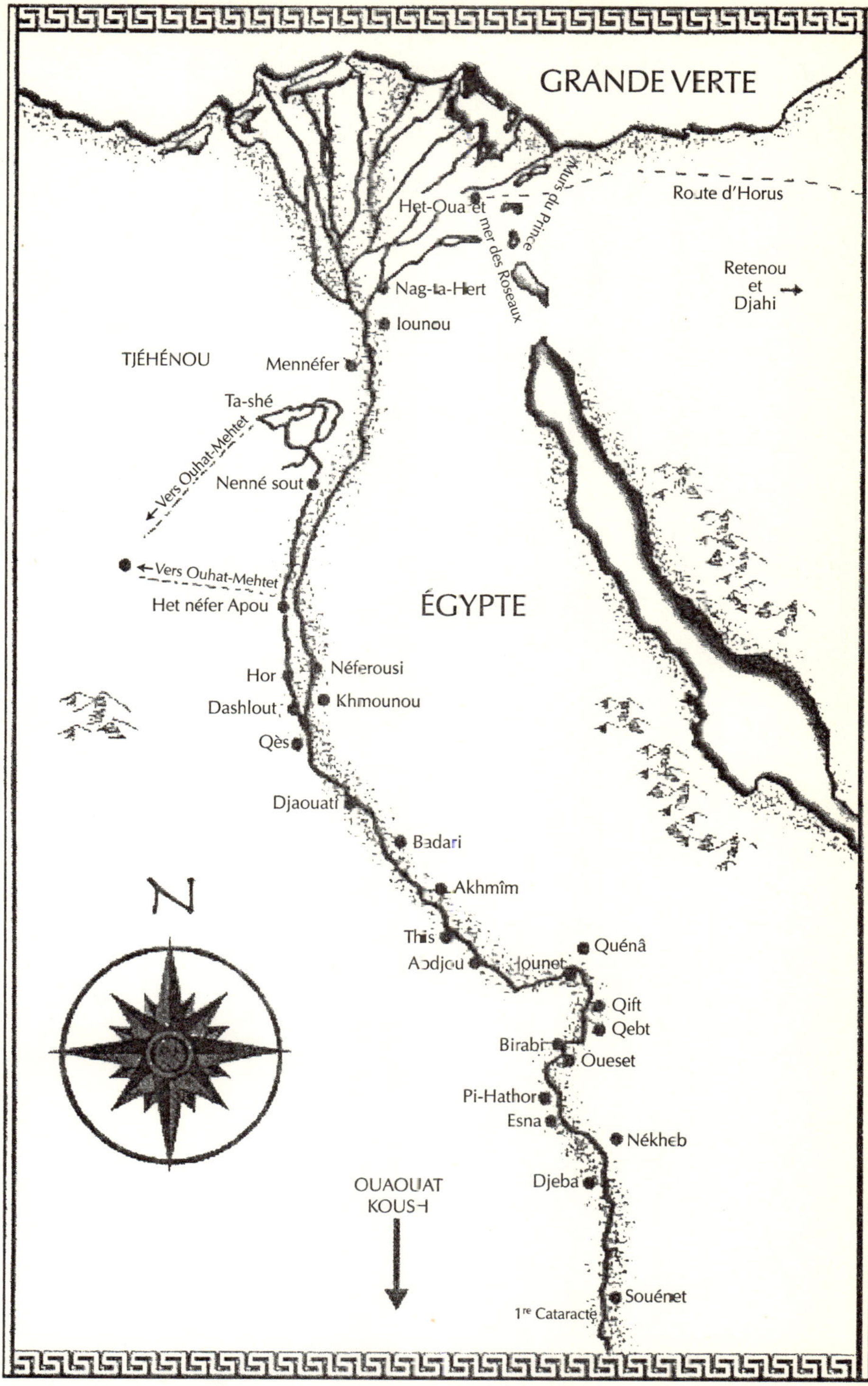
GRANDE VERTE
Route d'Horus
Murs du Prince
Het-Ouaret
mer des Roseaux
Retenou
et
Djahi
Nag-ta-Hert
Iounou
TJÉHÉNOU
Mennéfer
Ta-shé
Vers Ouhat-Mehtet
Nenné sout
Vers Ouhat-Mehtet
Het néfer Apou
ÉGYPTE
Néferousi
Hor
Khmounou
Dashlout
Qès
Djaouati
Badari
Akhmîm
N
This
Abdjou
Iounet
Quénâ
Qift
Qebt
Birabi
Oueset
Pi-Hathor
Esna
Nékheb
Djeba
OUAOUAT
KOUSH
Souénet
1re Cataracte

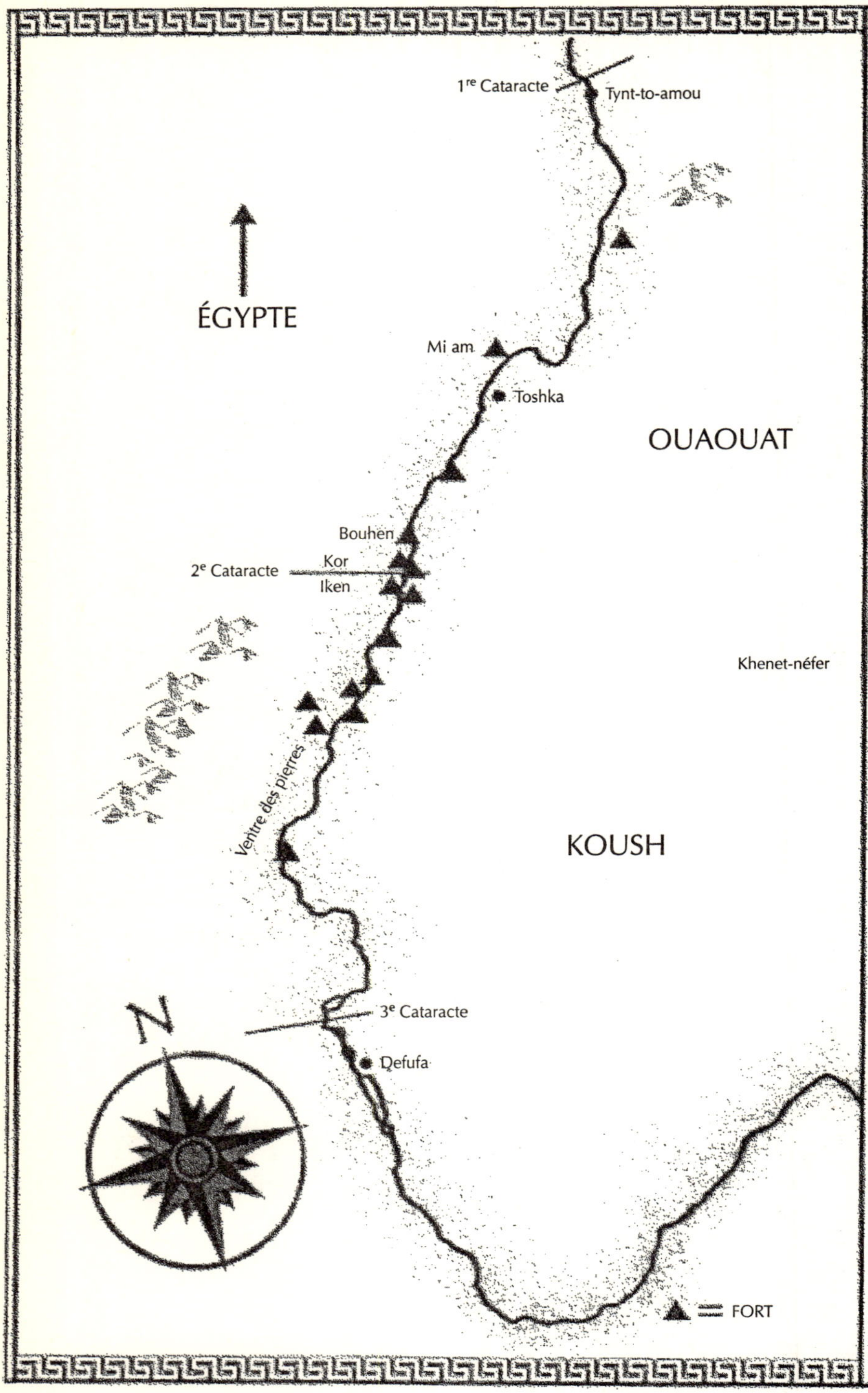
1re Cataracte
Tynt-to-amou
ÉGYPTE
Mi am
Toshka
OUAOUAT
Bouhen
2e Cataracte
Kor
Iken
Khenet-néfer
Ventre des pierres
KOUSH
N
3e Cataracte
Defufa
= FORT

Liste des personnages principaux

LA FAMILLE

Ahmosis – prince d'Oueset
Ahhotep – sa mère
Tétishéri – sa grand-mère
Ahmès-Néfertari – sa sœur et son épouse
Tani – sa sœur cadette
Ahmosis-onkh – fils d'Ahmès-Néfertari et de Si-Amon, son frère et époux défunt
Hent-ta-Hent – fille d'Ahmosis et d'Ahmès-Néfertari
Sat-Kamosé – fille d'Ahmosis et d'Ahmès-Néfertari
Amenhotep – fils d'Ahmosis et d'Ahmès-Néfertari

LES SERVITEURS

Akhtoy – premier intendant
Karès – intendant d'Ahhotep
Ouni – intendant de Tétishéri
Ipi – premier scribe
Khabekhnet – premier héraut
Néferpéret – premier trésorier
Khounès – scribe d'Ahmès-Néfertari
Amoniséneb – chef des greniers d'Ahmès-Néfertari
Emkhou – capitaine des gardes de la maison royale
Youf – prêtre personnel d'Ahhotep
Pashé – précepteur d'Ahmosis-onkh
Héqaib – serviteur personnel d'Ahmosis
Isis – servante personnelle de Tétishéri, puis d'Ahhotep
Hétépet – servante d'Ahhotep
Hèqet – servante personnelle de Tani
Raa – nourrice d'Ahmosis-onkh
Sénéhat – servante

LES PRINCES

Hor-Aha – originaire du pays d'Ouaouat et chef des Medjaï
Mékhou d'Akhmîm
Mésehti de Djaouati
Ankhmahor d'Abdjou
Horkhouef, son fils
Sébek-nakht de Mennéfer
Antefoqer d'Iounou

LES AUTRES PROTAGONISTES ÉGYPTIENS

Tétaky – maire d'Oueset
Dagi – maire de Mennéfer
Pahéri – maire de Nékheb
Amonmosé – grand prêtre d'Amon
Touri – ami d'enfance d'Ahmosis
Ramosé – fils de parents d'Ahhotep, ami intime d'Ahmosis et fiancé de Tani
Baba Abana – officier de marine
Kay (Ahmosis) Abana – son fils. Également officier de marine
Zaa pen Nékheb – jeune cousin de Kay Abana
Qar – capitaine du *Septentrion*

ARMÉE ÉGYPTIENNE

Division d'Amon :
Prince Ahmosis – commandant en chef
Touri – général
Ankhmahor – commandant des troupes de choc
Idou – porte-enseigne
Division de Rê :
Kagemni – général
Khnoumhotep – commandant des troupes de choc
Khaemhet – porte-enseigne
Division de Ptah :
Akhtihotep – général
Division de Thot :
Baqet – général
Tchanni – commandant des troupes de choc
Pépinakht – porte-enseigne
Division de Khonsou :
Iyméri – général
Division d'Anubis :
Néferséchemptah – général
Division d'Osiris :
Méryrênéfer – général
Division d'Horus :
Khéty – général
Division de Montou :
Sébek-khou – général

LES SÉTIOU

Aouserrê Aqenenrê Apopi – le roi
Apopi, le Faucon-dans-le-nid – son fils aîné
Kypenpen – un autre de ses fils
Perémouah – gardien du sceau royal
Pédjédkhou – général en chef
Hat-Anat – une femme de la Cour

AVANT-PROPOS

À la fin de la XIIe dynastie, les Égyptiens se retrouvèrent sous la coupe d'une puissance étrangère qu'ils appelaient les Sétiou – « Seigneurs des Hautes Terres » –, et que nous connaissons sous le nom d'Hyksos. Originaires du Retenou, pays oriental moins fertile que l'Égypte, ils s'étaient d'abord aventurés dans la région verdoyante du Delta pour y faire paître leurs troupeaux. Lorsqu'ils y furent installés, leurs marchands suivirent, impatients de profiter des richesses de l'Égypte. Bons administrateurs, ils retirèrent progressivement tout pouvoir à un gouvernement égyptien affaibli. Ce fut une invasion qui s'accomplit presque sans effusion de sang, par les moyens subtils de la contrainte politique et économique. Se souciant peu du pays dans son ensemble, leurs rois le pillèrent au gré de leurs besoins et imitèrent les coutumes de leurs prédécesseurs égyptiens afin d'obtenir la soumission du peuple, stratégie dans une large mesure couronnée de succès. Au milieu de la XVIIe dynastie, il y a un peu plus de deux siècles qu'ils sont implantés en Égypte, et ils gouvernent de leur capitale du Nord, Het-Ouaret, la « Maison de la Jambe ».

Dans le Sud, cependant, un homme se réclamant du dernier roi légitime d'Égypte finit par se rebeller. Les Chevaux du fleuve, *premier volume de cette trilogie, montrait comment Séqénenrê Taâ, provoqué et humilié par le souverain sétiou Apopi, préférait la révolte à l'obéissance. Avec le soutien et la complicité de sa femme Ahhotep, de sa mère Tétishéri et de ses filles Ahmès-Néfertari et Tani, aidé par ses fils Si-Amon, Kamosé et Ahmosis, il prépare un soulèvement. C'est un acte de désespoir voué à l'échec. Attaqué par Mersou, l'intendant de confiance de Tétishéri, qui se révèle être un espion sétiou, Séqénenrê en reste à moitié paralysé. Malgré ses blessures, il marche sur Het-Ouaret à la tête d'une petite armée, mais trouve la mort dans la bataille qu'il livre aux forces supérieures du roi Apopi et de Pédjédkhou, son jeune et brillant général.*

Son fils aîné, Si-Amon, devrait lui succéder et prendre le titre de prince d'Oueset. Mais tiraillé entre ce qu'il doit à son père et sa loyauté envers le roi sétiou, il s'est laissé circonvenir par Téti de Khmounou, parent de sa mère et favori d'Apopi, et a transmis des informations concernant l'insurrection de Séqénenrê à l'espion Mersou. Rongé par le remords, il tue celui-ci, puis se suicide.

Croyant les hostilités terminées, Apopi se rend à Oueset et condamne les membres survivants de la famille à de lourdes peines. Pour plus de sécurité, il emmène en otage à Het-Ouaret Tani, la fille cadette de Séqénenrê. Kamosé, désormais prince d'Oueset, sait qu'il a le choix entre continuer à se battre pour la liberté de l'Égypte ou voir sa famille appauvrie et dispersée. Il choisit la liberté.

Le deuxième volume de la trilogie, L'Oasis, *raconte comment Kamosé reprend le combat de son père, aidé par d'autres princes d'Égypte. La nécessité fait de lui un guerrier vengeur et impitoyable, incapable de distinguer entre amis et ennemis. Dans son désir de rendre à l'Égypte son ancienne gloire, il met le pays à feu et à sang pour être finalement trahi et assassiné par certains de ses alliés princiers, qui, las de ses méthodes, ont conclu un marché avec Apopi. Ahmosis, le fils cadet de Séqénenrê, est blessé lors de la révolte où Kamosé trouve la mort. Pendant sa convalescence, les femmes de la famille montrent de quoi elles sont capables en matant les insurgés et en reprenant le contrôle de l'armée. Il reste alors à Ahmosis à élaborer une stratégie capable de mettre fin à la domination des Sétiou.*

1

Pendant la période de deuil, Ahmès-Néfertari vit peu son mari. Elle s'était attendue que, une fois la révolte matée, la gravité et le chagrin envahissent enfin la maison, mais, si une certaine paix y régna bien, elle devait plus au soulagement qu'au recueillement. L'amertume, le désir constant de vengeance, qui avaient poussé le souverain aux massacres et à la destruction, avaient si longtemps imprégné les siens qu'ils s'étaient habitués à vivre dans un état permanent de tension. Maintenant que la source de cette tension avait disparu, ils en éprouvaient un étrange sentiment de purification.

Ils l'avaient néanmoins aimé et, tandis que *méchir* cédait la place à *phaménoth*, que les semeurs jetaient le grain sur la terre noire et luisante d'Oueset en faisant retentir l'air de leurs chants, ils le pleurèrent chacun à leur façon. Tétishéri ne quittait pas ses appartements, et l'encens qui accompagnait ses prières répandait sa fumée jusque dans le couloir. Ahhotep allait et venait dans la maison avec sa majesté et son calme habituels, mais on la voyait souvent assise à l'ombre des arbres du jardin, le menton dans la main et le regard perdu dans le vide.

Quant à Ahmès-Néfertari, son chagrin la rendait incapable de tenir en place et, accompagnée d'un garde et d'une servante portant un parasol, elle prit l'habitude de marcher. Elle se promenait parfois sur la route du fleuve, entre le domaine et le temple, il lui arrivait aussi de s'aventurer jusqu'à la ville d'Oueset ; mais, le plus souvent, elle longeait les champs où, de leurs pieds nus et robustes, les paysans enfonçaient dans la boue les semences d'une vie nouvelle. Sans doute espérait-elle, par le mouvement, échapper à la douleur qui l'étreignait, mais, où qu'elle allât, elle emportait avec elle le son de la voix de Kamosé et le souvenir de son sourire.

Ahmosis, lui, se levait de bonne heure, mangeait rapidement et disparaissait juste après l'aube. Aux reproches inquiets de sa femme, il répondait par un sourire distrait et un baiser, et lui assurait qu'il se sentait un peu plus fort tous les jours. Naguère, il aurait passé ses journées à pêcher, mais Ahmès-Néfertari savait qu'il était fidèle à son serment, et qu'il s'était même débarrassé de sa canne et de son filet préférés. De temps à autre, en passant devant les portes délabrées du vieux palais, elle l'apercevait dans la cour, les mains sur les hanches, en train de contempler l'austère édifice. Elle le vit plusieurs fois avec ses gardes au bord du canal qui reliait le temple au fleuve. Il la saluait alors en souriant. Elle ne se demandait pas ce qui lui occupait l'esprit. Il n'y avait place en elle que pour les souvenirs.

L'étrange sérénité de ces semaines fut rompue par le retour de Ramosé, Mésehti et Mékhou. Quand, un après-midi, leur bateau apparut sur le fleuve, suivi de la flottille d'embarcations qui transportait leurs serviteurs, Ahmès-Néfertari sut que le temps de la contemplation avait pris fin. Averti de leur arrivée par un héraut, Ahmosis les attendait près du débarcadère avec Ankhmahor et Hor-Aha. Ahmès-Néfertari les rejoignit, intensément consciente de la raideur et de l'impassibilité de son époux.

Ramosé fut le premier à descendre la passerelle. Les bras tendus dans un geste de soumission et de respect, il s'inclina devant Ahmosis. Celui-ci lui fit signe de se relever et le serra dans ses bras.

« Mon ami, dit-il doucement. Sois le bienvenu chez toi. Je ne sais pas encore comment m'acquitter des dettes que nous accumulons à ton égard depuis l'époque de mon père. Je ne peux non plus exprimer la douleur que m'a causée l'exécution de ta mère lorsque j'ai été suffisamment rétabli pour en être informé. Je sais ce que souffre un homme qui doit choisir entre deux fidélités, et c'est un choix que tu as trop souvent été contraint de faire. Je prie que l'on ne te présente plus jamais une coupe aussi amère. »

Ramosé eut un sourire triste.

« Je suis heureux de te voir de nouveau en parfaite santé, Majesté. Avec ta permission, je vais me rendre immédiatement à la Maison des Morts pour m'assurer que ma mère est correctement embaumée. » Il prit la main que lui tendait Ahmès-Néfertari. « Tu ne portes pas encore de bracelets de commandant, remarqua-t-il d'un ton léger.

– Cher Ramosé ! s'écria-t-elle en le serrant impulsivement contre elle. En dépit de notre deuil commun, comme c'est bon de te voir sourire ! »

Silencieux, les deux princes attendaient derrière Ramosé. Lorsque Ahmosis tourna son attention vers eux, ils s'agenouillèrent sur l'esplanade. Pressant leur front contre la pierre, ils ramassèrent de la poussière qu'ils répandirent sur leurs cheveux en signe de repentir et de soumission. Ahmosis les observa un moment, un sourcil levé.

« Ils se sont rachetés, Ahmosis, dit Ramosé à voix basse. Tu as parlé du drame qu'il y avait à se sentir des fidélités contradictoires. Ils ont fait leur choix. Ils sont ici, et non à Het-Ouaret. Je te supplie... »

Ahmosis l'interrompit d'un geste impérieux et s'adressa aux têtes couvertes de poussière toujours courbées devant lui.

« Vous rendez-vous compte que la femme qui se tient près de moi a montré plus de courage et de loyauté que vous ? Si vous étiez parvenus à trouver une goutte de sa bravoure dans votre sang pâle et débile, mon frère serait encore en vie ! Si vous aviez prévenu Kamosé, il vivrait ! hurla-t-il. Mais non ! Vous vous êtes tus ! Vous n'avez pas choisi ! Vous avez détalé comme deux hyènes ! Qu'Amon maudisse les lâches que vous êtes ! »

Il se redressa, et son regard se posa un instant sur une embarcation, d'où les serviteurs des princes regardaient la scène avec avidité.

« Relevez-vous, reprit-il plus calmement, et dites-moi ce que je suis censé faire de vous. »

Lentement, ils se mirent debout et s'inclinèrent.

« Nous méritons tes reproches, sire, déclara Mésehti. Nous savions ce que tramaient Mékétrê et les autres, et nous n'en avons pas informé l'Osiris. Nous avons cependant fait un choix : celui de nous retirer. Nous ne voulions pas soutenir nos camarades, mais nous ne pouvions pas non plus les trahir : c'étaient nos pairs. Si nous nous sommes trompés, c'était moins par lâcheté que par incertitude.

– L'incertitude, répéta Ahmosis en soupirant. Elle n'a cessé de tourmenter Kamosé, et ce dont il était le plus incertain, c'était du véritable état d'esprit de ses princes. » Il se tourna brusquement vers sa femme. « Tu as le droit de t'exprimer sur cette question, Ahmès-Néfertari. Tu as risqué ta vie sur le terrain de manœuvres ; tu as assisté aux exécutions ; tu en as été marquée et changée. Quel est ton avis ? »

Elle le regarda, étonnée de le voir reconnaître publiquement son importance, et touchée qu'il eût perçu le tumulte qui avait fait rage dans son *ka*. Elle sut instantanément que sa réponse déterminerait le rôle qui lui serait accordé à l'avenir. Il faut que je parle sincèrement et avec sagesse, pensa-t-elle, prise de panique. On lui a raconté ce que j'avais fait, mais il n'était pas là. Il veut juger par lui-même. Trois paires d'yeux étaient fixées sur elle. Deux brillaient d'angoisse. La troisième était amusée et, en croisant le regard de son mari, Ahmès-Néfertari se rendit compte que sa diatribe contre les princes avait été une comédie. Mais jusqu'à quel point ? se demanda-t-elle. Que veut-il ? Une punition ? Deux exécutions de plus ? Une raison de leur pardonner ?

Non, se dit-elle avec fermeté. Je n'essaierai pas de deviner ce qu'il attend de moi. Je vais simplement lui donner mon avis. « La clémence peut être interprétée comme une faiblesse, commença-t-elle avec prudence. C'est néanmoins une vertu très prisée de Maât et, avec la justice, une qualité que tout roi doit posséder. Or justice a été faite, Majesté, poursuivit-elle en le regardant en face. Notre frère est mort. Ses assassins ont été exécutés. Mésehti et Mékhou ont poursuivi et tué les derniers rebelles, et, de ce fait, ils ont rééquilibré les plateaux de la balance. Un nouvel ordre commence. Que ton règne débute par un acte d'indulgence. »

Il la regardait, les yeux plissés.

« L'indulgence, soit, mais pas le pardon. Pas encore. La confiance se gagne, tu ne crois pas, Ahmès-Néfertari ? » Il se tourna vers les princes. « Où sont vos soldats ?

– Ils suivent la lisière du désert, Majesté, répondit Mékhou. Ils devraient arriver demain.

– Eh bien, ne restez pas plus longtemps au soleil, ordonna Ahmosis. Rendez-vous dans les appartements des invités. Grâce à votre reine, vous avez une dernière chance de faire vos preuves. Ne la laissez pas passer. Et ne vous approchez surtout pas de la caserne, ou je soupçonnerai un nouveau complot ! »

Prenant le bras de sa femme, il s'éloigna aussitôt en direction de la maison. Ramosé était déjà parti pour la Maison des Morts.

« Je ne comprends pas, Ahmosis, dit Ahmès-Néfertari avec hésitation. J'ai eu l'impression que ta colère contre les princes était forcée. Avais-tu l'intention de les épargner depuis le début ?

– Ma colère était réelle, ma chérie, réelle et profonde, mais je voulais qu'elle ait l'air forcée. Si tu avais recommandé leur exécution, j'aurais suivi ton avis. Je suis néanmoins heureux de ta décision. La clémence peut aussi bien être une arme qu'un piège. Espérons qu'en l'occurrence elle n'ait pas été un piège.

– Je ne comprends toujours pas.

– Alors, je vais t'expliquer. » Il leva un instant son visage vers le bleu éclatant du ciel, et ses cheveux tombèrent en arrière, révélant la cicatrice encore enflammée qu'il avait derrière l'oreille. « J'aimais Kamosé, reprit-il avec lenteur. Il était courageux, intelligent, et il inspirait le respect, mais un respect teinté de crainte. Ses manières étaient dures, et il s'est montré implacable dans la vengeance. Les terribles épreuves par lesquelles nous sommes passés sont la conséquence directe de sa volonté inexorable d'exterminer les Sétiou. Il effrayait les gens et insultait les princes. Je l'aimais, répéta-t-il d'une voix qui tremblait. Mais le résultat de sa conduite était entièrement prévisible.

– Es-tu en train de dire que tu vas abandonner le combat ? intervint Ahmès-Néfertari. Que tu vas rendre l'Égypte à Apopi ?

– Par les dieux, bien sûr que non ! Ma haine brûle aussi intensément que celle de Kamosé. Mais j'aurai une autre politique. Je répandrai mes sourires comme des pétales de lotus. Je distribuerai titres, promotions et récompenses comme autant de bijoux clinquants. Je ne commettrai pas les erreurs de mon frère et, ainsi, je chasserai de ce pays jusqu'au dernier Sétiou. »

Ils étaient arrivés dans l'ombre du porche, et la fraîcheur soudaine fit frissonner Ahmès-Néfertari.

« Je crois que je comprends, dit-elle avec lenteur. Kamosé s'imposait aux princes par la coercition ; tu t'assureras leur obéissance de façon plus subtile. Mais si notre frère n'avait pas cinglé l'Égypte du fouet de sa douleur et de sa fureur, s'il n'avait pas poussé les princes à l'action et noyé ce pays dans le sang, ta stratégie n'aurait aucune chance de réussir. Il a préparé la voie à une politique plus modérée.

– Et je le lui dois ? Tu crains d'aller jusqu'au bout de ta pensée, Ahmès-Néfertari. Pourtant, tu as raison. Je lui dois beaucoup. Il était comme un paysan qui prend possession d'un champ laissé en jachère pendant des *hentis*. Sa tâche consistait à couper et brûler les mauvaises herbes. Je le sais. Je respecte ce qu'il a fait. Mais je ne lui dois rien de plus. Il était au bord de la folie. »

Il effleurait distraitement sa cicatrice, un geste qui devenait une habitude et dans lequel Ahmès-Néfertari commençait à reconnaître le signe d'une intense réflexion.

« Mais Amon l'aimait ! s'exclama-t-elle, alarmée. Il lui envoyait des rêves ! Veille à ne pas blasphémer contre le dieu en endurcissant ton cœur contre le souvenir de ton frère, Ahmosis ! »

Un instant, le visage de son époux resta sans expression, puis un sourire plein de franchise l'illumina.

« Kamosé est mort en essayant de me sauver la vie, dit-il. Nous dormions côte à côte, nous nous battions côte à côte, et, dans notre jeunesse, il était toujours là pour me protéger. Mon cœur ne s'endurcira jamais. Je parle de faits, Ahmès-Néfertari, pas de sentiments. Un nouvel ordre commence, comme tu l'as dit, et si les nobles me croient prêt à poursuivre la politique brutale de mon frère, je cours un grand danger. » Il se pencha vers elle. « J'ai l'intention de les réduire à l'impuissance, tous autant qu'ils sont, et de m'y prendre de façon qu'ils m'en remercient. Je ne leur ferai plus jamais confiance. Je compte également incendier Het-Ouaret, ce puant nid de rats, et Kamosé sera ainsi deux fois justifié. Mais je ne dois jamais laisser circuler dans mes veines l'acide de la vengeance aveugle, car il ne nous sera pas accordé une seconde chance de salut. J'ai confiance en toi, Ahmès-Néfertari, conclut-il en se redressant. Tu es la seule à qui je me sois ouvert de tout cela. Lorsque je te demanderai ton avis, j'espère que tu me le donneras sans crainte, comme tu l'as fait tout à l'heure. J'ai convoqué Hor-Aha dans mon bureau, ce soir. Je veux que mère et toi assistiez à cette réunion.

– Tu veux que je sois présente à une discussion de stratégie militaire ? demanda Ahmès-Néfertari avec étonnement.

– Bien sûr, répondit Ahmosis en posant un baiser sur ses lèvres. J'ai besoin d'une reine qui sache faire autre chose que boire du vin de grenade et écouter les ragots des serviteurs. » Il étouffa un bâillement. « Je vais aller m'étendre une heure. Je recommence à avoir mal à la tête. »

Ahmès-Néfertari se retint de tâter son front. Une timidité la prenait devant cet homme qu'elle connaissait si bien et qui pourtant, brusquement, lui semblait un étranger. Il dut deviner son geste avorté, car il posa un bras sur ses épaules et la poussa vers la porte.

« Akhtoy me soignera, désormais. C'est son travail. Tu as d'autres responsabilités. »

Ahmosis s'éloigna dans le couloir, et elle le suivit des yeux. Il n'a pas mentionné Tétishéri, pensa-t-elle. Était-ce un oubli ou une décision délibérée ? S'il se met grand-mère à dos, la maison va bouillonner de querelles. Puis, éclatant de rire, elle haussa les épaules et se dirigea vers la chambre d'enfants. Je doute que les querelles domestiques aient leur place dans le nouvel ordre, pensa-t-elle. Notre roi tiendra à faire régner la paix.

Au crépuscule, elle se rendit dans le bureau de Séqénenrê, saluant au passage les serviteurs qui allumaient les torches fixées au mur, et les soldats qui prenaient le premier tour de garde de la nuit. Elle s'immobilisa devant l'imposante porte en cèdre, fugitivement intimidée. C'était la première fois qu'elle était invitée dans cette pièce où son père, puis Kamosé, s'étaient occupés des mille affaires qui faisaient le monde des hommes : donner des directives aux chefs des villages dont ils avaient la charge ; étudier les comptes de grain, d'huile et de vin ; examiner les plaintes souvent mesquines que leur soumettaient les paysans et, plus tard, prendre les terribles décisions qui avaient abouti au soulèvement d'Oueset. Elle connaissait la pièce par cœur, bien entendu, pour s'être souvent assurée qu'elle était propre et en ordre, mais y pénétrer afin d'assister à une réunion… c'était autre chose. Elle entendit des voix à l'intérieur, le ténor chaud de son mari, suivi du rire rauque et rare d'Hor-Aha. Se reprochant son hésitation, elle frappa et entra sans attendre qu'on l'en eût priée.

Ahhotep était déjà installée à une extrémité de la table. Hor-Aha tournait le dos à la porte et, à l'entrée d'Ahmès-Néfertari, il se leva pour la saluer. Ipi était assis en tailleur aux pieds d'Ahmosis, qui sourit à sa femme et lui désigna le siège vide à l'autre bout de la table. Des lampes éclairaient la pièce, sobrement meublée, dont trois murs étaient percés de niches remplies de rouleaux de papyrus. Sur le sol, des coffres renfermaient des documents plus anciens. Une colonnade, qui donnait sur le jardin et le ciel obscur, formait le quatrième côté du bureau.

Un fugitif instant, alors qu'elle prenait place en face de sa mère, Ahmès-Néfertari crut respirer le parfum de son père, un mélange de perséa et d'encens. Se demandant s'il se pouvait qu'il imprégnât encore le bois de la table sur laquelle il avait si souvent posé les mains, et résistant à l'envie de se pencher pour respirer sa surface, elle croisa les mains sur ses genoux et attendit. Ahmosis s'éclaircit la voix.

« Tu es prêt, Ipi ? » demanda-t-il.

Le scribe acquiesça de la tête, et Ahmès-Néfertari l'entendit réciter la prière rituelle à Thot.

« Bien, continuait Ahmosis. Comme vous le voyez, Akhtoy a veillé à ce que nous ayons vin et pâtisseries. Vous devrez toutefois vous servir vous-mêmes : cette conversation n'est pas destinée aux oreilles des domestiques. Ma convalescence m'a donné le loisir de réfléchir longuement au cours que prendrait mon règne, et il m'est apparu que la réorganisation de l'armée était notre tâche la plus urgente. Sans des forces armées cohérentes et compétentes, il nous est impossible de nous défendre, sans même parler de partir en campagne. Kamosé a accompli l'exploit de transformer de simples paysans en soldats. Il n'avait au départ qu'une seule unité, celle des Medjaï, et une bande hétéroclite de fellahs. Ses officiers n'avaient jamais tenu une épée, et ses commandants répugnaient à commander. Pour résumer, ce qu'il a fait a dû lui valoir l'admiration et les applaudissements des dieux eux-mêmes. » Il jeta un regard à sa femme. « Il a cependant été gêné par le désir des paysans de labourer leurs terres au printemps, et par le désir des princes d'affirmer la supériorité de leur sang. La révolte où il a perdu la vie nous a enseigné les dangers de cette situation. On ne peut se fier à des paysans qui ne se soucient que de leurs *aroures*, ni à des princes qui ne rêvent que de retrouver le luxe de leurs domaines. »

Il parle beaucoup de confiance, pensa Ahmès-Néfertari. C'est devenu sa préoccupation première. Je prie qu'il n'en fasse pas une obsession.

« J'ai donc l'intention de créer une armée permanente, poursuivait Ahmosis. Dites-moi ce que vous en pensez. »

Ahhotep attira la cruche de vin et remplit sa coupe.

« L'Égypte n'a jamais entretenu d'armée régulière, commença-t-elle avec lenteur. Les paysans ont toujours été levés de façon temporaire par le roi ou par les temples, pour combattre ou pour bâtir. Quelle que fût la durée de leur service, ils savaient qu'ils finiraient par rentrer chez eux. Si on le leur interdit, les mutineries seront incessantes.

– Tout dépend de la façon dont on s'y prend, objecta Ahmès-Néfertari. Il devrait être possible de constituer un noyau de troupes permanentes qui auraient leur propre village, puis de l'augmenter d'autres hommes pendant l'Inondation. Le trésor royal devrait assurer leur entretien et leur armement, ce qui suppose la création de nouvelles catégories de scribes et d'intendants, ainsi que le pouvoir de lever des impôts dans toute l'Égypte. Mais cela signifierait aussi que chaque homme serait un soldat professionnel, parfaitement entraîné, et cela nous garantirait contre le risque d'une autre révolte.

– Hor-Aha ? » dit Ahmosis.

Le général écoutait, la tête baissée, en dessinant du doigt un motif compliqué et invisible sur la table. Il se redressa et croisa les bras.

« C'est envisageable, dit-il en hochant la tête. Si je pense à mes Medjaï, que je connais bien, je sais qu'ils seraient prêts à laisser leurs villages aux soins de leurs femmes et de leurs esclaves en échange de quelques semaines de liberté par an et de bonnes rations de pain et de bière. Quant aux autres, tu as déjà l'embryon d'une force de ce genre dans ton unité d'Oueset. » Il s'interrompit, et Ahmès-Néfertari le vit prendre une profonde inspiration. « Mais quels commandants leur donneras-tu ? » reprit-il d'une voix qu'Ahmès-Néfertari jugea trop douce. C'est la question à laquelle Hor-Aha accorde le plus d'importance, se dit-elle. Celle qui lui tient le plus à cœur. « Vas-tu promouvoir les fils de ceux qui sont morts ? ajouta le Medjaï.

– Qui ont été exécutés pour trahison, tu veux dire ! répliqua Ahmosis. Non, je ne souhaite pas former leurs rejetons à l'art du commandement. Une armée professionnelle a besoin d'officiers professionnels. Les officiers sortiront du rang.»

Ta véritable raison est ailleurs, pensa Ahmès-Néfertari. Tu m'en as déjà parlé. Tu ne feras plus jamais confiance à un noble.

«Des hommes du rang? s'exclama Ahhotep. Mais quel soldat respectera un commandant qui n'est pas de sang noble? Il faut qu'il y ait de la distance entre les uns et les autres.

– Je ne suis pas de cet avis, mère, répondit Ahmosis avec douceur. Un simple soldat fera peut-être davantage confiance aux ordres de quelqu'un qu'il a déjà vu à l'action. Il pourra aussi rêver à sa propre promotion, si elle devient possible. De toute façon, le jeu en vaut la chandelle. Kamosé s'en est tenu à la tradition. Il a infligé de sévères pertes à Apopi, mais en manquant de peu nous détruire. Nous ne perdons rien à changer de règles.

– J'aimerais revenir sur la question de l'entretien de ces hommes, dit Ahmès-Néfertari. La guerre a été coûteuse pour nous comme pour le reste de l'Égypte. Nous avons procédé aux récoltes deux fois depuis que Kamosé a enlevé les paysans à leurs champs. Les greniers se remplissent de nouveau, mais pas assez pour nous permettre de supporter un fardeau supplémentaire. Pas encore. Est-ce que nous ne nous exposons pas à une catastrophe en nous engageant à nourrir des milliers de soldats, qui se retrouveront sans occupation une fois la guerre achevée?

– L'objection est valable, reconnut Ahmosis, qui lui adressa un sourire approbateur. Cela dit, ils ne resteront pas inactifs. Avec leur entraînement et leur expérience, ils seront précieux pour maintenir l'ordre dans les villes et les villages, ou escorter les caravanes. Nous pourrions aussi louer leurs services aux temples. Et naturellement, en cas d'urgence, nous disposerions immédiatement d'hommes déjà armés et prêts à combattre.

– Permettras-tu aussi qu'ils soient engagés par des particuliers?» intervint Hor-Aha.

Ahmosis ne répondit pas aussitôt et sembla réfléchir à la question, mais Ahmès-Néfertari devina qu'il ne faisait que dissimuler la contrariété qu'elle lui causait.

«Lorsque l'Égypte aura été nettoyée et que la paix sera revenue, les armées privées seront inutiles, répondit-il avec la douceur exagérée sous laquelle il masquait sa désapprobation, sa colère ou son ennui. Ce n'est qu'un détail, Hor-Aha. »

Mère et fille échangèrent un regard, mais le général ne parut pas se rendre compte qu'il avait mis Ahmosis sur ses gardes.

« Par ailleurs, reprit le souverain, en se tournant vers sa femme, je n'ai nullement l'intention de violer l'Égypte pour la sauver ! N'oublie pas les routes de l'or, Ahmès-Néfertari. Dans un premier temps, nous avons veillé à ce que ce métal ne parvienne plus dans le Delta ; nous pouvons maintenant nous occuper de l'exploiter pour nous-mêmes. J'ai également l'intention d'envoyer des émissaires aux Keftiou. C'est un peuple éminemment pratique. Ils se moquent de nos querelles intestines. Tout ce qui compte à leurs yeux, c'est le commerce, et leurs échanges avec Het-Ouaret sont devenus sporadiques depuis que Kamosé a capturé les navires chargés de trésors. Je pense qu'ils seraient ravis de passer de nouveaux accords avec l'Égypte, notamment après ma prochaine campagne, au cours de laquelle j'espère débarrasser le Delta des troupes du Retenou qui s'y infiltrent.

– Il y a des hentis de cela, déclara Ahhotep, pour arrêter les Sétiou et protéger la route d'Horus, notre ancêtre Sésostris a érigé les Murs du Prince à la limite du Delta et du Retenou. Il n'aurait certainement pas imaginé que, d'abord comme bergers avec leurs troupeaux, puis comme marchands, ils continueraient à entrer dans le pays malgré ses ouvrages défensifs, et qu'ils finiraient par se rendre maîtres de l'Égypte grâce au commerce. Peut-être pourrions-nous nous servir du même moyen pour les étrangler lentement, mon fils. Ce serait d'une ironie parfaite !

– C'est une arme à laquelle j'ai pensé, déclara Ahmosis. Mais les princes du Retenou – ceux qu'Apopi appelle "ses frères" – ne souhaitent pas le voir renoncer à l'Égypte sans combattre. Nous leur procurons trop de richesses. D'après les espions que nous avons dans le Delta, leurs soldats pénètrent toujours dans le pays par petits groupes.

– Et ils peuvent continuer à le faire quand l'Inondation nous réduits à l'immobilité, remarqua Hor-Aha avec brusquerie. Peut-être faudra-t-il que nous trouvions le moyen de les combattre même lorsque les eaux de la crue recouvrent l'Égypte.

– C'est pour cela que Kamosé tenait à avoir une marine, dit Ahmosis. Il a envisagé cette éventualité dès que nous avons appris que le Retenou envoyait des renforts à Apopi. Et c'est pour cela que je dois avoir une armée qui ne se disperse pas après chaque campagne, général. »

Hor-Aha fronça les sourcils.

« Je ne pense pas que tu vaincras les Sétiou cette année, sire, déclara-t-il.

– Moi non plus, mais je peux resserrer mon étreinte autour de leurs cous gras. J'ai l'avantage, et j'entends le garder. » Ahmosis picora dans un plat de gâteaux *shat* et de figues au miel. « Tu arrives à suivre, Ipi ? demanda-t-il.

– Oui, Majesté, répondit le scribe. J'espère seulement avoir assez de feuilles de papyrus.

– Ah ! le papyrus, fit Ahmosis, abandonnant le plat de friandises pour la cruche de vin. Voilà quelque chose dont les Keftiou ont un immense besoin… Venons-en maintenant à la reconstruction de nos forces. Nous pouvons toujours compter sur cinquante-cinq mille hommes – onze divisions –, n'est-ce pas, général ? Moins les quelques centaines de rebelles que Ramosé, Mésehti et Mékhou ont poursuivis et tués.

– Oui, sire, mais nous n'avons qu'une seule division cantonnée à Oueset.

– Je sais. Je veux que tu te rendes dans tous les nomes du pays, accompagné d'une équipe de scribes. Commence par interroger tous mes officiers. Discute avec eux des soldats qu'ils ont sous leurs ordres. S'ils en ont remarqué certains pour leur adresse aux armes ou leurs capacités de meneurs d'hommes, prends-en note. Évalue aussi la valeur des officiers eux-mêmes, et élimine tous ceux qui sont trop étroitement liés à un prince, vivant ou mort. À ton retour, tu me feras un rapport détaillé. Jusqu'à ce que le Delta soit entièrement mien, j'aurai besoin de l'ensemble des divisions, mais je veux en conserver cinq de fantassins et une de matelots pour former une armée permanente dont les officiers ne seront comptables qu'à moi. Nous discuterons plus tard de l'organisation de ces troupes, qui sera beaucoup plus stricte qu'auparavant.

– Puis-je inclure les Medjaï dans cette étude ? demanda Hor-Aha avec une hésitation qu'Ahmès-Néfertari ne lui avait jamais connue.

– Non, répondit Ahmosis. Ils redeviendront une force irrégulière, capable de s'adapter à n'importe quelle situation et dotée de ses propres officiers. Tous ceux qui commandent actuellement des Égyptiens seront remplacés. Et avant de protester, Hor-Aha, réfléchis ! Le ressentiment éprouvé à ton encontre et à celui des Medjaï a joué un grand rôle dans l'agitation qui a fini par conduire des princes à la révolte. Les soldats égyptiens ne sont pas prêts à faire confiance à des hommes à la peau noire, et les nobles égyptiens te jugent inférieur à eux à tous égards. » Il se pencha au-dessus de la table et saisit le bras d'Hor-Aha. « Ce sont de dures réalités, mon ami, mais je dois les regarder en face. À mes yeux, tu es égyptien, et même l'un des meilleurs. J'ai une immense affection pour toi. Je ne t'ôterai pas le titre de prince que mon frère t'a conféré, mais il ne sera utilisé que lorsque la Double Couronne reposera sur ma tête et que le trône d'Horus sera revenu sur l'estrade du vieux palais. Pardonne-moi et essaie de me comprendre.

– Oh ! je comprends », fit Hor-Aha d'une voix rauque. Il ne retira pas son bras, mais Ahmès-Néfertari vit ses muscles se contracter. « J'ai risqué ma vie pour ta famille. Séqénenrê d'abord, puis Kamosé ont reçu toute la vénération et toute la fidélité que j'avais à donner. Ton père m'était d'ailleurs plus cher que la vie, et je l'aimais profondément. J'ai supporté l'arrogance et la condescendance d'hommes incapables de marcher sans trébucher sur leur épée et qui, en matière de stratégie, ne voyaient pas plus loin que le bout de leur nez d'aristocrate. De tout cela, je suis remercié par le mépris. Cela fait mal, Ahmosis. Je reste néanmoins ton meilleur tacticien et, en tant que tel, je sais que, pour faire une véritable armée des troupes à demi disciplinées et à demi entraînées de Kamosé, tu dois céder à leur ignorance. » Il posa sur Ahmosis un regard froid. « N'oublie pas que je suis égyptien. Ma mère, Nithotep, était égyptienne. En dépit de la couleur de ma peau, ma place est dans ce pays. Pour cette raison, et celle-là seule, je me fie à toi pour t'acquitter le moment venu des promesses que m'a faites Kamosé, et je resterai sous tes ordres. Tu as besoin de moi. »

Il dégagea son bras, remettant en place son bracelet d'argent, et Ahmosis se rejeta en arrière.

« Bien sûr que j'ai besoin de toi ! fit-il avec véhémence. Que puis-je dire d'autre ? Cette réunion est terminée. Viens me voir demain avant de partir, Hor-Aha. Tu as un mois pour recueillir les informations que je souhaite. Je te donnerai une liste plus détaillée des postes d'officiers que je compte créer. J'aimerais partir pour le Delta dès que Kamosé sera enterré.»

Il se leva, et les autres l'imitèrent. Après un salut brusque, Hor-Aha quitta la pièce, et la porte claqua derrière lui. Ahhotep expira bruyamment.

«Par les dieux, Ahmosis, je prie que tu ne te sois pas fait un ennemi de notre précieux allié ! Tu n'as donc plus confiance en lui ?

– Je l'aime, mère», répondit Ahmosis d'un ton las. Des cernes sombres étaient apparus sous ses yeux ourlés de khôl, et sa pâleur témoignait de ce qu'il n'était pas encore entièrement remis de sa blessure. «Je l'aime, mais je ne lui fais pas confiance. J'ai souvent senti en lui le genre d'orgueil qui demande à être bridé. Il le muselle mais, sans une main ferme, il s'emballera et causera sa perte.»

Ahhotep posa un baiser sur sa joue et, serrant son manteau de lin autour d'elle, se dirigea vers la porte.

«J'ai beau être celle qui t'a donné le jour et qui t'a élevé, je suis éblouie par le discernement et la ruse dont tu as fait preuve, ce soir, dit-elle. L'Égypte sera en bonnes mains avec toi. Dors bien, Majesté.»

Cette fois, la porte fut refermée avec douceur. Les épaules d'Ahmosis s'affaissèrent.

«Je suis terriblement fatigué, murmura-t-il. La tête m'élance. Je crois que je vais prendre du pavot, ce soir, mais j'aimerais que tu dormes quand même près de moi, Ahmès-Néfertari. J'ai besoin de sentir ton corps contre le mien. J'aimerais te faire l'amour, si j'en avais l'énergie.

– Nous pouvons toujours faire semblant, dit-elle en passant un bras autour de sa taille. Plus sérieusement, Ahmosis, pourquoi as-tu exclu Ramosé de cette discussion ?

– Assez curieusement, il est l'un des rares hommes en qui j'ai une totale confiance, répondit-il. Mais ce n'est pas un soldat. De plus, il pleure sa mère, et je tiens à respecter son deuil.»

Tu ne montres pas le même respect pour le nôtre, eut-elle envie de répliquer, mais elle dit seulement : «Vas-tu l'envoyer comme espion dans Het-Ouaret ? Et que comptes-tu faire de Mésehti et de Mékhou… ou même d'Ankhmahor ?»

Enlacés, ils quittèrent le bureau.

«Je n'ai pas besoin d'espions dans cette ville, en fin de compte, répondit Ahmosis. Hor-Aha a raison de prévoir qu'Het-Ouaret ne tombera pas cette saison. Elle est bien défendue. Je vais me concentrer sur les Sétiou qui s'infiltrent dans le Delta. Quant à mes deux princes, je leur décernerai de nouveaux titres et les garderai à mes côtés, mais je leur ai déjà retiré leurs divisions, bien qu'ils n'en sachent encore rien. Pour ce qui est d'Ankhmahor…» Ils passaient devant la porte ouvrant sur le jardin de derrière, et Ahmosis ralentit le pas pour humer l'air parfumé du soir. «… Ankhmahor est une perle, reprit-il. Il continuera à commander mes gardes et les troupes de choc de la division d'Amon. C'est le prince pour qui je ferai une exception. Aimerais-tu commander les gardes de la maison, Ahmès-Néfertari ?»

Il lui souriait, les yeux pétillants en dépit des cernes qui les ombraient.

«Oui, répondit-elle sans hésiter. J'ai appris à bien connaître nos soldats d'Oueset. Si je peux les choisir moi-même, je me sentirai en parfaite sécurité. Certains d'entre eux seront des Medjaï, Ahmosis.»

Ils arrivaient devant les appartements du souverain, et Akhtoy quitta son tabouret pour les saluer.

«Peu m'importe, répondit Ahmosis. En toi, j'ai une confiance absolue, ma chérie. Reviens vite.»

Ahmès-Néfertari le laissa pour se rendre dans ses propres appartements. Tétishéri va être furieuse lorsqu'elle apprendra que cette réunion s'est déroulée sans elle, se dit-elle tandis que Raa la dévêtait. Ahmosis devrait tâcher de l'apaiser. Un nouveau titre, peut-être ? Cette idée absurde la fit éclater de rire.

Cette nuit-là, elle rêva de la mort de Néfer-Sakharou, la mère de Ramosé, et se réveilla trempée de sueur. Se redressant, elle s'essuya le cou et la poitrine avec le drap froissé, heureuse de ne pas être seule. Alors qu'elle s'apprêtait à boire de l'eau à la cruche posée près du lit, la voix d'Ahmosis la fit sursauter.

«Qu'y a-t-il ? marmonna-t-il. Quelque chose ne va pas ?

– Un mauvais rêve, rien de plus, murmura-t-elle, en cherchant à tâtons son corps tiède. Pourquoi ne dors-tu pas, Ahmosis ?

– C'est ce que je faisais jusqu'à ce que tu te mettes à t'agiter et à parler dans ton sommeil.

– Je suis désolée, dit-elle en se recouchant. Tu crois que tu vas pouvoir te rendormir ?

– Je le pourrais, répondit-il en la prenant dans ses bras. Mais mon mal de tête s'est dissipé. Faisons l'amour, veux-tu, Ahmès-Néfertari ? Ce sera une expérience unique ! Je n'ai encore jamais aimé un soldat. »

Chassant de son esprit l'image du Medjaï éclaboussé du sang de Néfer-Sakharou, elle offrit ses lèvres au baiser de son époux.

Au grand étonnement d'Ahmès-Néfertari, la scène qu'elle redoutait entre Tétishéri et Ahmosis ne se produisit pas. Elle se dit que sa grand-mère n'avait peut-être pas eu vent de la réunion, mais elle en doutait. Tétishéri avait toujours su prêter une oreille attentive aux bavardages des serviteurs. Plus vraisemblablement, elle avait senti un changement dans la hiérarchie familiale et, ne souhaitant pas se retrouver sur le dernier barreau de l'échelle, elle avait décidé de garder son orgueil blessé pour elle. La vieille dame montra toutefois son mécontentement, un soir, en interrogeant son petit-fils avec brusquerie sur l'état de la tombe de Kamosé.

« Tu t'absentes souvent », remarqua-t-elle soudain alors qu'il donnait des morceaux de canard rôti à Béhek.

Après la mort de son maître et jusqu'à ce qu'Ahmosis le fît mettre en laisse et l'emmenât partout où il allait, le chien avait passé ses jours à errer comme une âme en peine entre les appartements de Kamosé et le débarcadère, comme s'il s'attendait à le voir revenir à tout moment d'un voyage sur le fleuve. Ahmosis continua à glisser des bouts de viande entre les dents puissantes de l'animal sans paraître entendre Tétishéri, mais elle insista.

« Surveilles-tu l'achèvement des travaux dans le tombeau de Kamosé ?

– Non, grand-mère, répondit-il avec patience. À vrai dire, j'ai eu à faire dans le temple.

– Et c'était plus important que la dernière demeure de ton frère ? Tu veux donc qu'il repose au milieu d'éclats de pierre et d'inscriptions incomplètes ? »

Ahmosis se redressa et se rinça les doigts dans un bol.

« Tu aimerais me croire capable d'une vengeance aussi mesquine, n'est-ce pas ? répondit-il avec douceur. Tu as toujours choisi de croire que j'étais jaloux de Kamosé. Cela n'a jamais été le cas. Nous avions beau être en désaccord sur de nombreux points, je l'aimais autant que toi.

– J'en doute», riposta Tétishéri.

Ahmès-Néfertari vit la mâchoire de son mari se crisper, mais il ne mordit pas à l'hameçon. Après s'être séché les mains, il indiqua de la tête qu'il avait fini de manger et se carra dans son fauteuil.

«J'ai visité sa tombe deux fois, dit-il avec calme. Elle ne sera pas entièrement prête, mais personne n'y est pour rien. Kamosé ne s'attendait pas à mourir si jeune. La chambre funéraire est terminée, inscriptions comprises, parce que j'ai ordonné aux artisans d'y travailler jour et nuit. Dans le couloir, toutefois, les sculptures ne pourront être achevées à temps. La pyramide est faite, mais le revêtement manque. Nous pourrons y remédier plus tard. Le mur d'enceinte de la cour est également terminé. Les hommes travaillent déjà d'arrache-pied, et il y a une limite à ce que je peux exiger d'eux, Tétishéri.

– Son corps sera donc entouré des prières et des incantations appropriées, mais il n'y aura rien sur ses hauts faits, grommela-t-elle. C'est désastreux.

– Les prières et les protections divines étaient beaucoup plus importantes», répondit Ahmosis.

Il passait inconsciemment l'index sur sa cicatrice, geste qui trahissait sa tension. Devançant Ahmès-Néfertari qui s'apprêtait à intervenir pour détendre l'atmosphère, Ahhotep déclara :

«Tu te montres délibérément désagréable, Tétishéri. Préférerais-tu que Kamosé soit exposé au mal dans sa vie future parce que Ahmosis aurait insisté pour faire la chronique de ses exploits ? Le temps manquait pour terminer les deux !

– Je sais ce que tu penses, intervint Ahmosis en se tournant vers sa grand-mère. Tu crains secrètement que je ne m'attribue les victoires de Kamosé, ses efforts pour nous libérer, les souffrances qu'il lui a fallu endurer. Même si je le voulais, cela me serait impossible. Les archives sont pleines des lettres qu'il t'a adressées et, à moins de le brûler toutes, je ne pourrais m'approprier la triste histoire de mon frère. Sans compter que les dieux n'approuveraient pas une entreprise aussi malhonnête. J'ai pitié de toi, Tétishéri, poursuivit-il avec un soupir. Tu as une si mauvaise opinion de moi que tu es incapable de me voir tel que je suis réellement. Néanmoins, je t'avertis : je suis maintenant roi d'Égypte en plus d'être ton petit-fils. Alors, si tu ne peux maîtriser tes pensées, tâche au moins de surveiller ta langue si tu ne veux pas te retrouver accusée de sacrilège. »

Elle lui jeta un regard noir, puis ses épaules s'affaissèrent.

« Tu as raison, murmura-t-elle. Je te fais mes excuses, Majesté. Je ne suis qu'une vieille rouspéteuse. »

À la lueur de rébellion qui brillait dans les yeux de sa grand-mère, Ahmès-Néfertari sut que ces mots n'étaient pas ceux qui bouillonnaient dans son cerveau. Un instant plus tard, la vieille dame se leva et quitta la salle de réception.

« Il faut lui pardonner, Ahmosis, déclara Ahhotep. Elle souffre terriblement de la mort de Kamosé.

– Le chagrin excuse beaucoup de choses, mais pas tout », dit-il simplement.

Ahmosis continua à passer de longues heures hors de la maison ; il disparaissait dans la direction du temple ou de la caserne, toujours accompagné de son escorte de gardes. Au cours du mois qui suivit, plusieurs hérauts vinrent lui apporter des messages et, en passant devant la porte close du bureau, Ahmès-Néfertari entendait souvent des voix. Elle ne se formalisait toutefois pas d'être tenue à l'écart. Elle avait la confiance d'Ahmosis et, si quoi que ce soit d'important survenait, elle savait qu'il l'en informerait sur-le-champ.

Un matin, elle demanda qu'on lui servît son déjeuner dans le jardin et, une fois lavée, habillée et maquillée, elle se dirigea vers le bassin, où elle trouva Ahmosis allongé sur le dos à l'ombre d'un dais ondulant. La petite Hent-ta-Hent était couchée sur son ventre, toute nue, et dormait profondément, un pouce minuscule entre ses lèvres entrouvertes. Ahmosis la tenait d'une main pour l'empêcher de glisser tandis que, de l'autre, il faisait de grands gestes en parlant avec Hor-Aha, assis en tailleur à côté de lui. Ils étaient entourés d'Ipi et de trois de ses assistants, tous courbés sur leurs palettes. Ahmosis-onkh, nu lui aussi, jouait près du bassin, surveillé par une servante. Son crâne, rasé à l'exception de sa mèche d'enfance, mouillée et embroussaillée, brillait dans la lumière du matin. Dès qu'il vit sa mère, il courut vers elle, les mains en coupe.

« Regarde ! Regarde ! s'écria-t-il de sa voix aiguë. Cette grenouille a sauté sur mon pied ! »

S'accroupissant, Ahmès-Néfertari posa un baiser sur sa joue rebondie et admira sa prise.

« Mais il faut que tu la rejettes dans le bassin, dit-elle. Si tu la gardes trop longtemps, sa peau va devenir sèche et brûlante, et elle sera malade. Tu ne dois pas lui faire de mal, Ahmosis-onkh, ces animaux sont gages de renaissance, et nous les honorons. »

Il haussa les épaules, déjà lassé, mais il lui obéit, s'arrêtant un instant pour caresser la grenouille avant de la lancer négligemment dans le bassin. Elle toucha l'eau presque sans un bruit, et Ahmès-Néfertari la vit se propulser d'une détente sous une large feuille de lotus. Elle appela la servante d'un geste.

« Tresse la mèche de cet enfant, dit-elle. Et va lui mettre un pagne. Il a trois ans maintenant, il faut qu'il s'habitue à être habillé. »

Hor-Aha s'était levé pour la saluer, et Ahmosis la regardait en souriant.

« Le général est revenu hier soir, dit-il lorsqu'elle s'assit à l'ombre du dais. La matinée était trop belle pour que nous nous enfermions dans le bureau. Tout à l'heure, j'irai interroger en personne les officiers supérieurs qu'il m'a recommandés, mais il faut que j'attende qu'Hent-ta-Hent se réveille. Je crois qu'elle fait ses dents, Ahmès-Néfertari, ajouta-t-il en regardant sa fille avec tendresse. Elle pleurait beaucoup, et sa nourrice n'arrivait pas à la calmer. Que comptes-tu faire aujourd'hui ?

– Je pensais me rendre en litière dans les champs, répondit-elle. Je veux voir où en sont les cultures. » Puis elle éclata de rire. « Tu ne fais vraiment pas sérieux avec un bébé sur le ventre, mon chéri ! »

Au son de sa voix, Hent-ta-Hent bougea, émit de petits bruits mouillés et ouvrit à demi les yeux, avant de replonger dans le sommeil.

« Peut-être, mais le battement de mon cœur l'apaise, et la chaleur de son corps me réconforte, répondit-il. Voilà ton déjeuner, Ahmès-Néfertari. Mange ici pendant que j'en termine avec Hor-Aha. Ensuite, je crois que je t'accompagnerai. Les officiers s'installent dans les baraquements. J'irai discuter avec eux, ce soir. »

Étonnée et ravie, elle accepta et savoura son déjeuner, regardant la lumière et l'ombre jouer sur la végétation printanière, et écoutant

Hor-Aha dévider une liste apparemment interminable de noms, accompagné chacun d'un commentaire sur les forces et les faiblesses de son porteur. Ahmosis avait onze divisions à encadrer, ce qui signifiait qu'il lui fallait de tout, des commandants aux porte-enseigne, des charriers aux capitaines de Cent, des chefs de Cinquante aux instructeurs.

Bien des grades étaient entièrement nouveaux pour Ahmès-Néfertari, et elle se rendit compte qu'Ahmosis les créait au fur et à mesure. L'armée serait effectivement différente, soumise à des règles rigoureuses et entièrement sous son contrôle. Cette constatation la rassura tout en l'emplissant d'une certaine tristesse. Kamosé avait fait ce qu'il avait pu, mais il n'avait eu ni le temps ni l'occasion de procéder à une telle réforme. Il avait préparé la voie à son frère, en la taillant à coups de hache. Ahmosis allait bâtir sur les fondations laissées par son frère, apporter raffinements et perfectionnements, et l'œuvre de Kamosé finirait peut-être par être oubliée. Après tout, il avait été un mystère pour les siens, un dictateur aux yeux des nobles, et la terreur des paysans dont il avait détruit les villages. Si Ahmosis parvenait à apporter la liberté et la prospérité à l'Égypte, son frère risquait même de devenir une source d'embarras dont on laisserait périr le souvenir. Ahmès-Néfertari frissonna. Tu n'aurais pas fait un bon roi, mon cher Kamosé, pensa-t-elle pour la première fois. Les dieux le savaient, et c'est pour cela qu'ils t'ont employé à labourer la terre, puis t'ont emporté. Ton destin n'était pas de gouverner.

Ahmosis-onkh revenait de la maison, sa mèche d'enfance bien nattée et un pagne enroulé autour de la taille. Raa le suivait, des rouleaux de papyrus sous le bras. Elle va lui lire des histoires, pensa Ahmès-Néfertari, mais il est presque assez grand pour commencer à apprendre à lire et à écrire tout seul. Nous devrons bientôt lui trouver un bon précepteur. Il faut qu'il connaisse l'histoire de ce pays, s'il doit succéder à Ahmosis. Un peu déprimée par le cours qu'avaient pris ses pensées, elle les chassa de son esprit et, voyant qu'Hent-ta-Hent, réveillée, s'agitait dans les bras de son père, elle se leva.

«Donne-la à la servante avant qu'elle ne t'arrose, dit-elle à Ahmosis. Je vais faire préparer les litières. Je t'attendrai près de la route du fleuve.»

Il hocha la tête et, sans interrompre sa conversation, tendit le bébé à la domestique.

Pendant des heures précieuses, Ahmosis et Ahmès-Néfertari se firent transporter aux alentours de leur domaine, admirant la vigueur et l'abondance des cultures, et se penchant parfois pour contempler leurs images floues dans les canaux qui sillonnaient les champs. Un des paysans des Taâ avait inventé un système permettant de puiser de l'eau dans le Nil, de la soulever par-dessus les digues qui retenaient l'eau de la crue annuelle quand le fleuve se retirait, et de la verser dans les rigoles. Ahhotep l'avait nommé chef des greniers, et son invention était maintenant couramment utilisée. Ahmosis fit souvent arrêter sa litière pour regarder fonctionner les chadoufs, fasciné par leur efficacité, tandis qu'Ahmès-Néfertari prenait simplement plaisir à voir l'eau scintillante tomber en cascade.

Plus tard, ils laissèrent leurs litières et marchèrent main dans la main à l'ombre des palmiers qui bordaient la route du fleuve, regardant les embarcations glisser sur l'eau, les ibis blancs plantés sur leurs longues jambes fragiles, les vibrations de la chaleur sur les montagnes dénudées de la rive occidentale. Ils rencontrèrent à plusieurs reprises des habitants d'Oueset, qui s'inclinaient avec respect et s'écartaient sur leur passage.

« Je crois que c'est quelque chose que nous ne ferons plus souvent, déclara Ahmosis lorsqu'ils arrivèrent à leur débarcadère. Il n'est pas bon qu'un roi soit aussi visible et accessible. S'il doit être prêt à écouter les problèmes de son peuple par l'intermédiaire de ses juges, il vaut mieux qu'on ne le voie pas les pieds couverts de boue et le pagne taché de sueur. Pendant mon absence, fais rehausser le mur d'enceinte du domaine afin que les passants ne puissent regarder dans le jardin.

– Tu projettes de nombreux changements, n'est-ce pas ?

– Oui, fit-il avec gravité. Mais je dois d'abord m'occuper de l'ennemi. C'est ma priorité. »

Il lui prit le bras et, ensemble, ils tournèrent le dos au fleuve et se dirigèrent vers la maison qui se dressait, familière et accueillante, au fond du jardin.

2

Le vingt-neuvième jour de *pharmouthi*, la famille et tous les serviteurs se rassemblèrent sur la rive occidentale pour accompagner Kamosé à son tombeau. Comme il ne s'était pas préoccupé de son sarcophage et que les magasins de la Maison des Morts n'en contenaient aucun qui convînt, les prêtres-*sem* avaient déposé sa momie dans un simple cercueil de bois qui reproduisait la forme d'un corps humain et dont le masque, pourvu de la barbe des souverains, imitait grossièrement le visage de Kamosé. Son nom, peint à la hâte, n'avait pas été inscrit à l'intérieur d'un cartouche royal. Lorsque le cercueil fut descendu de la barque sur laquelle il avait traversé le fleuve, et qu'on le chargea sur le traîneau qui devait le transporter, son aspect misérable choqua Ahmès-Néfertari. Kamosé mérite mieux que cela, pensa-t-elle avec colère.

« C'est toi qui l'as choisi ? murmura-t-elle à son mari tandis que retentissaient autour d'eux les plaintes des pleureuses vêtues de bleu.

– Non ! siffla-t-il. On m'a dit qu'il n'avait rien prévu, et le temps manquait pour faire fabriquer et orner un sarcophage correctement. Pauvre Tétishéri ! Elle va encore y voir une insulte de ma part à Kamosé.

– Ma foi, c'est vraiment insultant, même si tu n'y es pour rien, chuchota-t-elle. Oh ! Kamosé, pardonne-nous à tous ! »

Ahmosis garda le silence. Devant eux, le grand prêtre s'était mis en marche et psalmodiait la belle et obsédante prière des morts. Il était entouré d'une cohorte d'aides, qui encensaient le cercueil. En remarquant que sa voix tremblait un peu, Ahmès-Néfertari se souvint de l'immense affection qu'il avait portée à Kamosé. Le traîneau s'ébranla à son tour, tiré par les deux bœufs roux de la tradition et, accompagnée d'Ahhotep, de Tétishéri et d'Ahmosis, la jeune femme le suivit.

Les enfants avaient été laissés à la maison sous la surveillance de Raa, et Ahmès-Néfertari regretta soudain leur absence. Ils auraient été une promesse de vie dans cette atmosphère funèbre. Ramosé lui manquait, lui aussi. Parti à Khmounou préparer l'enterrement de sa mère, il les avait prévenus qu'il ne pourrait revenir à Oueset à temps. Derrière la famille venaient les serviteurs et, fermant la marche, les pleureuses professionnelles, qui se lamentaient et se couvraient la tête de sable. Il était d'usage de les engager, car l'importance du défunt se mesurait au nombre de femmes qui pleuraient pour lui. Ahhotep en avait engagé deux cents, toutes celles qu'Oueset pouvait fournir, et leurs sanglots, leurs plaintes étranges et sauvages, étaient repris, de l'autre côté du fleuve, par les milliers d'habitants qui s'étaient massés sur la rive orientale pour dire adieu à leur roi et protecteur.

Au moins était-il aimé et honoré d'Oueset, pensa encore Ahmès-Néfertari, qui, fondant soudain en larmes, ramassa une poignée du sable d'Égypte et la répandit sur sa chevelure.

La terre desséchée montait en pente vers le chaos déchiqueté des montagnes orientales. La petite pyramide de Kamosé se trouvait au sud, à la lisière de la nécropole, et sa cour s'ouvrait à l'est pour saluer le soleil. Derrière elle, au pied même de la falaise de Gourna, se dressaient la tombe et le temple funéraire beaucoup plus imposants de l'ancêtre des Taâ, l'Osiris Mentouhotep Nebhépetrê. Au nord, la plaine aride était semée de sépultures similaires, dont les petites pyramides coiffaient un mystère silencieux. Ahmès-Néfertari les parcourut du regard tandis que l'on descendait le cercueil du traîneau et qu'on l'appuyait contre le mur du tombeau. Tu es en bonne compagnie, Kamosé, pensa-t-elle. Ici reposent les dieux de temps plus heureux. Tu mérites d'être parmi eux, car, comme eux, tu as aimé l'Égypte et vénéré Maât, et tu leur as sacrifié ta vie.

Lorsque le couvercle du cercueil fut ôté, les membres du cortège se turent. On entendit le vent, qui faisait voleter leurs vêtements bleus et soulevait des tourbillons de poussière, disparus aussitôt qu'apparus. Prenant une profonde inspiration, Ahmès-Néfertari regarda la chose qui se trouvait dans l'ombre du cercueil de bois. Son imagination traversa le réseau compliqué des bandelettes et les amulettes protectrices pour atteindre son frère bien-aimé. Elle se le représenta comme elle l'avait vu dans son sommeil, étendu sur le dos, les mains croisées sur un torse que soulevait sa respiration, le visage immobile mais plein de vie. C'était une illusion, bien entendu ; elle savait que Kamosé était devenu une momie noircie et desséchée, mais c'était une image qu'elle ne pouvait encore affronter, et elle s'accrocha à celle d'un Kamosé endormi tandis que, l'*adjé* à la main, Amonmosé entonnait l'incantation de l'Ouverture de la Bouche afin que son frère retrouvât l'usage de ses sens.

« Il n'avait que vingt-cinq ans », dit-elle, plus fort qu'elle n'en avait eu l'intention.

Ahmosis lui prit la main, et elle se rendit compte que lui aussi pleurait.

Lorsque le grand prêtre eut terminé, les femmes recommencèrent à se lamenter et, l'un après l'autre, les membres de la famille s'agenouillèrent pour baiser les pieds de la momie, qui sentaient la myrrhe et les onguents de conservation. On souleva le cercueil, et Kamosé fut enfin conduit dans la chambre minuscule, dont aucun être vivant ne reverrait plus jamais les murs aux peintures colorées. Autour du socle de pierre sur lequel il fut déposé, on avait installé ses meubles et les effets personnels dont il aurait besoin. Ils étaient ridiculement peu nombreux.

Ahmès-Néfertari avait apporté une brassée de fleurs printanières, qu'elle déposa sur son torse. Ahhotep le couvrit elle aussi de fleurs cueillies dans le jardin. Tétishéri, elle, resta immobile, le visage ruisselant de larmes et les mains derrière le dos. « Je lui ai tout donné de son vivant, avait-elle dit un peu plus tôt, lorsqu'ils s'étaient rassemblés près du débarcadère. Je ne lui offrirai rien. Je n'accepte pas cette journée. »

Ahmosis s'approcha d'elle et enlaça avec tendresse ses frêles épaules. À l'étonnement d'Ahmès-Néfertari, Tétishéri ne s'écarta pas et, lorsqu'une fois le couvercle du cercueil replacé et cloué ils rebroussèrent enfin chemin, elle s'appuya au bras de son petit-fils. Dans le couloir, où l'air était humide et froid, Ahmès-Néfertari se retourna une dernière fois. L'ombre enveloppait déjà Kamosé, et son cercueil n'était plus qu'une forme indistincte qui resterait à jamais immobile dans d'impénétrables ténèbres.

Des tentes avaient été dressées à quelque distance de la cour du tombeau, et c'est là que les Taâ et leur maison restèrent trois jours, mangeant et buvant à la mémoire de Kamosé, priant pour le voyage de son ka et versant beaucoup de pleurs. Le deuxième soir, Ahmès-Néfertari ne parvint pas à trouver le sommeil. Après s'être agitée dans son lit à côté d'Ahmosis, fiévreuse, mal à l'aise, elle finit par s'envelopper dans un manteau et par sortir. La nuit était fraîche et paisible. De l'autre côté du ruban noir du fleuve, de faibles lueurs orangées indiquaient l'emplacement d'Oueset.

Quelques mètres à peine la séparaient du mur bas de la cour, et elle les franchit rapidement, rassurant d'un mot le garde qui s'était matérialisé à son côté. Quand il se fut écarté, elle s'approcha seule du trou béant percé au flanc de la pyramide, et qui serait comblé le lendemain.

Là, elle s'assit, genoux repliés contre la poitrine, et se mit à parler tout bas à son frère. Elle lui dit combien elle l'aimait, lui rappela leur enfance, lui expliqua ce que cela avait signifié pour elle d'entendre sa voix dans une pièce lorsqu'elle passait dans un couloir, de le voir assis sur la terrasse du vieux palais, d'être réchauffée par un de ses rares sourires.

« Tu étais notre roc, notre pierre de touche, et je ne me rendais pas compte à quel point nous comptions sur toi, murmura-t-elle. Nous tenions pour acquis que ton obstination même nous protégerait. C'est Ahmosis qui est roi, désormais, et sa méthode n'est pas la tienne. Elle ne l'a jamais été. Tu le sais, mon cher Kamosé. Je pense toutefois que si Ahmosis t'avait précédé, il aurait échoué. Aujourd'hui, son heure est venue, mais tu as agi comme il le fallait, de la seule manière possible, et tu seras justifié devant les dieux.

« Te souviens-tu de ce voyage que nous avons fait, enfants, pour aller célébrer la fête de Thot à Khmounou avec les parents de mère, le dix-neuvième jour de son mois ? Je ne savais pas encore nager et, le premier soir, sans le faire exprès, Si-Amon m'a fait tomber à l'eau. L'Inondation venait juste de commencer. Les serviteurs couraient en tous sens, affolés ; Si-Amon s'est mis à pleurer, et père est sorti de la cabine sans savoir ce qui se passait. Toi, tu as descendu la passerelle avec calme, tu t'es avancé dans l'eau et tu m'as ramenée sur le bord. Je toussais et crachais. “Quelle bête tu fais, as-tu dit. C’est facile de nager. Je vais t’apprendre et, d’ici notre retour, tu seras plus rapide qu’un poisson.” Déjà à ce moment-là tu veillais sur nous. J’empêcherai que l’on t’oublie ou que l’on déforme ton souvenir. L’histoire de l’Égypte ne sera pas... »

Les mots moururent sur ses lèvres, car quelque chose avait bougé dans l’ouverture de la tombe. Terrorisée, elle vit une ombre se détacher de l’obscurité, s’avancer vers elle en haletant... et, poussant un cri étouffé, elle reconnut Béhek. Le chien s’assit à côté d’elle en geignant, et posa sa tête grise sur ses genoux. Elle l’entoura de ses bras.

« Comment as-tu fait pour traverser le fleuve ? le gronda-t-elle. Tu t’es glissé dans l’une des embarcations des serviteurs ? Tu n’aurais pas dû descendre là-bas. Tu risquais de te retrouver emmuré, demain, et personne n’aurait jamais su ce que tu étais devenu. Mais je comprends. Oh oui ! je comprends. » Et, le visage pressé contre sa fourrure tiède, elle éclata en sanglots.

Le lendemain matin, on procéda aux derniers rites, les tentes furent démontées et les restes des repas enterrés. Les maçons attendaient, prêts à condamner la porte, qui semblait exhaler une haleine froide de solitude dans l’air étincelant.

« C’est fini, déclara Ahmosis. Amonmosé veillera à ce que les sceaux soient apposés lorsque les hommes auront achevé leur travail. Nous devons reprendre le cours de notre vie. Les barques nous attendent, et nous avons beaucoup à faire. Comment Béhek est-il arrivé ici ? »

Il lança un ordre à un garde et, jetant un dernier regard à la pyramide trapue qui se détachait sur le bleu vif du ciel, Ahmès-Néfertari monta dans sa litière et tira les rideaux.

Dès qu’ils furent sur la rive orientale, Ahmosis disparut dans la direction du temple, et les femmes se séparèrent pour se rendre dans leurs différents appartements. Ahmès-Néfertari eut l’impression que la maison était purifiée, débarrassée des courants d’émotion invisibles qui avaient tourbillonné dans ses couloirs. Épuisée, elle alla aussitôt se coucher et sombra dans un sommeil profond et sans rêve.

Le soir, elle fut appelée dans les appartements de sa mère, où se trouvait déjà Ahmosis. Il se leva à son entrée.

« Tu as meilleure mine, dit-il en l'embrassant. Kamosé est parti, à présent. Son cœur a été pesé, et il a quitté la Salle du Jugement pour prendre place dans la Barque sacrée de nos ancêtres. Tu le sens ?

– Oui, répondit Ahmès-Néfertari. C'est pour cela que la maison paraît si… si assainie. » La force du mot lui fit froncer le nez. « Je plains Ramosé. Il doit encore accompagner Néfer-Sakharou à Khmounou et endurer ses funérailles. Est-il revenu, Ahmosis ?

– Oui. L'embaumement de sa mère est terminé, mais je ne le laisserai pas repartir avant un jour ou deux. Pharmouthi se termine demain. À l'occasion du premier jour de *pachons*, qui marque le début de *shemou*, j'ai prévu une grande cérémonie dans le temple, et Ramosé doit y assister. Puisque le *pschent* et la couronne *atef* se trouvent à Het-Ouaret, il ne peut être question de couronnement, poursuivit-il. J'ai néanmoins l'intention de me déclarer roi de Haute et Basse-Égypte avec toute la pompe et le cérémonial voulus, et de dater l'anniversaire de mon Apparition du premier jour de l'été. C'est une date appropriée. » Un brusque sourire détendit son visage. « Tous les notables d'Oueset, tous les nouveaux officiers, tous les fonctionnaires devront me jurer fidélité, Ramosé compris. Ensuite, il pourra partir. À mesure que j'avancerai vers le nord avec mon armée, je ferai prêter le même serment d'allégeance aux gouverneurs des nomes, aux fils des hommes qui ont trahi Kamosé et aux matelots. Toi qui es ma reine, ma chérie, tu recevras à mon côté l'hommage de nos sujets. » Il lui caressa la joue avec tendresse. « Raa devra vêtir Ahmosis-onkh le plus somptueusement possible. Il se tiendra entre nous, un Horus-dans-le-Nid bien visible. Je veux une cérémonie majestueuse, nous devons faire étalage de notre puissance. » Il se tourna vers sa mère. « Tu te pareras d'autant de bijoux que tu le souhaites, Ahhotep, mais j'aimerais que tu portes pour l'occasion la robe dans laquelle tu as tué Mékétrê. Je sais que tu l'as gardée.

– Ahmosis ! s'écria-t-elle, choquée. C'est hors de question ! Outre qu'elle est raide de sang séché et qu'elle doit sentir mauvais, jamais je ne supporterais son contact !

– Je veux que tous voient le triomphe des Taâ, dit-il en se penchant vers elle. Je veux qu'ils méditent sur notre victoire au milieu de l'encens, des danses et des rites ; qu'ils comprennent qu'elle n'a pas été gagnée par de belles paroles et des gestes inoffensifs, mais avec des poignards et dans le sang. Je veux que, tout au long des heures qu'ils passeront dans le temple, ils aient l'image de ta force et de ta détermination devant les yeux. La déloyauté entraîne la mort. Voilà ce qu'ils doivent comprendre.

– Il y a mille autres façons d'enfoncer ce clou, riposta Ahhotep, les yeux étincelants de colère. Non seulement ce que tu demandes est parfaitement choquant, Ahmosis, mais cela confine à la folie. Je ne porterai pas cette robe ! »

Il se leva lentement et croisa les bras.

« Je comprends que cela te répugne, dit-il avec fermeté. J'ai néanmoins plus d'une raison pour insister. Ce n'est pas ton fils qui le souhaite, Ahhotep, c'est ton roi qui l'exige. »

Sa mère devint livide.

« Et si je refuse quand même ?

– Alors, en plus d'encourir mon extrême déplaisir, tu gâcheras la surprise que je te réservais. Fais-moi confiance, Ahhotep, je t'en prie. Je t'aime plus qu'aucun fils n'aimera jamais sa mère, car tu ne m'as pas seulement donné la vie, tu m'as aussi sauvé de la massue de l'assassin. Fais-moi confiance, et ne refuse pas. »

Elle le dévisagea longuement, puis, peu à peu, son expression s'adoucit.

« Personne d'autre que ton père n'aurait pu me demander, ni même m'ordonner, une chose pareille et être obéi, dit-elle enfin. Très bien, Ahmosis, je la porterai. »

Aussitôt, un sourire radieux illumina le visage d'Ahmosis, et il quitta rapidement la pièce. Les deux femmes se regardèrent.

« Ce coup qu'il a reçu à la tête..., commença Ahhotep d'une voix hésitante.

– Non, je ne crois pas, coupa Ahmès-Néfertari. Il n'a rien dit ni fait que de très rationnel depuis sa guérison. Ahmosis sait ce qu'il te demande et pourquoi.

– Il n'empêche que cela me fait frémir. Tiens-moi compagnie, Ahmès-Néfertari. Nous jouerons au *zénet* et bavarderons. Je t'ai bien peu vue, ces derniers temps. Comment se porte Hent-ta-Hent ? Grossit-elle normalement ? »

Elle appela sa servante Hétépet, qui installa le jeu de zénet et coupa la mèche des lampes. Mère et fille furent bientôt absorbées par leur partie et par leur conversation, mais, de temps à autre,

Ahhotep jetait un rapide regard dans la direction du coffre qui contenait la robe souillée. Ahmès-Néfertari comprenait parfaitement la répugnance de sa mère.

Le premier matin de pachons, une activité frénétique régna dans la maison. Avec Akhtoy et son domestique personnel, Ahmosis avait passé la nuit dans l'une des antichambres du temple afin de prier et de méditer, de se purifier et de regarder Amonmosé procéder pour la dernière fois aux ablutions du dieu. Une fois officiellement roi, il aurait en effet le privilège de pénétrer seul dans le sanctuaire, et d'accomplir les rites à la place du grand prêtre s'il le désirait. En ce jour important, toutefois, comme il l'avait dit à sa femme avant de quitter ses appartements, il souhaitait savourer les ultimes heures de sa jeunesse.

L'expression était étrange, et Ahmès-Néfertari y réfléchit tandis que Raa préparait la robe rouge tissée d'or qu'elle porterait, et que le maquilleur mélangeait un peu d'eau à la poudre noire du khôl. Pour elle, c'était le coup de massue asséné par Mékétrê qui avait mis un terme à la jeunesse d'Ahmosis, car il ne faisait aucun doute que des changements subtils mais réels s'étaient alors produits en lui. Mais peut-être lui-même pensait-il au poids de responsabilité que les titres royaux allaient faire peser sur ses épaules et qui, joint à sa divinité, allaient le séparer non seulement de tous les autres Égyptiens, mais aussi du jeune homme qu'il avait été. Il n'a que vingt et un ans, pensa Ahmès-Néfertari en fermant les yeux sous le pinceau du maquilleur. Tant de choses se sont produites depuis cinq ans. Il m'arrive d'oublier que je ne suis pas aussi âgée que Tétishéri, et Ahmosis éprouve sans doute la même chose.

Elle avait choisi une ceinture de fins maillons d'or, et des sandales blanches piquées de jaspes. Sa perruque était lourde : cinquante tresses lui tombaient presque à la taille. Ses avant-bras cliquetaient de bracelets sur lesquels étaient délicatement ciselées l'image d'Hathor, déesse de l'amour et de la beauté, et une guirlande d'*ankhs* enlacé. La déesse vautour Mout, protectrice des reines, entourait un de ses bras de ses ailes d'or. Des scarabées verts scintillaient à ses doigts et d'autres, de lapis bleu, pendaient à ses oreilles.

Avant qu'on ne la coiffât de la perruque, Raa lui avait passé autour du cou un lourd pectoral où la déesse Mout était cette fois représentée avec les ailes déployées. Chacune de ses plumes émaillées était d'une couleur différente – rouge, vert, bleu – afin que l'ensemble resplendisse et semble prendre vie à la lumière du soleil. Ahmosis l'avait donné à sa femme la veille, et elle l'avait contemplé avec émerveillement.

« Je suis désolé qu'il ne contienne pas d'argent, avait-il dit. J'ai utilisé ailleurs celui que j'ai pu rassembler. C'est tout de même un très beau bijou. Les orfèvres du temple y ont travaillé longtemps. Porte-le comme la reine que tu es. »

Toute à son admiration, Ahmès-Néfertari n'avait pas songé à lui demander ce qu'il avait fait de l'argent, un métal rare dont l'on manquait à Oueset, et elle n'y repensa qu'en sentant le pectoral sur sa peau à travers le tissu arachnéen de sa robe. Prenant le miroir que Raa lui tendait, elle s'examina d'un œil critique. Le henné avivait ses lèvres, d'habitude étrangement pâles, mais il ne dissimulait pas leur pli hautain, une particularité physique qui incitait souvent les gens à la croire froide et arrogante, même lorsqu'elle était enfant. Alors qu'en fait j'étais terriblement timide, pensa-t-elle fugitivement. Le maquilleur avait souligné ses yeux marron de khôl, et frotté ses paupières d'un fard bleu poudré d'or. La frange de la perruque effleurait ses sourcils, rehaussés de khôl eux aussi.

Ahmosis lui avait demandé de ne porter aucun bijou sur la tête. Sans doute parce qu'il avait l'intention de la couronner. Avec un pincement d'angoisse, elle se dit que courir sur le terrain de manœuvres remettre les soldats au pas, puis revenir s'occuper de ses responsabilités domestiques était une chose, mais qu'assumer l'identité d'une déesse en était une autre !

« Va voir si ma mère est prête, Raa, ordonna-t-elle. Et assure-toi qu'Ahmosis-onkh n'a pas enlevé ses sandales. Dis à Ouni qu'il tâche de presser grand-mère, et à Ankhmahor qu'il peut faire avancer les litières. »

Lorsque la servante fut partie, Ahmès-Néfertari prit une profonde inspiration et effleura délicatement son pectoral. Elle avait déjà soif mais craignait d'étaler le henné sur ses lèvres en buvant. Ce jour marque la fin de ma jeunesse, à moi aussi, se dit-elle. Bien que j'aie été princesse, que j'aie eu deux maris et des enfants, j'étais encore une enfant à bien des égards. La révolte a porté un coup fatal à ma jeunesse, mais c'est aujourd'hui qu'elle va définitivement mourir.

Devant l'entrée, les serviteurs s'étaient massés pour admirer leurs maîtresses ; les litières, ornées de rubans et de guirlandes de fleurs fraîches, reposaient dans l'herbe. En sa qualité de capitaine des gardes, Ankhmahor s'inclina devant Ahmès-Néfertari lorsqu'elle franchit la colonnade et s'avança vers lui. Soigneusement maquillé lui aussi, il portait une coiffure de lin à rayures bleues et blanches – les antiques couleurs de la royauté –, des gants de cuir blanc et, dans un fourreau de cuir noir, un poignard de cérémonie au manche d'or filigrané.

Derrière le prince, l'escorte attendait, composée des hommes qu'Ahmès-Néfertari et lui avaient choisis ensemble pour garder la maison. Leurs uniformes étaient semblables à celui de leur capitaine, mais les armes qui pendaient à leurs ceintures étaient faites pour le combat et non pour la parade. Ils saluèrent leur reine avec gravité, et elle leur sourit avant de se diriger d'un pas rapide vers sa litière.

Alors qu'elle prenait place sur les coussins, Ouni et Karès apparurent, vêtus tous deux de la tenue de cérémonie des intendants : une ample tunique blanche lisérée d'or, qui leur tombait aux chevilles. Ils avaient aux bras les épais bracelets d'or, insignes de leur rang élevé dans la hiérarchie domestique, et des rubans bleus et blancs ceignaient leur perruque courte. Ahmès-Néfertari leur jeta un regard admiratif avant de se tourner vers les deux femmes qui sortaient à leur tour de la maison.

Tétishéri était couverte d'or de la tête aux pieds. Il scintillait en minces feuilles sur sa robe jaune, pendait à ses oreilles, poudrait sa perruque et ses joues fardées. Mais ce fut surtout Ahhotep qui retint l'attention d'Ahmès-Néfertari, et qu'elle regarda avec compassion et inquiétude. Sa mère ne portait pas un seul bijou. Les bras et le cou nus, elle était coiffée d'une perruque ordinaire et n'avait aux pieds qu'une paire de sandales usées, plutôt sales. Elle avançait lentement, la tête haute, sans essayer de dissimuler les terribles taches brunes qui maculaient sa simple robe blanche. Sous les yeux d'Ahmès-Néfertari, une écaille de sang séché s'en détacha et tomba.

Un murmure choqué courut dans l'assistance, mais Ahhotep ne parut rien entendre. Ankhmahor s'empressa d'écarter les rideaux de sa litière et, dès qu'elle y eut pris place, il les referma. Tétishéri se pencha vers sa petite-fille. Un sourire malicieux détendait ses lèvres rougies de henné et avivées de poudre d'or.

«Je sais pourquoi Ahmosis lui a demandé de la porter, dit-elle gaiement. Il est venu me voir, hier soir, et me l'a expliqué. Nous avons eu une discussion fort intéressante.»

C'était intelligent et sage de ta part, mon époux, pensa Ahmès-Néfertari. Fais de grand-mère ta complice, lisse ses plumes hérissées, et tu lui ôtes ses griffes.

«Je ne pouvais rien dire à Ahhotep, bien entendu, poursuivait Tétishéri. Mais je lui ai assuré qu'elle serait fière de cette journée. Elle a décidé de ne pas porter de bijoux, bien qu'Ahmosis l'y ait autorisée. Ç'aurait été d'un goût déplorable avec tout ce sang séché.

– Cette surprise a-t-elle un rapport avec l'argent qu'Ahmosis m'a dit avoir rassemblé ? demanda Ahmès-Néfertari, dans un accès de curiosité. Va-t-il lui dédier une chapelle ou une statue dans le temple ?

– De l'argent ? répéta Tétishéri, l'air interdit. Non, je ne suis pas au courant. J'espère qu'il ne va pas se montrer trop généreux avec les prêtres d'Amon. Ce métal est trop rare. Lorsqu'il aura battu Apopi et pourra rouvrir les routes commerciales, nous en aurons autant que nous pourrons en acheter, mais nous n'en sommes pas encore là.»

Elle fut interrompue par Ahmosis-onkh, qui, échappant à sa bonne, se glissa entre les deux femmes.

«Tu es très jolie, maman», dit-il.

Ahmès-Néfertari sourit en le regardant. Ses yeux marron clair avaient été soulignés de khôl; une larme d'or terminée par un minuscule faucon aux ailes repliées pendait à une de ses petites oreilles, et des bracelets d'or brillaient à ses deux poignets.

«Tu es très beau, toi aussi, avec ce pagne plissé et ces sandales neuves, répondit-elle. Non ! Ne touche pas à ta mèche, Ahmosis-onkh, sinon tu vas faire tomber la barrette, et les tresses se déferont.

– Mais ça me gratte le cou, gémit-il. Et quand est-ce que je pourrai enlever les sandales ? Les pieds me brûlent.

– Viens t'asseoir ici, près de moi, fit Ahmès-Néfertari en tapotant les coussins. J'ai des choses à te dire. Je te le rendrai lorsque nous arriverons au temple, ajouta-t-elle à l'adresse de la servante. Allons-y, Ankhmahor !»

Le prince lança aussitôt un ordre. Les litières furent soulevées, les gardes les entourèrent, et le cortège s'ébranla. Prenant alors la main de son fils dans la sienne, Ahmès-Néfertari lui expliqua pourquoi il avait été maquillé et habillé, pourquoi il devait garder ses sandales, et la signification de ce qui allait se passer dans le temple. Il l'écouta avec sérieux, puis, quand elle se tut, s'agita sur les coussins, l'air pensif, les yeux baissés sur ses paumes rougies de henné.

«Père est le roi de toute l'Égypte maintenant que mon oncle Kamosé est mort ? demanda-t-il.

– Oui, répondit-elle. Il va l'annoncer à tout le monde aujourd'hui, et les gens promettront de lui obéir, et de ne pas se révolter contre lui comme l'ont fait certains des nobles et des soldats.

– Ils ont tué mon oncle, n'est-ce pas ? dit l'enfant avec plus d'entrain que de regret.

– Oui.

– Et grand-mère et toi les avez punis, fit-il d'un air réjoui, en se tapant les cuisses. Quand père mourra, c'est moi qui serai roi ?

– Oui.

– Tant mieux. Quand je serai roi et que tout le monde sera obligé de faire ce que je veux, je mettrai tous les soldats et les nobles en prison une fois par an, juste pour être sûr.

– Ce n'est pas aussi facile que cela d'être roi, Ahmosis-onkh, dit sa mère avec un soupir. Même les rois doivent obéir aux lois des dieux, et Maât commande que personne ne soit emprisonné sans raison. Les souverains égyptiens ne sont pas comme les sauvages des autres pays, qui règnent sans Rê.»

Mais l'enfant ne l'écoutait plus. Il avait l'œil collé à la fente des rideaux.

«Regarde tout ce monde, maman ! s'exclama-t-il avec excitation. Laisse-moi ouvrir les rideaux !»

Ahmès-Néfertari l'aida à les écarter. Massés de part et d'autre de la route du fleuve, les citoyens d'Oueset criaient et se bousculaient. Quand l'épouse de leur nouveau souverain et son fils apparurent à leur vue, la clameur enfla encore. Ils savaient ce qu'Ahhotep et Ahmès-Néfertari avaient accompli, et ils leur en étaient reconnaissants. Le lien étroit qui avait toujours uni les Taâ à leur peuple était à présent quasi indestructible. Pourtant, tandis qu'Ahmosis-onkh saluait la foule en riant, sa mère fut prise d'un court accès de mélancolie. Les Sétiou tiennent toujours le Delta, pensait-elle. Ahmosis peut bien se déclarer roi de Haute et Basse-Égypte, la vérité est que ce pays est encore divisé.

Lorsqu'ils tournèrent à gauche pour longer le petit canal conduisant au pylône d'Amon, les porteurs de litière durent ralentir le pas, car la foule était devenue encore plus dense. On se pressait aussi dans l'avant-cour du temple, où la famille mit pied à terre, quoiqu'il n'y eût plus là que les citoyens éminents d'Oueset. Ils s'inclinèrent devant les Taâ avec un tel ensemble que l'image d'un champ de blé pliant sous le vent vint à l'esprit d'Ahmès-Néfertari. Confiant Ahmosis-onkh à la garde de sa bonne, elle s'avança vers la cour intérieure avec sa mère et sa grand-mère. Dès que l'assemblée découvrit la robe d'Ahhotep, l'atmosphère changea, et des murmures accompagnèrent les trois femmes jusqu'à ce qu'elles disparaissent dans la cour intérieure.

Là, l'air était chargé d'encens. Ahmès-Néfertari, qui en aimait l'odeur, la respira avec plaisir et regarda dans la direction du sanctuaire, dont la porte était ouverte. Couvert de fleurs, qui ceignaient son cou et jonchaient ses pieds, Amon lui souriait d'un air énigmatique, les mains sur les genoux. Le voir était un privilège rare. Dissimulé aux yeux impies dans son sanctuaire la majeure partie de l'année, régnant par le truchement de ses prêtres et de ses oracles, il restait invisible à la plupart de ses sujets.

Avec Tétishéri et Ahhotep, Ahmès-Néfertari s'agenouilla, puis se prosterna devant le dieu. Alors que les trois femmes se relevaient, Ahhotep trébucha et tomba, un incident qui passa quasiment inaperçu dans le tintement des cymbales et le bruissement des sistres dont jouaient les chanteurs du temple. À peine Ahmès-Néfertari avait-elle remarqué la détresse de sa mère que, quittant les rangs des prêtres alignés contre le mur du sanctuaire, un jeune homme s'élançait et se jetait à genoux à côté d'Ahhotep.

« Fais comme si tu lui rendais hommage une seconde fois, Majesté, murmura-t-il. De la sorte, tu transformeras un faux pas en une marque de profond respect, et le dieu t'en sera reconnaissant. »

Ahhotep était manifestement trop bouleversée pour désobéir. Le prêtre se prosterna avec elle et l'aida discrètement à se relever. Ahmès-Néfertari s'attendait à ce qu'elle l'écartât avec un mot de réprimande, mais elle se contenta de hocher la tête sans le regarder, et il alla reprendre sa place parmi ses compagnons.

Deux fauteuils et un tabouret avaient été installés devant le sanctuaire, face aux hommes et aux femmes qui se pressaient dans la cour intérieure. Les prêtres se tenaient derrière les fauteuils, les chanteurs et les danseurs sacrés à droite et à gauche. Ahmès-Néfertari aurait aimé se retourner pour regarder l'assistance, mais elle n'osa le faire. D'ailleurs, Amonmosé s'avançait déjà, accompagné de thuriféraires. Il portait sur une épaule la peau de léopard, insigne de ses hautes fonctions, et tenait à la main le bâton de sa charge sacrée. Ahmosis le suivait, vêtu d'un simple pagne blanc, les pieds nus, et un carré de lin blanc sur les cheveux. Venaient ensuite trois prêtres, portant chacun un coffret. Les chanteurs entonnèrent un hymne. Avec solennité, le grand prêtre conduisit Ahmosis jusqu'à l'un des fauteuils et s'inclina.

Le souverain ne s'assit pas. Lentement, il parcourut l'assemblée du regard, adressant à sa femme un sourire si fugitif qu'elle se demanda si elle ne l'avait pas imaginé. Puis il leva une main, et les chants cessèrent. Un silence plein d'attente s'installa.

« Élus d'Égypte, commença Ahmosis d'une voix que le plafond de pierre répercuta. Aujourd'hui, je succède à mon frère et deviens Seigneur des Deux Terres, Aimé d'Amon. Le premier jour de l'été marquera dorénavant l'anniversaire de mon Apparition en tant qu'Incarnation divine du dieu sur terre. Je jure de faire respecter les lois de Maât, de récompenser ceux qui me serviront bien, et de punir avec justice ceux qui ne le feront pas. Je tiens de mes ancêtres le droit de régner légitimement sur l'Égypte. Ahhotep, approche-toi. »

Sa mère s'avança et, la prenant avec douceur par le bras, il la tourna vers la foule.

« Voici le prix de la trahison, reprit-il en montrant sa robe. Il a été réclamé sans pitié par cette femme, elle-même épouse d'un roi sans couronne. Quelqu'un peut-il contester les droits de la maison des Taâ devant tant de courage et de noblesse ? Regardez-la bien et réfléchissez à ce que vous voyez. »

Ahmès-Néfertari sentit qu'on tirait sur sa robe. C'était Ahmosis-onkh.

« Pourquoi grand-mère porte-t-elle une robe sale ? murmura-t-il. Est-ce que papa la gronde ?

– Chut ! fit Ahmès-Néfertari en posant un doigt sur ses lèvres. Je t'expliquerai plus tard.

– Je suis un roi sans couronne, moi aussi, disait Ahmosis. Les insignes royaux – *hédjet*, *deshret*, atef, *héka* et *nékhakha* – sont entre des mains étrangères et sacrilèges. Même la dame de la Flamme et la dame de l'Effroi se trouvent dans le Nord. Mais je reprendrai les couronnes blanche et rouge, l'atef, le sceptre et le fouet, et, lorsque je l'aurai fait, le couronnement aura lieu ici, devant Amon, dans sa ville. » Il avait libéré Ahhotep, mais elle restait immobile, droite et pâle dans sa robe souillée, dont les taches brunes étaient à la fois un témoignage et un avertissement. « Aujourd'hui, je ne coifferai que le *némès*, un symbole de concorde, continua Ahmosis. Et j'accepterai de nouvelles sandales afin de suivre la nouvelle voie que le dieu m'a tracée. Que l'on ne se méprenne pas, cependant : le pouvoir ne réside pas dans la Double Couronne, mais dans la personne du dieu qui la porte. À présent, que l'on apporte des tabourets à ma mère et à ma grand-mère. »

Ahmès-Néfertari remarqua avec inquiétude qu'Ahhotep allait s'asseoir en tâchant de dissimuler une légère claudication, et elle poussa un secret soupir de soulagement lorsqu'ils furent tous installés. Avec cette horreur superstitieuse qui l'avait si souvent étreinte par le passé, la jeune femme remarqua toutefois du sang sur un orteil de sa mère. C'est un mauvais présage pour le début du règne d'Ahmosis, pensa-t-elle. Personne ne doit s'en apercevoir. Que puis-je faire ? Elle avait pris place dans l'un des deux fauteuils et savait qu'elle ne pouvait ni se lever ni se pencher sans attirer l'attention.

Par bonheur, le jeune prêtre qui était déjà venu à la rescousse d'Ahhotep veillait. Hardiment, il s'avança, se laissa tomber avec grâce à ses pieds et, feignant de les embrasser en signe de soumission et de respect, s'arrangea pour essuyer les gouttes de sang avec un pan de son vêtement. Ahhotep continua à regarder droit devant elle, le visage impassible, et, lorsqu'il s'éloigna, Ahmès-Néfertari la vit dissimuler ses pieds sous les plis de sa longue robe.

Ahmosis s'assit à son tour. Le premier coffret fut ouvert, et Amonmosé en sortit une paire de sandales magnifiques qui, comme le poignard d'Ankhmahor, n'étaient que de cérémonie. Couvertes de feuilles d'or et décorées de lapis et de jaspe, elles furent glissées avec révérence aux pieds d'Ahmosis tandis qu'Amonmosé, prosterné, psalmodiait la litanie de circonstance et que les prêtres chantaient les réponses. Ahmès-Néfertari eut le temps de remarquer qu'un portrait très ressemblant d'Apopi avait été peint sur leurs semelles. Puis le grand prêtre se releva, encensa Ahmosis et souleva le couvercle du second coffret.

Il y prit un pectoral dans lequel Ahmès-Néfertari, bouleversée, reconnut le bijou que Kamosé s'était fait fabriquer. Se balançant au bout des doigts d'Amonmosé, Heh, le dieu de l'éternité, était agenouillé sur le signe *heb* et tenait à la main les longues nervures de palme encochées représentant des années innombrables. Au-dessus de la tête du dieu, cependant, le cartouche royal avait été modifié : au lieu du nom de Kamosé, Nekhbet et Ouadjyt entouraient désormais celui d'Ahmosis. La gorge d'Ahmès-Néfertari se serra quand le grand prêtre passa autour du cou de son mari ce magnifique ornement, symbole de tous les espoirs de Kamosé. Pour Ahmosis, c'est une façon d'établir un lien avec son frère, de s'engager à mener à son terme ce qu'il a entrepris, pensa-t-elle. Mais pour moi, c'est simplement un objet qui me remplit de tristesse.

Le dernier coffret contenait un némès rayé de bandes bleu foncé et dorées, dont le bord, un bandeau d'or, s'ornait du cobra et du vautour – la dame de la Flamme, protectrice du Nord, et la dame de l'Effroi, protectrice du Sud. Avec des paroles solennelles, Amonmosé ôta le carré de lin posé sur les cheveux d'Ahmosis et le remplaça par cette coiffure, dont il arrangea les pans de chaque côté de son cou. Jamais plus le souverain ne se montrerait en public la tête nue.

Ahmosis leva alors les bras. Applaudissements et acclamations retentirent puis, d'un seul mouvement, toute l'assistance se prosterna, front contre le sol. En se relevant, ils continuèrent à ovationner leur souverain jusqu'à ce que, sur un signe d'Ahmosis, le héraut Khabekhnet s'avance.

« Écoutez les désirs du roi ! » cria-t-il. Les clameurs s'éteignirent aussitôt. « Sa Majesté souhaite d'abord annoncer qu'elle n'adoptera pour l'instant que trois des cinq titres qui composent le protocole officiel. Il ne lui plaira de prendre son nom de *nesout-bit* – Celui qui appartient au Jonc et à l'Abeille –, et son nom des deux Maîtresses que lorsque le pays sera nettoyé, et qu'elle s'assiéra enfin sur le trône d'Horus. En attendant, elle est Ouatch-Képérou Ahmosis, fils du Soleil, Horus, Horus d'Or. Le roi a parlé. En second lieu, Sa Majesté souhaite couronner sa bien-aimée, Ahmès-Néfertari, la Belle Fille de la Lune, afin que l'Égypte puisse lui rendre hommage en qualité d'épouse divine, et la révérer comme la première gloire de notre pays. Le roi a parlé. »

Le héraut se recula, et Ahmosis se leva. Prenant à côté de son fauteuil un quatrième coffret, qu'Ahmès-Néfertari n'avait pas encore remarqué, il en sortit une coiffure en or représentant la déesse Mout. Les ailes déployées, le bec arqué et acéré, les serres refermées sur le signe *shen*, symbole d'éternité et de protection, Mout dressait sa tête de vautour, et ses yeux d'onyx brillaient d'un éclat dangereux. Avec précaution, avec la tendresse de l'amour et de la fierté, Ahmosis la posa sur la perruque d'Ahmès-Néfertari.

« Il ne doit pas rester grand-chose du butin raflé sur les embarcations sétiou, Majesté, dit-elle à mi-voix.

– Non, en effet, répondit-il avec un sourire. Et ce sera encore bien pire d'ici que j'aie terminé. Je t'adore, mon irrésistible soldat. »

Une fois encore, un tonnerre d'acclamations retentit dans la cour intérieure. Ahmosis ne se rassit pas, comme Ahmès-Néfertari s'y attendait. Il laissa l'ovation se prolonger un moment, puis leva la main.

« J'ai maintenant un devoir solennel et vital à accomplir, déclara-t-il d'une voix sonore. Ahhotep, ma mère, approche-toi. »

Ahhotep obéit, visiblement perplexe. Elle avait une bonne demi-tête de moins que son fils si bien que, lorsqu'il parla à nouveau, tous virent sa bouche rougie de henné au-dessus de la perruque simple et lisse de sa mère.

« Il y a trois récompenses qu'un souverain décerne à des sujets méritants, dit-il. L'une, l'Or des Faveurs, est accordée à tous ceux qui ont fait preuve d'une loyauté, d'une dévotion ou d'un zèle exceptionnels au service de leur roi. Les deux autres, l'Or de la Vaillance et les Mouches d'or, ne sont attribuées qu'à des soldats ayant montré un courage exemplaire au combat. Elles n'ont jamais été données à une femme. Les Mouches d'or, en particulier, sont une distinction rare : on ne les a décernées que quatre fois dans toute l'histoire de l'Égypte. Aujourd'hui, ce sera la cinquième. »

Il tendit la main, et Amonmosé y déposa un mince cercle d'or auquel étaient suspendues trois mouches du même métal. Ahmès-Néfertari les contempla en s'émerveillant du talent des orfèvres : avec leurs ailes pleines et leurs yeux bulbeux, elles paraissaient vivantes. C'était cependant dans la fabrication de leurs corps que l'artisan anonyme avait montré son génie. Il avait imité les rayures de l'insecte par des rainures, de façon que les mouches sembleront s'iriser au soleil chaque fois que le porteur du collier bougera ou respirera.

«J'ai fait ériger une stèle à l'intérieur de cette enceinte sacrée, poursuivit Ahmosis. Voici ce qui y est écrit : "Ahhotep est celle qui a accompli les rites et pris soin de l'Égypte. Elle a veillé sur ses troupes et les a protégées. Elle a ramené les fugitifs et rassemblé ses déserteurs. Elle a pacifié la Haute-Égypte et a chassé les rebelles." Il est inutile de graver autre chose dans la pierre, mais vous savez tous que, en plus de me sauver la vie, elle a aidé à mater la révolte parmi les soldats. Aucun homme n'est plus digne que cette femme de recevoir la récompense suprême, et de la porter sur l'emblème ensanglanté de sa bravoure. Lève la tête, Ahhotep. Je te décerne les Mouches d'or et un nouveau titre : *nébet-ta*, Maîtresse de la Terre.»

Ahmosis passa autour du cou de sa mère le collier, qui avait un simple crochet pour fermoir, puis Ahhotep se retourna. Elle semblait hébétée. L'assemblée se mit à l'acclamer follement, criant son nom, sifflant et hurlant. Le grand prêtre la prit par le bras pour la reconduire à son tabouret, sur lequel elle se laissa tomber, les yeux brillants de larmes. Caressant de la main les insectes exquis, elle sourit à Ahmosis.

«Je suis heureux que ma surprise ait ton approbation, dit-il. Continuons à présent. Ahmosis-onkh ! Viens ici.»

Abandonnant la main de sa nourrice, l'enfant courut vers son père et grimpa sur ses genoux. Quelle curieux mélange de formalité et de spontanéité, se dit Ahmès-Néfertari en regardant son fils s'installer confortablement sur les cuisses musclées d'Ahmosis. Mais cela reflète parfaitement le caractère d'Ahmosis. Kamosé n'aurait jamais procédé de cette façon. Avec lui, chaque chant, chaque pas, chaque déclaration aurait dû être exactement conforme à la tradition, de sorte que le passé puisse se couler sans effort dans le présent. Kamosé voulait nous restituer le passé, tandis qu'Ahmosis, je commence à le comprendre, compte non seulement restaurer, mais redonner vie à la structure de l'Égypte. Il a su allier tradition et naturel, sans que la cérémonie y perde en dignité. J'ai l'impression de me retrouver mariée à un inconnu fascinant.

Le vacarme diminuait. Ahmosis fit un signe. « Apporte les bracelets, Hor-Aha », ordonna-t-il. Fendant la foule des prêtres, le général mit un genou en terre devant le souverain et lui présenta un coffret ouvert. Ahmès-Néfertari jeta un coup d'œil à l'intérieur : il était rempli de bracelets d'argent.

« À présent, vous allez tous nous jurer allégeance, à moi, à l'épouse divine et au Faucon-dans-le-nid Ahmosis-onkh, déclara Ahmosis d'une voix forte. Princes, nobles, gouverneurs, administrateurs..., je ne fais pas de distinction. J'exigerai le même acte de soumission dans chacune des villes que je traverserai en me rendant dans le Nord. Il ne s'agit pas d'une cérémonie de pure forme. Je vous considérerai liés par votre serment. Que s'avancent d'abord ceux dont mon héraut va énoncer les noms. Une armée permanente comptant cinq divisions sera cantonnée ici, à Oueset. Mes onze divisions ont de nouveaux officiers, mais je recevrai d'abord le serment des commandants de l'armée permanente. »

Il adressa un signe de tête à Khabekhnet, qui clama :

« Division d'Amon : le général Touri ; le commandant des troupes de choc Ankhmahor ; le porte-étendard Idou. »

Les trois hommes s'avancèrent. Touri était l'ami d'enfance d'Ahmosis. Pendant les premiers temps terribles de l'insurrection, Kamosé l'avait envoyé dans le Sud avec ses parents pour les mettre en sécurité. Il était revenu depuis peu, rappelé par Ahmosis. Se prosternant, les officiers baisèrent les pieds et les mains de leur souverain ; ils rendirent ensuite le même hommage à Ahmosis-onkh, qui rit avec ravissement, puis à Ahmès-Néfertari. Ahmosis les invita à se relever, et tendit à chacun un bracelet.

« L'insigne de vos responsabilités, dit-il. N'en faites pas une massue pour écraser vos subordonnés ni un arbre derrière lequel vous dissimuler. Vous avez la bénédiction de votre Seigneur.

– Division de Rê ! cria Khabekhnet. Général Kagemni, commandant des troupes de choc Khnoumhotep, porte-étendard Khaemhet. » De nouveau, l'hommage fut rendu, et les bracelets distribués.

« Division de Thot ! clama le héraut. Général Baqet, commandant des troupes de choc Tchanni, porte-étendard Pépinakht. »

Ahmès-Néfertari regarda et écouta avec attention. Elle reconnut très peu des officiers dont les lèvres frôlèrent sa chair. Ahmosis a fait exactement ce qu'il avait annoncé, pensa-t-elle. La plupart de ces hommes sortent du rang. Leur attitude, leur façon de marcher, le mélange de fierté embarrassée et de timidité peint sur leurs visages..., tout indique en eux des hommes du peuple. Elle jeta un regard vers Mésehti et Mékhou ; leur expression était indéchiffrable. À côté d'eux, Ramosé paraissait tendu mais calme.

Les deux dernières divisions qui devaient être cantonnées à Oueset étaient celles d'Horus et de Montou ; les six autres avaient elles aussi reçu un nouvel encadrement et, le temps que les civils défilent à leur tour pour prêter serment à leur roi, le coffret d'Hor-Aha était vide. Ahmès-Néfertari se sentit soudain épuisée. Sa couronne commençait à l'irriter derrière les oreilles, et elle avait mal au dos. C'est donc à cela qu'a servi toute la réserve d'argent, pensa-t-elle. Pas étonnant qu'Ahmosis ait passé autant de temps dans le temple. Le grand prêtre, les maçons, les bijoutiers et les chefs du protocole sacré ont dû travailler comme les esclaves des Sétiou pour préparer cette journée.

Ahmosis-onkh s'agitait et pleurnichait doucement. Son père lui ordonna de se taire et, après un gémissement de protestation, il mit son pouce dans sa bouche et s'endormit contre son torse. Lorsque, la cérémonie achevée, on le réveilla, il avait le dessin du pectoral de Kamosé imprimé sur la joue.

Les Taâ sortirent du temple dans un nuage d'encens. Une pluie de pétales de fleurs et les acclamations d'une foule en délire les accueillirent. Ahmosis-onkh bâillait. Ahhotep s'efforçait de ne pas boiter. S'immobilisant soudain, elle se tourna vers son intendant.

« Va me chercher ce jeune prêtre, Karès. Tu sais de qui je veux parler. »

Entourés par les gardes qui s'efforçaient de contenir la foule enthousiaste, éblouis par la lumière de l'après-midi après la pénombre relative de la cour intérieure, ils attendirent. Karès revint bientôt avec le jeune homme. En voyant Ahhotep, celui-ci s'inclina très bas, les paumes tournées vers le ciel en signe de supplication.

« Ne crains rien, dit Ahhotep avec bonté. Je veux te remercier et non te punir. Quels sont ton nom et ta fonction ?

– Je m'appelle Youf, grande dame, bégaya-t-il. Je suis prêtre-*ouab*, serviteur des serviteurs du dieu.

– Eh bien, tu as montré une grande présence d'esprit, aujourd'hui, Youf, sans parler d'une insolente ingéniosité. J'ai besoin d'un prêtre. Si tu désires me servir, viens à la maison demain et demande à parler à Karès. »

Elle s'éloigna sans attendre de réponse, laissant le jeune homme tout interdit. Un instant après, Ahmès-Néfertari entendit son rire bref derrière les rideaux tirés de sa litière.

Plus tard ce soir-là, après les guirlandes, le vin et les discours, le banquet et la musique, Ahmès-Néfertari savourait le silence, couchée dans le lit de son époux. Ils avaient fait l'amour, et Ahmosis venait de souffler la lampe. L'obscurité les enveloppait, apaisante et bienvenue.

« Reste dormir près de moi, Ahmès-Néfertari, dit-il en la prenant dans ses bras. Approuves-tu ce que j'ai fait aujourd'hui, mon épouse ? Était-ce sage ?

– Oui, je crois, répondit-elle d'une voix ensommeillée. À condition que tu te montres encore plus courtois que de coutume avec les princes, et que tu leur accordes les titres que tu leur as promis. Ils ne sont pas assez stupides pour ne pas s'être rendu compte que tu avais considérablement limité leurs pouvoirs. Il faut leur jeter quelques os. »

Ahmosis poussa un grognement approbateur, puis, au bout d'un long silence, alors qu'Ahmès-Néfertari le pensait endormi, il bougea et lança d'un ton désinvolte :

« Au fait, j'ai oublié de te dire que je t'avais nommée second prophète d'Amon. Amonmosé a approuvé ma décision.

– Mais pourquoi ? s'exclama-t-elle, entièrement réveillée. Tu m'as déjà confié le commandement des gardes de la maison, et je dois aussi superviser la construction d'un village pour les nouvelles divisions ! Comment suis-je censée m'acquitter de cette tâche supplémentaire ? » Il garda le silence, et elle comprit qu'elle devait arriver elle-même à une réponse. « Tu souhaites avoir un espion dans le temple, n'est-ce pas ? dit-elle avec lenteur. Malgré ton affection pour Amonmosé, tu doutes de lui ou, plutôt, tu veux être certain de pouvoir continuer à lui faire confiance. Le temple est un monde en soi. Mon rôle consistera à le relier au nôtre.

– Oui, murmura-t-il. Servir le dieu est honorable, Ahmès-Néfertari. Comme Kamosé, je le vénère et suis prêt à accomplir sa volonté. Mais ses serviteurs sont humains et susceptibles de faiblesses. Je ne veux pas de surprises. Je ne veux jamais rentrer chez moi pour y trouver la sédition.

– Tu ne te fies plus vraiment à personne, n'est-ce pas, mon époux ?

– Sauf à toi, ma jolie reine, répondit-il avec un sourire dans la voix. Sauf à toi. »

3

Ahmosis, les Medjaï et les divisions d'Oueset partirent pour le Nord, l'après-midi suivant. Debout près du débarcadère, tenant la petite main d'Ahmosis-onkh dans la sienne, le souverain se sentait las mais satisfait. J'ignorais si j'y arriverais, se disait-il. C'était risqué, mais j'ai établi le fondement d'une nouvelle force armée, affirmé mon autorité sur la majeure partie du pays et brisé le pouvoir des princes... bien qu'ils ne le sachent pas encore. Seul Apopi se dresse encore sur mon chemin. Ce qui n'est pas rien, pensa-t-il en se rembrunissant. Au moins puis-je me concentrer sur cette campagne sans craindre ce qu'on fera derrière mon dos. Ahmès-Néfertari et mère sont parfaitement capables de gouverner en mon absence, et j'emmène mes ennemis potentiels.

Il coula un regard vers Hor-Aha. Le général bavardait avec Ankhmahor, une main posée négligemment sur la garde de son épée, l'autre fendant paresseusement l'air. Le prince l'écoutait, les yeux fixés sur le sol, hochant de temps à autre la tête d'un air grave. Depuis ce jour où il avait déclaré comprendre ma position, il n'a plus protesté, pensa Ahmosis. Ne plus commander que les Medjaï doit pourtant lui paraître amer. J'aimerais ne pas avoir autant besoin d'eux. Peu m'importerait alors qu'Hor-Aha les remmène dans le pays d'Ouaouat. Les choses étant ce qu'elles sont, je dois veiller à le consulter, comme Kamosé le faisait, car c'est incontestablement un grand tacticien. Je me demande s'il se doute que je n'ai pas l'intention de lui donner son titre de noblesse et son domaine avant d'être complètement assuré de la soumission de l'Égypte.

Autour d'eux, l'agitation du départ battait son plein. On chargeait des provisions de dernière minute sur les navires de roseaux ; les scribes des Effectifs pointaient leurs listes à mesure que les soldats embarquaient, et les hommes déjà montés à bord se pressaient contre la lisse. J'aurais aimé assister aux récoltes, se dit encore Ahmosis. Voilà combien d'années que je n'ai pas vu vanner le blé, que je n'ai pas entendu les moissonneurs chanter en maniant la faucille ? Quand je reviendrai, l'Inondation aura commencé, les greniers seront pleins, et le vin nouveau fermentera dans les cuves.

Il se rendit compte qu'Ahmosis-onkh le tirait par le bras.

« Je veux partir avec toi, père, pépiait-il. Je veux aller à la guerre.

– Je t'emmènerai volontiers, répondit Ahmosis en lui souriant. Mais il faut d'abord que tu saches manier le javelot et l'épée, tirer à l'arc et, surtout, lire.

– Lire ? répéta l'enfant avec une grimace. Pourquoi ?

– Parce qu'avant une bataille, pour décider ce qu'ils vont faire, tous les généraux et les commandants se réunissent autour de cartes sur lesquelles se trouvent les noms des villes et des villages. C'est Ipi qui écrit tout, mais comment pourrais-tu savoir qu'il ne s'est pas trompé, et comment pourrais-tu dire ces noms aux hommes, si tu étais incapable de les lire ? » Il s'accroupit devant Ahmosis-onkh et caressa sa joue brune. « Un jour, si Amon le veut, tu seras roi, continua-t-il avec douceur. Or un roi doit pouvoir se battre mieux que n'importe quel homme de son royaume, et savoir lire et écrire mieux que n'importe quel scribe. Lorsque tu auras appris l'un et l'autre, tu pourras m'accompagner. Tu vas me manquer, mon petit Horus-dans-le-nid.

– Alors, dis au moins à maman que je veux ma chambre à moi dans la maison, grommela Ahmosis-onkh. Je suis trop grand pour partager la mienne avec Hent-ta-Hent.

– Quand tu auras cinq ans et que tu commenceras à prendre des leçons, tu auras tes propres appartements. Je te les ferai construire. Jusque-là, tu dois obéir à ta mère et à ta grand-mère. Un roi doit aussi apprendre l'autodiscipline, Ahmosis-onkh. »

L'enfant poussa un gros soupir.

« Je suis content que tu ne m'aies pas dit d'obéir à mon arrière-grand-mère, père ! s'exclama-t-il. Elle ronchonne tout le temps et, quand elle me serre dans ses bras, ses ongles me font mal. »

Ahmosis retint un reproche. Je ne l'aime pas non plus, eut-il envie de dire. Toute ma vie, elle m'a méprisé ou, au mieux, toléré, au gré de ses humeurs. À ses yeux, je serai toujours un enfant naïf et plutôt stupide. L'explication que nous avons eue, voilà bien des mois, n'a guère modifié son attitude. Dès que Kamosé s'est révélé assez sain d'esprit pour continuer à régner, elle s'est empressée d'oublier le pacte précaire que nous avions conclu. J'aurais dû reconnaître publiquement son rang, hier, lui décerner une récompense quelconque, mais c'est à Séqénenrê et à Kamosé qu'elle a apporté un soutien actif, pas à moi. Je ne peux compter sur ses conseils ni même sur son approbation tacite. S'opposera-t-elle ouvertement à moi pour autant ? Il est trop tôt pour le dire.

« Tétishéri est une grande dame qui mérite le respect, répondit-il finalement à l'enfant qui, en grandissant, ressemblait de plus en plus à Si-Amon, son vrai père. Un roi doit apprendre à dissimuler ses sentiments, Ahmosis-onkh, sans pour autant devenir fourbe... »

Le garçonnet ne l'écoutait plus. Il essayait d'attraper un scarabée d'or qui passait en vrombissant.

« Laisse cet insecte tranquille, Ahmosis-onkh ! » cria sa mère, qui s'avançait vers eux.

Ahmosis posa un baiser sur sa joue. Elle sentait la noix de muscade et l'huile de lotus.

« Tu es ravissante, ma chérie ! s'exclama-t-il impulsivement.

– Bien entendu ! plaisanta-t-elle en lui souriant. Ne suis-je pas quasiment une déesse ? À propos de ce village que je dois faire construire pour les soldats, Ahmosis, il faudra qu'il soit relié au fleuve par un canal afin de pouvoir être quitté rapidement, en cas de nécessité. Il est impossible de le bâtir à côté de la caserne existante, puisqu'elle touche presque la maison. Il n'est pas non plus indiqué de l'installer de l'autre côté de la ville : c'est trop loin. Où le veux-tu ? »

Il réfléchit un instant, un bras passé autour de sa taille.

« Construis-le au sud, dit-il enfin. Les terres cultivables séparant le Nil du désert y sont étroites, de sorte que le canal sera court. Les soldats pourront cultiver les champs existants lorsqu'ils ne seront pas au combat ou à l'entraînement. Ils pourvoiront ainsi à une partie de leurs besoins. Tu donneras la caserne aux gardes de la maison et à leurs familles.

– Ces champs ont l'avantage de nous appartenir, remarqua Ahmès-Néfertari. Ils ne font pas partie des aroures que Kamosé a promises en paiement aux constructeurs des navires de roseaux. Je n'aurai donc pas à chasser des paysans de leurs cahutes. As-tu une préférence pour l'architecte ? »

Ahmosis caressa ses cheveux, son cou, la courbe brune de son épaule, ressentant le besoin impérieux de graver dans sa mémoire son apparence, la douceur de sa peau.

« Non, répondit-il. J'ai confiance dans ton jugement. Fais-le venir d'une autre ville, s'il n'y a personne d'assez qualifié à Oueset. Amonmosé saura te recommander un homme expérimenté. » Frappé d'une idée soudaine, il se figea. « Lorsque tu l'auras trouvé, emmène-le dans le vieux palais, murmura-t-il. Demande-lui d'établir des plans pour sa restauration. »

Elle lui jeta un regard pénétrant.

« Tu penses à cela depuis des années, n'est-ce pas, mon époux ? Vaincre Apopi, rendre le vieux palais à la vie, faire d'Oueset le centre du monde, et d'Amon son dieu le plus puissant. Que se serait-il passé si Kamosé avait vécu ? »

La douleur déforma un instant les traits d'Ahmosis. « Kamosé et moi avions la même vision du futur, déclara-t-il avec calme. Cela dit, j'ai su bien avant la prophétie mystérieuse de l'oracle que Kamosé ne s'assiérait pas sur le trône d'Horus. Lui aussi le savait. Tu te souviens du présage du faucon, Ahmès-Néfertari ? Dès ce jour-là, j'ai commencé à réfléchir à ce que je ferais si le pouvoir m'était donné. Ne te méprends pas, ajouta-t-il d'une voix qui se brisa. J'aimais mon frère. Jamais l'ombre d'une trahison n'a entaché mes pensées. Me préparer à sa mort a été douloureux, terrible, mais je l'ai fait. Je sais ce qui doit être accompli, et comment je m'y prendrai. Cette année, nous mettrons encore vainement le siège devant Het-Ouaret, mais cela clouera Apopi dans sa ville et, pendant ce temps, je nettoierai le reste du Delta des soldats du Retenou. L'an prochain, je le vaincrai. N'en parle pas à mère, et encore moins à grand-mère », recommanda-t-il d'un ton pressant en voyant les deux femmes approcher.

Ahmès-Néfertari marqua son accord d'un signe de tête et s'écarta. Ahmosis se tourna alors vers Hor-Aha, qui s'inclinait devant lui.

« Les navires sont prêts à appareiller, et les fantassins enfin en ordre de marche, sire. Il est temps.

– Amon en personne vient nous bénir, lui rappela Ahmosis. Nous allons attendre un peu. »

Au même moment, des chants retentirent. Autour d'Ahmosis et sur les navires, le silence se fit. La procession apparut, d'abord les musiciens avec leurs claquoirs et leurs tambours, puis les chanteurs. Derrière venaient Amonmosé et les thuriféraires, mais ce fut vers la litière qui les suivait que se tournèrent les regards d'Ahmosis. Portée par huit prêtres aux larges épaules, fermée par d'épais rideaux, décorée d'ornements somptueux qui étincelaient au soleil, elle avança lentement jusqu'à l'esplanade, où elle fut déposée avec respect.

Amonmosé en écarta alors les rideaux et, aussitôt, l'assemblée se jeta à plat ventre en signe de vénération. À l'étonnement d'Ahmosis, ce fut Ahmès-Néfertari qui se releva la première. Elle s'approcha de la litière et, après s'être inclinée devant la forme dorée du dieu, se tourna vers la foule toujours prosternée.

« Écoute les paroles du Grand des Grands par la bouche de son second prophète, ô roi ! proclama-t-elle d'une voix claire et fière. Ainsi a parlé Amon, Seigneur d'Oueset : "Ô mon fils Nebhépetrê Ahmosis, Seigneur des Deux Terres, je suis ton père. Je sème la terreur dans le Nord et jusque dans Het-Ouaret, et les Sétiou sont une souillure sous tes pieds." »

Elle se tut, s'inclina de nouveau, puis s'écarta.

« Quand as-tu eu connaissance de cet oracle ? murmura Ahmosis.

– Amonmosé me l'a fait communiquer ce matin de bonne heure, répondit-elle en souriant. Chut, maintenant ! Il va bénir les troupes. »

Le grand prêtre avait pris un encensoir, qu'il balançait dans la direction des navires en psalmodiant les chants de bénédiction et de protection. Deux autres prêtres portaient les cruches contenant le sang de taureau et le lait qui seraient répandus sur les dalles. Un sentiment d'immense bien-être submergea brusquement Ahmosis. Tout se passerait au mieux, il en avait la conviction.

Être séparé une fois encore de sa famille, voir disparaître sa maison, le temple, puis la ville elle-même, lui fut un déchirement, mais il n'éprouva pas l'anxiété douloureuse qui avait été la sienne et celle de Kamosé, lors de leurs précédents départs. La chute d'Het-Ouaret était certaine. L'année suivante ou celle d'après, l'Égypte serait de nouveau unifiée. Ce n'était qu'une question de temps. Debout sur le pont de son navire avec Hor-Aha, Ankhmahor et Touri, il lui semblait que Kamosé se tenait à son côté et qu'il allait entendre sa voix. «Eh bien, Ahmosis, nous voici de nouveau en route pour le Nord», dirait-il de son ton à la fois résigné et ferme.

Cette impression était si forte qu'Ahmosis sursauta lorsque, dans un grand vacarme, des canards, cachés dans les roseaux, s'envolèrent à leur approche. Le charme était rompu. Mais tu nous vois, n'est-ce pas, Kamosé ? se dit-il. Tu avais trop la passion de la liberté pour que ton *ba* ne nous accompagne pas, invisible, dans notre voyage vers le Nord. Dieux, que tu me manques ! Je ne me rendais pas compte de ce qu'il y avait de confortable à vivre dans ton ombre, sans les responsabilités ultimes du pouvoir et du commandement. À présent, elles m'incombent, et je suis nu sous leur poids.

«Nous ne resterons pas longtemps dans le Delta, cette saison, dit Touri, l'arrachant à sa méditation. La marche va être longue et fatigante pour les divisions d'infanterie. Elles n'atteindront pas Het-Ouaret avant la fin d'*épiphi*, ce qui ne nous laissera guère que le mois de *mésorè* pour assiéger la ville avant que la crue n'inonde la route du fleuve.»

Ahmosis se tourna vers son vieil ami, dont le visage anguleux, aux traits irréguliers, avait une expression soucieuse.

«Exact, répondit-il, et il est temps de changer de tactique, Touri. Venez tous dans la cabine. Je vous exposerai mes plans, et vous me donnerez vos conseils.»

Dans la relative fraîcheur de la cabine, ils passèrent le reste de l'après-midi à boire de la bière et à discuter de la stratégie d'Ahmosis. Lorsqu'ils ressortirent, le soleil couchant versait une nappe de feu fondu sur l'horizon, et les marins s'apprêtaient à mouiller pour la nuit.

Ahmosis s'était retiré dans sa cabine, quand on lui apporta un message d'Het néfer Apou : Pahéri et Abana l'attendaient, et la marine était impatiente de combattre. Assis au bord de son lit, le rouleau à la main, il contempla fixement l'endroit où Kamosé avait dormi. Le tabernacle d'Amon avait remplacé la couche de son frère, mais sa forme semblait éphémère, comme si elle ne se superposait que temporairement aux contours plus solides d'un drap froissé et d'une tête brune posée sur un oreiller.

Je suis perdu sans toi, murmura-t-il dans la pénombre. Le désespoir me guette quand je suis inoccupé, ou dans ces instants étranges qui séparent la veille du sommeil. Si je ne le combats pas, il me rendra impuissant. Père, Si-Amon, toi... vous êtes tous morts, et je suis seul. Quelle satisfaction trouver à la victoire dans de telles conditions ? Même si Ahmès-Néfertari me donne une dizaine de petits Taâ et qu'ils remplissent la maison de leur présence virile, ce ne sera plus jamais pareil. Le passé est une feuille de papyrus roulée, scellée et rangée dans un endroit secret. À l'intérieur, là où le temps s'est arrêté, les hiéroglyphes sont d'un noir luisant, les couleurs gardent éternellement leur éclat mais, à l'extérieur, je suis condamné à des souvenirs qui, peu à peu, se déforment et se fanent jusqu'à devenir des mensonges.

Brusquement agacé par cet accès d'apitoiement sur lui-même, il appela Ipi, à qui il remit le rouleau de Pahéri et d'Abana. Puis, s'étendant sur son lit, il ferma les yeux et pensa résolument à sa femme, se remémorant son aspect et les paroles qu'elle avait prononcées, ce matin-là. L'image de son épouse ne put cependant triompher de sa mélancolie, et le sommeil ne vint pas.

Leur progression fut régulière mais lente, car ils devaient passer en revue les troupes rassemblées dans les villes et les villages qu'ils traversaient, et leur donner leurs nouveaux officiers. À Badari, la ville du prince Iasen, quand il vit la bousculade et entendit les cris irrités des subordonnés du général Iyméri, qui tâchaient d'établir un peu d'ordre, Ahmosis se félicita que les mois de campagne passés avec Kamosé eussent au moins appris aux paysans à se battre. Après un hiver et un printemps consacrés à leurs maisons et leurs champs, ils retrouveraient vite l'habitude du maniement des armes.

Le souverain rendit visite au fils aîné d'Iasen, à qui il assura qu'il conservait son titre héréditaire de prince, tout en lui faisant comprendre qu'il aurait des comptes à rendre au conseiller qu'il nommerait auprès de lui. Après avoir exigé du jeune noble et du reste de sa famille le même serment d'allégeance que celui prononcé par les personnes présentes dans le temple d'Amon, Ahmosis lui expliqua aussi que la nouvelle division de Khonsou, commandée par le général Iyméri, serait cantonnée à Badari, et qu'il devrait accorder à celui-ci tout le respect voulu.

«Mais, Majesté, protesta le jeune homme, Iyméri n'était qu'un simple adjoint du chef du bétail de mon père avant que ton frère ne l'engage dans l'armée ! Je suis prince du nome d'Ouatchet ! C'est moi qui devrais commander cette division ! Mon père a trahi, c'est vrai, mais il l'a payé de sa vie, et je viens de te jurer fidélité. Ton manque de confiance m'insulte ! »

Ahmosis soupira intérieurement en voyant son air furieux.

«Tu es en effet le prince de ce nome, répondit-il avec précaution. Tu es *erpa-ha*. Pour cette raison, je désire que tu gouvernes ton nome avec intelligence et justice, assisté par le conseiller que je t'enverrai d'Oueset. L'armée doit être commandée par des hommes ayant l'expérience de la guerre. La confiance n'a rien à voir là-dedans. Sais-tu te battre, prince ?

– Non, Majesté, je n'en ai pas eu l'occasion, répondit le jeune homme avec froideur. Mais mon père m'a enseigné l'art du tir à l'arc et de l'escrime. Les nobles égyptiens ont toujours mené l'armée au combat !

– Je ne mets pas en doute ton adresse aux armes, répondit Ahmosis, en s'efforçant de dissimuler son irritation. Mais, dans cette guerre, je veux des hommes de commandement qui ont déjà combattu avec Kamosé et qui, par conséquent, connaissent le Delta. Je compte sur toi pour faire ce que les princes ont toujours fait et ce pour quoi ils sont nés, à savoir gouverner avec compétence. Les généraux n'ont pas besoin d'avoir le sang bleu pour déployer et conduire leurs troupes. Il leur suffit d'avoir l'autorité qui impose l'obéissance, et l'humilité qui courbe les têtes devant un roi. »

Dans le regard méprisant et vaincu que lui jeta le jeune homme, Ahmosis eut l'impression de retrouver Iasen.

«Je comprends, sire », dit enfin le prince.

Il s'inclina devant Ahmosis, qui le congédia. Tu as compris, en effet, pensa celui-ci en le regardant s'éloigner à grands pas. Je ne peux me payer le luxe de mettre ta fidélité à l'épreuve.

«Après la prise d'Het-Ouaret, la division de Khonsou sera dispersée, remarqua Touri lorsqu'ils regagnèrent leur navire. Elle ne fera pas partie de l'armée permanente. Je me demande si c'est une bonne idée, Majesté.

– À cause du fils d'Iasen ? Tu penses que Badari va rester un maillon faible de ma chaîne de contrôle ?

– Cela se pourrait. Hor-Aha, Ankhmahor et moi avons discuté de la distribution de tes troupes permanentes. Il semble raisonnable de stationner deux divisions – celles d'Amon et de Rê, peut-être – à Oueset, mais les trois autres devraient être casernées le long du Nil, dans des villes judicieusement choisies.

– Et je suppose que vous avez des suggestions, fit Ahmosis en lui souriant.

– En effet. Tu ne t'en offenseras pas, sire ? ajouta-t-il d'un ton hésitant.

– Bien sûr que non ! Par les dieux, Touri, toi et moi avons lutté et couru ensemble quand nous étions enfants ; nous avons partagé chacune de nos pensées jusqu'à ce que ton père et toi quittiez Oueset. Ne serais-tu plus mon ami ?

– Je ne suis pas certain que les êtres divins en aient, répondit Touri. Naguère, tu étais le fils cadet du prince d'Oueset, Ahmosis. Aujourd'hui, tu es roi d'Égypte !

– J'ai besoin d'hommes qui ne craignent pas de me donner leur opinion, répliqua Ahmosis. Je peux te nommer Premier Lutteur de Sa Majesté, si tu le souhaites.

– Mon titre de général me suffit, répondit Touri en riant. Voici ce que je te conseille, sire : caserne des troupes à Khmounou, Mennéfer et Nékheb, ainsi qu'à Badari. Khmounou n'est qu'à une quinzaine de kilomètres de Néferousi. Elle a été gouvernée par Téti et Mékétrê, deux hommes qui ont trahi et été exécutés. Y avoir une division te tranquilliserait. Mennéfer est proche de la pointe du Delta. Quant à Nékheb, elle protégera ta frontière sud.

– Merci, Touri, dit Ahmosis avec une certaine solennité. J'y réfléchirai.

– À Qebt, les deux fils d'Intef ont réagi comme celui d'Iasen, remarqua le général. Quant à Mésehti et Mékhou, ils se savent à l'épreuve, mais si tes campagnes ne sont pas rapides et propres, qui sait ce que Djaouati et Akhmîm nous réserveront. Tiens-leur la bride courte, à eux aussi. »

J'en ai bien l'intention, pensa le souverain tandis qu'il remontait à bord avec son compagnon. À peine avait-il pris place sur des coussins, contre la paroi de sa cabine, que son serviteur apparut pour lui ôter ses sandales. Plongé dans ses pensées, Ahmosis fit à peine attention à lui. Le prince de Mennéfer représente toujours une inconnue, se disait-il. Je l'ai vu deux fois, lors de la visite d'Apopi à Oueset et lorsque Kamosé a négocié avec lui. Il m'a plu, mais cela ne signifie pas grand-chose. Quant à Khmounou et à son nome, ils reviennent de droit à Ramosé, et je dois les lui donner sur-le-champ, sans lui adjoindre de conseiller-espion, naturellement.

Un sourire désabusé aux lèvres, il regarda la tente claquer mollement au-dessus de sa tête. De nouveaux généraux, de nouveaux officiers et une armée qui doit être réorganisée en chemin, se dit-il. Cela pourrait être pire. Du moins n'ai-je pas besoin d'une stratégie sophistiquée pour mettre le siège devant la ville et traquer les soldats étrangers entre les bras du fleuve. Je me demande quelle sera la réaction de Pahéri et d'Abana lorsque je leur apprendrai qu'ils ne vont pas chômer pendant l'Inondation ?

Tout le long de son parcours, il veilla à ce que chaque ville le reçût avec cérémonie, fit jurer fidélité aux maires, aux gouverneurs, aux nobles, et s'assura que l'on pouvait se fier à eux. Certains furent démis de leurs fonctions. Les listes des postes administratifs à pourvoir et des hommes susceptibles de les occuper ne cessaient de s'allonger, et Ahmosis regrettait que sa femme ne fût pas là pour le conseiller. Ahmès-Néfertari aurait enquêté sur les ancêtres et le passé de chaque candidat, sur la conduite qu'ils avaient eue du vivant de Kamosé, sur le dieu qu'il servait, sur leur réputation. Elle l'aurait fait avec efficacité et objectivité, sans éprouver le besoin de promouvoir un parent ni de récompenser un service rendu. Je n'ai pas de temps à consacrer à cette tâche, pensait Ahmosis. Elle est pourtant primordiale. Peut-être devrais-je envoyer ces listes à Ahmès-Néfertari. Mère et elle recueilleraient les informations nécessaires et me feraient leurs recommandations à mon retour. Le siège d'Het-Ouaret va requérir toute mon énergie et toute mon ingéniosité ; or il faut tout de même que l'Égypte soit administrée. Évaluation des récoltes, impôts, jugements, chantiers de construction… tout doit fonctionner. Le pays ne peut pas rester en jachère pendant que je poursuis les Sétiou.

Kamosé a détruit les structures de l'Égypte. C'était nécessaire, et cela m'a permis de réorganiser bien plus que l'armée, mais l'édification d'un nouvel ordre ne peut attendre. Ahmès-Néfertari pourra également se charger d'envoyer une délégation aux Keftiou. Ce sont des marchands, et peu leur importe qui est assis sur le trône d'Horus. Dans la mesure où leurs échanges commerciaux avec le Delta ont été interrompus, ils sont sans doute informés de la situation. Je suis prêt à parier qu'ils ne se sentent pas de fidélité particulière envers Apopi et qu'ils seront tout prêts à négocier avec Oueset.

En arrivant à Khmounou, Ahmosis découvrit que Ramosé vivait dans une tente, plantée aux abords de la ville.

« Je n'avais pas le droit d'occuper le domaine de Mékétrê, et il n'y avait pas une seule maison disponible, expliqua-t-il avec franchise. En dépit de sa trahison, Mékétrê a travaillé dur à la reconstruction de Khmounou. Beaucoup des réfugiés de Dashlout et des autres villages incendiés se sont installés ici. La ville est surpeuplée et en plein essor. »

Après avoir été reçu avec cérémonie par le maire et les conseillers municipaux, Ahmosis alla prier une heure dans le temple de Thot – sous l'œil méfiant du grand prêtre qui avait naguère si catégoriquement interdit l'entrée de la cour intérieure à Kamosé et à lui-même. Il retrouva ensuite Ramosé à bord de son navire. Dans le poudroiement rougeâtre du couchant, appuyés contre la lisse, ils regardèrent l'intense activité qui régnait sur les quais. Pas d'odeur de chair brûlée, cette fois, pensait Ahmosis. Pas de sang sur le sable ni sur les murs chaulés, pas de débris dans les rues. C'est comme si Kamosé et moi avions rêvé. Le temps et la force irrésistible de la vie ont refermé les blessures.

« Qu'est devenue Néferousi ? demanda-t-il, s'arrachant avec effort à un ressassement du passé qui menaçait de devenir une habitude.

– Oh ! c'est maintenant un petit village bien propre, peuplé de paysans capables, répondit Ramosé en riant. Il me semble avoir entendu dire que, cette année, les soldats sétiou y organisent le concours du meilleur batteur en grange. T'y arrêteras-tu, Majesté ? »

Ai-je envie de revoir l'endroit où le père de Ramosé est tombé ? se demanda Ahmosis. L'endroit où des milliers de cadavres ont été traînés sur le sable et brûlés ? Après Néferousi, j'ai eu la mort dans l'âme pendant des jours, et Kamosé ressemblait à un enterré vivant.

« Non, je ne pense pas, dit-il avec lenteur. Je m'entretiendrai avec les officiers responsables de la ville, mais sans quitter la rive. » Se tournant vers son ami, il ajouta : « Je veux que tu deviennes gouverneur du nome d'Oun, Ramosé. J'ai déjà fait établir le document qui t'accorde le titre de prince erpa-ha. Démonte ta tente et reprends possession du domaine dans lequel tu es né. »

Ramosé resta silencieux un long moment, puis il regarda Ahmosis droit dans les yeux.

« Ton offre est juste, Majesté, déclara-t-il enfin. Je mérite et le titre et le domaine. Je m'installerai dans la maison que mes parents ont aimée et entretenue, et je gouvernerai le nome selon les décrets de Maât. Je sais cependant comment tu as traité tous les autres nobles occupant cette fonction. Tu les as émasculés, dit-il en employant une expression paysanne. Le véritable pouvoir sera entre les mains des prétendus conseillers que tu leur imposes. Je connais les raisons de ta méfiance et trouve que tu agis sagement. Néanmoins, si je dois gouverner Khmounou et son nome, je le ferai en m'entourant des hommes de mon choix. Ou je suis digne de confiance, ou je ne le suis pas. »

Il avait parlé sans colère ni ressentiment. Son visage était aussi calme que son ton.

« Bien ! dit gaiement Ahmosis. Je n'avais absolument pas l'intention de te faire espionner, Ramosé. Pas plus toi qu'Ankhmahor ni Touri. Tu ne m'entendras jamais traiter mes serviteurs d'espions en public. Je le fais devant toi, car c'est effectivement ce qu'ils seront tant que mon pouvoir ne sera pas assuré. Le nome est à toi sans condition, mon ami. »

Le jeune homme poussa un soupir de soulagement.

« Merci de ta confiance, Ahmosis. Laisse-moi te rendre la pareille : à moins que tu ne m'en donnes l'ordre exprès, je ne prendrai mes fonctions qu'une fois la guerre terminée. Je souhaite rester auprès de toi.

– Tu espères toujours qu'Apopi meure et que Tani te revienne, n'est-ce pas ? » remarqua doucement Ahmosis.

Le visage de Ramosé se ferma. S'écartant de la lisse, il s'inclina, pivota sur les talons et s'éloigna sans répondre. Ahmosis le regarda descendre la passerelle, se mêler à la foule, puis disparaître par les portes ouvertes de la ville. Tu es un fou ou un saint homme, mon cher Ramosé, et en tout cas l'homme le plus obstiné que j'aie jamais connu. Jamais il ne te viendrait à l'idée que Tani ne mérite peut-être plus une dévotion aussi absolue et aussi effrayante.

Ce fut avec un sentiment d'intense soulagement qu'Ahmosis vit apparaître Het néfer Apou, le douzième jour d'épiphi. Il avait l'impression d'avoir passé les semaines précédentes à réparer un tapis en lambeaux, à en retisser les fils défaits, à couper les parties trop usées pour être sauvées, à nettoyer les accumulations de crasse dissimulant le motif d'origine.

Peu après son arrivée, il réunit Ramosé, Touri, Hor-Aha, Kagemni, Baqet et les autres généraux autour d'une grande table, à un jet de pierre du Nil. Derrière et autour d'eux, les divisions continuaient d'arriver, et les scribes des Effectifs dirigeaient les hommes vers leurs différents cantonnements. Devant eux, sur le fleuve, les navires jetaient des ombres pâles sur la végétation amollie des rives. La chaleur de midi était étouffante. Les soldats qui montaient la garde au pied des passerelles ruisselaient de sueur. À bord des embarcations elles-mêmes, abrités sous d'immenses tentes, invisibles de la rive, les matelots bavardaient paresseusement. Un peu plus au nord, la ville d'Het néfer Apou dormait du sommeil lourd de la sieste.

« Demain à la même heure, nous serons au complet, disait Touri. Les dernières unités nous rejoignent peu à peu. Les scribes du Ravitaillement se plaignent déjà de la quantité de bière qu'ingurgitent les retardataires.

– Marcher donne soif ! dit Ahmosis. Qu'on les laisse boire leur soûl de bière pendant qu'ils le peuvent encore. Dès que nous nous mettrons en route pour Het-Ouaret, ils seront à l'eau. On m'a lu ton rapport sur l'état de la marine, Pahéri ; tu as bien occupé ton temps pendant mon absence. Je voudrais maintenant qu'Abana me parle du Delta. »

Baba Abana indiqua son fils de la main.

« Pahéri et moi nous sommes entièrement consacrés à l'entraînement de tes onze mille matelots, sire, dit-il d'un ton d'excuse. Comme je ne voulais pas déléguer la tâche que ton frère m'avait confiée à quelqu'un dont je n'aurais pas été entièrement sûr, c'est Kay que j'ai envoyé dans le Nord. »

Le jeune homme écartait à coups d'éventail le nuage de mouches qui cherchaient vainement à se poser sur sa coupe. Couvrant celle-ci de sa paume, il se tourna vers Ahmosis en souriant.

«Mes hommes et moi avons fait trois expéditions dans le Delta, dont deux au plus fort de l'Inondation, Majesté, déclara-t-il. Mon navire étant solide, et mon équipage sûr, naviguer sur les bras du Nil ne m'a pas posé trop de difficultés. Nous avons d'abord pris la branche orientale et, après avoir dépassé les ruines de la forteresse de Nag-ta-Hert, nous avons mouillé un peu au sud des places fortes sétiou. J'ai envoyé de petites missions de reconnaissance. La plupart des marais et des terrains inondables se trouvent dans la partie est du Delta, et les rigoles et canaux étaient pleins, mais en contournant Het-Ouaret et en suivant ces canaux sur de petites embarcations, nous avons pu atteindre la route d'Horus.»

Ahmosis l'observait avec un peu d'amusement et beaucoup d'étonnement. Kay parlait avec désinvolture d'une incursion en territoire ennemi qui avait dû être fort éprouvante pour ses hommes et pour lui. Carré dans son fauteuil, arborant à l'oreille un unique anneau d'or que le soleil faisait étinceler, il offrait l'image même de l'assurance.

«Il était inutile d'explorer la partie ouest du Delta, continuait-il. Het-Ouaret se dresse au bord de la grande branche orientale du Nil. Entre celle-ci et la branche occidentale, l'Inondation est moins sensible. Il y a des vergers, des vignobles, des pâturages et, naturellement, au-delà, des marais, puis le désert. L'Osiris Kamosé a dévasté cette région voilà deux ans pour tâcher d'empêcher les Sétiou de s'y approvisionner. J'ai pensé que Sa Majesté serait davantage intéressée par ce qui se passait sur la route d'Horus.»

Tu as changé, Kay Abana, se disait Ahmosis. Ta fougue ne se manifeste plus par un jaillissement désordonné d'étincelles. Tu étais un adolescent impatient et vantard, et si tu as encore une confiance démesurée en toi, elle commence à être tempérée par l'intelligence de la maturité. Kamosé a bien fait de te promouvoir.

«C'était courageux, dit-il à voix haute.

– En effet, répondit Kay avec un sourire ravi, mais mes hommes sont intrépides, et je les mène bien. Notre seul désir est de te satisfaire, sire.

– La route d'Horus ! intervint Touri. Quelle lame à double tranchant elle représente ! En temps de paix, elle relie tous les centres commerciaux de l'Orient avec le cœur du Delta ; en temps de guerre, elle devient la voie de tous les dangers. Pour contenir les étrangers, ton ancêtre l'Osiris Sésostris y avait fait construire des forts, les "Murs du Prince", mais ils sont aujourd'hui aux mains d'Apopi, et un flot continu de Sétiou pénètre en Égypte.

– Je sais, dit Ahmosis. Continue, capitaine. Qu'as-tu vu ? »

Kay croisa les jambes, se pencha en avant et agita son chasse-mouches, cette fois pour écarter les insectes attirés par la sueur salée qui perlait au creux de son bras.

« Des soldats sétiou, fortement armés, répondit-il. Ils arrivent par petits groupes plutôt indisciplinés et bruyants, mais de façon continue. Het-Ouaret ne peut les contenir tous. Ce trou à rats est plein à craquer. Ils campent autour de la ville, aussi près qu'ils le peuvent. Ils sont un peu partout dans le Delta.

– Pour qu'Het-Ouaret tombe, il faudra que nous nettoyions le Delta, puis que nous parvenions à tenir la route d'Horus, remarqua Hor-Aha. L'Osiris Kamosé s'était attelé à cette tâche mais, pendant l'Inondation, les princes d'Orient ont envoyé de nouveaux renforts à Apopi.

– La solution me paraît évidente, résuma Ahmosis. Bien que Kamosé n'en ait pas parlé, je pense qu'en créant une marine et en la voulant puissante, il envisageait de faire campagne toute l'année. Nous ne pouvons nous permettre de gagner du terrain pendant les mois de sécheresse pour le perdre ensuite. Dès que les derniers soldats seront arrivés, nous marcherons sur le Nord. Cinq divisions, augmentées des Medjaï, se déploieront autour des mamelons sur lesquels se dresse la ville et y mettront le siège. Les plaines inondables sont pour l'instant sèches et dures. Nous en profiterons pour utiliser nos chars. Les six autres divisions patrouilleront dans le Delta et attaqueront toutes les troupes sétiou qu'elles y rencontreront. Là encore, les rigoles et les canaux seront quasiment vides, ce qui devrait faciliter leurs mouvements. Peux-tu estimer le nombre de soldats sétiou venus du Retenou, Kay ?

– Pas vraiment, sire, je regrette. Les quelques jours que nous avons passés à surveiller la route ne m'ont pas permis d'en faire un compte précis. Je peux seulement dire qu'ils arrivaient avec régularité.» Il vida sa coupe et la reposa bruyamment sur la table. «Que comptes-tu faire de la marine? demanda-t-il avec entrain. Comment souhaites-tu utiliser tes combattants les plus fidèles, Majesté? Le *Septentrion* est équipé et prêt au combat!

– Les matelots se transformeront en paysans jusqu'au mois de Thot, répondit Ahmosis d'un ton ferme. Il y a dix mille hommes à Het néfer Apou, et une ville entière à nourrir. Il faut que les récoltes soient faites. Les divisions d'infanterie pilleront les villages du Delta à mesure de leurs déplacements.

– Et au mois de Thot, sire? demanda Pahéri.

– Isis pleurera, si les dieux le veulent. Les eaux recouvriront la terre, mais nous ne rentrerons pas dans nos foyers. La marine descendra jusqu'au Delta, et nous ne laisserons aux Sétiou le temps ni de se reposer ni de se regrouper.» Pahéri poussa un grognement approbateur, et une expression de soulagement se peignit sur le visage de Kay Abana. «Nous allons immédiatement discuter des détails, poursuivit Ahmosis. Apporte-nous les cartes, Ipi. Akhtoy! Fais débarrasser la table.»

Le temps que chaque général reçoive ses instructions, demande et obtienne des éclaircissements, le soleil se couchait dans un ciel de bronze fondu. Les renvoyant enfin, Ahmosis se dirigea d'un pas las vers sa tente, où son serviteur personnel l'attendait.

«Tu as les pieds gonflés, Majesté, remarqua celui-ci en lui retirant ses sandales. Je vais aller te chercher de l'eau chaude et un baume.»

Ahmosis resta un instant seul dans la pénombre. Dehors, des bruits de pas résonnaient. Des hommes allaient et venaient. Son garde lança un qui-vive. Un âne se mit à braire d'une voix rauque. Une agréable odeur de gazelle rôtie flotta jusqu'à lui. Sans doute des soldats étaient-ils allés chasser dans le désert. Le souverain regarda le mobilier simple qui l'entourait : la lampe, que son serviteur allumerait bientôt; son lit bien fait; son coffre à vêtements et son tabernacle de voyage; des nattes de lin jetées sur le sol. Dans cette oasis d'ordre et de silence, il fut soudain submergé par un intense sentiment de solitude, un sentiment qui n'était pas seulement provoqué par l'isolement dans lequel le plaçait sa dignité de roi, ni par l'absence de son frère ou celle d'Ahmès-Néfertari. Non, se dit-il, c'est le passé qui me manque. Je regrette les princes – oui tous, même Mékétrê ; les réunions autour de la table du conseil ; les humeurs changeantes et la dureté de Kamosé ; les récriminations des nobles. Malgré les incertitudes et les horreurs, c'était une époque où régnait une certaine camaraderie. J'ai beau édifier un nouvel ordre, j'ai la nostalgie de l'ancien.

Akhtoy entra dans la tente en même temps que le serviteur personnel d'Ahmosis et, tandis que celui-ci lavait et massait les pieds de son maître, l'intendant alluma la lampe, mit un pot d'eau fraîche près du lit, ramassa les vêtements sales. Après l'avoir regardé faire un instant, Ahmosis déclara :

« Je ne veux pas rester seul cette nuit, Akhtoy. Fais apporter un autre lit et va demander à Touri de venir dormir ici. »

Imperturbable, l'intendant s'inclina et sortit. Après avoir chaussé de sandales en papyrus les pieds frottés d'huile de son maître, le serviteur se retira à son tour. L'absence d'Akhtoy fut toutefois de courte durée.

« Les ordonnances du général Touri m'ont dit qu'il était parti pêcher avec Idou, son porte-enseigne, déclara-t-il à son retour. Sa Majesté désire-t-elle voir quelqu'un d'autre ? »

Pêcher, se répéta Ahmosis avec un serrement de cœur. Et pourquoi pas ? C'est un divertissement que nous partagions avant son départ, quand nous étions encore des enfants. Assis à la lumière des étoiles dans une barque, notre ligne plongée dans l'eau noire, nous passions des heures paisibles à bavarder et à rire. Il n'a pas oublié, mais la nature de nos liens a changé. Nous ne pouvons plus avoir des rapports d'égalité, que nous le souhaitions ou non. Akhtoy le regardait d'un air compatissant qu'il ne parvenait pas à trouver insultant.

« Non, Akhtoy, répondit-il avec lenteur. Un roi doit tracer un cercle autour de lui et éviter de créer des jalousies.

– C'est vrai, approuva l'intendant sans changer d'expression. Cela étant, un simple serviteur ne donne de l'ombrage à personne. Avec ta permission, je vais faire apporter ma paillasse. »

Interprétant le silence de son maître comme un assentiment, il sortit de la tente et cria un ordre. Un instant plus tard, son assistant s'inclinait devant Ahmosis, installait matelas, draps et oreiller à l'autre extrémité de la tente, puis ressortait à reculons.

« J'ai encore quelques tâches à accomplir, Majesté, mais je n'en ai pas pour longtemps, dit Akhtoy. Il y a des grenades, du raisin noir frais cueilli, et ton cuisinier a préparé des rhizomes de papyrus pilés, avec beaucoup de miel, comme tu les aimes. Permets que je te fasse servir un repas léger.

– En plus d'un excellent intendant, tu es un homme compatissant et plein de tact, Akhtoy, dit Ahmosis en le regardant d'un air songeur. Es-tu heureux ? »

L'intendant haussa les sourcils.

« C'est un grand mot, qui inclut bien des satisfactions plus modestes, répondit-il. Être le premier de tes serviteurs est un immense honneur pour moi, de même que le fait d'avoir aimé et servi ton frère ; je suis content de l'épouse et des filles que j'ai à Oueset ; je mène une vie pleine et satisfaisante ; la construction de ma tombe sur la rive occidentale de la ville avance bien... voilà autant de choses qui me rendent heureux.

– C'est bien, fit Ahmosis en se levant. Je ne souhaite pas manger, mais si des lettres sont arrivées d'Oueset, je veux les voir avant de dormir. »

Une fois l'intendant parti, Ahmosis se glissa entre ses draps frais avec un soupir d'aise. Son abattement s'était dissipé. Un jour, il faudra que j'accorde une promotion à cet homme, pensa-t-il. Nous avons trop tendance à considérer que la fidélité de nos serviteurs va de soi. Leur dévouement discret mérite d'être récompensé.

Il somnolait lorsque Akhtoy revint. La lampe s'était éteinte. Quand l'intendant se fut couché, il lui souhaita bonne nuit et, fermant les yeux, s'abandonna au sentiment de sécurité que lui apportait sa présence. Comment s'appelle sa femme ? se demanda-t-il. Et ses filles ? Akhtoy reste très discret sur sa vie privée, mais j'essaierai de savoir si je peux faire quelque chose pour elles. Je me rappelle vaguement deux fillettes plutôt mignonnes qui le tenaient par la main dans le temple, un jour de fête. J'aimerais bien avoir des nouvelles de ma petite Hent-ta-Hent.

Trois jours plus tard, l'armée quitta Het néfer Apou. Ahmosis, qui avait décidé de continuer le voyage à bord d'un navire, regarda s'éloigner les longues files de soldats avec un étrange sentiment de perte. La poussière qu'ils soulevaient masquait presque les enseignes, et les rayons des chars luisaient sourdement dans la chaleur étouffante.

Non loin de lui, la piste de l'oasis d'Ouhat-Mehtet allait se perdre à l'ouest dans un horizon brumeux. Les yeux à demi clos dans la lumière vive du matin, Ahmosis la contemplait en se remémorant le jour où il avait attendu avec Kamosé que, titubant et mourant de soif, les derniers soldats de Kéthuna sortent de ce désert rocailleux. Ce n'était pourtant pas à Kéthuna mais à Pédjédkhou que je pensais à ce moment-là, se dit-il. Pédjédkhou, qui se trouvait au nord d'Het néfer Apou avec des dizaines de milliers de soldats, et qui attendait comme nous. Il a disparu alors que les hommes de Kamosé s'abattaient sur ces Sétiou désespérés, à demi fous de soif; il s'est évanoui comme un fantôme plutôt que de risquer une bataille qui aurait pu tourner à son désavantage. Je me demande ce qu'il fait en cet instant, enfermé dans le palais d'Apopi; ce que ses espions et ses éclaireurs lui disent. Pense-t-il à moi avec un frisson de peur, comme c'est mon cas? C'est la plus redoutable intelligence militaire que j'aie à affronter. Apopi lui-même n'est rien, un dessin grossier sur du papyrus, comparé à la force et à la subtilité de ce général, que j'ai toujours à l'esprit, comme une statue imposante, chaque fois que je prends une décision.

Avec un haussement d'épaules, Ahmosis tourna le dos à l'étendue désertique et aveuglante, où ne restait plus trace du carnage passé. Moitié instinct, moitié bon sens, il avait ordonné à Kay Abana, ravi, d'accompagner son navire et ceux des Medjaï avec son *Septentrion*. Le capitaine et ses matelots avaient exploré le Delta; ils pourraient lui être utiles, même si Apopi n'avait guère que des navires de commerce et qu'Ahmosis ne prévît pas de combats navals. Pas encore.

Alors que le souverain regagnait le fleuve, au milieu des détritus laissés par les soldats au campement, Kay en personne s'avança vers lui, multipliant les saluts. Il était accompagné d'un jeune garçon. Ahmosis fit signe à son escorte de s'arrêter. Kay les rejoignit, tomba à genoux et pressa son front contre le sol. Après un instant d'hésitation, le garçon l'imita.

«Relevez-vous, dit le souverain. Que puis-je pour toi, capitaine? Rien de trop compliqué, j'espère. Je suis prêt à embarquer, et tu devrais l'être aussi.

– Oh! je le suis, sire! Mes hommes et moi sommes immensément honorés que nous soit donnée l'occasion de nous distinguer de nouveau à ton service. C'est avec une incommensurable fierté que nous arborons la flamme bleue et blanche.

– Ta sincérité n'a d'égale que ton incroyable grandiloquence, Kay, répliqua Ahmosis avec un sourire froid. Que veux-tu ?»

Le jeune homme poussa son compagnon en avant.

«Voici mon cousin, Zaa pen Nékheb, dit-il. Il fait plus vieux que son âge. Je ne te mentirai pas, sire. Il n'a que douze ans, mais il est intelligent, fort, et fera un bon soldat. Je t'implore de me laisser le prendre à mon bord.»

Un rire secoua l'assistance. Ahmosis examina l'enfant. Il paraissait effectivement plus vieux que son âge. En dépit de sa maigreur, on sentait chez lui de la force et, bien qu'il serrât et desserrât nerveusement les poings, il soutenait crânement le regard d'Ahmosis.

«Pourquoi ? demanda le souverain.

– Parce qu'il a toujours rêvé d'être soldat, répondit Kay. Depuis qu'il est jeune, il ne parle que de cela.

– Depuis qu'il est enfant, tu veux dire, corrigea Ahmosis. Tu n'as pas répondu à ma question. Tous les petits garçons veulent devenir soldats ou scribes. Celui-ci ne me paraît pas différent. Que fais-tu ici, Zaa ? Pourquoi n'es-tu pas à l'école ?

– Je me suis enfui, répondit le jeune garçon d'une voix un peu haletante.

– Dans ce cas, je vais te renvoyer à Nékheb sur-le-champ. Je te trouve bien léger, Kay. Je n'ai pas de temps à perdre à ces bêtises. Je ferais peut-être mieux de te laisser ici, en fin de compte. Tu y mûrirais sous les ordres de ton père.

– Oh ! ne me disgracie pas, sire ! s'exclama Kay, qui avait perdu son air bravache. Écoute-moi, je t'en prie ! Ma requête n'est pas aussi frivole qu'elle en a l'air.

– Tu as dix battements de cœur.»

Kay le regarda avec une gravité qu'Ahmosis ne lui avait encore jamais vue.

«Zaa est un vaurien, mais il sait se rendre utile. Il s'est enfui je ne sais combien de fois de la maison de mon oncle et du temple de Nekhbet, où il va à l'école. La dernière fois, l'intendant de mon oncle l'a rattrapé non loin d'Oueset ; il s'était mis en tête de rejoindre ton armée. Il fait le désespoir de ma tante depuis sa naissance. Mon oncle a fini par l'envoyer à mon père. J'ai le rouleau qui l'autorise à rester avec nous. Depuis plusieurs semaines, il me sert de serviteur à bord du *Septentrion.* Il nettoie les armes, récure les ponts, lave les pagnes des marins et aide le scribe du Ravitaillement. Mon père approuve : il trouve que le travail est un bon remède à la délinquance. » À ses dernières paroles, Zaa regarda ses pieds, l'air honteux. « Bientôt, cependant, le *Septentrion* risque de livrer bataille, et je devais te demander l'autorisation d'avoir un non-combattant à bord. »

Ahmosis réfléchit un instant.

« A-t-il mérité une punition quelconque depuis qu'il est à ton service ? demanda-t-il enfin.

– Non, Majesté. Il est si heureux d'être en compagnie de soldats qu'il se tient tranquille.

– Viens ici, Zaa. » Le jeune garçon s'approcha et esquissa un salut maladroit. « Ce que mon capitaine a dit est-il vrai ?

– Oui, sire. Je regrette.

– Tous mes soldats doivent me prêter serment. Sais-tu ce que cela signifie ? »

Zaa leva vers Ahmosis un regard où brillait une lueur d'espoir.

« Oui, sire. Cela signifie qu'un soldat doit être loyal, respectueux et courageux, qu'il doit obéir au roi et à ses officiers, et faire son devoir.

– Cela signifie aussi que s'il manque à son serment, il pourra avoir le nez coupé, être exilé ou même exécuté, prévint Ahmosis. Te risqueras-tu à me jurer fidélité ?

– En qualité de soldat ? fit Zaa, les yeux étincelants de joie. Oh oui, Majesté !

– Pas en qualité de soldat, corrigea Ahmosis. Pour cela, tu devras attendre d'avoir seize ans. Jusque-là, tu demeureras à la garde de ton cousin et de son père, et tu leur obéiras. Tu peux rester à bord du *Septentrion*, mais tu devrais avoir honte de causer tant de chagrin à tes parents. Tes actes ne sont pas dignes d'un enfant égyptien.

– Non, Majesté. Merci ! Merci ! »

Il dansait d'excitation dans la poussière.

« Baise mes pieds et la paume de mes mains en gage des liens qui t'unissent désormais à moi, dit Ahmosis. Tu n'es plus libre de vagabonder où bon te semble, Zaa. Es-tu certain de le comprendre ? » Pour toute réponse, le jeune garçon se jeta à terre et appuya avec ferveur ses lèvres sur les orteils d'Ahmosis. « Quant à toi, Kay, je te rappelle que si, en pleine bataille, tu es contraint de choisir entre un ordre et la vie de ton cousin, tu devras le laisser mourir.

– J'y ai déjà pensé, Majesté, répondit le capitaine avec gravité. Et Zaa aussi. Tu m'as confié d'énormes responsabilités en dépit de mon jeune âge. Je te promets que, dans cette affaire non plus, je ne te décevrai pas.

– Très bien. Allez, tous les deux. »

Kay et son cousin s'inclinèrent avec respect mais, dès qu'ils se furent un peu éloignés, Zaa poussa un hurlement de joie et disparut en courant dans la direction du *Septentrion*. Kay le suivit plus posément.

« Un tel enfant est destiné à une carrière militaire brillante ou à une mort prématurée, remarqua Hor-Aha.

– Quand j'avais douze ans, je me soûlais au vin de datte avec Touri au bord du fleuve, fit Ahmosis en souriant. Les ambitions de cet enfant me semblent plus nobles. Eh bien, rejoignons nos propres navires, à présent. La route est encore longue jusqu'au Delta. »

4

Ahmosis voulait que ses troupes encerclent Het-Ouaret au début de mésorè, soit à peine deux semaines plus tard, mais l'infanterie, qui marchait en lisière des cultures, progresserait nécessairement plus lentement que les Medjaï et lui, même si un vent du nord soutenu semblait vouloir repousser leurs navires vers le sud. Ahmosis avait d'ailleurs résolu de faire une courte escale à Mennéfer.

Le prince Sébek-nakht n'était pas venu lui prêter serment dans le temple d'Oueset. La prudence, ou la diplomatie, avait dissuadé Ahmosis de l'inviter à le faire. Sébek-nakht était encore une inconnue. Bien qu'il eût tenu la promesse de neutralité faite à Kamosé et n'eût apparemment pas trempé dans le complot ourdi par les autres princes, il appartenait à une catégorie à part, puisque, de sang noble et ancien, prêtre de Sekhmet et erpa-ha, il était également fils du vizir d'Apopi et architecte du souverain sétiou.

Ahmosis l'avait trouvé immédiatement sympathique mais, se rappelant la plaisanterie de Kamosé – selon laquelle il suffisait de se montrer habile à abattre des canards avec un bâton de jet pour gagner son admiration –, il avait hésité à faire pression sur le gouverneur du nome de Maten. Mennéfer, la ville de Ptah le Créateur, était riche. Si Sébek-nakht acceptait de prendre activement son parti, son soutien pourrait se révéler précieux. Il n'était cependant pas homme à céder à la contrainte. Aucun héraut ne s'était donc rendu à Mennéfer pendant le deuil de Kamosé, et aucun message de condoléances ni d'allégeance n'était parvenu à Oueset.

Ce n'est pas pour autant un ennemi, se disait Ahmosis alors que son embarcation se dirigeait vers les quais de la ville, où une foule dense s'était massée pour l'apercevoir. Soit il tient trop à sa propre sécurité pour prendre un engagement quelconque, soit il n'a pas le goût des solutions militaires. Je penche plutôt pour la seconde hypothèse. Il ne m'a pas fait l'effet d'un homme égoïste ou arrogant.

Ramosé réfléchissait apparemment aux mêmes questions, car, lorsque le navire heurta le piquet d'amarrage et que les marins sortirent la passerelle, il dit :

«Je ne crois pas que Kamosé ait jamais pensé que, en sa qualité d'architecte d'Apopi, le prince devait parfaitement connaître les plans d'Het-Ouaret. Il pourrait nous donner de précieux renseignements sur d'éventuelles faiblesses dans les remparts de la ville.

– Je n'y avais pas pensé, moi non plus, reconnut Ahmosis. Tu as raison, bien entendu. N'oublie pas cependant qu'il répugnera à trahir son maître. Je serais ailleurs assez déçu qu'il le fasse. Il m'avait donné l'impression d'être fidèle par principe, et pas seulement par goût des récompenses.

– En quoi il différerait de Mékétrê, commenta Ramosé d'un ton sec. Tu devrais tout de même essayer d'obtenir de lui des cartes ou des plans. Voilà bien trop longtemps que nous nous attaquons sans succès à Het-Ouaret. Si nous n'avions affaire qu'à une seule forteresse, nous en serions peut-être venus à bout, mais il y en a plusieurs, toutes défendues par des canaux profonds. De l'avis général, deux seulement sont importantes : celle qui abrite la ville elle-même, et celle où se trouvent les soldats. Je ne connais que la première, et je n'ai pas vu grand-chose de son étendue ni de son organisation.»

Khabekhnet avait descendu la passerelle et se tenait face à la foule, son bâton de héraut à la main. Derrière lui, les gardes repoussaient les badauds de leurs boucliers pour ouvrir un chemin à leur souverain jusqu'aux hautes portes du Mur Blanc de Ménès.

«Prosternez-vous devant Ouatch-Képérou Ahmosis, fils du Soleil, Horus, l'Horus d'Or !» cria le héraut, comme il l'avait fait à chacune de leurs haltes le long du Nil.

Aussitôt le vacarme s'apaisa. Tout le monde se jeta à terre. Ahmosis parcourut d'un regard rapide les Medjaï, qui, silencieux pour une fois, l'arc à l'épaule, étaient fièrement alignés sur les ponts de leurs navires. Il sourit en voyant étinceler de l'or çà et là sur leurs torses noirs. Les hommes à qui avait été décerné l'Or de la Vaillance arboraient leurs trophées. Lançant un ordre bref, le souverain descendit à terre, suivi de Ramosé, d'Hor-Aha, d'Ankhmahor et de Touri.

Un homme les attendait devant la porte qui, Ahmosis s'en souvenait, menait directement à la demeure du prince et, de là, au domaine de Ptah. Cette ville est belle, pensa-t-il. Ses quartiers sont propres, spacieux et plantés d'arbres, les rues sont larges, les bâtiments gracieux. Je suis vraiment heureux que Kamosé ne l'ait pas fait détruire. Le temple d'Hathor du Sycomore mériterait une visite, mais je n'en aurai sans doute pas le temps. Il y a aussi l'étang de Pédjet-shé, à la lisière du désert, où la pêche est bonne. Touri s'y rendra peut-être. L'inconnu s'inclinait bas devant lui. Ahmosis s'arrêta et lui sourit.

« Sois le bienvenu dans la ville de Ptah, le Créateur du monde, Majesté, dit l'homme. Je suis Dagi, le maire de Mennéfer. Des litières sont à ta disposition, si tu souhaites être porté jusqu'à la demeure du prince.

– Je préfère marcher, répondit Ahmosis. J'ai besoin d'exercice. Je ne me rappelle pas t'avoir vu lors de ma précédente visite, Dagi.

– Je n'occupais que des fonctions subalternes quand ton frère et toi êtes venus à Mennéfer, sire. Son Altesse m'a nommé à mon poste actuel au printemps, lorsque notre ancien maire a décidé de prendre sa retraite. C'est un grand honneur. Cette ville a été la capitale de nombreux rois dans les temps anciens. »

Séduit par l'amour manifeste que Dagi portait à sa ville, Ahmosis s'entretint familièrement avec lui tandis qu'ils longeaient la grande avenue de Mennéfer, plantée d'arbres ombreux. Derrière les haies protectrices formées par les gardes, les passants s'inclinaient, puis regardaient avec curiosité le brillant cortège. Ahmosis les saluait avec gravité.

Le prince Sébek-nakht l'attendait à l'entrée de son domaine avec ses serviteurs. Alors que ceux-ci se prosternaient dans la poussière, le prince s'inclina profondément, les bras tendus.

« Ta visite m'honore, Majesté, dit-il. Aie l'obligeance d'entrer.

– Je suis heureux de te revoir, Sébek-nakht, et j'ai pris plaisir à marcher dans ta belle ville de Mennéfer. Tu connais déjà le général Hor-Aha et le prince Ramosé de Khmounou. Voici le général Touri, mon plus vieil ami. Allons ! »

Deux des gardes les suivirent, tandis qu'Ankhmahor et les autres se postaient devant le mur d'enceinte, observés avec intérêt par le gardien, dont la loge se trouvait à l'intérieur même de la porte.

Les colonnes du porche, peintes de couleurs vives, se dressaient au bout de l'allée principale, qui longeait un mur de brique crue couvert de plantes grimpantes et masqué par un rideau d'arbres fruitiers. Le jardin s'étendait de l'autre côté. On ne voyait rien de la cuisine, des greniers ni des logements des serviteurs, mais au fond du domaine, un mince panache de fumée indiquait leur emplacement. Lorsque Ahmosis arriva devant les colonnes, un garde s'inclina et, derrière lui, dans la pénombre fraîche du vestibule, il vit soudain onduler les robes et étinceler l'or. L'épouse du prince et ses filles venaient lui présenter leurs respects.

Après avoir bu du vin et échangé des plaisanteries au bord d'un bassin couvert de feuilles de nénuphar, Ahmosis, Ramosé, Hor-Aha et Touri prirent congé des femmes et suivirent Sébek-nakht dans la maison. Ahmosis se rappelait bien la clarté de ses pièces et la fraîcheur de son carrelage vert et blanc, ses tables dorées et ses fauteuils en ébène incrustés de fleurs d'ivoire, ses deux tabernacles à Sekhmet et à Ptah, d'un travail exquis. Il se souvenait aussi de la pièce dans laquelle les conduisit le prince. Ses murs étaient décorés de palmiers dont les dattes dissimulaient astucieusement les alvéoles servant au rangement des rouleaux de papyrus. Sur le sol, une natte représentait un lac rempli de poissons. Sans attendre d'y être invité, Ahmosis prit place, et les autres l'imitèrent. Un serviteur se glissa sans bruit dans la pièce.

« Puis-je vous offrir autre chose ? demanda Sébek-nakht. Quelques heures nous séparent encore du dîner. »

Voyant que ses hôtes refusaient, il renvoya l'homme d'un geste, puis se tourna vers Ahmosis.

« Je suis navré pour ton frère, dit-il. Quant aux princes, ils me font honte. Au lieu d'avoir l'honnêteté d'abandonner carrément Kamosé et de se rendre à Het-Ouaret, ils ont eu recours au meurtre. C'est une façon d'agir contraire à la Maât.

– En effet, approuva Ahmosis, en l'observant avec attention. Je ne suis pas certain qu'ils aient eu l'intention de se replacer sous le joug d'Apopi. Je crois plutôt qu'ils comptaient vaguement négocier avec lui en s'arrangeant pour conserver les territoires acquis par Kamosé.

Peut-être même avaient-ils prévu de tuer mon beau-fils et de mettre l'un d'eux sur le trône. Un plan de ce genre était voué à l'échec, naturellement. Apopi aurait profité de l'occasion pour sortir de sa ville et inonder le Sud de ses troupes. Tu ne crois pas ?»

L'invite était manifeste. Sébek-nakht sourit.

«Je ne suis pas dans les secrets d'Apopi, Majesté, répondit-il sans sourciller. J'ai seulement son oreille en matière de constructions, lesquelles sont plutôt rares. Les Sétiou ne bâtissent que des temples à leurs dieux. J'ai établi les plans d'agrandissement du palais d'Apopi et veillé à la bonne exécution des travaux. À part quelques petites commandes dans le Delta pour des nobles, c'est tout.»

Ahmosis approcha son fauteuil de la table, y appuya les bras et se pencha vers Sébek-nakht.

«Je ne te demande pas de trahir Apopi, déclara-t-il avec un soupir. De quelque côté que ton cœur penche, tu ne diras rien, n'est-ce pas ?»

Sébek-nakht effleura sa tempe d'un geste étrangement gracieux.

«Je ne garde pas le silence en raison d'une quelconque sympathie pour les Sétiou, répondit-il. Je suis architecte et prêtre, Majesté. J'ignore tout des questions militaires et m'en soucie peu. Je préférerais te servir, mais c'est Apopi qui a utilisé et récompensé mes talents. Je suis d'une famille égyptienne très ancienne et, à la différence de nombre de princes qui tirent gloire des exploits guerriers de leurs ancêtres, je m'enorgueillis de descendre d'une longue suite d'architectes et de prêtres. J'ai du pouvoir, naturellement. Je suis prince. Mais m'en servir pour conduire une armée ne m'intéresse pas.

– Quel dommage, murmura Ahmosis. Moi qui allais te demander de commander une de mes divisions.»

Il souriait, et Sébek-nakht éclata de rire.

«Si tu as besoin de troupes qui connaissent tout des avantages du calcaire sur le grès, ou qui sachent quelle profondeur doivent avoir les fondations pour soutenir une colonne d'un certain poids, je suis l'homme qu'il te faut, dit-il. Sinon, ce serait la catastrophe.

– Nous avons pléthore d'esprits militaires, fit Hor-Aha avec aigreur. Ce qui nous manque, ce sont des hommes capables de venir rapidement à bout d'un glacis.» Son intervention jeta un froid et, comme un silence gêné suivait ses paroles, il ajouta : «Pardonne-moi, prince. Je ne voulais pas t'offenser. Je disais simplement la vérité. Het-Ouaret est construite sur des mamelons ceinturés de talus inclinés, très hauts et d'une dureté de pierre. Les Égyptiens ne bâtissent pas ainsi, et nos maçons n'ont aucune idée des faiblesses éventuelles de ces ouvrages. Les portes de la ville sont hautes et solides, elles aussi. » Il jeta un regard sombre à Ahmosis. « Il a fallu un mois de siège à Kamosé pour emporter Nag-ta-Hert. Encore n'y est-il arrivé que parce que le commandant du fort manquait d'eau et qu'il a perdu son sang-froid. Nous avons démoli les murs de Nag-ta-Hert, mais de l'intérieur, après que nos soldats avaient investi la place.

– Je ne m'offense pas facilement, général, assura Sébek-nakht. Je comprends vos besoins. La victoire de Kamosé à Nag-ta-Hert vous a appris que les fortifications sétiou n'étaient pas en pierre. Il s'agit de sable et de terre stabilisés par un revêtement en pente. En ma qualité d'architecte, je connais les avantages et les faiblesses de diverses sortes de pierre, je peux concevoir des structures de brique crue, mais c'est tout. Je n'ai pas de conseil à vous donner.

– Le père d'Apopi a fait doubler la hauteur des murs, remarqua Ahmosis. Je me suis souvent demandé pourquoi, étant donné qu'à son époque aucun danger ne menaçait la ville. Peut-être un oracle lui avait-il prédit l'avenir de son fils.

– Peut-être, dit Sébek-nakht en croisant les bras. Mais je crois plutôt que la peste qui s'est abattue sur la ville voilà quarante ans lui a fait peur. Het-Ouaret a toujours été un entassement de maisons de brique, un dédale de ruelles étouffantes, surpeuplées, pleines d'ordures. Pas de jardins, excepté dans l'enceinte du palais et devant les maisons de quelques privilégiés ; quasiment pas d'arbres ; du bruit et de la puanteur partout. Il y a quarante ans, la population s'était tellement accrue que la ville suffoquait. Elle était – et est toujours – la proie des rats et de parasites en tous genres. La peste a tué des milliers de Sétiou, tellement que l'on jetait les cadavres dans de simples fosses. À ce moment-là, et pendant quelque temps, Het-Ouaret a été vulnérable, ce qui explique le renforcement des murailles.

– Ce sont des gens sales, remarqua Touri. Alors qu'ils avaient tout le Delta pour entourer leurs maisons de jardins, ils ont choisi de s'entasser dans ces espaces clos. Je ne comprends pas.

– Mais si, intervint Ramosé. Ce sont des étrangers, Touri. Ils ne connaissent pas l'Égypte. Sa beauté et sa propreté leur sont indifférentes. Ce sont des insectes qui grouillent dans leur fourmilière. »

Sébek-nakht regardait par-dessus leurs têtes. Il semblait trouver beaucoup d'intérêt aux troncs bruns et aux palmes vertes des palmiers peints sur le mur du fond.

« On m'a récemment ordonné de superviser la démolition des cimetières d'Het-Ouaret, dit-il sur le ton de la conversation. Les petits temples funéraires sont en pierre. Ils prennent trop de place. Les citoyens ont été contraints d'enterrer leurs morts, et mêmes leurs ânes, sous le sol de leurs maisons. » Ses yeux se posèrent sur Ahmosis. « Cette situation afflige mon seigneur, mais Het-Ouaret n'est pas extensible. L'apparition d'une nouvelle épidémie n'est qu'une question de temps, à moins que mon seigneur n'agrandisse la ville en construisant sur d'autres mamelons. Malheureusement pour les gens du peuple, les soldats sétiou venus du Retenou pour défendre le Delta ont envahi la forteresse nord. Apopi y a toujours caserné le trop-plein de ses troupes, mais elle est à présent plus que surpeuplée. Les quelques Égyptiens qui y vivent – des administrateurs et des surveillants d'Apopi qui se sont construit au nord-ouest du mamelon des maisons décentes, entourées de jardins irrigués – sont plutôt mécontents de cet afflux constant de soldats. »

Ahmosis se figea. Le prince avait légèrement insisté sur certains mots : « jardins irrigués », « nord-ouest ». Il croisa le regard d'Hor-Aha et sut que cela n'avait pas échappé à son général.

« Et nous alors ! s'exclama Touri. Nous ne réussirons à isoler Het-Ouaret qu'en venant à bout de ces renforts. Devoir se battre dans les marais et les vergers du Delta ne réjouit guère nos soldats du Sud, sans parler de se lancer à l'assaut de murailles derrière lesquelles se dissimulent des dizaines de milliers d'hommes. C'est une tâche décourageante, sire.

– En effet, reconnut Ahmosis. Cela étant, nous avons le temps et la liberté de manœuvre de notre côté, Touri. Apopi finira par être battu, à moins que le Retenou ne dispose d'un réservoir de troupes inépuisable. » Il se tourna vers Sébek-nakht, qui le regarda cette fois dans les yeux. « Merci, prince, dit-il simplement. À présent, j'ai une proposition à te faire. De ton aveu même, Het-Ouaret n'offre guère de tâches passionnantes à un architecte. S'il est talentueux, il doit s'ennuyer. Il se trouve que la reine et moi avons besoin à Oueset d'un homme capable de concevoir un village, puis de s'atteler à d'autres projets qui demandent davantage que de savoir compter les briques crues. Iras-tu voir mon épouse ?»

Le front de Sébek-nakht se plissa.

«Je supervise toujours la destruction des cimetières, Majesté, répondit-il avec prudence. On m'attend à Het-Ouaret. Je ne suis rentré chez moi que le temps de discuter des récoltes avec mon chef des Cultures.

– Tu es rentré chez toi pour me recevoir, corrigea Ahmosis. Je serai franc avec toi, prince. J'ai besoin de toi à Oueset. Ahmès-Néfertari attendra que tu te sois acquitté de tes obligations envers Apopi. Ce n'est pas ton épée mais tes talents exceptionnels que je te demande de mettre à mon service. Partage ma destinée. Je jure que tu ne seras pas déçu.»

Un sourire éclaira fugitivement le visage du prince.

«J'ai toujours eu de la sympathie pour toi, Ahmosis, et ton frère m'a inspiré assez de respect pour que je lui promette de rester neutre dans cette guerre. Les Sétiou n'ont pas leur place dans ce pays, c'est un point que je ne conteste pas. Il est vrai, par ailleurs, que je rêve de travailler comme le faisaient mes ancêtres, de concevoir d'imposants monuments à la gloire des dieux et pour le plaisir des rois. Voici ce dont je t'assure : dès que j'aurai rempli mes engagements envers mon seigneur d'Het-Ouaret, je réfléchirai à la proposition de mon seigneur d'Oueset. Je ne peux promettre davantage.

– Iras-tu au moins à Oueset conseiller la reine ? insista Ahmosis. Elle affronte des problèmes complexes qui devraient stimuler ta curiosité d'architecte.

– Entendu, sire, répondit Sébek-nakht, en arborant cette fois un large sourire. Et naturellement, une fois que je serai là-bas, ces problèmes risquent fort de me séduire.»

Ahmosis appliqua une tape sur la table et se leva.

«Je suis un roi accommodant, sensible aux désirs de ses sujets, dit-il avec humour. Regarde comme j'accepte facilement tes conditions, prince ! Allons dans ton jardin, à présent. Nous y admirerons le coucher du soleil en humant les odeurs appétissantes du banquet qui se prépare. As-tu du Bon Vin de la Branche occidentale ?

Sûrement, et sans doute offert par Apopi en personne. Fais-en déboucher une jarre sur-le-champ.»

Plus tard ce soir-là, après avoir festoyé et pris aimablement congé de Sébek-nakht et de sa famille, Ahmosis veilla sur le pont de son navire avec les hommes qui l'avaient accompagné chez le prince. Autour d'eux, malgré les flaques de lumière jaunâtre jetées par les lanternes accrochées à l'avant et à l'arrière, l'obscurité restait épaisse, et les gardes alignés le long de la lisse n'étaient guère que des silhouettes indistinctes. Adossé à la cabine, Ramosé contemplait le motif compliqué dessiné par les étoiles sur le velours du ciel. À côté de lui, Touri s'appuyait sur un coussin. Installé sur son pliant, Ahmosis se penchait en avant, les coudes sur les genoux, tandis qu'Hor-Aha était assis en tailleur sur le pont, le dos droit, ne se détachant de la nuit environnante que par les reflets de la lumière dans ses yeux et sur l'or de son bracelet. Flottant sur l'opacité frissonnante de l'eau, une mélodie leur parvenait. À bord d'un autre navire, des Medjaï chantaient doucement dans leur langue. Ahmosis les écoutait avec plaisir, très satisfait de sa journée. Il fut tiré de sa songerie par la voix de Touri.

«Crois-tu que Sébek-nakht tiendra parole, Majesté? Se rendra-t-il à Oueset?

– Oh oui! répondit Ahmosis. Il a passé l'année écoulée à décider à qui devait aller sa fidélité et, bien avant qu'il ne revienne à Mennéfer m'accueillir, son parti était pris. Il nous a déjà livré des informations précieuses.

– Ah bon?»

Devant l'air perplexe de Touri, Hor-Aha éclata d'un rire rauque.

«Tu ferais un bien mauvais espion, général! Le prince nous a décrit la situation dans la forteresse nord, où sont massées les troupes sétiou, et nous a suggéré une solution.

– Les grands serviteurs égyptiens d'Apopi, les aristocrates du Nord, possèdent des domaines au nord-ouest de ce mamelon, poursuivit Ahmosis. C'était la première information utile, Touri; la seconde étant qu'ils ont des jardins irrigués.

– Évidemment qu'ils ont des jardins, sire, répondit Touri avec une pointe d'irritation. Ce sont toujours des nobles égyptiens, après tout.

– Réfléchis, idiot ! s'exclama Ahmosis, en lui donnant une tape affectueuse sur la tête. Ce mamelon est entièrement ceint de murailles, et pourtant les jardins sont *irrigués*. »

Touri lissa ses cheveux ébouriffés. Il garda un instant le silence. Ahmosis attendit.

« Bien sûr ! s'écria enfin le général en battant des mains. Le vin m'a embrumé le cerveau. Il y a forcément des brèches dans les remparts. Ce sont elles qui permettent à l'Inondation de remplir les rigoles d'irrigation. À la décrue, ces brèches sont rebouchées, à la fois pour ne pas laisser d'ouvertures dans l'enceinte fortifiée et pour retenir cette eau précieuse pendant l'été. Elles constituent autant de points faibles dans la muraille, car si on les colmate tous les ans, la maçonnerie ne doit pas être difficile à percer.

– Que l'on accorde à Touri l'Or de l'Intelligence ! fit Hor-Aha d'un ton sarcastique. Le problème tient moins à la maçonnerie, qui ne devrait guère résister, qu'au fait que cette branche du Nil ne s'assèche jamais, même si son niveau baisse. Il ne doit y avoir que très peu d'espace entre l'eau et le mur, voire pas du tout en hiver. Nos hommes ne pourront donc prendre pied sur le mamelon qu'au compte-gouttes, et ce sera une tâche bien humide.

– Mais dont seront peut-être capables Kay Abana et ses matelots, dit Ahmosis. Nous en saurons davantage lorsque nous atteindrons le Delta et que nos éclaireurs se mettront au travail. » Il se leva et s'étira. « En attendant, allons nous coucher. Demain, tu rejoindras tes fantassins, Touri, et toi, Hor-Aha, tu vogueras avec tes Medjaï. Bonne nuit à tous. »

Une fois dans son lit, Ahmosis réfléchit aux informations que leur avait données Sébek-nakht, puis il pensa à l'homme lui-même, au voyage qu'il ferait bientôt sur le Nil, poussé par le vent d'été vers une Égypte où la chaleur brûlante de shemou avait l'intemporalité de l'éternité. Demain, je dicterai un message à Ahmès-Néfertari, se dit-il dans un demi-sommeil. Elle l'attendra. Elle l'accueillera gracieusement, avec ce sourire qui me fait fondre. Ils se rencontreront peut-être dans le jardin, sur une pelouse récemment arrosée par les jardiniers et perlée de gouttelettes d'eau scintillantes. Ahmosis-onkh sera peut-être là, lui aussi, étendu à plat ventre au bord du bassin, en train de regarder les grenouilles tapies sous les feuilles de nénuphar et les éclairs d'argent jetés par les poissons... Il glissa dans le sommeil en songeant à son domaine avec une douce nostalgie.

Après avoir marché deux jours à la rame, les navires atteignirent la ville d'Iounou, demeure de Rê. Le Nil s'y divisait en ses deux branches principales, l'orientale et l'occidentale. Ahmosis attendit que l'infanterie l'eût rattrapé pour se remettre en route. Un jour plus tard, il dépassait les ruines de la forteresse de Nag-ta-Hert. Kamosé et lui avaient mis un mois à venir à bout de ses murailles, pourtant simples en apparence. Rien n'en subsistait plus que des tas de sable et de terre où poussaient quelques arbrisseaux et de mauvaises herbes. Alors qu'il les regardait, Ahmosis constata que, si ses souvenirs n'avaient rien perdu de leur vivacité, le chagrin qu'il éprouvait de la perte de son frère commençait à s'atténuer. Je guéris, pensa-t-il avec étonnement. Bientôt, je pourrai réciter la prière aux morts sans pleurer. Le temps se révèle parfois un ennemi cruel, mais il m'arrive de lui être reconnaissant de passer.

Bien qu'Het-Ouaret fût encore à trois ou quatre jours de navigation, le fleuve se ramifiait en bras toujours plus nombreux, qui sinuaient à travers des champs minuscules et des vergers chargés de fruits. Le niveau de l'eau était très bas, ce qui pouvait permettre à des soldats de les longer à pied sec. Ahmosis recommanda aux Medjaï de redoubler de vigilance, et les navires continuèrent leur route avec prudence. À un jour de la ville, le souverain ordonna de mouiller l'ancre et fit appeler Kay Abana, qu'il attendit dans la relative fraîcheur de sa cabine. Le capitaine arriva avec sa promptitude habituelle, s'inclina respectueusement et prit place sur le tabouret qu'Ahmosis lui désignait. Akhtoy leur servit de la bière, puis se retira.

« Il est temps de te mettre au travail », dit le souverain.

Kay hocha la tête et vida son pot à grands traits.

« Une bonne bière, Majesté, commenta-t-il en reposant le récipient sur la table. Je ne sais pas pourquoi, mais l'humidité du Delta me donne plus soif que la fournaise de chez nous. Dès que je hume cet air, je me sens tout à la fois anxieux et impatient. J'espère qu'après la chute d'Het-Ouaret Sa Majesté ne décidera pas de poster le *Septentrion* par ici. La région est peut-être belle, mais je la déteste.

– Comment se conduit ton cousin ? demanda Ahmosis en souriant.

– Il exécute mes ordres avec un zèle infatigable. Cela changera peut-être lorsqu'il découvrira la réalité de la guerre, mais j'en doute. Où se trouve l'infanterie, Majesté, et qu'attends-tu de moi ?

– Elle devrait nous rejoindre dans la nuit, répondit le souverain. Je veux que tu choisisses six éclaireurs, qui accompagneront chacune des divisions qui vont se répandre dans la partie est du Delta et le long de la route d'Horus. Les cinq autres divisions assiégeront la ville. Le *Septentrion* et toi resterez avec moi, Kay. Je compte détruire les appontements d'Het-Ouaret, et je veux ton avis sur la manière d'accéder au mamelon du nord. »

Il informa brièvement le jeune homme de ce que leur avait appris Sébek-nakht. Kay l'écouta avec concentration, les sourcils froncés.

« Des milliers de soldats sétiou s'entassent sur ce maudit mamelon, dit-il, quand Ahmosis se tut. Il sera très difficile de les tenir à distance pendant que nos hommes se glisseront en rampant par quelques trous boueux percés dans les murs. Mieux vaudrait essayer de démolir entièrement le rempart nord-ouest.

– J'ai l'intention d'opérer une diversion de l'autre côté de la forteresse, dit Ahmosis. Les chances sont faibles, je te l'accorde ; cela étant, comme six de mes divisions harcèleront les unités ennemies qui parcourent librement le Delta oriental, mes troupes assiégeantes ne pourront être prises à revers.

– Et la forteresse principale ? »

Ahmosis souleva son pagne, collé à ses cuisses par la sueur. En dépit de la légère brise qui s'insinuait par les lames de bois de la cabine, l'air y était étouffant.

« Les plaines inondables qui se trouvent au sud et à l'est sont à sec, et je les remplirai d'archers, expliqua-t-il. L'infanterie prendra position devant les portes. À l'ouest, bien entendu, il y a la branche du Nil. Le *Septentrion* et les autres navires protégeront les soldats qui démoliront les appontements. Nous savons cependant tous les deux qu'à moins que les portes ne s'ouvrent, nous ne pourrons jamais prendre la ville, ajouta-t-il en poussant un soupir. Nous parviendrons presque certainement à nettoyer le Delta et à stationner des troupes sur la route d'Horus pour empêcher l'arrivée de nouvelles troupes étrangères ; nous réussirons peut-être à pénétrer dans la forteresse septentrionale et à nous en rendre maîtres ; mais la ville elle-même restera intacte.

– Si tu demeures ici tout l'hiver, tu empêcheras ses habitants de se réapprovisionner, remarqua Kay. Ils ne tiendront pas longtemps sans nourriture.

– Avec des "si" et des "peut-être"..., dit Ahmosis en faisant la grimace. As-tu bien compris tes ordres, Kay ? »

Comprenant que l'entretien était terminé, le capitaine se leva.

« Les éclaireurs rejoindront les six divisions à mesure qu'elles nous rattraperont, assura-t-il. Je suppose que tu souhaites des rapports réguliers ?

– Oui, et qui me soient directement adressés. Si tout se passe bien, nous serons en vue d'Het-Ouaret après-demain. Fais-moi envoyer Hor-Aha, Kay. Les Medjaï doivent savoir comment se déployer. »

Ahmosis avait déjà exposé en détail la stratégie à suivre aux généraux qui affronteraient les renforts venus du Retenou. Il veilla néanmoins jusqu'à leur arrivée, tard dans la nuit, pour échanger un dernier mot avec eux. En conséquence, il dormait encore lorsque la muraille sud d'Het-Ouaret apparut. Réveillé par Akhtoy, il enfila un pagne à la hâte et sortit de la cabine pour contempler le fléau de l'Égypte.

Déjà, le sommet de la muraille était envahi de soldats, et d'une foule de civils qui jouait des coudes en criant et en montrant l'armée du doigt. Devant la muraille, la plaine était déserte. La ville avait manifestement été avertie de leur arrivée.

« Touri, Kagemni, Baqet, Khéty et Sébek-khou attendent d'être autorisés à monter à bord, dit Ankhmahor, en rejoignant le souverain. Ils veulent connaître tes derniers ordres. Les Medjaï qui doivent encercler la ville se trouvent sur la rive avec les divisions. Les autres sont avec Hor-Aha.

– Va me chercher les généraux. »

Sans prêter attention au vacarme de la ville ni aux flèches que les Sétiou décochaient dans sa direction, bien qu'il fût parfaitement hors de portée, Ahmosis regarda les cinq hommes monter la passerelle. Dès qu'ils se furent inclinés devant lui, il déclara :

« Kagemni, Baqet, vous prendrez sous vos ordres les Medjaï qui sont à terre et déploierez vos divisions au sud et à l'est de la ville. Dressez votre camp loin des murailles. Postez immédiatement des troupes devant les portes, mais que le reste de vos hommes plantent leurs tentes et s'installent. Les chars doivent commencer leurs patrouilles sur-le-champ. Le sol est ferme, il ne devrait pas y avoir de problèmes. Les chariots de provisions sont-ils arrivés ?» Kagemni acquiesça d'un signe de tête. «Parfait. Khéty, tu conduiras la division d'Horus sur le côté est de la forteresse nord. Que tes hommes tirent sur tout ce qui bougera au sommet des murs, qu'ils remuent de l'air : tu dois distraire l'attention des Sétiou du navire de Kay, qui va se glisser à l'ouest du fort. Ta division montera ses tentes à la tombée de la nuit. Touri et Sébek-khou, vous occuperez le côté ouest du mamelon, entre le Nil et le rempart. Dix mille hommes devraient suffire à empêcher les Sétiou de sortir. Comme vos hommes seront constamment sous le tir de leurs archers, vous serez couverts par les Medjaï. Attaquez-vous immédiatement aux appontements. Si des embarcations y sont amarrées, prenez leur cargaison et brûlez-les. C'est tout.»

Un par un, ils s'inclinèrent et partirent. Dès qu'ils furent à terre, la passerelle fut ôtée.

«Rapproche-toi de la ville, capitaine! cria Ahmosis.

– Ça n'est pas sage, sire! protesta aussitôt Ankhmahor. Une flèche perdue mettrait un terme à tous nos rêves.

– Sans parler des miens, plaisanta Ahmosis. Ne crains rien. Le temps que nos rameurs se soient mis à l'œuvre, les Medjaï auront commencé à abattre les soldats sur les murs. Tu verras avec quelle rapidité ces lâches disparaîtront. Dès qu'ils l'auront fait, le *Septentrion* pourra se glisser au-delà de la ville. J'espère avoir dès ce soir des nouvelles de ces fameux canaux d'irrigation.»

Les rameurs obéirent à l'ordre du capitaine, et le navire avança lentement. Ahmosis parcourut du regard la marée des soldats qui se déversait dans la plaine, puis les embarcations des Medjaï. Malgré les oscillations du pont sous leurs pieds, les archers étaient déjà au travail. Une volée de flèches monta haut dans le ciel moucheté de nuages et, lorsque leur courbe s'infléchit et qu'elles retombèrent, frappant leurs cibles, des hurlements retentirent sur les murs. Des corps s'affaissèrent, d'autres basculèrent dans le vide et churent dans les rangs des Égyptiens. La foule massée sur le rempart se dispersa aussitôt, et les Medjaï poussèrent un cri de triomphe.

Ahmosis se rendit compte qu'il cherchait inconsciemment un visage parmi les silhouettes qui se découpaient encore sur le ciel. Avec un haussement d'épaules, il ramena alors son regard sur ses troupes. Elle n'était certainement pas là-haut, exposée au danger, bousculée par la populace. Pas la reine Tautha. Il l'imaginait pourtant penchée au-dessus de ce mur vertigineux, l'appelant par son nom, agitant frénétiquement les bras pour attirer son attention. Tani ! Il chassa l'accès de colère et de tristesse qui le gagnait.

D'un geste brusque, il ordonna à son capitaine d'accoster et, dès que la passerelle fut tirée, il descendit à terre avec Ankhmahor.

« Trouve-moi un char, ordonna-t-il. Je veux me faire une idée plus précise des appontements. Mon bouclier me serait également utile. Je ne crains pas la précision de tir des archers sétiou mais mourir percé par une flèche perdue serait effectivement une fin ignominieuse.

– Le *Septentrion*, sire ! s'exclama Ankhmahor, le bras tendu. Il dépasse les Medjaï ! »

Ils suivirent le navire des yeux jusqu'à ce que la courbe du fleuve leur masquât le fier pavillon de Kay.

« Il a franchi le premier obstacle, dit alors Ankhmahor avec un soupir de soulagement. Khéty a certainement déjà commencé son opération de diversion. »

Ahmosis s'apprêtait à lui répondre, quand une clameur s'éleva au sommet de la muraille. Les civils avaient disparu, laissant la place à des rangées de soldats barbus qui, étendus ou accroupis, tâchaient de se protéger de la grêle des flèches medjaï et de tirer eux-mêmes sur les soldats qui grouillaient au-dessous d'eux.

« Nous avons commencé à attaquer les appontements, dit Ahmosis. Que ces Sétiou sont donc stupides ! Des pierres feraient plus de dégâts parmi nos hommes que leurs flèches. Ils devraient les prendre à ces monuments funéraires que Sébek-nakht fait démolir ! »

Son rire lui resta dans la gorge, car une silhouette familière était apparue sur le rempart et marchait à grands pas derrière ses soldats, indifférent aux traits qui pleuvaient autour de lui. Basané, les traits grossiers, se mouvant avec une grâce féline, il semblait réprimander ses hommes, bien qu'Ahmosis ne pût naturellement pas entendre ses paroles.

« Pédjédkhou, murmura Ankhmahor. Que fait-il ?

– Il leur ordonne de quitter le rempart, murmura Ahmosis, la voix voilée. Le général sait qu'ils ne sont pas de taille, face aux Medjaï. Il sait aussi que nous ne pourrons pénétrer dans la ville, quoi que nous fassions, et il tient à éviter des pertes inutiles. Une fois encore, Pédjédkhou fait preuve de prudence, quitte à perdre la face. » Il se tourna vers Ankhmahor. « Va ordonner que les Medjaï cessent de tirer mais gardent leur position, dit-il. Et trouve-moi ce char. »

Crois-tu que Pédjédkhou m'ait vu ? avait-il envie de demander. Crois-tu qu'il m'ait reconnu ? Est-ce pour cela que je me sens soudain si nu ? Mais Ankhmahor s'éloignait déjà, lançant un ordre à ses gardes, qui entourèrent leur souverain, lui faisant un rempart de leurs corps.

Les appontements d'Het-Ouaret étaient massifs et nombreux, de grands ouvrages de bois s'avançant dans le fleuve. À cette époque de l'année, cependant, le bas niveau de l'eau révélait le peu de soin apporté à leur construction. Cela vaut pour tout ce que bâtissent les Sétiou, pensa Ahmosis avec une sombre satisfaction. Solide en apparence, mais en réalité d'une fragilité de jouet. Quel gâchis ils ont fait du précieux bois du Retenou ! Debout dans son char derrière Ankhmahor, il élevait son bouclier entre la ville, à sa droite, et lui.

Plusieurs grands navires en roseaux et en cèdre – dont un ou deux avaient la proue incurvée, ornée de la figure d'un poisson, caractéristique des embarcations du Keftiou – étaient amarrés à ces appontements. Les Égyptiens leur avaient donné l'assaut, et beaucoup des marins, apparemment désarmés, sautaient par-dessus bord. Ahmosis vit avec plaisir qu'ils gagnaient sains et saufs l'autre rive. Ceux qui avaient des armes tâchaient en revanche de défendre leurs navires, et de courts affrontements avaient lieu sur les ponts. Pendant ce temps, ignorant les combattants, les soldats égyptiens ayant reçu l'ordre de s'emparer des cargaisons s'engouffraient dans les cales et en ressortaient chargés de sacs et de coffres. Il était impossible à Ahmosis d'en deviner le contenu. À côté des navires, de l'eau jusqu'à la taille, la hache levée, des hommes entouraient déjà les pilotis, attendant les ordres de leurs officiers pour commencer à les abattre. Sur la rive, un grand feu crépitait.

Brusquement, le vacarme monta d'un cran. Les milliers d'hommes qui occupaient la plaine entre la ville et les quais se mirent à osciller, tandis que les étendards des divisions d'Amon et de Montou s'inclinaient et vacillaient. Au bord du fleuve, les hommes qui tenaient haches, torches et butin s'immobilisèrent et se tournèrent vers la source du tapage.

« Dieux ! cria Ahmosis au paroxysme de l'excitation. Les portes s'ouvrent ! Ils vont essayer de défendre les appontements ! Fouette tes chevaux, Ankhmahor ! Khabekhnet ! Khabekhnet ! »

Son premier héraut arriva en courant et monta d'un bond sur le char, qui prenait de la vitesse.

« Fraie-toi un chemin jusqu'aux généraux, dit Ahmosis, sans se rendre compte qu'il continuait à hurler. Ordonne-leur de ne pas affronter les Sétiou. Il faut qu'ils empêchent coûte que coûte ces portes de se refermer, et qu'ils pénètrent dans la ville. »

Khabekhnet acquiesça et sauta à terre. Tous les muscles tendus, Ahmosis le regarda s'enfoncer dans la cohue hurlante des soldats. Dix mille hommes, pensait-il avec fièvre. Dix mille hommes pour envahir Het-Ouaret, et quinze mille autres pour leur prêter main forte si l'on parvient à maintenir ces portes ouvertes. Oh ! Amon, je t'en prie, inspire Touri et Sébek-khou !

« Envoie chercher les autres divisions, sire ! » cria Ankhmahor par-dessus son épaule.

Il tirait sur les rênes pour ralentir les chevaux. Ahmosis le laissa faire. Se rapprocher davantage de la masse confuse des soldats était inutile ; il voyait parfaitement le champ de bataille. Haletant et tremblant d'excitation, il agrippa le bord du char.

« Pas encore, dit-il d'une voix rauque. Le *Septentrion* ne doit pas être laissé sans protection. Les étendards bougent, Ankhmahor. Les porte-enseigne se rapprochent des portes, mais les troupes parviendront-elles à les suivre ? »

Le souffle suspendu, ils regardèrent, insensibles au soleil qui martelait leur crâne, à la sueur d'appréhension qui ruisselait sur leur corps, au vent chaud qui agitait les plumes d'autruche bleu et blanc entre les oreilles frémissantes des chevaux.

« Les Medjaï cherchent à tirer, dit enfin Ankhmahor. Mais ils ont peur d'atteindre des Égyptiens. Pareille impuissance doit mettre Hor-Aha hors de lui. »

Ahmosis garda le silence. Alignés sur leurs navires, à l'écart de la bataille, les archers tendaient en effet leurs arcs sans pouvoir lâcher leurs traits. Il aperçut Hor-Aha, la tête baissée et les poings sur les hanches.

Brusquement, cependant, les Medjaï pointèrent leurs armes vers le ciel. Ahmosis leva les yeux. De nouveaux soldats sétiou étaient apparus au sommet du mur. Agenouillés, ils tiraient sur les combattants. Pédjédkhou était parmi eux et, malgré la distance, Ahmosis perçut sa fureur. Ce n'est pas lui qui a donné l'ordre de cette sortie, pensa-t-il aussitôt. Non, bien sûr que non ! Il ne ferait jamais quelque chose d'aussi irréfléchi. C'est sans doute une idée d'Apopi. Pédjédkhou tâche de limiter les dégâts, de nous empêcher de prendre la porte d'assaut, de nous ralentir. Plein d'espoir, Ahmosis détourna le regard du ciel noir de flèches pour le reporter sur la mêlée au pied du rempart.

La bataille faisait rage. La porte était toujours ouverte, mais la foule des hommes massés devant elle s'était épaissie. Ahmosis comprit avec consternation que, face au front compact des Égyptiens, les Sétiou en avaient été réduits à protéger l'entrée de leur ville par un bouclier humain que ses soldats devaient tailler en pièces pour progresser. Le combat était acharné et sans pitié. Les corps des victimes s'entassaient, formant un obstacle supplémentaire à l'avance des Égyptiens qui, silencieux désormais, se battaient avec l'énergie du désespoir pour atteindre cette porte, qui leur promettait la fin d'années de vains efforts.

« Il leur faudra massacrer les Sétiou jusqu'au dernier, dit Ankhmahor avec exaspération. Et ils seront alors trop épuisés pour faire davantage.

– Des troupes fraîches les remplaceront, dit Ahmosis d'un ton ferme. Les rangs des Sétiou sont déjà plus clairsemés. Il est temps de rappeler les autres divisions. »

Mais au moment où il se retournait pour transmettre ses ordres à l'un de ses hérauts, il vit Pédjédkhou courir le long du mur, protégé des flèches medjaï par un bouclier. Parvenu au-dessus de la porte, il se pencha et, malgré le vacarme de la bataille, Ahmosis l'entendit hurler : « Fermez cette porte, espèces d'idiots ! Qu'est-ce que vous attendez ? Fermez-la immédiatement ! Imbéciles ! Chiens stupides ! Fils perdus ! »

Avec un serrement de cœur, Ahmosis vit les deux immenses battants commencer à bouger. Il poussa un cri de désespoir, auquel tous ses soldats firent écho. Un dernier élan les jeta vers la muraille, puis la porte se referma dans un grondement, que suivit le bruit des énormes poutres de bois tombant dans leurs supports.

Au cours de l'heure qui suivit, les Sétiou restés à l'extérieur de leur ville furent exterminés. Pédjédkhou et ses archers avaient disparu. Les haches se remirent à l'ouvrage, s'attaquant aux pilotis fragiles des appontements. Les scribes du Ravitaillement firent l'inventaire des cargaisons pendant que, torche à la main, des soldats attendaient l'ordre de mettre le feu aux navires et aux décombres.

Les Medjaï devaient rester sur place jusqu'au retour de Kay Abana sur le *Septentrion*. Ahmosis ordonna aux divisions de gagner leur bivouac pour y manger et s'y reposer. En proie à une amère déception, partagée par ses troupes, il demanda qu'on fît le compte des morts et des blessés égyptiens, et qu'on lui apportât le détail des cargaisons prises sur les navires.

Vers le coucher du soleil, les feux de camp furent allumés et une bonne odeur de nourriture se répandit. Les soldats se lavaient dans le fleuve ou, assis devant leurs tentes, nettoyaient et aiguisaient leurs armes, mais sans les plaisanteries et les bavardages animés habituels. Ahmosis, qui se fit conduire à travers le camp avant de dîner, perçut leur abattement. Il les félicita de leur courage et de leur force d'âme, et leurs réponses furent respectueuses mais sobres. Tous comprenaient la chance immense qui avait passé.

5

Ils n'avaient aucune nouvelle de Kay Abana. Cette préoccupation assombrissait encore Ahmosis qui attendait, assis près de sa tente, alors que le soleil se couchait enfin derrière la végétation abondante de la rive. Le général Khéty lui avait fait savoir que ses hommes avaient passé la journée à lancer flèches et insultes aux soldats sétiou massés sur les murailles de la forteresse septentrionale, ne se retirant hors de portée de leurs arcs qu'en fin d'après-midi.

Quels ordres donner pour le lendemain ? Ahmosis n'en savait rien. Impossible de formuler de plan pour la division d'Horus avant le retour du *Septentrion*. Quant aux divisions qui se répandaient dans le Delta oriental, il ne s'attendait pas à en recevoir de nouvelles avant quelques jours. Malgré sa fatigue, il resta longtemps devant sa tente, un coupe de vin posée à côté de lui, surveillé silencieusement par Ankhmahor et ses gardes. Ramosé avait demandé l'autorisation d'accompagner Kay Abana dans son expédition. Sa présence manquait à Ahmosis, et l'inquiétude qu'il éprouvait sur son sort ajoutait au poids déjà écrasant des déceptions de la journée.

Un peu plus tard, alors qu'il venait d'achever ses prières à Amon et fermait les portes de son tabernacle de voyage, un de ses hérauts se fit annoncer.

« Le *Septentrion* est revenu, Majesté, déclara-t-il. Il accoste à l'instant.

– Très bien ! fit Ahmosis, les jambes molles de soulagement. Va dire à Hor-Aha que ses Medjaï peuvent quitter leurs postes. Que Kay Abana et le prince Ramosé me rejoignent dès qu'ils se seront occupés de l'équipage. » Lorsque l'homme eut disparu dans une obscurité piquée de feux de camp, Ahmosis appela son intendant. « Apporte deux tabourets, du vin, la viande et le pain que tu pourras trouver », ordonna-t-il.

Akhtoy s'éclipsa et, pour la première fois depuis bien des jours, Ahmosis se sentit une faim dévorante.

Puisque les portes se sont ouvertes une fois, cela peut se reproduire, pensa-t-il en retrouvant son optimisme habituel. Ne te laisse pas abattre par la mélancolie du moment, espèce d'idiot ! Amon m'accordera la victoire finale, j'en ai le sentiment intime. Le prix a été payé. Père et Kamosé l'ont payé, et c'est à moi que les dieux ont décidé d'accorder la récompense finale.

Quand Kay et Ramosé arrivèrent, Akhtoy avait déjà disposé vin et plats chauds sur la table. Ahmosis invita les deux hommes à s'asseoir. Tous deux venaient apparemment de se laver, et avaient noué leurs cheveux mouillés. Kay Abana avait plusieurs coupures sur le dos des mains, des écorchures aux genoux comme s'il était tombé sur des cailloux, une vilaine meurtrissure violette sur la joue, et deux profondes estafilades décoraient son tibia et son mollet. Ahmosis désigna la viande de gazelle rôtie, le pain d'orge et le fromage.

« Mangez d'abord, dit-il. Sers-nous du vin, Ramosé. Je vois que tu as agi avec ton impétuosité habituelle, capitaine, mais avant que tu m'expliques pourquoi, remplissons-nous le ventre. Je suis ravi de vous revoir tous les deux sains et saufs », conclut-il en souriant.

Il ne reprit la parole que lorsque les plats et la cruche de vin furent vides.

« Maintenant, faites-moi votre rapport.

– Les nouvelles ne sont pas bonnes, sire, dit aussitôt Kay. Il y a effectivement des brèches dans le mur – entre vingt et trente. Elles sont bouchées en ce moment, bien entendu, mais leur emplacement est visible. Elles ne semblent pas très larges et sont obstruées par un mélange de boue et de paille, auquel on a peut-être ajouté de la poudre de calcaire. À mon avis, la montée des eaux et quelques coups de houe doivent en venir à bout. » Il croisa les jambes avec précaution et poursuivit : « Mes hommes ont essayé de s'y attaquer, mais la tâche était difficile. Lorsque l'Inondation aura ramolli la boue, ce sera plus facile, mais les soldats devront alors plonger sous l'eau et s'engager un par un dans les ouvertures. Ensuite, dégoulinant et hors d'haleine, leurs armes mouillées, ils se retrouveront face à un ennemi largement supérieur en nombre. Le risque est trop grand, conclut-il en secouant la tête.

– C'est toi, mon officier le plus téméraire, qui dis cela? plaisanta Ahmosis, malgré sa déception. Si nous armions de pioches des centaines d'hommes, nous parviendrions peut-être à élargir ces brèches.

– Ils auraient à affronter une défense puissante. Les Sétiou ont pratiqué des meurtrières dans les murs pour pouvoir tirer sur les assaillants et, en dépit de la diversion opérée par le général Khéty, les archers postés au-dessus de ces canaux obstrués n'ont pas bougé. Leurs officiers sont peut-être moins obtus que nous le croyions. À moins que, comme les babouins, on ne puisse les entraîner à une tâche sans qu'ils aient à utiliser le peu d'intelligence qu'ils possèdent. » Il regarda autour de lui. « Y aurait-il encore un peu de vin ? »

Ahmosis ne répondit pas à sa question. Il se pencha en avant.

« Es-tu en train de me dire que tes hommes et toi vous êtes attaqués à ces brèches sous le tir de l'ennemi ?

– Eh bien, oui, fit Kay avec un grand sourire. Mes fidèles matelots ont arrosé les Sétiou de flèches tirées du pont du *Septentrion* pendant que nous nous escrimions contre la maçonnerie. Mais c'était sans espoir, conclut-il d'un ton de regret. Nous entendions des troupes se masser dans les jardins, prêtes à nous régler notre compte si par miracle nous avions émergé de l'autre côté du mur. D'ailleurs, si nous avions réussi à nous ouvrir un passage, un torrent d'eau se serait déversé sur nous, et les propriétaires des jardins auraient dû abandonner tout espoir de goûter aux derniers fruits et légumes de la saison. » Il montra ses mains. « J'ai creusé avec mes hommes, et j'ai eu la jambe égratignée par un tir mal ajusté. Les Sétiou étaient en proie à la panique, et décochaient leurs flèches au petit bonheur.

– Leurs armes n'en sont pas moins admirables, remarqua Ahmosis. L'arc qu'ils ont introduit en Égypte lorsqu'ils ont commencé à s'insinuer dans ce pays l'emportait sur tout ce que nous connaissions… et je ne parle pas de leurs haches – plus larges – ni de leurs épées.

– Une arme ne vaut que par celui qui s'en sert, dit Kay avec hauteur. Maintenant que nous avons appris à fabriquer arcs, haches et épées, nous retournons leur savoir contre eux. Ce ne sont pas de bons guerriers. »

Ahmosis le regarda avec un mélange d'irritation et d'affection.

« Tes conclusions ? » dit-il.

Kay poussa un grand soupir.

« Chercher à pénétrer dans la forteresse par les canaux d'irrigation serait perdre du temps et la vie d'hommes précieux, sire. Je suis navré d'avoir à te le dire mais, à mon avis, il faut trouver une autre solution.

– Merci, Kay. Tu peux te retirer. Tu as bien travaillé. »

Le capitaine se leva aussitôt et s'inclina.

« J'ai laissé un présent pour Ta Majesté au garde posté devant la tente, dit-il avant de sortir. Des présents, plutôt. L'un d'eux t'est offert par mon cousin Zaa. Je te souhaite une bonne nuit. À toi aussi, prince. »

Il leur décocha de nouveau un de ses sourires étincelants, et disparut. Ahmosis se tourna vers Ramosé.

« Tu as été bien silencieux, dit-il. À quoi penses-tu ?

– Tu as en Kay un officier courageux et astucieux, répondit le jeune homme, en changeant de position. Il tombait du sommet de la muraille et de ces meurtrières une pluie de flèches incessante. Kay et ses hommes ont continué à s'acharner sur la maçonnerie malgré le danger. J'ai suivi toute l'opération du pont du *Septentrion*. Son présent est un sac rempli des mains prises sur le corps des ennemis abattus par les matelots et qui ont basculé de notre côté du mur. Il y en a vingt-sept en tout. Beaucoup d'autres Sétiou sont tombés à l'intérieur de la ville. Une des mains appartient à un soldat tué par le jeune Zaa pen Nékheb. Un coup de chance si l'on considère qu'il commence tout juste à apprendre à tirer à l'arc, mais c'était audacieusement fait. » Il se frotta le front et posa sur Ahmosis des yeux fatigués. « Naturellement, une grosse partie du tir ennemi était concentrée sur les matelots. Trente sont blessés, et cinquante ont péri.

– Cinquante ! s'exclama Ahmosis, atterré. C'est trop, Ramosé, beaucoup trop ! Abana aurait dû me le dire.

– Il l'aurait fait si tu lui avais posé la question. Kay est très fier de son navire et de ses hommes, et il a honte de ne pas avoir été capable de mieux les protéger. Dès notre retour, il s'est occupé de faire examiner les blessés par un médecin.

– Nous allons abandonner cette idée, dit fermement Ahmosis. Je ne sacrifierai pas d'Égyptiens dans une entreprise aussi hasardeuse. Quel est ton avis ?»

En regardant Ramosé, dont le visage était entièrement dans l'ombre, mais dont la lampe éclairait les longs doigts souples, immobiles sur la table, Ahmosis pensa soudain à sa sœur. Il revit cette même main, plus fine, plus jeune, ornée de bagues, posée sur l'épaule nue de Tani par une belle matinée ensoleillée. Il attendit. Bientôt, les doigts tapotèrent la table, puis se retirèrent.

«Je crois que tu as raison, dit lentement Ramosé. Cela étant, tu pourrais inverser ta stratégie, sire. Au lieu d'essayer d'introduire des soldats par ces brèches, stationne une partie de la marine en face d'elles afin d'empêcher qu'on ne les ouvre. Fais en sorte que pas une goutte d'eau n'entre dans cette forteresse, ni dans l'autre.» Il se pencha en avant. «Het-Ouaret grouille de monde. Tu as entendu Sébek-nakht. On rase jusqu'aux temples funéraires pour faire de la place. Que boivent ces gens ? Il n'y a pas de source dans les forteresses. L'eau vient forcément de puits, alimentés par les eaux du Nil en hiver, quand Isis pleure. Coupe leur approvisionnement en eau fraîche. Tu as déjà décidé de poursuivre le siège et les opérations dans le Delta pendant l'Inondation. Jusqu'à présent, nous rentrions chez nous lorsque la crue s'annonçait, c'est-à-dire au moment précis où Het-Ouaret refait ces provisions d'eau. Cette année, ce sera différent. Assoiffe-les !

– Cette journée nous a décidément apporté autant de déceptions que d'espoirs, murmura Ahmosis en le dévisageant. Je vais jeter un coup d'œil au présent macabre d'Abana, puis nous irons nous coucher, ajouta-t-il en se levant. Merci de ton conseil.»

Ramosé s'inclina et, ensemble, ils sortirent dans la tiédeur de la nuit.

Le sac reposait aux pieds d'un des gardes qui surveillaient la tente. Sur l'ordre de son souverain, l'homme élargit l'ouverture, révélant un entassement de mains mutilées et sanglantes. Ahmosis les contempla d'un air songeur.

«Ce spectacle me rend plus réelle la légitimité de notre combat, dit-il. Nous ne sommes pas des bandits qui pillent et tuent avant de poursuivre leur route. Nous menons une guerre honorable. Fais porter ces mains au scribe de l'Armée afin qu'il note le nombre d'ennemis tués par le *Septentrion*», ordonna-t-il au garde.

Ahmosis pensa fugitivement que, si Kamosé n'avait pas fait compter les morts ennemis de la façon traditionnelle, du moins au début, c'était parce qu'il savait que son combat ressemblait trop aux actes d'un brigand. Il garda toutefois cette réflexion pour lui. Après avoir souhaité bonne nuit à Ramosé et demandé au garde de lui envoyer Khabekhnet, il rentra dans sa tente.

Il attendit patiemment, écoutant les bruits du camp diminuer et s'éteindre, tandis qu'Akhtoy débarrassait et rangeait la table. Bientôt, seuls les qui-vive des sentinelles et, de loin en loin, le braiment d'un âne rompirent le silence.

La ville aussi semblait dormir, et un murmure remplaçait la rumeur qui en montait pendant le jour. Ahmosis y entendait quelque chose de mélancolique, tout en sachant que c'était un effet de son imagination, une projection du sort qu'il prévoyait à Het-Ouaret. J'aimerais beaucoup connaître l'état d'esprit des habitants, se dit-il. Sont-ils toujours aussi pleins de suffisance lorsqu'ils entendent mes soldats marcher sous leurs murs, ou leur arrive-t-il de frissonner d'appréhension au milieu de leurs allées et venues quotidiennes ?

«As-tu besoin d'autre chose, sire ? demanda l'intendant.

– Non, répondit Ahmosis. Réveille-moi à l'aube, Akhtoy.»

En partant, Akhtoy tint le pan de la tente soulevé pour laisser entrer Khabekhnet. Le chef héraut s'avança et s'inclina devant Ahmosis.

«Je veux que, du coucher du soleil à l'aube, tes hérauts se relaient pour tourner en char autour de la ville en criant à Apopi de se rendre. Het-Ouaret se croit inviolable ; nous allons faire de notre mieux pour troubler ses rêves.»

Le premier héraut haussa ses sourcils noirs.

«Que devront-ils crier exactement, Majesté ?

– Une menace, dit Ahmosis en s'étirant. Ceci : "Ouatch-Képérou Ahmosis, Fils du Soleil, Horus, l'Horus d'Or, exige la reddition de l'usurpateur étranger Apopi, faute de quoi la ville sera réduite en cendres." Toutes les nuits, Khabekhnet. Tu peux disposer.

– À tes ordres, Majesté.»

Lorsqu'il fut parti, Ahmosis se coucha et éteignit la lampe. Je devrais bientôt avoir des nouvelles des divisions qui se battent dans le Delta, pensa-t-il en fermant les yeux. Et peut-être aussi d'Oueset. Il faudra que je dise à Ipi d'inscrire l'équipage du *Septentrion* pour l'Or de la Vaillance. Je ne peux pas faire grand-chose avant l'Inondation. À ce moment-là, j'appellerai la marine en renfort. Ramosé a raison : il faut assoiffer Het-Ouaret. Sur ce, il s'endormit, mais fut réveillé plusieurs fois dans la nuit par la voix de ses hérauts qui, montés sur leurs chars, roulaient dans la plaine en criant son message.

Aux premières lueurs de Rê, alors qu'Ahmosis déjeunait sous des saules, le scribe de l'Armée vint le trouver. L'homme lui apprit entre autres choses le nombre de mains prises aux ennemis abattus par les Medjaï, ou morts pendant la bataille qui s'était déroulée devant la porte de la ville.

Ahmosis s'intéressa davantage aux pertes subies par son armée, et aux soldats qui s'étaient distingués par leur bravoure. Le combat avait été acharné, meurtrier pour les Sétiou, et une fumée noire et grasse montait déjà des piles de cadavres que l'on incinérait. Le scribe assura toutefois à Ahmosis que les morts égyptiens étaient lavés, enveloppés dans un linceul et enterrés. Leurs noms avaient été méticuleusement notés et seraient gravés plus tard dans la pierre afin que les dieux puissent les trouver et leur donner vie dans l'autre monde. C'est un des plus grands dangers de la guerre, se dit Ahmosis, tandis que le scribe ramassait ses papyrus et prenait congé. Un soldat s'expose à mourir deux fois, et sa seconde mort est de loin la plus épouvantable.

La rumeur de la ville lui paraissait plus forte, ce matin-là, comme s'il y régnait une activité frénétique. Parcourant du regard les milliers de soldats qui, assis dans la plaine poussiéreuse, mangeaient leurs rations, il se demanda si le message menaçant de ses hérauts y était pour quelque chose. Il ne sous-estimait pas l'influence que pouvait avoir le moral de la population sur les décisions ultimes de ses dirigeants, et il se pouvait que la vermine d'Het-Ouaret, dormant à demi et rendue vulnérable par l'obscurité, eût entendu des mots qui avaient troublé son sommeil jusqu'au matin. Aucun archer ne s'était montré sur le mur. Comme lors des sièges de Kamosé, la ville ignorait l'armée qui grouillait à ses portes. Ahmosis percevait pourtant un léger changement.

Hor-Aha et le général Khéty lui avaient tous deux envoyé une estafette pour prendre ses instructions. Il leur avait simplement ordonné de rester sur leurs positions, et de tirer sur quiconque serait assez stupide pour se montrer sur les murs. On était presque à la fin de mésorè. Le mois de Thot marquerait le début de l'hiver et de la crue, et tant que l'Inondation n'aurait pas rempli les branches du Delta, il ne pourrait guère faire qu'entraîner ses hommes et attendre.

Partant en char avec Ankhmahor, Ahmosis passa plusieurs heures à inspecter les troupes et à discuter avec les généraux Touri et Sébek-khou, puis il monta à bord des navires medjaï. Bien qu'il eût aimé inviter Hor-Aha à lui tenir compagnie toute la journée, le souverain s'interdit de lui montrer une faveur particulière.

Il rencontra les officiers à qui Kamosé avait donné le commandement de soldats égyptiens et que lui-même avait fait reverser dans le corps des Medjaï. Ils n'en gardaient apparemment pas de ressentiment. Ils répondirent à ses questions prudentes avec simplicité et respect, mais distraitement, et lorsqu'il les congédia, ils reprirent tranquillement les tâches qu'il avait interrompues. Ce n'est pas qu'ils manquent d'intelligence, se dit Ahmosis en passant d'un pont de bateau à l'autre. Ils sont prompts à comprendre et résoudre un problème pratique. Mais la plupart d'entre eux semblent vivre dans le moment présent, insensibles aux déceptions comme aux triomphes du passé, une qualité innée qui doit leur apporter un contentement primitif. Hor-Aha est une exception criante, peut-être parce que sa mère est égyptienne.

Le soleil était haut dans le ciel lorsque le souverain reprit le chemin de sa tente. Dès qu'il fut installé à l'ombre des saules qui l'abritait, Akhtoy envoya un serviteur chercher de l'eau chaude et le repas de midi. Peu après, un héraut vint lui remettre un papyrus portant le sceau d'Ahmès-Néfertari. Ravi, Ahmosis le déroula et commença à lire :

«À mon cher époux et roi, salut. Il me semble que tu es parti depuis des hentis, et tu nous manques beaucoup aux enfants et à moi. Ce ne sont toutefois pas les occupations qui me manquent. J'ai reçu le rouleau où tu me parles du prince et architecte Sébek-nakht de Mennéfer. Tu as manifestement décidé de lui faire confiance, et je suppose qu'aussi longtemps qu'il sera ici, à Oueset, il ne pourra fomenter de sédition dans le Nord. Quelques jours après ta lettre, j'en ai reçu une du prince lui-même. Il m'y écrivait qu'il devait s'acquitter de ses engagements envers Apopi avant de pouvoir satisfaire à ta requête, mais que, comme tu assièges désormais Het-Ouaret et que personne ne peut plus y entrer ni en sortir, il lui faut attendre l'Inondation pour pouvoir achever la tâche que lui a confiée son maître. Je lui ai répondu que, cette année, tes troupes ne se retireraient pas, et qu'il devait donc venir à Oueset le plus rapidement possible. Je me suis dit que la crue n'était que dans un mois, et que ce serait toujours autant de gagné. »

Ahmosis interrompit sa lecture et se sourit à lui-même. Rusée Ahmès-Néfertari, pensa-t-il. Une fois qu'elle aura Sébek-nakht en son pouvoir, elle le traitera comme un frère et lui confiera des tâches si intéressantes qu'il n'aura plus envie de quitter les plaisirs du domaine et les défis de son travail. D'ailleurs, si Amon le veut, il ne restera bientôt plus de temples funéraires à raser dans Het-Ouaret. Il ne restera plus d'Het-Ouaret du tout. Il reprit sa lecture.

« Les travaux de rehaussement du mur d'enceinte ont commencé, et j'ai pris sur moi de faire détruire celui qui séparait notre maison du vieux palais. Une porte défendra l'entrée du domaine, comme tu le désirais. Toute cette activité captive Ahmosis-onkh. J'ai dû lui affecter un garde pour le surveiller en permanence et lui éviter les dangers. En ma qualité de reine, j'ai dicté une lettre officielle au souverain du Keftiou pour lui demander l'ouverture de négociations commerciales. J'ai également reçu d'Ouacuat une cargaison d'or, qui a été déposée dans le temple. À mon avis, nous ne pourrons pas compter sur des envois réguliers avant que tu ne sois en mesure de t'occuper des forts du Sud qui protégeaient les routes de l'or. Je n'ai pas assez d'hommes ni d'officiers pour mettre sur pied une pareille expédition. »

« Par les dieux, je l'espère bien ! s'exclama Ahmosis avec un mélange d'amusement et de stupéfaction. Le commandant des gardes de ma maison souhaiterait-il se voir nommer général ? Général Ahmès-Néfertari ! » Il secoua la tête en riant. « Et puis quoi encore, ma belle guerrière ? »

« Les enfants se portent bien, lut-il. Notre mère s'assure que les récoltes soient bien mesurées et, ensemble, nous avons fixé le montant de la taxe qui sera levée cette année. Mes tâches de second prophète d'Amon sont légères. Amonmosé me prie de te présenter ses respects. Les présages concernant notre longue lutte sont excellents.

«Les rouleaux que je lis le soir, avant de dormir, ne sont plus des poèmes d'amour ni le récit des exploits de nos ancêtres. Certains contiennent les listes d'hommes sur qui tu m'as demandé de prendre des renseignements et de me faire un avis. Assis par terre à côté de moi, mon scribe Khounès note ce que je pense de chacun. Par parenthèse, c'est un jeune homme très doué et très efficace. Je l'ai trouvé parmi les scribes du temple d'Amon, où je me rends régulièrement pour m'acquitter de mes obligations de second prophète.»

Une fois encore, les yeux d'Ahmosis quittèrent le papyrus pour se perdre dans le lacis des branches. Une jalousie fugitive frémit en lui. Khounès, murmura son esprit. Un jeune homme doué et efficace, assis le soir sur le sol de la chambre à coucher de sa femme, et penchant sur sa palette une tête probablement séduisante. Je t'ai demandé d'être mes yeux et mes oreilles dans le temple, Ahmès-Néfertari. Cet homme est-il un lien forgé avec ceux que tu dois surveiller, ou un petit plaisir que tu t'accordes? Une titillation agréable? Avec un grognement irrité, il chassa de son esprit ces pensées indignes de lui. Prends garde au soupçon, Ahmosis Taâ, se tança-t-il. L'abîme de la folie te guette, comme il guettait Kamosé, et c'est le manque de confiance qui te fera faire le premier pas vers ces ténèbres. La gorge sèche, il se pencha de nouveau sur la lettre de son épouse.

«J'ai jugé préférable de ne pas prendre un scribe de la maison pour cette tâche, expliquait-elle. Je leur fais une entière confiance à tous, naturellement, car ils sont formés à garder les secrets de leurs maîtres. Néanmoins, notre indomptable grand-mère figurant au nombre de ces maîtres, il m'a semblé plus sage de recruter quelqu'un qui ne rendrait de comptes qu'à moi. Khounès me relate aussi la vie du temple quand je suis trop débordée de travail pour m'y rendre en personne. Lorsque tu rentreras, mon cher époux, je l'enlèverai entièrement à Amon. C'est lui qui instruit les hommes chargés d'enquêter sur tes futurs représentants auprès des princes et des gouverneurs. Tu m'as confié des tâches bien difficiles, Ahmosis, mais celle-là est la plus délicate. Je l'accomplis peu à peu.»

Ahmès-Néfertari finissait sa lettre en lui donnant des nouvelles des enfants, de la santé de leur mère, puis en exprimant l'amour qu'elle avait pour lui. Lorsqu'il eut achevé sa lecture, Ahmosis laissa le papyrus se réenrouler, fit appeler Ipi et s'absorba dans ses pensées, les sourcils froncés. L'allusion à Tétishéri l'avait mis mal à l'aise. Une lutte pour le pouvoir se déroulait-elle à Oueset ? Sa grand-mère essayait-elle d'affirmer son autorité dans les diverses entreprises qu'il avait confiées à sa femme ? Je ne rentrerai pas à Oueset avant longtemps, se dit-il, alors que son scribe s'inclinait devant lui. Ahmès-Néfertari le sait, et c'est pour cela que sa lettre était si longue. Il faut que je lui recommande de sceller ses missives dès qu'elle les a écrites, et de les remettre aussitôt au héraut chargé de me les apporter. Elle devrait aussi dicter le détail de ses décisions et ses paroles ou, mieux, les écrire elle-même.

Il éclata brusquement de rire. Cela aurait exigé plus de temps qu'elle n'en avait, et cette idée absurde sortait tout droit de la mare de jalousie boueuse qui clapotait encore en lui. Je devrais me réjouir qu'elle ait trouvé quelqu'un sur qui compter, pensa-t-il. Ce Khounès est un scribe, un outil utile et nécessaire. Rien de plus. S'il pénètre dans sa chambre, s'il s'incline devant elle alors qu'elle est dans son lit, les cheveux dénoués, vêtue d'une robe de chambre vaporeuse, c'est parce que c'est l'unique moment de la journée où elle a le temps de s'occuper de cette tâche particulière.

Je l'aimais avec plus de calme, naguère, se dit-il encore. Ce sentiment confortable me paraissait aller de soi. Elle était ma jolie épouse timide, et j'éprouvais pour elle une affection indulgente et plutôt protectrice. Je lui faisais l'amour avec tendresse et plaisir, mais la passion m'était inconnue. Tout cela a changé. La guerre et les souffrances ont fait de moi un homme, et révélé en elle des qualités que j'aurais vues dès le début si je n'avais pas été aussi sûr de ses sentiments pour moi.

À présent, je suis amoureux d'elle, et je ne m'en étais pas pleinement rendu compte avant cet instant. Je suis jaloux de son scribe, des officiers de sa garde, des prêtres avec qui elle fait ses dévotions dans le temple, des femmes qui l'habillent, des hommes qui la servent, du maquilleur qui a le privilège de la toucher. Je rêve d'enfouir mon visage dans ses cheveux, entre ses seins, de respirer son parfum, de m'enivrer de sa chaleur, pas raisonnablement, mais en brûlant, en me perdant. Ni épouse ni mère, mais femme, tu es femme pour moi, Ahmès-Néfertari, et je te désire avec une violence que j'ignorais posséder.

Ipi se racla la gorge, et Ahmosis leva les yeux, hébété.

« Tu souhaites dicter, sire ? demanda poliment le scribe.

– Non, Ipi, non », répondit Ahmosis d'une voix voilée. Il lui tendit le rouleau de papyrus. « Une lettre de la reine. Date-la et range-la. Dis-moi, ajouta-t-il, connais-tu un scribe du temple répondant au nom de Khounès ? Sa Majesté en a récemment fait son assistant personnel. »

Ipi réfléchit, les sourcil froncés.

« Je connais tous les scribes adjoints de ta maison, sire, déclara-t-il enfin. Mais il y a longtemps que je ne me suis pas occupé des serviteurs d'Amon. Le nom me dit quelque chose. Sa Majesté aimerait-elle que je me livre à une enquête discrète sur la réputation et les capacités de cette personne ? »

Ahmosis se sentit aussitôt souillé.

« Non, dit-il avec lenteur. La reine sait juger les hommes. Je me demandais seulement si tu te souvenais de lui. Merci, Ipi. C'est tout. »

Ses yeux restèrent pourtant fixés sur la lettre que le scribe emportait. Quand celui-ci eut disparu, il se leva à contrecœur. Il avait mal à la tête, et la cicatrice qu'il avait derrière l'oreille le démangeait.

« Akhtoy ! appela-t-il d'un ton irrité. Apporte un parasol ! Je vais nager, puis rester un moment étendu sur la rive avant de déjeuner. »

Mais son agitation ne se dissipa pas. Il refusa de manger les plats que lui servit Akhtoy, et chercha vainement le sommeil quand le soleil sembla s'immobiliser dans le ciel et que la chaleur fut à son comble. Lorsque Ankhmahor vint lui apprendre que Mésehti et Mékhou sollicitaient une entrevue, il en fut presque heureux. Quittant son lit, il se couvrit la tête de la coiffure de lin traditionnelle et enroula un pagne autour de sa taille avant de permettre aux princes d'entrer.

Ils se prosternèrent devant lui, le front contre la natte qui couvrait le sol. Lorsqu'ils se relevèrent, Ahmosis les observa avec attention, et ils soutinrent son regard, Mésehti avec franchise, Mékhou en laissant transparaître un peu d'anxiété.

« Eh bien, qu'avez-vous à me dire ? » demanda Ahmosis.

Mésehti alla droit au but.

«Tu nous as fait venir dans le Delta, et tu ne nous as confié aucune tâche, commença-t-il. Nous savons que nous sommes sous ta surveillance divine, que nous t'avons accompagné parce que tu ne nous fais pas confiance, mais notre inactivité nous pèse. Nous t'implorons humblement de nous dire combien de temps encore nous devrons subir la rigueur de ta désapprobation.» Il jeta un regard à Mékhou avant de poursuivre. «Nous n'ignorons pas que Ta Majesté lit les lettres adressées à nos familles de Djaouati et d'Akhmîm, ainsi que celles qu'elles nous envoient. Nos parents ne nous parlent que des affaires de nos domaines, de l'abondance des récoltes ou de l'avancement des travaux dans nos tombes. Quant à nous, nous traînons notre honte dans le camp, à la vue de tous les officiers d'active. Nous préférerions encore être en prison!

– Vraiment? fit Ahmosis avec une fausse douceur. Vous sembliez pourtant bien opposés à ce sort lorsque, en revenant à Oueset avec Ramosé, vous vous êtes prosternés devant la reine et moi. Vous étiez alors à un cheveu de perdre votre tête et, sans la clémence de la reine, vous reposeriez aujourd'hui dans vos tombes. Comment pouvez-vous avoir l'audace de vous plaindre de quelque chose d'aussi insignifiant que votre honte?»

Mékhou fit un pas en avant.

«Elle n'a rien d'insignifiant, sire, dit-il avec sérieux. Elle souillera nos kas pendant le reste des jours que la reine a eu la générosité de nous laisser. Mais nous ne sommes pas des paysans, sire. Nous ne sommes pas stupides. Si nous avons commis une erreur, c'est faute d'avoir su choisir entre des fidélités contradictoires, et non par lâcheté ni par indécision. Nous sommes princes, nous avons des connaissances et des talents : ils sont à ta disposition. Sers-t'en, divin seigneur! Mets-nous à contribution. Permets-nous de regagner ta confiance!»

Ahmosis se mit à marcher de long en large. Encore la confiance! se dit-il. Peut-être est-ce un message d'Amon. Es-tu en train de me donner un conseil ou de m'adresser un avertissement, grand dieu?

«Il est certain que je ne peux vous renvoyer chez vous, déclara-t-il en continuant ses allées et venues. Il est tout aussi certain que je serais ravi de rendre ma faveur à deux nobles en leur permettant de réparer leurs torts. Pareille indulgence serait agréable à Maât. Mais quelle expiation leur imposer ?» Il jouait un peu avec eux, car il avait déjà décidé d'écouter l'avertissement d'Amon. «Oh ! asseyez-vous donc, tous les deux ! lança-t-il. Voilà des semaines que j'ai compris votre situation. De votre côté, je suis sûr que vous comprenez la mienne : il m'est impossible de courir le risque d'une nouvelle rébellion.» Les princes se détendirent et, quand ils eurent pris place, Ahmosis déclara : «Akhtoy a laissé du vin sur la table. Sers-nous, Mékhou. Je sais que mes divisions manquent de charriers et, en dehors des nobles, peu d'Égyptiens connaissent quoi que ce soit aux chevaux. Nous avons le plus urgent besoin d'hommes capables de former des auriges et d'organiser les écuries. C'est un poste honorable, qui convient parfaitement à des membres de la noblesse. Dans un premier temps, je pourrais vous nommer chefs des écuries. Vous vous occuperiez des chevaux de toutes les divisions et mettriez à l'épreuve les apprentis charriers. Les chars ne nous serviront pas à grand-chose pendant l'Inondation mais, l'été prochain, ils auront leur rôle à jouer, et j'espère bien les voir affronter les chars sétiou ici même, dans les plaines inondables d'Het-Ouaret. Cette solution vous agrée-t-elle ?» Ils hochèrent gravement la tête, et Ahmosis, qui les observait, se félicita de ne rien percevoir de servile ni de faux dans leur attitude. «Parfait, dit-il. Dans ce cas, buvons à la restauration de Maât et à la santé des êtres qui nous sont chers.»

Je n'en continuerai pas moins à faire décacheter vos lettres, se promit-il silencieusement. Vous serez sous ma surveillance constante.

Une semaine entière s'écoula avant qu'Ahmosis ne commençât à recevoir des rapports des six divisions qui combattaient dans le Delta. Ce qu'il y lut l'inquiéta. La situation était moins rassurante qu'il ne l'avait escompté. Si elle n'avait rien de catastrophique, ainsi que le souligna Hor-Aha lors de la réunion convoquée par le souverain, elle n'en était pas moins préoccupante.

«Kamosé s'est désintéressé trop longtemps de la route d'Horus, remarqua Touri. C'est comme un trou oublié dans une digue. Aussi longtemps que des soldats du Retenou continueront à entrer en Égypte, nous ne pourrons attirer Apopi hors de sa forteresse. Ses alliés princiers d'Orient nous réduiront à l'impuissance.

– Kamosé n'avait guère le choix, objecta Khéty. Sa tâche la plus pressante consistait à assurer la sécurité du reste de l'Égypte. Il y a consacré toute son énergie, et avec succès.

– On croirait que le Retenou dispose d'une réserve inépuisable d'hommes et d'armes, grommela Sébek-khou. D'où viennent-ils ?

– N'oubliez pas qu'il s'agit en fait de l'alliance de plusieurs chefs de tribu s'attribuant le nom de princes, déclara Ahmosis. Sokarher, le grand-père d'Apopi, n'était que l'un d'entre eux. Je suis certain qu'ils sont liés par des accords militaires.

– Et commerciaux, compléta Hor-Aha. Une grande partie des richesses du Delta a certainement abouti dans leurs coffres. Nous devons fermer cette brèche.

– Ces soldats étrangers ne sont pas des fantômes, dit Ahmosis. Les femmes du Retenou ne peuvent pas non plus les enfanter à la demande. Un moment viendra forcément où leur nombre diminuera. Il est cependant hors de question que nous attendions jusque-là. Het-Ouaret doit tomber, et rapidement. »

Il imagina un instant des généraux découragés, des troupes lassées par la longueur du siège, des désertions et, dans son palais imprenable, son ennemi, coiffé de la Double Couronne, en train de banqueter en compagnie de Tani. Chassant cette vision, il posa ses deux mains à plat sur la table.

« Je vais aller voir par moi-même ce qui se passe dans le Delta, déclara-t-il. Vous connaissez vos tâches. En ce qui te concerne, Hor-Aha, les Medjaï doivent tirer sur quiconque se montre sur les murailles. Les appontements sont détruits. Aucun navire de commerce du Keftiou ou d'Alasia n'apparaîtra avant que l'Inondation n'ait gonflé les eaux du Nil. Si toutefois tu en voyais un venir de la Grande Verte, aborde-le, déleste-le de sa cargaison et renvoie-le poliment chez lui. Nous ne devons pas contrarier nos futurs partenaires. » Hor-Aha approuva d'un mouvement de tête. « Toi, Khéty, poursuivit Ahmosis, tu dois veiller à ce que personne n'entre ni ne sorte de la forteresse nord. Même chose pour Het-Ouaret, Touri et Sébek-khou. »

Ils discutèrent encore un moment, réglant des points de détails, puis Ahmosis appela Khabekhnet d'un geste et les laissa.

« Délègue tes tâches à ton second et prépare-toi à m'accompagner, ordonna-t-il. Assure-toi que tes hérauts continueront leurs rondes nocturnes en ton absence. Fais communiquer à Kay Abana les ordres suivants : si je ne suis pas de retour lorsque les eaux commenceront à monter, qu'il tâche par tous les moyens d'empêcher l'ouverture des canaux d'irrigation. Je l'autorise à faire venir d'autres navires d'Het néfer Apou s'il le juge nécessaire. Tu m'enverras aussi les scribes de l'Armée et du Ravitaillement.»

Khabekhnet salua, et Ahmosis se dirigea vers Ankhmahor, qui discutait avec un groupe de gardes. «Nous partons pour le Delta, annonça-t-il. Que tes hommes démontent leurs tentes et soient prêts à se mettre en route demain matin.»

Il rejoignit ensuite Akhtoy et Ipi, assis côte à côte sur la rive, où des serviteurs battaient le linge blanc de l'armée dans l'eau paisible du Nil.

«Emballe mes affaires, Akhtoy, et toi, Ipi, munis-toi d'une bonne quantité de papyrus et d'encre. Il est temps que j'aille voir ce que deviennent les trente mille autres hommes de mon armée.»

Ahmosis dormit peu, cette nuit-là. Sa tente était vide, ses affaires rangées dans les coffres qu'Akhtoy avait empilés au-dehors. S'il s'assoupissait par instants, il était sans cesse réveillé par un flot de pensées inquiètes qui ne lui laissaient pas de repos. On était dans les derniers jours de mésorè. Thot marquerait le début d'une nouvelle année et, si les dieux le voulaient, d'une crue abondante. Sans jamais devenir impraticable, la route d'Horus sinuait entre des étangs et des roselières, qui allaient respectivement se transformer en lacs et en marécages. Il leur faudrait la garder avec la seule infanterie, sans le secours des chars. Et les Murs du Prince? se disait Ahmosis en se tournant et se retournant dans son lit. Pourrait-on en faire un rempart contre les infiltrations sétiou sans saigner l'armée à blanc? Les Murs et la Route, ce sont les clefs de la destruction d'Het-Ouaret, et je suis condamné à rester dans le Nord jusqu'à m'en être rendu maître.

Vers l'aube, il glissa enfin dans un sommeil agité, troublé par l'avertissement que lançaient régulièrement les hérauts dans leur course autour des murs imposants de la ville. Il rêva aussi qu'il se tenait au bord d'un Nil aux eaux dangereuses et anormalement furieuses. Debout sur l'autre rive, pâle et immobile, Ahmès-Néfertari le regardait, masquée peu à peu à sa vue par une obscurité de plus en plus épaisse. Quand la voix d'Akhtoy et une odeur de pain chaud le réveillèrent, il se leva d'un bond et salua son intendant avec un immense soulagement.

«Il faut que Mésehti et Mékhou nous accompagnent», dit-il à voix haute, l'esprit de nouveau assailli de préoccupations.

Akhtoy garda le silence, et Ahmosis attaqua son déjeuner.

6

Six semaines s'écoulèrent avant qu'Ahmosis ne fît reprendre à son char la direction d'Het-Ouaret et, pendant cette période, les eaux du fleuve commencèrent leur montée rapide, qui s'achèverait deux mois plus tard. Le Nouvel An fut fêté le 1er de thot, jour où des cérémonies avaient lieu dans les temples pour marquer le lever de l'étoile Sopdet, et où tout le pays chômait.

Ahmosis en remarqua à peine le passage, car les soldats du Retenou ignoraient la vraie religion et ne respectaient pas ses règles. Dans le Delta, le combat ne s'arrêtait ni pour les dieux ni pour les hommes. Ahmosis se retrouva plongé dans le genre de guerre de guérilla qu'il pensait avoir enterré avec Kamosé. Après avoir quitté les abords d'Het-Ouaret, escorté de Ramosé, de ses gardes, d'Akhtoy, d'Ipi et de ses domestiques personnels, il se rendit vite compte de sa vulnérabilité. À trois jours de marche de la ville, alors qu'il s'apprêtait à pénétrer dans un village apparemment paisible, où l'on apercevait des maisons blanchies à la chaux et d'ombreux bosquets de tamaris et d'acacias, un détachement de la division de Ptah l'arrêta. L'officier fendit les rangs des gardes et s'avança jusqu'au char d'Ahmosis, tandis que ses hommes se déployaient autour du souverain et de sa suite pour les protéger.

«Le général Akhtihotep m'a chargé de t'escorter jusqu'à son quartier général, sire, expliqua-t-il. Bien que tes éclaireurs aient repéré notre division, hier, nous sommes continuellement en mouvement, et le général craignait que tu n'arrives trop tard pour le trouver.» Il désigna de la main les petites maisons à demi dissimulées par les arbres. «Nous avons combattu les Sétiou dans ce village, mais nous avons dû nous retirer avant d'avoir entièrement nettoyé la zone. La division de Khonsou avait besoin de notre soutien.

– Pourquoi ? demanda Ahmosis avec brusquerie. Où était-elle ? »

Le visage tendu de l'officier lui inspirait une grande inquiétude.

« Sur la route d'Horus, à une quarantaine de kilomètres d'ici, Majesté. Le général Iyméri s'efforçait de contenir d'importantes troupes ennemies venues par un des lacs. La plupart du temps, les combats se limitent à des escarmouches, poursuivit-il presque d'un ton d'excuse. Mais, là, Iyméri avait affaire à une véritable bataille rangée, et il n'y était pas préparé. Aucun des généraux ne s'attendait à une opposition aussi concertée. »

Ahmosis regarda sans le voir le village écrasé de soleil. J'ai consacré tout mon temps et mon énergie au siège d'Het-Ouaret, alors que la véritable bataille se déroule ailleurs, pensa-t-il dans un instant de panique. Comment ai-je pu être si aveugle ? Même quand je parlais de la nécessité de débarrasser le Delta des troupes étrangères, c'étaient les portes imposantes de la ville qui occupaient mon esprit. Que m'imaginais-je donc ? Que Kamosé avait nettoyé le Delta une fois pour toutes ? Que les étrangers allaient s'évaporer en posant le pied sur le sol égyptien ? À moins que le fait d'avoir frôlé la mort ne m'ait fait craindre d'affronter à nouveau la sueur et la brutalité des corps à corps ? Un siège se passe relativement sans effusion de sang. C'est une entreprise lente et prévisible. Eh bien, c'est un luxe que je ne peux encore me permettre. Je me suis bercé d'illusions. Se rendant compte que ses hommes s'étaient tus et l'interrogeaient du regard, il fit un geste.

« Monte derrière moi, ordonna-t-il à l'officier. Que ton aurige nous montre le chemin ; nous le suivrons. Pendant ce temps, tu me relateras ce qui s'est passé. »

L'homme obéit et, au signal d'Ahmosis, son escorte s'ébranla. Le village assoupi disparut peu à peu derrière un feuillage moucheté de soleil.

Ils roulèrent dans une plaine inondable à la terre encore sèche et tassée. Elle s'étendait entre un marais envahi de hauts fourrés de papyrus grouillant d'oiseaux, et un verger sillonné de rigoles d'irrigation. Indifférent au paysage, l'officier de la division de Ptah raconta le combat pour la maîtrise du Delta oriental. Malgré son laconisme, ses phrases sobres, il fit à Ahmosis une description vivante et terrifiante des soldats se battant au corps à corps, enfoncés jusqu'aux genoux dans la boue; des embuscades tendues dans les pâturages; des massacres dans la poussière blanche de la route d'Horus.

«Nous ne dressons plus nos tentes, expliqua-t-il avec un détachement qui en dit plus long à Ahmosis que ses déclarations. Nous sommes devenus des unités de choc, indépendantes, obligées de s'adapter à toutes les situations. C'est pour cela que mon général m'a envoyé à ta rencontre.

– Qui tâche d'endiguer le flot des troupes du Retenou sur la route d'Horus?» s'enquit Ahmosis.

L'officier eut un sourire sombre.

«Le général Néferséchemptah comptait le faire avec la division d'Anubis, mais il y a des nids de Sétiou partout. Il n'est pas encore parvenu à s'avancer très loin.»

Les chefs du Retenou jettent contre nous tous les hommes dont ils disposent, pensa Ahmosis. Ils vident leur pays pour assurer la sécurité d'Apopi dans sa forteresse, espérant qu'au bout du compte, épuisés et démoralisés, nous rentrerons chez nous en lui laissant le nord de l'Égypte. C'est ici, sur cette route, que le pays sera gagné ou perdu, et j'ai été trop stupide pour m'en rendre compte.

Il avait imaginé passer dignement en revue ses divisions, discuter tranquillement avec les officiers, le soir, dans des camps bien propres... Il trouva des hommes préoccupés et harassés, qui dormaient à même le sol, armés de pied en cap, toujours sur le qui-vive. Les Sétiou n'avançaient pas en ordre de marche. Après avoir dépassé les Murs du Prince, ils se divisaient en petites unités, qui se déplaçaient facilement au milieu des étangs et des marais du Delta. S'ils se perdaient souvent, ils n'en restaient pas moins capables, de par leur mobilité même, de se cacher et d'infliger des pertes importantes aux troupes égyptiennes, plus disciplinées. Et ils sont si nombreux, pensait Ahmosis avec abattement. Les villageois se rappellent Kamosé, les pillages, les incendies, les massacres... Ils donnent refuge aux Sétiou, et les dieux me sont témoins que je ne veux plus violer le Delta, sauf en dernier recours.

D'autres jours fériés passèrent – la fête Ouaga, le dix-huitième jour de thot; celle de la Grande Manifestation d'Osiris, le vingt-deux du même mois –, mais ils appartenaient à un univers de paix, où les familles se rassemblaient dans la cour de leur temple local, puis rentraient chez eux festoyer et jouer. Pour Ahmosis, ce n'était qu'une succession d'heures occupées par les rapports d'éclaireurs épuisés, par des discussions hâtives avec des officiers qui savaient qu'au bout du compte ils ne pourraient que s'adapter aux circonstances, et par de longues marches éprouvantes au milieu d'un dédale d'étangs et de fourrés épais qui, tous, pouvaient dissimuler des Sétiou aux abois.

Les éclaireurs venus d'Het-Ouaret ne le trouvaient pas toujours. Comme ils risquaient leur vie pour lui apprendre que la situation demeurait inchangée autour de la ville, Ahmosis envisagea un instant de couper temporairement le contact entre les commandants de ses divisions occidentales et lui. Il y renonça vite, car outre que les choses pouvaient évoluer très rapidement, les éclaireurs rapportaient un peu de sa présence à Touri, Sébek-khou, Khéty et Hor-Aha. Il savait sa peur d'une nouvelle révolte irrationnelle, mais il était trop las pour la combattre.

Paophi, le deuxième mois de l'année, arriva, et les plaines inondables rétrécirent imperceptiblement. Loin dans le Sud, Isis pleurait. À contrecœur, Ahmosis décida de regagner Het-Ouaret. Dans le Delta, les combats avaient diminué de fréquence, sinon d'intensité. Ses soldats prenaient le dessus et pouvaient désormais se concentrer sur la route d'Horus. Il dicta des instructions dans ce sens, ordonnant que quatre des divisions établissent leur camp d'hiver à l'endroit où la Route obliquait vers le nord-ouest en traversant deux larges étendues d'eau, et que les deux autres continuent à traquer les Sétiou coupés du Retenou par la montée des eaux.

Des milliers de soldats étrangers en route pour Het-Ouaret, peu avaient échappé aux Égyptiens. Beaucoup étaient morts, et les survivants se terraient dans des villages ou erraient dans les marais. Le prix à payer, en pertes et en fatigue, avait néanmoins été élevé. Si la situation le permet, il faudra que j'autorise nos hommes à rentrer à tour de rôle chez eux faire les semailles, se dit Ahmosis, lorsqu'il reprit enfin la route d'Het-Ouaret avec ses gardes harassés. Il est temps de faire venir la flotte.

« Prions que la crue soit bonne, dit-il à Ramosé.

– Nous sommes à la veille de la fête d'Hâpy, remarqua le jeune homme en souriant. Le reste du mois sera également consacré au dieu du Nil. Nous devrions nous arrêter faire un sacrifice, Ahmosis.»

C'est pourtant vrai ! pensa celui-ci avec un sursaut. Nous sommes le dix-septième jour de paophi. Dire qu'il n'y a que six semaines que nous avons quitté Het-Ouaret ! J'ai l'impression que six ans se sont écoulés !

Lorsque, les membres ankylosés, Ahmosis descendit de son char devant Het-Ouaret, il lui sembla que rien n'avait changé. Si l'eau coulait peut-être un peu plus vite dans le bras du Nil, la ville se dressait toujours sur son mamelon avec ses remparts imposants, son air enfumé par d'innombrables feux, et sa rumeur permanente, seul indice de la vie mystérieuse qui se déroulait à l'intérieur de ses murs. Dans la plaine, c'étaient toujours les mêmes allées et venues de soldats, et les navires des Medjaï se balançaient toujours doucement sur l'eau. À la fatigue près, c'était comme s'il n'était jamais parti. Akhtoy était déjà en train de débiter le flot d'ordres qui aboutirait à l'érection de la tente royale, un repas chaud, un lit aux draps propres, un encensoir prêt à l'emploi devant le tabernacle d'Amon. Ôtant son ceinturon et le tendant à son serviteur personnel, Ahmosis s'assit dans le fauteuil que l'intendant avait fait installer à l'ombre des arbres, puis appela Khabekhnet, qui attendait patiemment ses instructions.

«Envoie un messager à Het néfer Apou, dit-il. Que Pahéri amène la flotte ici le plus vite possible. Demande à tes hérauts si leurs rondes nocturnes ont provoqué des réactions dans la ville. Je recevrai mes trois généraux et Hor-Aha dans ma tente, après le dîner. C'est tout, Khabekhnet.»

Le héraut s'inclina et s'éloigna d'un pas rapide. Ipi avait disparu, mais il revint bientôt, les bras chargés de rouleaux.

«Tu as des lettres des reines Tétishéri et Ahhotep, et de ton épouse, sire, annonça-t-il. Il y a aussi des messages du prince Sébek-nakht, de Pahéri et du maire d'Abdjou.»

Ahmosis poussa un soupir. Du coin de l'œil, il vit Mékhou conduire au fleuve un des chevaux de son attelage. Un palefrenier le suivait, une étrille dans chaque main. Les mouches de l'hiver, dont le nombre grossissait toujours avec la montée des eaux, formaient un nuage noir autour de la tête de l'animal, et le prince les chassait avec irritation.

«Que veut le maire d'Abdjou?» demanda Ahmosis.

Ipi déposa son fardeau sur le sol, choisit le rouleau concerné et en brisa le sceau d'un geste sûr. Il en parcourut rapidement le contenu.

«Il veut savoir si Sa Majesté pourra assister aux mystères sacrés d'Osiris, cette année, déclara-t-il. La majeure partie du mois de *khoïak* est consacrée au dieu. Quatre jours sont chômés en son honneur.

– Abdjou se trouve dans le nome d'Abetch, que gouverne Ankhmahor, dit Ahmosis. Au mois de khoïak, la crue aura atteint son plus haut niveau, et je ne peux prévoir quelle sera la situation, ici. C'est la première fois que nous continuons à assiéger la ville pendant l'hiver. Réponds au maire qu'étant donné les circonstances, dont il est certainement informé, je ne peux m'engager à assister aux festivités, mais que le prince Ankhmahor me représentera. Passons à la lettre de Sébek-nakht.»

Ipi déroula un autre papyrus.

«Le prince t'informe qu'il est arrivé à Oueset et évalue les travaux que la reine souhaite lui voir accomplir. On lui a témoigné la plus grande courtoisie, il loge dans ta maison même et s'entretient quotidiennement avec la reine, qu'il appelle "la plus belle et la plus illustre dame d'Égypte". Il ne formule aucune requête, sire.»

Un spasme de jalousie serra le cœur d'Ahmosis. Sébek-nakht est un homme séduisant et accompli, se dit-il, l'humeur noire. Il est loin de chez lui, comme moi; il la voit tous les jours; ils ont des conversations intimes. Par Amon! que m'arrive-t-il? Sa cicatrice le démangeait, et il la gratta avec irritation.

«Les autres lettres peuvent attendre, dit-il. Je les lirai moi-même quand j'en aurai le temps. Merci, Ipi. Tu reviendras ce soir prendre note de mon entretien avec les généraux.»

Je ne peux pas rentrer chez moi, pensa-t-il, tandis que le scribe ramassait les rouleaux et s'éloignait. Il n'est même pas question que je me rende à Abdjou pour les mystères sacrés. Si je n'arrive pas à maîtriser mon imagination, je deviendrai fou. Ahmès-Néfertari m'aime, et j'ai une absolue confiance en elle, je dois m'en tenir à cela et repousser tout le reste.

La flotte n'arriva qu'à la fin du mois suivant et, en l'attendant, Ahmosis s'employa à empêcher l'ouverture des canaux d'irrigation de la ville. Les fossés profonds qui entouraient les mamelons se remplissaient lentement de l'eau précieuse dont les habitants d'Het-Ouaret avaient si désespérément besoin, et dont Ahmosis était résolu à les priver. Devant tous les endroits du mur où l'on devinait des brèches obstruées, il posta de petites unités de soldats, protégées par des archers medjaï.

Dans un premier temps, on entendit des hommes piocher du côté de la ville, s'attaquer à la boue devenue dure comme pierre, mais chaque fois qu'ils dégageaient entièrement l'ouverture, ils devaient affronter une pluie de flèches, et les soldats égyptiens s'avançaient aussitôt dans les fossés pour arrêter le passage de l'eau avec des blocs de pierre et de la terre. Ahmosis savait qu'Apopi ordonnerait le creusement de nouveaux puits, mais il savait aussi que, quel que soit leur nombre, ces puits ne suffiraient pas.

L'espace manquait terriblement à l'intérieur d'Het-Ouaret. Ruelles étroites et rangées de maisons minuscules occupaient toute la ville. Où les habitants trouveraient-ils la place de creuser des puits, s'ils étaient déjà contraints d'enterrer leurs morts et jusqu'à leurs animaux de bât sous leur demeure ? D'ailleurs, quand bien même la population aurait assez à boire grâce à ses puits, les troupes égyptiennes qui encerclaient leur ville la coupait des richesses agricoles du pays. Aucun des produits du Delta n'irait remplir les ventres affamés des Sétiou. Par le passé, les hostilités s'interrompaient pendant l'Inondation pour reprendre en été, quand le Nil retrouvait son niveau normal et que l'on commençait les semailles. C'était la tradition. Mais Ahmosis qui, sensible au moindre changement dans la rumeur de la ville, constatait qu'elle perdait progressivement de sa force, se disait que pareille tradition était discutable. Il l'avait rejetée et, parce qu'il l'avait fait, Het-Ouaret tomberait, il en avait la certitude.

L'arrivée de la flotte compléta le blocus de la ville. Eau profonde et navires l'entouraient. Des milliers de soldats surveillaient ses portes hermétiquement closes et patrouillaient sur l'étroite bande de terre qui la séparait encore du fleuve en crue. Il en allait de même pour la forteresse nord, où était caserné le gros de l'armée sétiou. Dans le Delta oriental, les combats continuaient, mais Ahmosis recevait des nouvelles encourageantes. Ses divisions tenaient enfin la route d'Horus, bien qu'elles fussent trop étirées et dispersées pour tenter de reprendre les forts qui constituaient les Murs du Prince. Cela viendra plus tard, pensa Ahmosis, que ces informations avaient rempli d'optimisme. Pour la première fois depuis que mon père a refusé de satisfaire la demande insultante d'Apopi et de tuer les hippopotames des marais d'Oueset, je sens la victoire, et son odeur est suave.

Le souvenir des hippopotames le fit penser à Tani. À mesure que l'hiver avançait, il s'était demandé si Apopi ou elle ne se mettrait pas en rapport avec lui, sinon pour négocier une capitulation, du moins pour implorer sa clémence envers les civils ou demander une entrevue. Mais le palais restait muet et, comme les jours se succédaient, identiques et monotones, Ahmosis avait de plus en plus le temps de s'abandonner à ses souvenirs.

Il commença à les partager avec Ramosé pendant les longues nuits où seuls les cris des hérauts et les soupirs de la ville troublaient le silence. Éclairés par des lampes, une coupe de vin à la main, les deux hommes parlaient de Tani, de Kamosé, des souffrances passées. C'était une sorte de purification, une libération pour Ramosé et, pour Ahmosis, des moments où il lui était permis d'oublier qu'un roi-dieu ne peut s'approcher de trop près d'un autre être humain. Il redevenait un prince, avait de nouveau des amis avec qui pêcher et lutter, une sœur à aimer et à protéger, un frère qui le déconcertait mais qu'il admirait.

« C'est comme si Tani avait été transformée en pierre derrière ces murs, remarqua Ramosé, un soir. Depuis des semaines, j'attends plus ou moins qu'elle nous fasse parvenir un message, ne serait-ce que pour nous demander de l'eau ou de la nourriture. Elle doit savoir que nous sommes ici. Elle pourrait monter sur les murs et nous appeler, si elle le voulait. » Il fit lentement tourner son vin dans sa coupe. « On ne peut exclure qu'elle soit morte ou malade, je suppose, mais je ne le pense pas. Il me semble que je le sentirais. » Il jeta un regard de biais à Ahmosis pour s'assurer qu'il ne se moquait pas de lui. « Des lamentations se sont élevées dans la ville, tout à l'heure, reprit-il. Tu les as entendues ?

– Oui, dit gravement Ahmosis. Peut-être une maladie s'est-elle déclarée. Dans ce cas, il se peut que nous recevions effectivement un message d'Apopi. Je doute cependant qu'il nous facilite la tâche à ce point. À mon avis, les autres princes du Retenou lui ont ordonné de tenir à tout prix. Ils savent que si Het-Ouaret tombe, ils ne pourront plus jamais prendre pied en Égypte. Toutes les richesses de ce pays – or, céréales, papyrus, etc. – leur seront définitivement perdues. Vu la persévérance alarmante avec laquelle ils sacrifient leurs propres troupes dans ce conflit, ils en attendent certainement autant de leur frère Apopi. »

Pendant le court silence qui suivit, il sirota son vin, puis reposa sa coupe avec précaution sur la table. Je suis légèrement ivre, constata-t-il avec étonnement. Mais c'est agréable, cette impression d'être à côté de soi-même.

« Tu attends beaucoup de tes divisions, toi aussi, remarqua Ramosé. Il te faudra cependant renvoyer certains de tes hommes dans leurs foyers au mois de méchir, pour les semailles. On grogne déjà dans les rangs.

– Je sais, répondit Ahmosis. J'ai bien l'intention d'accorder des permissions. Si je pouvais seulement rentrer chez moi, moi aussi, Ramosé ! Il m'arrive de rêver que je suis déjà à Oueset, mais le jardin, les contours de la maison, restent flous et, bien que la voix d'Ahmès-Néfertari me parvienne, une sorte de brume m'empêche de la voir. Comme j'aimerais que cette guerre soit terminée ! »

L'âpreté soudaine et inhabituelle de son ton surprit Ramosé, qui lui jeta un rapide regard.

« Tu as fait davantage pour parvenir à ce but que ton frère ne l'a jamais pu », dit-il simplement.

Ahmosis garda le silence. La lampe crachotait et, au moment où il tendait le bras pour la moucher, la flamme s'éteignit d'elle-même.

Khoïak commença par une petite pluie, un phénomène qui n'était pas inconnu dans le Delta. De longs nuages gris couraient dans le ciel. Les Medjaï s'abritèrent où ils le purent, secouant leurs cheveux perlés de gouttes d'eau et se serrant les uns contre les autres d'un air maussade, comme une bande d'oiseaux mouillés. Les Égyptiens, eux, offrirent avec ravissement leur visage à cette bruine inattendue. Quand elle cessa, la terre se mit à fumer, et des moustiques affamés se joignirent aux nuages de mouches qui tourmentaient déjà les peaux nues. La crue avait atteint son maximum, et l'Égypte n'était plus qu'un grand lac paisible au fond duquel se déposait le limon nouveau qui fertiliserait la terre épuisée. Het-Ouaret elle-même était devenue une île, cernée par l'eau et par l'armée égyptienne.

Ses tâches quotidiennes accomplies, Ahmosis avait pris l'habitude de se poster au bord des eaux gonflées du Nil et de regarder la ville. L'atmosphère lui semblait chargée d'attente, comme si un orage se préparait, loin dans le désert. Agitant distraitement son chasse-mouches, parcourant des yeux les murailles imposantes d'Het-Ouaret, il se perdait dans ses pensées, remarquant à peine l'activité ordonnée qui régnait autour de lui. Malgré une impatience grandissante, malgré des crises d'abattement, il avait la certitude que cette attente interminable était sur le point de prendre fin. Il le sentait dans l'air débilitant, dans le clapotis de l'eau à ses pieds, dans les actes et la voix des hommes.

Bientôt, il lui faudrait renvoyer une partie de ses troupes dans leurs foyers. À la fin du mois suivant, le Nil aurait regagné son lit, et la terre demanderait à être ensemencée. Ankhmahor était déjà parti assister aux fêtes d'Osiris à Abdjou, en laissant à son fils le commandement de la garde personnelle du roi. Ahmosis se demandait si Apopi pressentait comme lui une issue imminente. Il s'interrogeait sur l'état d'esprit du Sétiou, l'imaginait arpentant sa citadelle, en proie à une prémonition qu'il ignorait partagée par son ennemi.

Un matin, il fut réveillé avant l'aube par une crise d'angoisse comme il n'en avait pas eu depuis que Kamosé avait ravagé Dashlout. Se redressant dans son lit, le cœur battant, il s'apprêtait à appeler Akhtoy quand il entendit Ramosé s'adresser à la sentinelle postée devant l'entrée de sa tente. Il chercha un pagne à tâtons, puis s'immobilisa soudain, frappé par l'odeur qui imprégnait l'air, une puanteur douceâtre qui semblait alimenter son malaise. Il la reconnut aussitôt. Je n'y faisais pas attention pendant la journée, se dit-il, mais cette fois elle a dû s'insinuer dans mes rêves. Dashlout ! Je n'oublierai jamais ce jour où j'ai senti pour la première fois l'odeur de la chair humaine en train de brûler. Enfilant une paire de sandales, il sortit de la tente.

La sentinelle salua, et Ramosé s'inclina, le visage pâle.

« L'odeur est encore plus forte dehors, dit Ahmosis. D'où vient-elle ?

– De la ville, répondit Ramosé. On aperçoit une sorte de lueur au-dessus des murs et, lorsque le soleil se lèvera, on verra certainement un panache de fumée noire. Ils brûlent des cadavres. »

Ahmosis prit son bras et, ensemble, ils s'avancèrent jusqu'aux eaux immobiles et noires du Nil. La masse sombre d'Het-Ouaret se découpait sur un ciel légèrement plus clair, mais une lueur orangée masquait les étoiles. Ahmosis frissonna. Le froid du sol transperçait ses minces sandales de papyrus, et l'air du petit matin était frais.

Un long moment, les deux hommes regardèrent la ville en silence, puis Ahmosis dit :

« Que se passe-t-il, à ton avis ?

– Je pense que les gens meurent, répondit Ramosé. La rareté de l'eau a inévitablement favorisé l'apparition de maladies. Et puis, ils manquent aussi d'aliments frais. Ils n'ont guère que leurs terrasses pour faire pousser un peu de blé. Les pauvres, les paysans et les commerçants qui étaient en visite à Het-Ouaret et se sont retrouvés pris au piège, les enfants… ceux-là mourront en premier. Faute de place, leurs réserves de nourriture étaient forcément limitées, et elles s'épuisent. Apopi et ses nobles ne souffriront pas, mais je plains les habitants sans ressources.

– Ils auraient mieux fait de jeter les cadavres par-dessus les murs, en nous laissant le soin de nous en occuper », intervint une voix grave.

Ils se retournèrent et découvrirent Hor-Aha, Pahéri et Kay Abana.

« Cela leur aurait économisé un combustible précieux, et la propagation de la maladie s'en serait trouvée ralentie, continua le général. Leur maire manque d'intelligence.

– Apopi préfère peut-être que nous ignorions le nombre des morts, remarqua Pahéri. Nous ne savons pas si ce feu brûle cent cadavres, ou mille. Quelle puanteur ! »

Oh ! Tani, pensa Ahmosis avec désespoir. Que vois-tu et qu'entends-tu des souffrances de la ville ? Cette odeur de mort s'est-elle insinuée dans ta chambre, cette nuit, en t'empêchant de dormir ? Es-tu assourdie par des cris et des plaintes qui ne parviennent pas jusqu'à nous ? Ou Apopi te tient-il à l'écart de tout dans un cocon luxueux, dans l'étreinte implacable de ses bras ? Intercèdes-tu pour ces malheureux auprès de lui, ou ton cœur est-il devenu trop dur ?

« Mets la flotte en état d'alerte, Pahéri, dit-il d'une voix voilée. Et toi, Hor-Aha, veille à ce que les Medjaï ne quittent pas leurs navires. Khabekhnet, tu es là ? » Le héraut sortit de l'ombre et s'avança. « Préviens le général Khéty de surveiller les murs de la forteresse du nord et de se préparer au combat. Quant aux généraux Touri et Sébek-khou, qu'ils déploient eux aussi leurs divisions comme si les portes allaient s'ouvrir d'un instant à l'autre.

– Sa Majesté pense que cela va se produire ? demanda Kay d'un ton plein d'espoir. Dans ce cas, j'implore Sa permission d'ancrer le *Septentrion* en face de la porte principale.

Ahmosis était trop préoccupé pour sourire.

« Tes supérieurs décideront de la position du *Septentrion*, répondit-il. Quant au reste, je pense seulement qu'Apopi doit commencer à être aux abois et que, par conséquent, nous devons être prêts à tout. » Il haussa les épaules. « Une reddition est peu probable. Fais avancer mon char, Ramosé. »

Il regagna sa tente en se bouchant le nez. L'odeur venant de la ville lui semblait plus prenante que celle des corps des soldats sétiou incinérés dans la plaine deux mois plus tôt. Bien qu'il sût que c'était un effet de son imagination, il était incapable de maîtriser son écœurement.

Ahmosis, ses généraux et toute l'armée attendirent sur le pied de guerre tandis que, soir après soir, la rougeur mouvante de ce bûcher macabre remplaçait les couleurs du couchant et masquait les étoiles. Sa lueur diminuait parfois, mais il ne mourait jamais tout à fait, et son odeur imprégnait les cheveux, les vêtements, la nourriture, au point que les Égyptiens avaient l'impression de respirer et de manger la mort.

Deux semaines passèrent et le mois de khoïak prit fin. Dans le bras du Nil et dans les canaux, le niveau de l'eau commença à baisser. Le 1er *tybi*, dans le reste de l'Égypte, dans la partie saine et pure du pays, bénie des dieux et de Maât, on fêtait le Couronnement d'Horus. Ahmosis avait cessé de penser que le Delta faisait partie de ce pays. C'était une aberration, un endroit sans nom, où il était condamné à vivre dans un brouillard grisâtre permanent, en cherchant à affronter un ennemi qui refusait de se montrer.

Les troupes partageaient son malaise. Il le voyait aux regards qui se posaient sur lui lorsqu'il circulait en char dans le camp ; il l'entendait dans la voix de ses officiers qui venaient prendre ses ordres, chaque matin. Que ferai-je si Apopi ne bouge pas ? se demandait-il pendant les heures interminables où le sommeil le fuyait. Combien de temps pourra-t-il supporter les souffrances de son peuple ? Jusqu'où ira son obstination ? Que ferai-je lorsque le fleuve sera à l'étiage, que les canaux à l'est des mamelons s'assécheront et qu'il me faudra renvoyer la flotte à Het néfer Apou ?

Il ne trouvait pas de réponse. Ni son père ni son frère n'apparaissaient dans ses rêves pour le conseiller ; Amon ne s'y montrait pas non plus avec des symboles de victoire. Ahmosis pensait avec envie à la femme qui avait occupé les pensées de Kamosé et fini par lui voler son cœur grâce à des visions qui lui avaient permis d'accomplir de grandes choses. Lui as-tu accordé cette immense faveur parce qu'il était moins intelligent, moins rusé que moi, ou parce que son entêtement t'agréait davantage ? demanda-t-il un soir au dieu alors qu'il était agenouillé devant son tabernacle. C'est pourtant à moi que tu as accordé d'être roi. Écoute-moi, grand Amon : je ne te demande pas de récompense, ni même de visions. Donne-moi seulement Het-Ouaret, cette ville pour laquelle Kamosé est mort. Donne-la-moi et fixe ton prix, car je suis las, et je me trouve dans un cul-de-sac.

Il attendit, mais rien ne vint briser le silence, et le mince filet de fumée d'encens continua à monter droit entre ses mains tendues. Finalement, Ahmosis se prosterna devant le dieu, puis referma le tabernacle et alla vider l'encensoir devant sa tente. Dehors, c'était toujours la même lueur au-dessus d'Het-Ouaret, toujours la même puanteur. Ahmosis souhaita bonne nuit à la sentinelle et rentra se coucher. Allongé dans son lit, il écouta les bruits de la nuit, l'esprit agité par des pensées, des solutions, toutes aussi absurdes les unes que les autres, mais dont il ne pouvait arrêter le tourbillon.

Au matin, un bruit qu'il n'avait pas entendu depuis longtemps le tira du sommeil. Son corps y répondit instantanément, et il était dehors avant même d'avoir consciemment reconnu qu'il s'agissait de la sonnerie des trompettes. Le soleil, qui venait d'apparaître au-dessus de l'horizon, poudroyait. Des oiseaux s'égosillaient dans la végétation des rives, et les poissons ridaient la surface de l'eau en venant happer les nuages de moustiques nouvellement éclos qui voltigeaient à leur portée. Les arbres étaient humides de rosée. Mais Ahmosis ne remarqua rien de tout cela, car le son des trompettes venait de la ville et, autour de lui, les Égyptiens couraient en tous sens comme si l'on avait jeté une pierre dans une fourmilière. Le cœur d'Ahmosis se mit à battre avec violence.

« Khabekhnet ! hurla-t-il. Où es-tu ?

– Ici, Majesté », répondit le héraut d'une voix haletante.

Une sandale encore à la main, attachant son pagne de l'autre, il accourut en boitant, puis esquissa un salut tout en enfilant sa sandale, en équilibre précaire sur un pied.

« Cours aux écuries. Je veux Mékhou et mon char dans l'instant ! Il t'en faudra un à toi aussi. Envoie tes hérauts aux différents généraux. Je veux leurs rapports. Tu iras aussi me chercher Ramosé, mais après. »

Le héraut s'élança. Ahmosis se tourna vers Horkhouef, le fils d'Ankhmahor, qui commandait les gardes en l'absence de son père. À demi vêtu lui aussi, il avait néanmoins son ceinturon à la main, son arc et son carquois à l'épaule.

« Rassemble les gardes, ordonna Ahmosis. Je vais me rapprocher de la ville, mais ne t'inquiète pas. Tu me rejoindras lorsqu'ils seront prêts. »

Le jeune homme hésita.

« Sire, mon père… Je ne crois pas…

– Tu t'en sortiras très bien, dit Ahmosis d'un ton ferme. Ton père t'a formé, et j'ai consenti à ce que tu le remplaces pendant qu'il est à Abdjou. Tu me protégeras. Va, maintenant. »

Horkhouef se mordit les lèvres et hocha la tête. Malgré l'envie qu'il avait de se précipiter dans la direction du tumulte, Ahmosis se força à marcher d'un pas calme et digne. Personne ne devait soupçonner le roi d'être en proie à l'agitation.

Il entendit quelqu'un courir derrière lui et se retourna. C'était Akhtoy, chargé de divers objets. D'un geste impatient, Ahmosis voulut le renvoyer, mais l'intendant tint bon.

« Pardonne-moi, Majesté, mais tu as le temps, dit-il d'un ton péremptoire. Les gardes ne sont pas encore prêts, et ton char n'est pas arrivé. »

Il lui tendit un petit bol contenant du fromage blanc et des dattes fraîches, ainsi qu'un pot de bière. Ahmosis se rendit alors compte qu'il avait faim. Grognant un remerciement, il but et mangea rapidement. Lorsqu'il eut fini, Akhtoy reprit les récipients en disant :

« Sa Majesté ne pouvait aller se battre l'estomac vide… ni coiffée de son bonnet de nuit et sans le moindre insigne royal. »

Ahmosis porta la main à sa tête et éclata de rire. L'intendant lui présenta le grand pectoral d'or, de lapis et de turquoise, qu'il attacha à son cou. Dès que le souverain en sentit le poids sur sa poitrine nue, toute agitation le quitta. Akhtoy lui passa ensuite la coiffure de lin à rayures bleues et blanches que surmontait le vautour d'or de Nekhbet. Ahmosis la posa sur son crâne rasé et tendit les bras pour que son intendant lui enfilât les bracelets d'or du commandement suprême. Akhtoy avait également pensé à lui apporter son ceinturon. Ahmosis s'en ceignit et sourit à l'intendant.

« Merci, dit-il simplement.

– Ton char arrive, et les gardes sont derrière toi, Majesté, répondit Akhtoy. Puisse Amon nous donner la victoire. »

Il s'éloigna discrètement alors que Mékhou arrêtait le char à la hauteur du souverain. Ahmosis y monta et se tourna vers Horkhouef.

« Déploie tes hommes à ma droite et à ma gauche, et suis-moi, ordonna-t-il. Allons-y, Mékhou. »

La voix cuivrée des trompettes s'était tue et, du coup, même la clameur des milliers d'Égyptiens qui occupaient la plaine paraissait assourdie. Le soleil était à présent entièrement levé. Un vent vif déchirait le nuage de fumée grise qui flottait en permanence au-dessus d'Het-Ouaret, et Ahmosis vit que des centaines d'hommes prenaient place au sommet des remparts. Un coup d'œil à sa gauche le rassura : les Medjaï étaient alignés sur les ponts de leurs navires. Alors même qu'il les regardait, une volée de flèches monta vers le ciel, et leurs pointes étincelèrent un instant dans le soleil avant d'entamer leur descente mortelle. Ahmosis avait pleinement confiance dans l'adresse de ses archers. Il savait que pas un de leurs traits ne tomberait sur les soldats égyptiens qui se pressaient au pied des murs.

De leur côté, les Sétiou semblaient avoir compris les leçons de leur premier affrontement avec les Medjaï. Ils tiraient assis ou accroupis, ne se redressant que le temps d'incliner leurs arcs et de lâcher leurs flèches sur les soldats, de façon à ne pas offrir une cible trop facile à leurs ennemis. Certains étaient même étendus à plat ventre, et tendaient leurs arcs par-dessus le bord extérieur du mur.

« Les imbéciles ! jeta Mékhou d'un ton méprisant. Ils introduisent en Égypte les arcs les plus puissants et les plus précis jamais inventés, et ils s'en servent avec tant de maladresse qu'on croirait ces armes fabriquées par nous. Notre habileté l'emporte désormais sur la leur.

– Ils vont s'écorcher l'intérieur des bras, et leurs protège-bras vont dévier leurs traits, murmura Ahmosis. Il est impossible de tirer couché. Ils risquent à tout le moins de laisser échapper leurs flèches. Ils ont peur de se mettre debout.

– Je le craindrais aussi si je me trouvais face aux Medjaï, reconnut Mékhou. Voici Ramosé, Majesté. »

Ahmosis invita celui-ci à monter à côté de lui. Le jeune homme était en sueur et hors d'haleine.

« Comme je n'arrivais pas à dormir, je me suis levé et j'ai accompagné les hérauts dans leur ronde autour de la ville, expliqua-t-il en réponse à la question d'Ahmosis. Je m'étais fait déposer de l'autre côté de la ville et discutais avec une sentinelle quand les trompettes ont retenti. Je suis revenu à toutes jambes.

– Qu'as-tu vu ?

– Pas grand-chose : la fumée, les archers envahissant les murs, nos tentes qui se vidaient, et les hommes qui couraient aux points de rassemblement... »

Ahmosis réfléchit un instant, les yeux fixés sur la scène qui se déroulait devant lui.

« Quel est le but d'Apopi ? se demanda-t-il à haute voix. Est-ce un exercice absurde, un geste de bravade... ? »

Une immense clameur monta soudain de l'armée, lui donnant la chair de poule. Ramosé tendit le bras.

« Regarde ! hurla-t-il au paroxysme de l'excitation. La porte orientale s'ouvre ! Je n'arrive pas à y croire ! »

Incrédule lui aussi, Ahmosis regarda les deux immenses battants se mouvoir lentement vers l'intérieur. À l'instant même où il se penchait pour crier à Mékhou de se rapprocher de la ville, celui-ci lança ses chevaux. Les gardes suivirent au pas de course.

« Les Sétiou sortent ! Regarde-les ! Regarde-les ! » dit Ramosé, en criant pour couvrir le sifflement du vent à leurs oreilles.

Les yeux plissés, les jambes écartées pour garder l'équilibre, Ahmosis éprouva un moment de joie et de terreur pures.

Mékhou arrêta son char en voyant un autre véhicule rouler vers eux à tombeau ouvert. Il transportait Khabekhnet, qui sauta à terre et s'écria :

« J'ai placé un héraut auprès de chaque général. Tes ordres, Majesté !

– Il faut que je sache si les portes de la forteresse nord se sont également ouvertes, si des troupes en sortent. Dis au général Khéty que, si c'est le cas, je veux qu'il investisse la forteresse coûte que coûte. Coûte que coûte, tu entends ? S'il a besoin de renforts, je l'autorise à les prendre dans les divisions de Sébek-khou ou de Touri. Ordonne à Pahéri de le soutenir avec la flotte. Les Medjaï contrôlent le côté ouest d'Het-Ouaret et pourront donc aider à la poussée contre la porte occidentale. »

Khabekhnet salua, et son char s'éloigna dans un nuage de poussière.

« Pourquoi la forteresse nord ? demanda Ramosé.

– Parce qu'elle est presque entièrement occupée par des soldats, répondit Ahmosis. Peu de civils y vivent. Si nous parvenons à l'investir et à massacrer les Sétiou, nous aurons vaincu Apopi. Le Delta oriental est quasiment entre nos mains. Réfléchis, Ramosé. Venir à bout de son armée importe davantage que de prendre la ville proprement dite. »

À peine avait-il prononcé ces mots qu'il sut avoir eu raison de concentrer les efforts de ses troupes à l'est. C'était une décision que son frère n'aurait pas prise. Kamosé avait fait de la guerre une affaire personnelle et ne voyait qu'un seul ennemi : Apopi. Pour lui, chasser les Sétiou signifiait s'introduire dans Het-Ouaret et détruire le souverain lui-même. Toutes ses campagnes n'avaient eu d'autre but que de lui frayer un chemin jusqu'à la porte du palais d'Apopi. Il n'aurait jamais pris la ville, pensa Ahmosis avec tristesse. Moi aussi je rêve de voir ce serpent ramper à mes pieds, mais je saurai attendre.

« La forteresse nord n'a que deux portes, remarqua Mékhou. L'une ouvre sur la route d'Horus, l'autre donne à l'ouest, sur le Nil.

Permets que je te conduise à l'ombre, Majesté. La journée va être longue, et chaude.

– Avec ton autorisation, sire, j'aimerais participer aux combats, déclara Ramosé en descendant du char. Si la porte Royale est ouverte, elle aussi, je veux m'y battre. Je pourrais être utile au général Touri. »

Ahmosis le dévisagea. Je sais ce qui te motive, pensa-t-il. Je n'ai pas envie de te perdre, mais je ne peux refuser.

« Entendu, dit-il d'un ton brusque. À condition que tu ne te fasses pas tuer. Je n'ai pas le temps de trouver un autre gouverneur à Khmounou et au nome d'Oun. Emmène-moi sous ces arbres, là-bas, ajouta-t-il à l'adresse de Mékhou. Ce n'est pas un bon poste d'observation, mais cela fera l'affaire jusqu'au retour des hérauts. »

Une fois sous les branches feuillues d'un immense sycomore, il s'assit sur le plancher du char, face à la ville. Ses gardes se postèrent autour de lui. Il distingua l'étendard du général Baqet dans une mer déferlante de soldats : la division de Thot était déjà aux prises avec les hordes qui sortaient en masse par la porte ouest. Au sud-est, il apercevait confusément l'arrière-garde de la division de Montou, qui se déployait en demi-cercle. Il y avait là-bas une autre porte, dissimulée à sa vue, dont il ne savait pas encore si elle était ouverte. Il s'obligea à se détendre, à desserrer les poings, à décrisper ses mâchoires. Se jeter dans la mêlée ou même marcher de long en large n'aurait servi à rien.

Le soleil était nettement plus haut dans le ciel quand les chars des hérauts commencèrent enfin à revenir vers lui. Le premier à lui faire son rapport fut le héraut de Sébek-khou.

« La division de Montou se bat devant la porte sud-est, Majesté, déclara-t-il. La porte était ouverte, mais elle a été refermée. Le général Sébek-khou a envoyé mille hommes en renfort au général Khéty.

– Est-il certain de pouvoir tenir sa position ?

– Oui, sire ; mais il lui faut des Medjaï. Ses hommes tombent sous les flèches des archers postés sur les murs.

– Ordonne au général Hor-Aha de redéployer deux de ses navires. Viens me rendre compte du moindre changement de situation. »

Le rapport concernant la division de Thot fut similaire :

« La porte ouest n'est restée ouverte que le temps de laisser sortir les troupes sétiou, déclara le héraut. Elles se tiennent entre le rempart et nos soldats, et essaient de nous précipiter dans le Nil. Malgré l'aide du général Pahéri, le général Baqet est en difficulté. Les navires sont gênés dans leurs évolutions par les débris des appontements qui reposent sous la surface de l'eau.

– Et les Medjaï ?

– Ils restent postés face à la porte ouest pour empêcher les archers ennemis de se montrer.

– Le général Baqet demande-t-il des renforts ? »

Le héraut secoua négativement la tête.

« Ils ne serviraient à rien, faute de place, et ne feraient que gêner les manœuvres de la division, répondit-il. Le général Pédjédkhou garde ses hommes groupés autour de lui. Le général Baqet pense qu'il va chercher à se frayer un chemin jusqu'au fleuve. »

Ahmosis se leva d'un bond.

– Pédjédkhou ? Il est sorti en personne de la ville ?

– Oui, sire. Ses troupes forment un îlot de discipline dans le chaos environnant. D'après le général Baqet, il a pour objectif de distraire l'attention des Medjaï et, si possible, de harceler nos troupes sur leurs arrières afin qu'elles soient prises en tenaille. »

Et il pourrait bien réussir, vu que je ne peux pas venir en aide à Baqet, pensa Ahmosis avec fureur. Il me faut des nouvelles de la porte Royale et surtout de Khéty. Que se passe-t-il au nord ?

« Si Baqet se met à perdre du terrain, viens m'en avertir sur-le-champ », ordonna-t-il au héraut.

Cette fois, il marcha de long en large, les mains crispées derrière le dos, insensible à la chaleur du soleil. Pédjédkhou est sorti de la ville, se disait-il. Affronte ta peur, espèce de lâche ! N'oublie pas qu'il peut tout au plus remporter une bataille, en aucune façon la guerre. Ton premier mouvement a été de courir à la porte ouest pour le regarder, pour laisser tes souvenirs te réduire à l'impuissance, mais c'est Khéty, et lui seul, qui te donnera la victoire ou fera que cette journée s'achèvera par un retour douloureux à l'impasse. En dépit de ses efforts, il lui fut toutefois impossible de rejeter le manteau d'appréhension qui l'avait brusquement enveloppé.

Sur la porte Royale, le rapport du héraut fut bref :

« La porte ne s'est pas ouverte du tout, déclara-t-il. Il n'y a pas un seul archer sur le mur. Les généraux Kagemni et Touri souhaitent de toute urgence tes instructions concernant les divisions de Rê et d'Amon, sire. Ils ont pris sur eux de déplacer leurs troupes vers la porte est. Les canaux y sont bien moins profonds qu'à l'ouest de la ville, et les soldats n'ont de l'eau que jusqu'aux genoux. Ils ignorent si la porte a été ouverte, car il n'y a ni archers ni soldats sétiou de ce côté de la forteresse.

– Attends ici, ordonna Ahmosis. Je prendrai une décision lorsque j'aurai eu des nouvelles de la division d'Horus. »

Le héraut de Khéty arriva le dernier. Il était couvert de boue et boitait. Une vilaine entaille saignait à son mollet.

« Les deux portes de la forteresse nord sont ouvertes, sire, dit-il sans préambule. L'ennemi continue à se déverser à l'extérieur, et les murs grouillent d'archers. Le combat est impitoyable. Le général Khéty parvient tout juste à faire front, malgré l'aide du général Sébek-khou. Il lui faut davantage d'hommes, et il lui faut les Medjaï. »

Ahmosis se tourna vers le héraut de la division de Rê.

« Que les généraux Kagemni et Touri se portent au secours du général Khéty avec leurs divisions, ordonna-t-il. Va ! »

En sa qualité de premier héraut, Khabekhnet était resté auprès d'Ahmosis, et ce fut à lui que le souverain s'adressa, en réfléchissant à voix haute :

« Je dispose de cinq mille Medjaï, répartis sur quarante navires, dit-il avec lenteur. Deux de ces navires, soit cent cinquante hommes, sont allés soutenir Sébek-khou. Je ne peux laisser Baqet entièrement à la merci des archers sétiou. Huit navires demeureront devant la porte ouest. Va dire au général Hor-Aha d'aller encercler la forteresse nord avec les trente bâtiments restants. Qu'il en prenne personnellement le commandement. S'il n'y a pas assez d'eau dans le canal oriental, du côté de la porte de la route d'Horus, que les archers débarquent et tirent des rives. Lorsque tu auras transmis ton message, trouve-moi Kay Abana. Si le *Septentrion* est dans les parages, je veux monter à son bord. »

Les pièces du jeu sont désormais en place, pensa-t-il en regardant le char de Khabekhnet s'éloigner vers le ruban scintillant du fleuve. Je ne peux rien faire de plus pour l'instant, sinon prier. Se rendant brusquement compte qu'il mourait de soif, il regagna l'ombre du sycomore et appela Horkhouef.

«Envoie quelqu'un demander à Akhtoy de nous faire apporter à boire et à manger, dit-il. Tu peux donner quelques instants de repos à tes hommes.»

Il s'assit dans l'herbe à côté des chevaux, qui étaient toujours attelés au char. Les gardes l'imitèrent.

«Si tu dois monter à bord d'un navire, sire, j'aimerais détacher les chevaux pour les nourrir et les abreuver, dit Mékhou, qui n'avait pas quitté le char depuis qu'ils s'étaient arrêtés sous le sycomore.

– Je t'avais oublié, prince, dit Ahmosis d'un ton d'excuse. Emmène les chevaux, mais renvoie-moi Mésehti avec d'autres bêtes. J'aurai peut-être besoin du char très rapidement.»

Une étrange paix l'avait envahi. Il savait qu'elle serait de courte durée, mais regarda paresseusement Mékhou s'occuper de ses chevaux. Tout en les dételant d'une main sûre, le prince leur parlait doucement, et ils répondaient par de petits hennissements approbateurs.

J'ai correctement jugé Mékhou et Mésehti, pensa Ahmosis. Ils acceptent leur défaveur avec une bonne grâce qui me plaît. Toutefois, je ne dois pas oublier que ce sont des princes de haut lignage, et j'étendrai sans doute bientôt un baume sur leur dignité. Il ne put cependant s'empêcher de mettre Mékhou à l'épreuve. «Mange avec moi avant de partir, proposa-t-il.

– Merci, sire, mais ces bêtes ne comprendraient pas le délai.»

Le prince s'éloigna dans la lumière aveuglante du début d'après-midi, marchant entre les chevaux qui ne cessaient de tourner la tête vers lui. Ahmosis se demanda s'il traitait sa femme avec autant de tendresse.

Akhtoy arriva peu après, accompagné d'une foule de serviteurs qui étalèrent des étoffes sur l'herbe, y posèrent des coussins et servirent un festin froid. Ils avaient apporté du jus de grenade et de la bière d'orge, mais Ahmosis préféra l'eau, et les gardes suivirent son exemple.

Vers la fin du repas, les hérauts commencèrent à revenir, et Ahmosis prit de nouveau conscience du vacarme de la bataille, demeuré si constant que ses oreilles s'y étaient habituées. Le soleil avait commencé sa descente vers l'ouest, et les ombres s'allongeaient. Il n'y avait rien de nouveau. La fatigue gagnait soldats égyptiens et sétiou; les archers Medjaï étaient à court de flèches;

Khéty prenait l'avantage grâce au renfort des divisions de Kagemni et de Touri. En ce qui concernait l'ouest de la ville, en revanche, les rapports étaient confus. Ahmosis dut attendre le retour de Khabekhnet pour entendre quelque chose d'intelligible.

«Le *Septentrion* est engagé dans des combats violents en face de la porte ouest, expliqua le héraut. Je n'ai pas pu m'en approcher. En revanche, le *Vivant-en-Ptah* n'est pas loin, et son capitaine sera honoré de t'avoir à bord, Majesté.»

Ahmosis lui tendit un pot d'eau, qu'il vida à grands traits.

«Et Pédjédkhou?»

Khabekhnet posa le pot à ses pieds.

«Le général sétiou a gagné du terrain, dit-il. Ses hommes coupent à présent en deux les forces du général Baqet. Les Medjaï ne sont pas utiles à grand-chose. Ils n'ont plus de flèches et, comme ils tiraient sur les remparts, ils ne peuvent en récupérer aucune. Il se fait un grand carnage entre le fleuve et les murs. Il est quasiment impossible de savoir qui prend l'avantage.

– Le prince Mésehti arrive avec tes chevaux, sire, intervint Horkhouef.

– Dès qu'il les aura attelés, il me conduira au fleuve, dit Ahmosis. Il est temps que je voie par moi-même ce qui se passe, et que je me montre à nos soldats. Rassemble les gardes, Horkhouef. Si tes hérauts me cherchent, Khabekhnet, envoie-les sur le *Vivant-en-Ptah.*»

La distance n'était pas grande jusqu'au navire, mais, lorsque Ahmosis roula dans la plaine, le vacarme des combats devint assourdissant. C'étaient des cris, des jurons, le halètement et le piétinement de milliers d'hommes, l'entrechoquement sonore de leurs haches et de leurs épées. Des nuages de poussière dissimulaient certaines parties du champ de bataille et, dans le vent, Ahmosis sentait l'odeur âcre de la sueur et du sang répandu.

Il descendit du char et monta rapidement la passerelle du navire, suivi par les gardes.

«Je suis Qar, Majesté, à ton service, dit le capitaine en saluant. Quels sont tes ordres?»

Ahmosis regarda autour de lui, tandis que les gardes se rangeaient en demi-cercle derrière lui et que la passerelle était rentrée. Penchés sur leurs rames, les marins ne bougèrent pas, mais les matelots qui se pressaient sur le pont s'inclinèrent devant le souverain.

«Prends le canal oriental et fais-moi dépasser la division du général Sébek-khou, répondit Ahmosis. Tu longeras ensuite l'est, puis le nord de la ville. Je veux voir tous les champs de bataille.

– Nous serons obligés de revenir par l'ouest, sire, remarqua le capitaine. Les combats sont très violents de ce côté-là. Je n'arriverai peut-être pas à passer.

– Raison de plus pour montrer aux soldats que je suis avec eux dans le danger, répondit Ahmosis. J'ai couru de bien plus grands risques sous le commandement de mon frère, capitaine. Allons-y.»

Qar s'inclina et cria ses ordres au pilote. Les marins poussèrent sur les rames, et le *Vivant-en-Ptah* glissa sur les eaux turgides du fleuve.

À mesure qu'ils avançaient, le vacarme s'amplifiait et, avec lui, semblait-il, la chaleur. Sur l'ordre d'Horkhouef, les gardes entourèrent plus étroitement Ahmosis, l'arc à la main. Celui-ci s'était rapproché de la lisse pour être vu plus aisément. Il repéra l'enseigne de Sébek-khou : Montou, le dieu de la guerre à tête de taureau, flottait au-dessus des têtes des combattants. Puis il vit le général lui-même qui, le bras levé, la bouche grande ouverte, hurlait un ordre à un officier placé derrière lui. L'homme pivota sur les talons et aperçut Ahmosis. Son propre bras se tendit et, en dépit du vacarme, Ahmosis l'entendit crier : «Le roi ! C'est le roi !» Les soldats reprirent aussitôt son cri, et le combat sembla se ralentir un instant. Puis le *Vivant-en-Ptah* passa derrière un des deux navires des Medjaï, qui masqua la scène aux yeux d'Ahmosis.

«On roule les morts dans le canal, Majesté, remarqua Horkhouef. Tu as vu ? Les corps vont y pourrir et empoisonner l'eau.

– Dans quelques semaines, le canal sera à sec et cela n'aura plus d'importance, répondit Ahmosis. Le fleuve emportera tout ce qui le souille et le déversera dans la Grande Verte.» Comme ils arrivaient à la hauteur du second navire, il mit ses mains en porte-voix et cria : «Que fais-tu, capitaine ?» Un visage sombre encadré de tresses noires se tourna vers lui.

«Plus de flèches, Majesté, répondit le capitaine medjaï en s'inclinant. Nous ne pouvons qu'attendre.»

De fureur, Ahmosis frappa la lisse.

« Amarre ton navire, fais descendre tes hommes dans l'eau et transporte les blessés sur ton navire, hurla-t-il. Comment oses-tu dire que tu n'as rien à faire ! »

Qar lança un nouvel ordre, et le navire obliqua vers la gauche. Sébek-khou et les Medjaï disparurent peu à peu à leur vue. Ahmosis s'aperçut qu'il tremblait de rage.

« Ce sont des hommes simples et dociles, sire, commenta Horkhouef. Ils obéissent aux ordres qu'on leur donne, mais il ne faut pas leur demander de prendre des initiatives.

– Je sais », répondit brièvement Ahmosis.

Hor-Aha n'a-t-il donc pas prévu que ses Medjaï manqueraient de flèches ? se disait-il. N'importe quel Égyptien aurait veillé à ce qu'ils ne restent pas inactifs pendant la bataille. J'aurai deux mots à lui dire à la fin de la journée. Cette perspective lui causait un certain plaisir mais, reconnaissant que son indignation était alimentée par l'antipathie croissante que lui inspirait Hor-Aha, il eut la grâce d'en avoir honte. Comme tout général, le Medjaï devait consacrer son attention et son énergie à prévoir le flux et le reflux du carnage qui se déroulait autour de lui. Ces décisions mineures étaient du ressort de ses officiers. Il n'empêche, pensa Ahmosis avec sévérité. Il connaît le caractère moutonnier de ses hommes. Quelle autre tâche avait-il que de les déployer selon mes ordres et de veiller à ce qu'ils fassent ce qu'on leur disait ?

L'est d'Het-Ouaret était étrangement paisible, et l'ombre immense de son rempart enveloppa le navire de Qar. Le vacarme des batailles qui se déroulaient autour de la forteresse nord et à l'ouest de la ville ne leur parvenait plus qu'assourdi, si bien que l'on entendait chanter les oiseaux dans les arbres bordant la rive droite. Le niveau de l'eau, très bas, obligeait le *Vivant-en-Ptah* à avancer avec précaution au centre du canal. Il passa lentement devant la porte orientale. Silencieux et tendus, tous à bord avaient le regard rivé sur le sommet du mur, mais personne ne s'y montra.

Ahmosis s'était attendu à voir soldats sétiou et égyptiens aux prises à l'extérieur de la forteresse nord et, quand celle-ci apparut, il fut d'abord incapable d'interpréter ce qu'il avait sous les yeux. La porte de la route d'Horus était grande ouverte, et un flot d'hommes s'y engouffrait. Des corps s'entassaient entre le canal et le mur, qui était éclaboussé de sang. De l'intérieur de la forteresse lui parvenaient un cliquetis d'armes et des hurlements. Alors, comprenant brusquement ce qui se passait, Ahmosis poussa un cri de triomphe.

«Nous avons investi la forteresse ! Khéty a gagné ! Accoste, Qar !

– La bataille fait encore rage, Majesté, intervint Horkhouef. En ma qualité de commandant des gardes, il est de mon devoir de te prier de ne pas débarquer.»

Ahmosis regarda son jeune visage sérieux en ayant envie de le serrer dans ses bras.

«Dégaine ton épée, Horkhouef, dit-il en souriant. Un roi ne sert pas à grand-chose un jour comme celui-ci, sauf peut-être à décider de l'issue finale d'une bataille par sa présence. Ne t'inquiète pas, Amon est avec nous !»

Le *Vivant-en-Ptah* accosta avec une secousse ; la passerelle fut tirée et posée sur la rive boueuse. Secouant la tête, Horkhouef descendit à terre avec Ahmosis, suivi de ses gardes. Ils se joignirent aussitôt au flot des soldats qui s'avançaient d'un pas las vers la porte.

Entièrement préoccupé de ce qu'il découvrirait de l'autre côté du rempart, Ahmosis franchit les immenses et lourds battants de la porte sans même s'en rendre compte. Puis, en se retournant, il vit le navire de Qar, en partie dissimulé par la foule qui gravissait lourdement la route en pente, et il fut pris d'une sorte de vertige. Je suis à l'intérieur de la forteresse d'Apopi, se dit-il. Père, Kamosé, vous me voyez ? Est-ce que je rêve ? Aucun rêve ne pourrait être aussi réel, pourtant. Voilà la porte, ouverte, inoffensive, inutile, et je suis enfin du bon côté des murs.

Il n'eut guère le temps de savourer ce moment, car les troupes le reconnurent. Aussitôt, on s'écarta avec respect autour de son escorte, les visages tirés par la fatigue s'éclairèrent, les mains engourdies par leur terrible tâche se resserrèrent autour de la garde d'épées émoussées et souillées de sang sétiou. «Le roi ! Le roi !» Le cri vola de bouche en bouche, s'enfla, devint clameur de triomphe.

Horkhouef repéra un officier dans la foule et lui fit signe d'approcher. L'homme avait perdu sa coiffure de cuir et une sandale ; son pagne était en lambeaux, et il n'était plus armé que d'un poignard.

«Raconte-moi ce qui s'est passé, ordonna Ahmosis.

– Moi, Majesté, bafouilla l'homme, abasourdi. Ne devrais-je pas plutôt aller chercher mon supérieur ?

– Non.»

Ahmosis attendit. L'officier déglutit, regarda fixement son poignard souillé, puis se ressaisit.

«Les troupes sétiou, ou ce qu'il en reste, ont battu en retraite à l'intérieur de la forteresse, commença-t-il. Elles ont essayé de refermer la porter derrière elles, mais le général Khéty ne leur en a pas laissé le temps. Il a regroupé la division d'Horus et réussi à maintenir la porte ouverte. J'appartiens à la division d'Amon. Le général Touri a apporté son soutien au général Khéty.» Il hésita. «J'ai entendu dire que le général Kagemni avait lui aussi réussi à maintenir l'autre porte ouverte, Majesté. Il s'est lancé à l'assaut de la forteresse dès que tu lui en as donné l'ordre. Le massacre va être terrible, car les Sétiou sont pris au piège.

– Où est ton épée ? demanda Ahmosis.

– Pardonne-moi, sire, fit l'homme avec une grimace. Elle est restée plantée dans le corps d'un soldat ennemi. Il a basculé dans l'eau, et son poids m'a contraint à lâcher mon arme.»

L'un des gardes défit aussitôt son ceinturon et le lui tendit. L'officier le prit en jetant un regard d'excuse à Ahmosis.

«Tu en auras davantage besoin que lui, déclara celui-ci. Je veux que tu ailles transmettre un message à mes généraux, en commençant par le tien. Dis-leur que tous les soldats sétiou doivent être mis à mort. Je ne donne pas cet ordre de gaieté de cœur, mais les princes du Retenou auront nécessairement vent de ce qui s'est passé aujourd'hui, et je tiens à ce qu'ils y regardent à deux fois avant d'envoyer de nouveaux soldats sétiou périr en terre égyptienne. Dis aussi aux généraux d'épargner les civils, notamment les Égyptiens qui habitent au nord-ouest de ce mamelon. C'est tout. Va maintenant. Je suis content de toi», ajouta-t-il avec un sourire.

L'homme s'inclina et disparut aussitôt dans la foule.

«Nous retournons à bord, dit Ahmosis à Horkhouef. Je ne peux rien faire ici, sinon gêner notre victoire.»

Le soulagement se peignit sur le visage du jeune homme.

«Tu entends ce tumulte ? dit-il. En t'avançant davantage, tu courrais de grands risques de mourir. Qui nous conduirait, alors ?»

Qui, en effet ? pensa Ahmosis tandis qu'il revenait sur ses pas, à contre-courant des troupes qui montaient toujours vers la forteresse sur une route poisseuse de sang. Ahmosis-onkh est trop jeune pour régner. Ahmès-Néfertari serait-elle capable de mettre au pas des nobles pleins d'ambition, de se faire obéir des généraux et de conserver le trône à son fils ? Que ce fût peut-être le cas ne le rassurait pas entièrement. Les sandales alourdies de boue, il monta la passerelle, et le *Vivant-en-Ptah* se prépara à reprendre sa navigation autour d'Het-Ouaret. Non, décidément, cela ne le rassurait pas du tout, et il ne savait pas vraiment pourquoi.

7

Prudemment, le *Vivant-en-Ptah* s'engagea dans le canal qui séparait le rempart sud de la forteresse du nord du mamelon principal. Au pied du rempart, la rive était déserte mais jonchée de corps. La scène avait quelque chose d'irréel, peut-être parce que, à bord, l'on n'entendait qu'un écho assourdi de la bataille se déroulant de l'autre côté du mur, et que le vent qui faisait onduler le pavillon du navire et les pagnes des soldats n'atteignait pas les morts, qui gisaient, mutilés et immobiles, dans la lumière douce de la fin d'après-midi.

Qar cria un ordre, et le navire obliqua lentement vers la gauche. Avant que la forteresse ne disparût à sa vue, Ahmosis put toutefois constater que sa seconde porte était effectivement ouverte. Les rangées de soldats égyptiens qui la gardaient saluèrent en le voyant passer. Leurs sourires triomphants en disaient long sur le déroulement des combats.

«Toutes les troupes des généraux Kagemni et Touri doivent désormais se trouver à l'intérieur», remarqua Horkhouef.

Ahmosis hocha la tête sans se retourner, car le *Vivant-en-Ptah* était maintenant à la hauteur de la porte la plus septentrionale d'Het-Ouaret, la porte du Commerce, solidement fermée, derrière laquelle se dressaient les tours massives et carrées du palais d'Apopi.

Puis, presque aussitôt, ils furent sur le Nil, et Ahmosis perçut le soulagement de l'équipage. Un soulagement qui fut de courte durée, car, en levant les yeux, le souverain vit des archers alignés à perte de vue sur le mur, prêts à tirer.

«Levez vos boucliers!» ordonna Horkhouef, et Ahmosis se retrouva instantanément protégé par un toit de bois. «Leur présence là-haut est totalement inutile, remarqua le jeune homme d'un ton moqueur. Nous ne pouvons enfoncer la porte Royale, et je ne vois pas Apopi se promener sur le mur pour servir de cible à nos flèches.»

Ahmosis regardait le sommet du rempart par un interstice des boucliers, cherchant absurdement à apercevoir Tani parmi les soldats sétiou. Il répondit à Horkhouef par un simple grognement.

Une fois dépassé le palais, les archers disparurent. Les gardes abaissèrent leurs boucliers, mais Ahmosis entendit à peine l'ordre lancé par Horkhouef tant le vacarme était assourdissant. Le mur ouest d'Het-Ouaret s'allongeait devant eux, et le regard portait jusqu'aux squelettes noircis des appontements. Les navires des Medjaï et ceux de la flotte encombraient le Nil. Sur la rive, c'était une mer d'hommes et des combats si violents que, pendant longtemps, Ahmosis ne parvint pas à distinguer les Égyptiens des Sétiou. Il finit cependant par repérer l'étendard de Baqet, au sud de la porte, puis la bannière rouge de Pédjédkhou, flottant, elle, au bord du fleuve. Autour d'elle, Ahmosis constata que les Sétiou formaient une masse compacte qui s'étendait presque jusqu'à la porte et se divisait en deux bras effilochés le long de la rive.

Le vacarme était indescriptible. Les hommes se battaient dans le fleuve, de l'eau jusqu'à la taille, ou luttaient au corps à corps au-dessus des cadavres qui jonchaient le sol. Rangés le long de la rive, leurs passerelles tirées, beaucoup des navires de Pahéri avaient été abandonnés par les matelots, qui s'étaient jetés dans la mêlée. Ceux des Medjaï tournaient, manœuvraient et, à leur bord, les archers noirs hurlaient en brandissant leurs armes. Ahmosis chercha des yeux le navire de Pahéri et l'aperçut à côté de celui d'Hor-Aha. Il distinguait même le visage familier de son premier capitaine et la haute silhouette d'Hor-Aha, qui arpentait le pont en gesticulant.

«Les Sétiou sont parvenus à prendre position sur la rive et à s'y maintenir, dit Horkhouef en criant pour se faire entendre. Où est leur général ?»

Ahmosis fit signe à Qar de se glisser entre les embarcations. Bien qu'il commençât à avoir une meilleure idée de la bataille, le comportement des Sétiou le laissait perplexe. En les observant avec attention, il lui sembla qu'ils se préoccupaient moins d'élargir le cercle de victoire autour d'eux que de renforcer leur position le long du fleuve. Alors qu'ils se contentaient de se défendre du côté de la ville, ils se battaient avec acharnement pour balayer tout ce qui les séparait de l'eau. Dans quel but? se demanda Ahmosis, gagné par l'inquiétude. Ce n'est pas une stratégie raisonnable. Pédjédkhou devrait s'efforcer d'anéantir mes divisions. Après tout, il est coincé entre le rempart et l'eau. Il ne peut regagner la porte sans s'ouvrir un chemin à travers les troupes de Baqet, et quel avantage peut-il avoir à tomber dans le fleuve?

Il aperçut soudain le général sétiou. Campé sur les décombres des appontements, son torse puissant luisant de sueur, il levait haut une épée ensanglantée. Ahmosis réprima le désir de se recroqueviller derrière ses gardes, de se rendre invisible. Il vit Pédjédkhou se pencher vers un officier sétiou. Dans le chaos ambiant, ses mouvements avaient quelque chose de si calme, de si maîtrisé, qu'Ahmosis le regarda un instant avec fascination, oubliant tout le reste. L'officier acquiesça de la tête, puis Pédjédkhou fit un grand geste du bras et, en voyant ce qu'il désignait, Ahmosis frémit. Il y avait des navires égyptiens tout le long de la rive, la plupart vides ou avec seulement quelques hommes à bord. Entouré de ses soldats, un poing sur la hanche et l'épée maintenant posée sur l'épaule, Pédjédkhou promenait sur eux un regard dont Ahmosis perçut le sens malgré la distance. Oh dieux, non! se dit-il avec incrédulité alors même qu'il se précipitait vers l'arrière, suivi par les gardes. Il n'osera pas! Mais si, lui murmura une autre voix. Il va essayer, et si tu ne contrecarres pas son plan dans l'instant, cette bataille risque fort d'être perdue.

Dévoré d'inquiétude, il regarda derrière lui. Pahéri avait été rejoint par Baba Abana, et les deux hommes semblaient se consulter. Obéissant à ses ordres, le *Vivant-en-Ptah* se dirigea vers leur navire, se faufilant entre des embarcations où, reconnaissant leur souverain, marins et matelots l'acclamaient. Ahmosis les entendait à peine. Brûlant d'impatience, il agrippait la lisse, regardant l'espace diminuer entre son premier capitaine et lui. Bientôt, Pahéri leva les yeux et le vit. Au même moment, Qar donna l'ordre de mater les avirons; le *Vivant-en-Ptah* continua à glisser doucement sur son erre.

«Je viens d'envoyer un héraut à ta recherche, Majesté, cria Pahéri. Nous ignorons ce qui se passe autour de la forteresse nord, et nous nous demandions s'il fallait y envoyer d'autres navires.

– La forteresse est prise, répondit Ahmosis. Regarde tes navires, Pahéri ! Ils sont alignés le long de la rive, vides, prêts à être incendiés ou capturés ! »

Son ton fit blêmir le capitaine.

« Les divisions réclamaient notre soutien à cor et à cri, Majesté, protesta-t-il. C'est pour cela que j'ai ordonné aux matelots de débarquer.

– L'équipage aurait dû rentrer les passerelles et éloigner les navires du bord, coupa Ahmosis. Pédjédkhou ne cherche pas à éclaircir nos rangs ; il veut s'emparer de nos embarcations ou les brûler. S'il est aussi intelligent que je le crois, il les brûlera. S'il choisit de les capturer, il aura tout de même un avantage. Il pourra transporter ses hommes où il le souhaite, ou s'attaquer au reste de la flotte. Tâche d'entrer en contact avec tes capitaines. Les marins doivent regagner leur bord et éloigner les navires de la rive. Immédiatement ! Emmène-moi aussi près que possible de l'endroit où se trouve le général sétiou », ajouta-t-il à l'intention de Qar.

Pahéri ne lui avait pas répondu, mais il avait déjà fait mettre un esquif à l'eau, et Ahmosis savait que les hérauts qui s'y trouvaient allaient crier ses ordres dans le vacarme de la bataille. De leur côté, les rameurs de Qar pesaient sur leurs avirons, et le *Vivant-en-Ptah* s'approchait rapidement des membrures noircies des appontements. Ahmosis se félicita un instant que les deux camps eussent épuisé leurs provisions de flèches.

Ses navires, les précieux navires de Kamosé, construits au prix de grands sacrifices, étaient amarrés le long de la rive boueuse. Je n'en tiendrai pas rigueur à Pahéri, se dit Ahmosis, qui guettait avec anxiété le moment où ses hommes les éloigneraient enfin de la rive. Les exercices et les simulacres de bataille, si nombreux soient-ils, ne peuvent remplacer un combat réel, où rien n'est vraiment prévisible et où la situation peut se retourner d'un instant à l'autre. Pédjédkhou est capable de nous damer le pion à tous. Quel dommage que son génie ne soit pas à mon service ! Je suis sûr qu'il est las de se soumettre à un roi qui a peu de courage personnel et aucun jugement !

Il leva le bras, et le *Vivant-en-Ptah* mit en panne. Devant lui, sous les murs de la ville, la bataille continuait à faire rage, un enchevêtrement confus de corps ; mais Ahmosis n'avait plus d'yeux que pour Pédjédkhou et pour ses navires sans défense. Les Sétiou obéissaient aux ordres donnés par leur général. Tandis que leur arrière-garde, regroupée le dos à l'eau, repoussait l'assaut des Égyptiens, les autres se déployaient. Avec un mélange de soulagement et de consternation, Ahmosis vit qu'ils commençaient à s'élancer sur les passerelles. Pédjédkhou pouvait donc commettre des erreurs, finalement. Soit il ne lui était pas venu à l'idée de brûler les navires, soit il avait opté pour la solution la plus risquée. Excès d'assurance ou bévue dans la chaleur de l'action ? se demanda Ahmosis. Mais peut-être n'avait-il tout bonnement pas eu le temps de faire un feu.

Les ordres de Pahéri avaient été entendus, car Ahmosis vit les matelots quitter le combat et courir vers leurs navires. Certains atteignirent leur but et se mirent en devoir de repousser l'ennemi, mais beaucoup arrivèrent trop tard. Les passerelles avaient été rentrées, et ils ne pouvaient monter à bord. Se jetant à l'eau, ils essayèrent malgré tout de grimper sur les ponts. Les Sétiou se penchèrent pour trancher mains et bras, tandis que leurs marins empoignaient les rames et que les pilotes prenaient leurs postes.

Les navires égyptiens qui entouraient Ahmosis fonçaient vers les équipages étrangers, qui écartaient rapidement leurs prises de la rive. Nous n'avons pas de flèches, pensa fiévreusement Ahmosis, aucun moyen de les tuer, et les Medjaï ont peur de l'eau. Ils ne quitteront pas leurs embarcations pour se jeter à l'abordage. Il entendit Pahéri lancer ses instructions d'une voix claire, appeler ses capitaines par leur nom, leur ordonner de bloquer le passage des Sétiou. Il faut que nous soyons les premiers à passer à l'offensive, se dit Ahmosis. Il est capital que nos hommes aient le sentiment de reprendre ce qui leur appartient, d'attaquer, et non de se défendre.

Pahéri s'était manifestement fait les mêmes réflexions, car il hurlait une kyrielle d'ordres aux hommes qui se pressaient sur les navires égyptiens. Les Sétiou, eux, criaient des insultes. La voix grave d'Hor-Aha retentissait elle aussi sur les eaux encombrées du fleuve.

« Vous êtes des guerriers d'Ouaouat, pas des mouches collées à la peau d'un chien ! disait-il à ses compatriotes. Ne vous couvrez pas de honte devant les Égyptiens. Sautez, espèces de lâches ! Sautez ! »

Ahmosis jeta un regard par-dessus son épaule. Les Medjaï tournaient en rond sur les ponts, fouettés par leurs capitaines, et

Hor-Aha lui-même poussait ses hommes vers la lisse à coups de trique. Sous les yeux d'Ahmosis, il prit l'un d'eux à bras-le-corps et le jeta par-dessus bord. Puis, criant quelque chose à son capitaine, il posa un pied nu sur la lisse, s'élança dans le vide et retomba avec grâce sur le pont d'un navire dans lequel Ahmosis reconnut soudain le *Septentrion*.

Kay Abana courait vers Hor-Aha, qui avait tiré son épée et l'agitait avec fureur dans la direction de ses Medjaï récalcitrants. Soulagé que le *Septentrion* fût toujours aux mains des Égyptiens, Ahmosis vit que ses matelots, alignés avec ordre sur le pont, attendaient avec calme leurs instructions. Son regard s'arrêta sur l'un d'eux, qui, un peu plus petit que les autres, étreignait son épée d'un air résolu. C'était Zaa pen Nékheb, le cousin de Kay. Ahmosis se surprit à murmurer une courte prière pour le salut de son plus jeune soldat.

Autour de lui, les embarcations égyptiennes tâchaient maintenant d'aborder les navires volés. Le craquement des rames qui se brisaient se mêlait aux imprécations hurlées par les deux camps. Kay et Hor-Aha discutaient avec animation, puis le premier tendit le bras. Ahmosis regarda dans la direction qu'il indiquait.

Pédjédkhou se tenait à l'avant d'un navire qui avançait silencieusement vers le *Vivant-en-Ptah*, en se coulant dans un passage étroit qui semblait ne s'être ouvert que pour lui. Le général sétiou était déjà assez près pour qu'Ahmosis distingue son visage aux traits grossiers, d'une laideur fascinante, et son corps, aussi massif qu'un mur de brique. Les jambes écartées, calme, il avait le regard fixé sur le *Vivant-en-Ptah*. Avec fatalisme, Ahmosis comprit que non seulement Pédjédkhou l'avait vu, mais qu'il avait l'intention d'aborder le navire de Qar et de le tuer. Cela se lisait dans ses yeux. En cet instant, le chaos qui l'entourait n'existait plus. Seul comptait Ahmosis. Sa proie.

Le souverain constata toutefois que le poison de la terreur l'avait quitté. Pédjédkhou n'était plus pour lui que l'homme du destin, l'homme dont le sort était lié à celui de la maison des Taâ depuis la défaite et la mort de Séqénenrê, dont l'existence avait imprégné jusqu'à l'air que Kamosé et lui respiraient. Il le regardait s'approcher comme on s'apprête à recevoir un vieil ami.

Horkhouef et les gardes voulurent l'entourer, mais il les écarta d'un geste. Il les entendit placer une flèche sur leurs arcs et se rappela que la garde d'un roi n'était autorisée à utiliser ses traits que pour défendre directement sa personne. Dans un instant, ils tireraient, et Pédjédkhou tomberait. Ahmosis en éprouva un pincement de regret.

Le général sétiou leva un doigt, un geste à peine perceptible, et, d'un seul coup, il fut entouré d'archers, des hommes qui avaient attendus à genoux, dissimulés sous la lisse, et qui, l'arc déjà bandé, se relevaient, lâchaient leurs flèches... Avant qu'Ahmosis ait pu faire un mouvement, un soldat s'affaissa contre lui, un autre poussa un gémissement, un troisième eut un hoquet... Quand il se retourna, ses gardes gisaient sur le pont comme autant de porcs embrochés. Il vit Horkhouef à quatre pattes, une tige noire fichée dans l'épaule, et, hébété, se demanda comment il allait annoncer la nouvelle à Ankhmahor. Qar courait vers le jeune homme, suivi par ses marins.

« Tu es intelligent, Ahmosis Taâ, mais pas tout à fait assez, lança Pédjédkhou. Tu ne fais pas le poids contre moi. N'ai-je pas tué ton père ? N'ai-je pas obsédé ton frère jusqu'à la fin de ses jours ? Où sont tes gardes tant vantés, à présent ? Tu es sans défense et je vais te tuer, toi aussi. »

Ahmosis frissonna. Il se rappela le récit qui lui avait été fait de la bataille où son père avait péri. Pédjédkhou avait raison. Il ne faisait pas le poids contre cet homme brutal et brillant, et ses généraux non plus. La bouche sèche, il passa la langue sur ses lèvres, y goûtant le sel de la terreur, mourant d'envie de se jeter à terre et de fermer les yeux. Mais il resta debout. Horkhouef se tordait de douleur à ses pieds, et il sentit que Qar l'emportait, plus qu'il ne le vit. Ta mère a tué pour te sauver la vie, et Kamosé est mort pour toi, se dit-il. C'est aussi le cas de tous les Égyptiens tombés aujourd'hui. Le moment est venu de te montrer un véritable roi. Il s'avança jusqu'à toucher la lisse.

« Ton maître étranger n'est pas digne de toi, général, dit-il, étonné de la clarté et du calme de sa voix. Tu te rends certainement compte qu'Het-Ouaret est condamnée, que tu me tues ou non. Elle n'est plus qu'un minuscule îlot au sein d'une mer égyptienne dont les vagues l'engloutiront bientôt. »

Pédjédkhou sourit. Il n'y avait rien de sardonique ni de condescendant dans ce sourire. Il était chaleureux et aimable.

« J'ai de nombreux maîtres, répondit-il. Apopi n'est que l'un d'entre eux. Quand cette guerre prendra fin, j'irai retrouver ma femme, mes forêts, mon océan, et je resterai au Retenou jusqu'à ce que l'on ait besoin de moi ailleurs. Tu me plais, Ahmosis, et j'admirais ton frère, mais que peux-tu m'offrir qui se compare à cela ? » Il secoua la tête et prit son arc. « D'ailleurs, tes paroles sont creuses. Où sont les archers que tu aurais dû garder en réserve ? Tu es perdu et, lorsque tu seras mort, tes armées se débanderont. Apopi triomphera. »

Il choisit une flèche et l'encocha. Ahmosis attendait, figé et impuissant. Je vis mes derniers instants, se disait-il avec incrédulité. Comment est-ce possible ? Le soleil fait étinceler la pointe de la flèche que Pédjédkhou braque sur moi, cette flèche qui va s'enfoncer profondément dans ma poitrine. C'est beau. Le soleil est la vie même. Il change en cristal l'eau qu'il touche, il polit les flancs de cèdre du bateau où se tient Pédjédkhou. Je devrais lui demander des nouvelles de Tani, ou me jeter à plat ventre sur le pont pour tâcher d'échapper à la mort. Mais il ne fit rien. Il attendit, son regard remontant de la pointe de la flèche au poing ganté du général, du bras musclé qui tendait la corde aux yeux marron fixés sur sa poitrine. Derrière Pédjédkhou, dans la masse confuse des combattants, quelque chose miroita…

Un objet fendit l'air chaud en sifflant et alla s'écraser sur le pont avec un bruit sourd. Au même moment, une flèche rasa Ahmosis, et il reprit soudain conscience de ce qui l'entourait. Le vacarme de la bataille l'assourdit de nouveau, l'odeur du sang assaillit ses narines. Hébété, il se retourna. Ses gardes gisaient autour de lui, morts, exception faite d'Horkhouef, adossé au mât. Qar était auprès du jeune homme, tenant à la main la tige d'une flèche brisée. Une hache s'était enfoncée dans le bois, au-dessus de la tête penchée d'Horkhouef. Son long manche vibrait encore. Ahmosis regarda de nouveau vers le navire de Pédjédkhou.

Le général avait été déséquilibré. Sa flèche avait manqué son but. Les épaules voûtées, il pivotait déjà dans la direction d'où était venue la hache. Le *Septentrion* avait abordé son embarcation, et les hommes de Kay s'élançaient à l'assaut. Hor-Aha avait encore le bras levé. Sous les yeux d'Ahmosis, il prit son élan et bondit au-dessus de l'eau pour atterrir en pleine mêlée. Zaa pen Nékheb était déjà sur le navire ennemi. Kay aussi, et il marchait droit sur Pédjédkhou. Ahmosis le vit lâcher son épée et tirer son poignard.

Le général sétiou était entouré de ses gardes, mais les hommes du *Septentrion* continuaient à se déverser sur le pont et, sur les ordres d'Hor-Aha, un groupe d'entre eux se précipita sur le mince cordon d'hommes qui protégeait Pédjédkhou. Kay tournait autour du général, prudemment, attendant sa chance. Quand les Égyptiens passèrent à l'attaque, le cordon se rompit. Le cœur battant, Ahmosis vit apparaître une brèche.

Kay n'hésita pas. Il s'élança. Pédjédkhou était encombré par le grand arc qu'il tenait toujours à la main. Le laissant tomber, il l'écarta du pied et chercha son épée, mais il avait perdu des instants précieux et, avant qu'il l'eût entièrement dégainée, Kay était sur lui, le poignard levé, prêt à frapper. Le général leva instinctivement le bras, et Ahmosis vit la plaie profonde et sanglante qu'y ouvrait la lame. Déséquilibré par la violence même de son attaque, Kay tomba en avant, sans pour autant lâcher son poignard. Serrant son bras blessé contre la poitrine, Pédjédkhou le frappa à la tête de son poing valide. Étourdi, Kay mit un genou en terre et agita son poignard à l'aveuglette.

Pédjédkhou tâchait de nouveau de sortir son épée du fourreau. Le sang de sa blessure ruisselait sur son corps et trempait son pagne de lin. Grimaçant de douleur, montrant les dents, il tirait frénétiquement sur la garde de l'épée, tout en esquivant les attaques de Kay. Mais, comme il reculait, il trébucha sur son arc abandonné et tomba. Avant qu'il puisse se redresser, Kay s'était jeté sur lui et lui avait enfoncé son poignard dans le cou.

Le capitaine s'écroula sur le corps encore secoué de convulsions de son adversaire, et resta un moment immobile, terrassé par une fatigue qu'Ahmosis avait l'impression de ressentir dans ses propres membres. Puis il se releva et, après avoir dégagé son arme, se mit en devoir de trancher la main de Pédjédkhou, s'acharnant jusqu'à ce qu'il eût réussi à la détacher. Se tournant alors vers Ahmosis, il la brandit avec exultation.

« J'ai sa main, Majesté ! cria-t-il. La main de Pédjédkhou ! Loués soient Nekhbet, la déesse protectrice de ma ville, et Amon d'Oueset, ton père ! Apopi est à notre merci, maintenant ! Longue vie et prospérité à Ta Majesté ! »

Ahmosis dut s'accrocher à la lisse du navire, tant il avait les jambes molles. Les rayons du soleil couchant faisaient rougeoyer la bague d'argent encore passée à l'un des doigts épais de Pédjédkhou. Ahmosis discernait même les lignes profondes creusées dans la large paume du général.

Il est mort, se dit-il. Mort ! Si vite, si facilement. Ce n'était qu'un être humain, en fin de compte. Un homme qui a péri au combat comme n'importe quel autre. Je suppose que j'avais imaginé un affrontement dramatique entre nous, un combat singulier qui aurait décidé du sort de l'Égypte. Et voilà qu'il a été vaincu par un simple capitaine de navire. Un sentiment de regret et de compassion l'étreignit. C'est la fin d'une époque, pensa-t-il brusquement. Pédjédkhou, Séqénenrê, Kamosé, vous avez tissé ensemble des fils d'amertume, de terreur et de meurtres, et vos destinées se sont accomplies. Avec raideur, il se tourna vers Qar, debout près de lui.

« Envoie un marin me chercher cette main, puis ramène-moi à terre, ordonna-t-il d'une voix rauque. Il faut que Khabekhnet la montre aux troupes, et que les Sétiou la voient. D'ici la tombée de la nuit, nous aurons remporté la victoire. »

Sourd et aveugle à ce qui l'entourait, il s'assit sur un rouleau de cordage et attendit que Qar revienne déposer la main sur ses genoux. Elle ne saignait plus. Les doigts étaient repliés ; l'ongle du pouce, puissant, spatulé, était fendu, et les autres noirs de saleté. Ahmosis la retourna délicatement. La bague était gravée de symboles qu'il ne reconnut pas, des symboles étrangers, le nom de Pédjédkhou peut-être, ou celui de sa femme, de son fils, dans la langue d'une tribu sétiou inconnue. Je ne connaissais rien de lui que son génie de stratège et sa grande autorité, pensa Ahmosis avec tristesse.

Qar s'éclaircit la voix. « Le capitaine Abana te prie humblement de l'autoriser à reprendre la bague lorsque tu n'auras plus besoin de la main, Majesté. Il souhaite la porter, comme il en a le droit, mais il comprend que le général sétiou n'était pas un ennemi ordinaire et que tu décideras peut-être de l'offrir en trophée à Amon, lorsque tu rentreras à Oueset. »

Ahmosis hocha la tête, les yeux clos. Il tint la main avec respect dans les deux siennes tandis que le *Vivant-en-Ptah* se dégageait lentement des derniers navires encore aux prises et gagnait des eaux plus calmes.

Khabekhnet et quelques-uns de ses hérauts avaient suivi le navire des yeux et attendaient à l'endroit où, des hentis plus tôt semblait-il à Ahmosis, il était monté à son bord. La passerelle fut installée et, la descendant d'un pas mal assuré, il s'avança vers les chars crottés et les chevaux épuisés.

« Voici la main de Pédjédkhou, dit-il en la tendant à son premier héraut. Pique-la au bout d'une lance et promène-la parmi les combattants. Annonce la mort du général et exige la reddition de l'ennemi. Ensuite, tu me la rapporteras. »

Des murmures excités coururent parmi les autres hérauts. Sans attendre leur salut, Ahmosis se dirigea vers le groupe de tentes plantées sous l'ombrage protecteur des sycomores.

Le bruit de la bataille décrut peu à peu, remplacé par d'autres sons, des sons ordinaires, réconfortants : le gazouillis des oiseaux au bord de l'eau, la voix des serviteurs, le hennissement d'un cheval dans son enclos. Le rabat de la tente d'Ahmosis était relevé, et il aperçut du mouvement à l'intérieur. Akhtoy apparut au moment où il atteignait l'entrée et, en le voyant, Ahmosis sentit une immense fatigue s'abattre sur lui.

« Pédjédkhou est mort, dit-il d'une voix rauque. Notre victoire est imminente. Tous mes gardes sont morts à l'exception d'Horkhouef, qui est blessé. Envoie immédiatement mon médecin dans sa tente. »

L'intendant l'examina rapidement.

« Es-tu blessé toi aussi, sire ? »

Ahmosis se regarda. Il avait les paumes couvertes du sang séché de Pédjédkhou, et celui de ses gardes souillait son pagne et ses jambes. Soudain pris de fièvre, il arracha ses vêtements, se défit de son ceinturon et de son pectoral, et jeta le tout à terre.

« Fais-moi apporter du natron, siffla-t-il. Il faut que je me lave, Akhtoy, que je me nettoie de tout ce sang. »

Trébuchant sur des racines cachées, butant sur de petites pierres, il courut alors jusqu'à l'eau. Quand il sentit enfin l'eau fraîche du Nil sur sa peau, il s'y plongea, bouche et yeux grands ouverts, se frotta les mains et le corps, se força à rester sous la surface jusqu'à se sentir débarrassé des dernières souillures de la mort.

Suffoquant, il émergea dans l'air limpide du soir. Son serviteur personnel attendait sur la rive avec une assiette de natron et une serviette. «Viens ici», ordonna Ahmosis. L'homme passa la serviette autour de son cou et obéit. «Lave-moi, dit Ahmosis. Frotte fort et, quand tu auras fini, recommence.»

Le natron lui râpa la peau, presque douloureusement, et il accueillit cette sensation avec plaisir. Il lui semblait que l'horreur de la journée s'éloignait et qu'il retrouvait un certain équilibre.

Lorsqu'il reprit le chemin de sa tente, des picotements par tout le corps et l'esprit plus calme, il s'arrêta un instant sur le seuil, répugnant à entrer dans cet espace exigu et familier. Akhtoy s'avança, une coiffure à la main, et Ahmosis se rendit alors compte qu'il s'était montré tête nue dans un endroit public.

«Un repas et de la bière t'attendent, sire, dit l'intendant en posant la coiffure sur son crâne rasé. Tu n'as rien mangé depuis ce matin. Le médecin s'est rendu auprès du prince Horkhouef. Le prince Mésehti désire savoir si tu auras encore besoin de ton char, aujourd'hui.»

Ahmosis se ressaisit. Il entra dans la tente et s'assit, prenant conscience qu'il avait les jambes et la tête douloureuses.

«Je n'ai pas faim, mais je ferais sans doute mieux de manger, dit-il d'une voix lasse. La nuit va être longue. Dis à Mésehti de tenir mon char prêt.» Il attira à lui une coupe déjà remplie de bière. «Dès que j'aurai mangé, j'irai rendre visite à Horkhouef. A-t-on des nouvelles d'Ankhmahor?

– Non, Majesté, mais il devrait rentrer d'Abdjou d'un instant à l'autre.

– Bien. Quand tu auras ouvert le tabernacle, tu pourras te retirer. Je veux voir Amon.»

Un léger sourire, mi-compatissant, mi-affectueux, détendit les lèvres d'Akhtoy.

«Sa Majesté préférerait peut-être être vêtue», observa-t-il.

Ahmosis se rendit alors compte avec saisissement qu'il était encore entièrement nu. Il se leva, déconcerté, éprouvant soudain l'envie absurde de fondre en larmes. Adressant un signe de tête au serviteur personnel du souverain, qui alla prendre un pagne dans un coffre, Akhtoy ouvrit les portes du petit tabernacle, puis se retira à reculons.

Décemment vêtu, Ahmosis mangea et but distraitement, les yeux et les pensées fixés sur la statuette dorée de son dieu. Il savait que les événements de la journée l'avaient engourdi, que, plus tard, il éprouverait une immense reconnaissance pour Amon, qui lui avait accordé la victoire et sauvé la vie ; pour le moment, cependant, le simple fait de regarder le sourire énigmatique du dieu lui apportait une certaine paix. Lorsque, à son grand étonnement, il constata qu'il ne restait que des miettes dans les assiettes que son serviteur emportait, il se leva, referma les portes du tabernacle et, enfilant une paire de sandales, sortit de la tente.

Aucun garde ne s'avança vers lui. Seul Mésehti l'attendait, à côté des chevaux attelés. Il s'inclina devant Ahmosis. Le soleil venait de se coucher, et une douce lumière dorée baignait le paysage. À l'ouest, le ciel était teinté d'une roseur qui virerait à l'écarlate à mesure que la nuit s'approfondirait. Mésehti monta d'un bond dans le char, et le souverain l'imita. « La tente d'Horkhouef », ordonna-t-il d'un ton brusque. Mésehti avait raccourci les rênes et s'apprêtait à lancer les chevaux, quand un cri retentit. En se retournant, Ahmosis vit Ankhmahor qui accourait, le visage tiré.

« Je viens de débarquer, sire, dit-il d'une voix haletante. Sur la rive, les hommes parlaient du massacre des gardes. Est-ce vrai ? Es-tu indemne ? Où est mon fils ?

– C'est vrai, répondit Ahmosis, s'émerveillant intérieurement de l'ordre des questions du prince. Monte derrière moi, Ankhmahor. Horkhouef a été blessé. Je me rendais justement à sa tente. »

Le prince obéit sur-le-champ, et le char s'ébranla. Sentant son extrême inquiétude, Ahmosis s'abstint de lui dire combien il était heureux de son retour. De son côté, Ankhmahor garda le silence.

Ils sautèrent à terre devant la tente d'Horkhouef. Lorsqu'ils y pénétrèrent, le médecin quitta le chevet du blessé et s'inclina.

« La flèche était barbelée et difficile à extraire, expliqua-t-il en réponse à la question d'Ahmosis. Le prince a beaucoup souffert, mais il guérira si aucun *oukhédou* ne se développe. J'ai appliqué sur la plaie un emplâtre de feuilles de saule pilées et de miel, et préparé une grande quantité d'infusion de pavot que son serviteur doit lui donner chaque fois qu'il en aura besoin. Je continuerai à le soigner, si tel est le désir de Sa Majesté. »

Ankhmahor était déjà auprès de son fils. Ahmosis remercia le médecin et se tourna vers Horkhouef. Il s'attendait qu'il soit sans connaissance, mais le jeune homme avait les yeux grands ouverts, bien qu'agrandis et embrumés par le pavot. Son visage, livide, était perlé de sueur; des bandages de lin emmaillotaient son épaule blessée. Voyant qu'il passait la langue sur ses lèvres desséchées, Ahmosis s'agenouilla et, lui soulevant la tête, lui présenta un pot d'eau. Horkhouef poussa un gémissement, mais but quelques gouttes.

«Où en est la bataille, sire?» murmura-t-il alors qu'Ahmosis reposait doucement sa tête sur l'oreiller.

Il n'avait apparemment pas encore vu son père, debout de l'autre côté du lit, et ne savait naturellement rien de ce qui s'était passé après qu'il avait été blessé.

«Nous avons quasiment gagné, répondit Ahmosis. J'attends que mes généraux me le confirment. Pédjédkhou est mort. Ton père est ici, Horkhouef.

– Ici?» Il sourit lorsque son père se pencha et lui effleura la joue d'une caresse. «J'ai fait mon devoir, père, souffla-t-il.

– Bien sûr, acquiesça Ankhmahor d'une voix apaisante. Le médecin dit que ta blessure guérira. Il faut dormir maintenant, Horkhouef. Je reviendrai demain matin.

– J'ai mal», marmonna le jeune homme, mais ses paupières se fermaient et, avant même qu'Ankhmahor et Ahmosis ne se fussent éloignés, il avait sombré dans un sommeil agité.

«Mon médecin est compétent, assura Ahmosis, quand ils eurent quitté la tente. Je ne pense pas qu'Horkhouef soit en danger. Il s'est très bien comporté en ton absence, Ankhmahor. Cela vaut aussi pour les officiers qui sont morts en essayant de me défendre. Il te faut immédiatement recruter de nouveaux gardes.

– Mets-moi au courant de ce qui s'est passé pendant que j'étais à Abdjou, Majesté. On dirait que le monde a changé du tout au tout pendant que je priais dans le temple d'Osiris.»

Ils montèrent derrière Mésehti et, tandis qu'ils roulaient, Ahmosis raconta au prince l'ouverture des portes d'Het-Ouaret et les batailles qui avaient suivi. Mais il le fit distraitement, l'esprit traversé par mille pensées. Les gardes morts doivent être embaumés, se disait-il. Où se trouve la Maison des Morts la plus proche? Sans parler des centaines de soldats que nous allons devoir enterrer dans une simple fosse, en nous en remettant à la miséricorde des dieux. J'espère que Ramosé et tous mes généraux sont sains et saufs. Je devrais bientôt avoir des nouvelles des combats dans le Delta oriental. Il faut que nous tenions solidement cette partie de l'Égypte pour que la grande victoire d'aujourd'hui signifie quelque chose.

Aussitôt qu'ils arrivèrent à la tente, Ankhmahor le quitta, car la reconstitution de la garde du souverain ne pouvait attendre. Ahmosis trouva Akhtoy en train d'allumer les lampes. Deux papyrus étaient posés sur la table. Si l'un portait le sceau de sa femme, il ne reconnut pas l'empreinte apposée dans la cire cachetant le second. Fronçant le sourcil, il s'apprêtait à le dérouler quand il entendit la voix de Khabekhnet, au-dehors. Le héraut entra, suivi de Ramosé.

« Tout est fini, Majesté ! s'exclama celui-ci avec un large sourire. La forteresse nord nous appartient, et la plupart des soldats sétiou sont morts. Lorsque les survivants ont compris que la main piquée sur la lance de Khabekhnet était celle de Pédjédkhou, ils ont commencé à déposer les armes. Permets que j'aille me laver, ajouta-t-il en se désignant d'un geste. Je pue.

– C'est l'odeur de la victoire, fit Ahmosis, souriant à son tour. Plus suave que le parfum d'Hathor en personne. Je suis heureux que tu sois sain et sauf, Ramosé. Va te reposer. »

Ramosé s'inclina, donna à Khabekhnet une tape amicale dans le dos et s'éclipsa. Ahmosis se tourna vers son héraut.

« La main ?

– Elle est très abîmée et commence à pourrir, Majesté, répondit Khabekhnet, qui posa un petit sac de cuir sur la table. Nos hommes sont en train de couper les mains ennemies pour le compte des morts. Dois-je ajouter celle de Pédjédkhou à une des piles ? »

Ahmosis réfléchit un instant. Qu'une partie du corps puissant de Pédjédkhou soit mêlée à des centaines d'autres mains anonymes lui paraissait déplaisant, voire irrespectueux.

« Non, répondit-il enfin. Jette-la dans le fleuve, donne-la en offrande à Hâpy, mais, avant, ôte cette bague. Tu la remettras à Kay Abana. Il a tué le général, et c'est son trophée.

– La main est très enflée, remarqua Khabekhnet. Je serai obligé de couper le doigt.

– Eh bien, fais-le ! dit Ahmosis, en réprimant un mouvement d'irritation. Sais-tu où se trouve le corps ?

– Non, sire, mais je suppose qu'il a été ajouté aux tas de cadavres sétiou que l'on va brûler. »

J'aurais aimé l'enterrer décemment, se dit Ahmosis avec une certaine tristesse. Ou, au moins, le faire embaumer pour l'envoyer à sa famille. Il semble contraire à la Maât de traiter de la sorte les restes d'un ennemi aussi redoutable mais, dans le feu de l'action, je n'ai pensé qu'à ma propre survie. Tu ne reverras jamais tes forêts et ton océan, général. Je m'en félicite et le regrette tout à la fois.

« Tes hérauts ont exigé la reddition de la ville ? demanda-t-il.

– Et ils continuent à le faire, répondit Khabekhnet. Mais à mon avis il est trop tôt pour espérer une réponse de l'usurpateur. Il faut lui laisser le temps de se rendre pleinement compte de sa défaite et de la perte de son général.

– Bien. Envoie tes subordonnés dire aux officiers de chaque division d'accorder à leurs hommes un jour de repos ainsi que de la nourriture et de la bière en abondance. Cela, uniquement lorsque le scribe de l'Armée aura fini de compter les morts et que l'incinération des corps aura commencé, bien entendu. Rappelle-leur aussi qu'ils doivent procurer aux blessés tout ce que les médecins jugeront nécessaire. Essaie de savoir s'il y a des Maisons des Morts dans les environs. Cela dit, même si c'était le cas, je doute que les prêtres-sem puissent embaumer tous les Égyptiens tombés au combat.

– Pardonne-moi, Majesté, mais cela me paraît une perte de temps, intervint Khabekhnet d'un ton hésitant. Jusqu'à présent, le Delta appartenait aux sacrilèges sétiou, qui ne préservent pas leurs morts et les laissent pourrir sous le sol de leurs maisons. Tous les temples des environs appartiennent nécessairement à des dieux étrangers. S'il existe des prêtres-sem, ils se trouvent sans doute dans Het-Ouaret même afin de servir les Égyptiens habitant le mamelon nord. Nos soldats savent que, s'ils tombent au combat, ils seront enterrés sans embaumement. C'est un risque qu'ils courent pour leur roi. Vouloir préserver tous nos morts est impossible.

– Tu as raison, reconnut Ahmosis à contrecœur. Tu peux disposer, Khabekhnet. »

Le héraut se retira aussitôt. Ce n'est peut-être pas possible, se dit Ahmosis, mais cela aurait apaisé mon sentiment de culpabilité.

Kamosé a arraché ces hommes à leurs foyers et les a gardés sous les enseignes. À présent, beaucoup d'entre eux sont morts. Ils ont beau m'appartenir selon la loi de Maât, je ne les ai jamais considérés comme un troupeau de bétail que je pouvais traire ou envoyer à l'abattoir au gré de mes caprices ou de mes besoins.

« Je vais lire ces lettres, maintenant, dit-il à Akhtoy, qui attendait ses ordres. Envoie chercher Ipi. »

Ahmosis déroula le papyrus dont il avait déjà brisé le cachet. L'écriture lui était familière : c'était celle de Khounès, le nouveau scribe de son épouse. La signature, tracée d'une main malhabile, tranchait cependant sur le reste de la lettre. Ahmosis la déchiffra avec ravissement : « Ton fils aimant, le Faucon-dans-le-nid, Ahmosis-onkh, prince des Deux Terres ».

« C'est la première lettre que je reçois d'Ahmosis-onkh, Akhtoy ! s'exclama-t-il. Il l'a signée de sa main ! »

Mais l'intendant avait quitté la tente. Tout heureux, Ahmosis reporta son attention sur le papyrus.

« À Ouatch-Képérou, Nebhépetrê, Horus, l'Horus d'Or, mon père estimé, de la part de son fils loyal, salut. Avec humilité et tristesse, je te présente mes condoléances à l'occasion de la mort de ma sœur, la princesse Hent-ta-Hent. Khounès m'a dit de le dire comme ça, mais j'ai vraiment du chagrin. Elle avait beau pleurer beaucoup, elle me manquera. Khounès va me montrer comment écrire moi-même mon nom et mes titres. J'espère que tu es en bonne santé et que tu as battu les vilains Sétiou et que tu vas revenir bientôt. Ton fils aimant, le Faucon-dans-le-nid… »

Abasourdi, Ahmosis jeta le papyrus sur la table et s'empara de l'autre. Ahmès-Néfertari l'avait écrit de sa main.

« Mon très cher époux, lut-il, pardonne-moi de t'apprendre cette terrible nouvelle alors que toute ton énergie devrait être consacrée à vaincre l'ennemi… mais y aurait-il jamais eu un bon moment pour t'annoncer quelque chose d'aussi douloureux ? Notre fille Hent-ta-Hent est morte hier d'une fièvre qu'Amonmosé n'a pu exorciser. Il a essayé de nombreuses incantations, mais le démon était trop fort. Elle pleurait beaucoup depuis quelques jours. Raa et moi avons cru que c'était à cause de ses dents, jusqu'à ce que la fièvre s'empare d'elle et la terrasse. Elle est morte sans avoir repris connaissance. Elle sera évidemment embaumée et, après la période de deuil habituelle, nous la coucherons dans une tombe temporaire en attendant que la nôtre soit achevée. Notre petite fille commençait à bien marcher et à savoir prononcer quelques mots simples. Elle en était si fière qu'elle n'arrêtait pas de les répéter à tue-tête ! Elle s'était mise à suivre son frère partout où il allait, ce qui l'exaspérait ou le ravissait, selon son humeur du moment. Quand j'ai compris qu'un démon s'était introduit en elle et que j'ai empêché Ahmosis-onkh de la voir, il en a été très affecté. Tu me manques terriblement, et plus que jamais en ces heures de deuil. Écris-moi dès que tu le pourras. Ta femme aimante et ta sujette obéissante, Ahmès-Néfertari. »

Pendant un long moment, Ahmosis resta immobile, le papyrus à la main, regardant sans la voir la flamme vacillante de la lampe derrière son globe d'albâtre. Hent-ta-Hent, pensait-il. Je sens encore son petit corps, si chaud, si léger, quand elle s'endormait sur ma poitrine dans le jardin, et que je regardais le souffle de sa respiration soulever ses boucles brunes. Je sens encore son odeur, cette merveilleuse odeur des bébés. Pauvre Ahmès-Néfertari ! Des trois enfants à qui elle a donné le jour, un seul survit, et j'ai beau éprouver un immense chagrin de la perte de ma petite fille, la douleur d'une mère me reste inaccessible.

Écartant les rouleaux, il appuya les coudes sur la table, et le menton dans ses paumes. Ce n'est pas un hasard si cette nouvelle m'arrive à l'heure même de mon triomphe, se dit-il. Tout a un prix. Même les rois doivent payer pour ce qu'ils veulent. Hent-ta-Hent est le prix exigé par les dieux pour ma victoire d'aujourd'hui et pour ceux qui sont tombés afin de me la donner. La vie de Kamosé faisait-elle également partie du prix à payer ? Ce sont pourtant ces mêmes dieux, plutôt que moi, qui ont voulu mon destin de roi. Un frisson le secoua et, d'un seul coup, les larmes qu'ils avaient refoulées un peu plus tôt se mirent à ruisseler sur son visage. Il entendit quelqu'un entrer dans la tente, entendit Ipi et Akhtoy murmurer derrière lui, mais il était incapable de bouger. Il n'est pas bon que des serviteurs voient un dieu pleurer, pensa-t-il confusément, mais ce soir je m'en moque !

Lorsque ses larmes tarirent, il redressa la tête. Aussitôt, un carré de lin propre lui fut présenté. Il s'essuya le visage et se leva. Ipi s'inclina, et Akhtoy reprit le morceau de lin.

«La princesse Hent-ta-Hent est morte, annonça Ahmosis d'une voix sans timbre. Une fièvre l'a emportée. Prends ces lettres, Ipi. Tu les liras et les classeras. Je dicterai une réponse demain. Reste ici. Le scribe de l'Armée va bientôt venir faire son rapport.» Il se tourna avec raideur vers son intendant. «Apporte-nous du vin, Akhtoy.»

Celui-ci s'inclina très bas, bras tendus et paumes levées, selon le geste antique de supplication ou de commisération.

«Je suis navré, Majesté, dit-il. La petite princesse n'aura sûrement pas besoin de se justifier devant les dieux. Dans la balance de la Salle du Jugement, son cœur pèsera bien moins que la plume de Maât.»

Ahmosis savait sa compassion sincère. Akhtoy avait lui-même des filles. Mais elles n'ont pas été sacrifiées pour maintenir une sorte d'équilibre cosmique, se dit-il avec tristesse. Les dieux ne devraient même pas poser le cœur d'Hent-ta-Hent dans la balance, car ce sont eux qui ont décrété sa mort, et elle est innocente.

Comme Ahmosis l'avait prévu, ni lui ni aucun officier supérieur n'eut de repos cette nuit-là. Le scribe de l'Armée se fit annoncer juste avant minuit, alors que commençait à s'insinuer dans les tentes la puanteur tristement familière des cadavres en train de brûler. Il avait une liasse épaisse de papyrus sous le bras. Épuisé, il s'assit avec reconnaissance lorsque le roi l'y invita. Akhtoy lui servit une coupe de vin qu'il vida aussitôt, avec l'avidité de qui a vraiment soif.

«Les comptes sont faits, sire, déclara-t-il, en s'installant confortablement dans son fauteuil. Cinq mille quatre cent quatre-vingt-dix mains ont été coupées. Je les ai comptées moi-même. Sur ce nombre, deux mille cent ont été prises près du fleuve; les trois mille trois cent quatre-vingt-dix autres viennent de la forteresse nord. Ce sont des pertes terribles pour Apopi. Douze bûchers ont été allumés à bonne distance de l'eau, continua-t-il. De notre côté, nous déplorons deux mille morts et cinq cent soixante-trois blessés, dont quatre-vingt-dix sont condamnés par les médecins et deux cent huit ont perdu un bras ou une jambe. Ces derniers devront être renvoyés chez eux et recevoir la pension habituelle. Ils ne te sont plus d'aucune utilité.» Il parlait d'un ton neutre. Aucun scribe de l'Armée – dont une des tâches consistait à parcourir les champs de bataille après la fin des combats, en marchant parfois littéralement sur des corps mutilés – ne pouvait se permettre d'être sentimental. «Les médecins m'ont prévenu que leurs réserves s'épuisaient, poursuivit-il. J'ai envoyé chercher à Iounou des pansements ainsi que des herbes médicinales et du pavot, mais ils n'arriveront pas avant quelques jours.

– Détaille-moi morts et blessés par division», demanda Ahmosis.

Le scribe obéit, en consultant ses listes innombrables. C'était la division de Thot qui avait subi les plus lourdes pertes pour avoir affronté seule Pédjédkhou jusqu'à l'arrivée de Touri et de la division d'Amon. Quant aux blessés, c'était parmi les marins et matelots qu'ils étaient le plus nombreux, car ils avaient perdu mains ou bras en cherchant à reprendre leurs navires.

Lorsque le scribe eut terminé sa lecture, Ahmosis le congédia en lui recommandant de venir l'informer régulièrement de l'état de santé des blessés. L'homme fut presque immédiatement remplacé par une succession d'officiers venus faire leur rapport. Il ne restait plus aucune flèche; des épées et des lances avaient été perdues ou brisées; des soldats iraient ramasser les armes abandonnées par les Sétiou dès qu'il ferait jour. Tous ces officiers apportaient dans la tente une odeur de fumée et d'extrême fatigue.

Le dernier à s'incliner devant Ahmosis fut Ankhtify, porte-enseigne de la division d'Horus.

«Le général Khéty t'adresse ses plus sincères compliments, sire, déclara-t-il. Nous incinérons en ce moment tous les soldats sétiou de la forteresse nord, et nos hommes occupent leurs casernes. Conformément à tes ordres, nous avons épargné le groupe d'Égyptiens et d'étrangers – des marchands keftiou, principalement – qui habitaient les petits domaines situés au nord-ouest du mamelon. Ils demandent à grands cris qu'on leur permette de partir, et le général attend tes instructions.»

Ahmosis réfléchit un instant.

«Je veux parler aux Keftiou, dit-il finalement. Préviens Khéty que j'inspecterai la forteresse, demain. Qu'il ne laisse partir personne jusque-là. Qu'il fasse fermer et garder les portes, notamment celle de la route d'Horus. Voilà quelque temps que je n'ai pas eu de nouvelles de nos divisions du Delta, et nous ne pouvons exclure une attaque des troupes ennemies qui s'y trouvent, même si le risque est faible. Naturellement, les portes pourront être ouvertes dans la journée pour permettre à nos hommes d'aller et venir. Qu'est devenu l'ancien temple de Seth ?

– Certains Sétiou s'y sont retranchés pour nous résister, déclara le porte-enseigne. Ils ont été massacrés. Le temple n'a pas souffert, mais il faudra le purifier. Sa Majesté souhaite-t-elle que ce soit fait cette nuit ? Ira-t-elle y prier demain ?

– Non, répondit aussitôt Ahmosis. Le Delta a toujours appartenu à Seth, mais les Sétiou l'ont assimilé à leur dieu Soutekh. Je ne veux pas que l'on pense qu'en vénérant Seth, j'approuve Soutekh. Qu'on ne touche pas au temple et que les prêtres le purifient, mais je n'y entrerai pas. Je rendrai visite aux blessés, conclut-il en se levant. Transmets mes félicitations au général Khéty pour sa victoire d'aujourd'hui. »

Lorsque Ankhtify se fut retiré, le souverain se fit laver, récita enfin ses prières du soir à Amon en l'encensant comme il se devait, puis se laissa tomber sur son lit.

Il s'apprêtait à demander à Akhtoy de souffler la lampe, quand une nouvelle silhouette se découpa dans l'entrée de la tente. C'était Hor-Aha, qui s'avança rapidement jusqu'à son lit. Son visage lisse était impassible ; seules deux petites rides au coin de ses yeux noirs trahissaient sa fatigue.

« La nouvelle de la mort de la petite princesse s'est répandue dans le camp, dit-il sans préambule. Je suis navré, sire. Que puis-je dire d'autre ? Les dieux ont de la justice une idée qui ne correspond pas toujours à la nôtre. » Ahmosis hocha la tête et attendit. Hor-Aha avala sa salive avec effort. « Je suis venu t'avouer ma honte, reprit-il. J'ai honte de l'hésitation, ou plutôt, de la couardise de mes Medjaï ; honte qu'ils aient refusé d'obéir à mes ordres ; honte que tu aies dû leur demander de traverser le fleuve pour aller chercher les blessés. » Sa voix grave était devenue rauque. « Je te demande la permission de les punir. »

Ahmosis scruta son visage au charme exotique. Hor-Aha avait quelque chose de changé, quelque chose qu'il n'arrivait pas tout à fait à déterminer.

« Ils se sont abominablement conduits, je suis d'accord, déclara-t-il. Cela étant, leur peur de l'eau est bien connue, Hor-Aha. Ils auraient dû essayer de la surmonter, et leur manque d'initiative est déplorable, mais ils se sont bien comportés pendant les premiers moments de la bataille.

– Peut-être, fit le Medjaï avec gravité. Ils n'en sont pas moins devenus un objet de mépris pour les Égyptiens, et moi avec eux. Si leurs officiers me haïssaient auparavant, ils m'ont maintenant en abomination. »

Ah oui ! se dit Ahmosis. Le cœur du problème. Ton orgueil, mon vieil ami, et ton secret manque d'assurance.

« Comment les puniras-tu ? s'enquit-il.

– En leur enlevant leur totem personnel », répondit aussitôt Hor-Aha.

Ahmosis se rappela alors que tous les Medjaï portaient sur eux un fétiche quelconque – pierre d'un site sacré, morceau d'os d'un animal sauvage, ou même mèche de cheveux d'un ennemi vaincu. Renonceras-tu toi aussi à ton précieux fétiche, général ? se demanda Ahmosis. À ce morceau d'étoffe taché du sang de mon père que tu portes à la ceinture ?

« Non ! dit-il à haute voix. Si tu fais cela, Hor-Aha, ils se sentiront si vulnérables qu'ils deviendront incapables de se battre. C'est alors qu'ils se montreront véritablement lâches ! Cingle-les de tes mots, de coups de fouet si tu le souhaites, mais ne t'en prends pas à leur âme. »

Hor-Aha réfléchit un moment, la tête baissée. « Tu parles avec sagesse, sire, reconnut-il enfin, mais mon humiliation n'en est que plus grande. Tiens ! fit-il en lui tendant quelque chose qui, à la faible lueur de la lampe, ressemblait à la fourrure noire d'un chat. Je me suis coupé les cheveux en signe de mortification. »

Ahmosis regarda avec stupéfaction les deux longues tresses que son général posait sur le drap blanc de son lit. Voilà donc le changement sur lequel je n'arrivais pas à mettre le doigt, se dit-il. Son torse ne s'orne plus de ces deux nattes d'un noir de jais que j'étais si habitué à y voir. Par les dieux, il m'offre sa virilité ! Levant les yeux, il rencontra le regard sans expression de son général.

« Tes hommes le remarqueront, dit-il avec lenteur. Ils comprendront la raison de ton geste.

– Je l'ai aussi fait pour moi, en signe de regret. Je veillerai à ne pas avoir à recommencer, Majesté. Permets-moi de me retirer, je t'en prie. »

Après son départ, Ahmosis s'absorba un instant dans ses pensées, puis il appela Akhtoy d'un geste.

« Enveloppe-les et range-les au fond d'un de mes coffres, dit-il, en lui désignant les tresses. Vite, Akhtoy. Si je ne dors pas tout de suite, je vais devenir fou. »

Mais il ne trouva pas immédiatement le sommeil. Étendu sur le dos dans l'obscurité, il lui sembla sentir le corps abandonné de sa petite fille sur son torse, et son souffle chaud sur sa peau. Il dut se tourner sur le côté pour s'endormir enfin.

Le lendemain matin, il mit longtemps à se préparer, car il voulait se présenter devant ses troupes avec ses insignes royaux et militaires. Lorsque Akhtoy eut attaché le pectoral à son cou, piqué la boucle d'or à son oreille, passé les bracelets du commandement suprême à ses bras, posé sur son crâne la coiffure tissée de fils d'or et surmontée de la tête fière de Nekhbet, Ahmosis boucla son ceinturon, enfila ses sandales et sortit dans l'air enfumé du matin. Il fut salué par Ipi, qui l'attendait, sa palette à la main. Au même instant, un cliquetis d'épées et un piétinement sourd lui firent tourner la tête dans la direction du fleuve. Ankhmahor s'avançait à la tête d'un groupe de soldats, qui portaient les couleurs royales bleu et blanc.

« Tes nouveaux gardes, Majesté, annonça Ankhmahor lorsqu'il l'eut rejoint. Je les ai choisis parmi les troupes de choc de chaque division. Ils sont impatients de te servir. »

Ahmosis leur adressa un mot de bienvenue. Derrière Ankhmahor, il vit Mékhou arriver sur son char.

« Comment va Horkhouef ? demanda-t-il.

– Un peu mieux, et il n'y a toujours aucun signe d'oukhédou, répondit le prince. Il boit beaucoup, aussi bien de l'eau que du pavot.

– J'en suis heureux, fit Ahmosis. Allons-y. Nous commencerons par la forteresse nord. »

Suivi de son escorte, il traversa d'abord le camp, où régnait une activité intense, ordonnée et joyeuse. Des soldats chargés de linge sale se rendaient au fleuve ; d'autres nettoyaient leurs armes ou buvaient de la bière, assis devant leurs tentes ; certains dormaient, sourds au vacarme qui les entourait, le visage couvert d'un pagne de rechange. Remarquant que beaucoup boitaient, Ahmosis se rendit compte que ce n'était pas à cause de blessures mais parce que les longs combats de la veille avaient ankylosé leurs membres.

Arrivé au canal qui partait du fleuve et encerclait la forteresse nord, le souverain mit pied à terre et le traversa sur un pont de fortune installé par les soldats de Khéty. Puis, le cœur gonflé de fierté, il franchit la porte de la route d'Horus, dont les deux immenses battants étaient grands ouverts. Il fut accueilli par le général en personne et, avec Ipi, les gardes et les officiers supérieurs de Khéty, il passa plusieurs heures à inspecter la forteresse. C'était un endroit sans beauté, dépourvu de végétation, sauf sur les toits des innombrables baraquements, où les soldats sétiou étaient parvenus à faire pousser un peu d'orge, d'ail, et quelques légumes. Les hommes de Khéty étaient occupés à vider ces baraques de tout ce qu'y avait laissé l'ennemi, empilant au soleil des pots, des vêtements ainsi que quelques armes inutilisées.

On avait mis les blessés dans une grande demeure, située près du temple. Ahmosis parcourut les rangées de paillasses sur lesquelles gisaient ses hommes, dont les cris et les gémissements semblaient répercutés par les hauts plafonds des salles à colonnes. Les médecins s'affairaient, accompagnés par quelques prêtres de Ptah, qui exorcisaient les démons de la fièvre et priaient pour les agonisants. Ils s'inclinèrent profondément devant Ahmosis.

« Je suppose que c'était là que vivait le gouverneur de la forteresse avant qu'Apopi n'en fasse une caserne pour loger les troupes affluant de l'est, déclara Khéty lorsque Ahmosis et lui ressortirent à l'air libre. La demeure elle-même date de l'époque de ton ancêtre Sésostris, mais les Sétiou l'ont agrandie, principalement en élevant de grossiers murs de brique crue. L'architecture ne les intéresse guère.

– L'ensemble est assez laid, en effet, approuva Ahmosis. Lorsque les blessés auront été soignés, tu détruiras les ajouts sétiou et tu installeras ton quartier général dans le bâtiment originel. La division d'Horus et toi serez casernés ici au moins jusqu'à la chute d'Het-Ouaret. Combien de puits compte la forteresse ?

– Quatre seulement, Majesté. L'eau était évidemment fournie par le canal, à l'extérieur des murs.

– Fais-en creuser d'autres et réquisitionne les quelques jardins existants. Si nous restons maîtres du Delta oriental, nous n'aurons pas de problèmes d'approvisionnement, mais nous devons tout prévoir. Tu t'es révélé un général valeureux et un digne fils d'Égypte, conclut-il avec un sourire chaleureux. Allons maintenant parler aux habitants de ces fameux domaines.»

Ils gagnèrent le nord-ouest du mamelon, où les privilégiés avaient réussi à se mettre à l'abri de la puanteur et du bruit derrière un grossier mur de brique. Celui-ci décrivait un large demi-cercle qui rejoignait le rempart de la forteresse à ses deux extrémités. Il était percé à intervalles réguliers de solides portes en bois ouvrant chacune sur un domaine constitué d'une petite cour, d'une maison et d'un minuscule jardin. Les portiers avaient fui, et ces portes étaient grandes ouvertes.

Conformément aux instructions d'Ahmosis, les dignitaires étrangers avaient été rassemblés dans la cour de la première maison. Lorsque le souverain apparut avec Khéty et son escorte, les bavardages excités des Keftiou se turent. Des yeux noirs pleins d'appréhension se tournèrent vers lui, puis plusieurs dizaines de têtes aux cheveux huilés et bouclés s'inclinèrent. Ahmosis parcourut rapidement le groupe du regard : il n'y avait ni femmes ni enfants.

«Avez-vous un porte-parole?» demanda-t-il.

Aussitôt, les têtes se redressèrent. Un homme s'avança et, tombant à genoux devant Ahmosis, pressa ses lèvres sur son pied poussiéreux. Il portait un pagne, comme les Égyptiens, mais brodé de motifs aux couleurs vives et orné de glands rouges. Un bandeau, rouge lui aussi, ceignait son front, et un autre retenait sur sa nuque une cascade de boucles huilées. Il portait au poignet un bracelet de cuivre représentant un dauphin se mordant la queue.

«Relève-toi, ordonna Ahmosis. Êtes-vous tous des marchands?»

L'homme comprit aussitôt la question. «Sa Majesté Aouserrê Apopi prend ses conseillers militaires et tous ses officiers supérieurs parmi ses frères du Retenou», répondit-il. Puis se rappelant brusquement à qui il s'adressait, il s'empourpra. «Oh! pardonne-moi, sire, je t'en prie. Nous ne sommes pas habitués… Nous nous occupons seulement… Je ne voulais pas…

– Continue! coupa Ahmosis avec impatience.

– Merci, fit l'homme. Nous sommes commerçants pour la plupart, en effet. Il y a aussi parmi nous des architectes et des artistes. Sa M… Apopi aime les couleurs et les formes du Keftiou, et nous avons décoré une bonne partie de son palais d'Het-Ouaret. Je suis moi-même négociant; je fournis à Apopi des navires et de l'huile d'olive en échange de papyrus, de lin et d'or.» Manifestement encouragé par l'expression d'Ahmosis, il sourit. «La capture par ton frère des trente navires que nous avions construits a porté un rude coup à Apopi.

– Je n'en doute pas. Je n'ai pas l'intention de vous faire de mal, continua-t-il d'une voix forte, s'adressant cette fois à la foule silencieuse. En fait, le commerce entre votre pays et l'Égypte était florissant sous le règne de mes ancêtres. Vous et moi sommes de vieux partenaires. Vous allez indiquer vos noms et occupations au scribe du général Khéty. Les architectes et les artisans seront autorisés à rentrer chez eux. L'Égypte n'a pas besoin d'eux. Cette forteresse est désormais une base militaire égyptienne, et vos maisons sont confisquées. Les marchands peuvent regagner leur île ou, s'ils sont entreprenants, se rendre dans le Sud, à Oueset, qui est désormais la capitale d'un pays unifié, et y solliciter une audience de la reine Ahmès-Néfertari, laquelle est impatiente de négocier de nouveaux contrats commerciaux avec le Keftiou. Je vous laisserai le temps d'obtenir de vos dirigeants l'autorisation de le faire. Les routes de l'or en pays Ouaouat seront bientôt sous mon contrôle; vous ne regretterez pas votre voyage. As-tu noté mes paroles, Ipi?»

Assis en tailleur à ses pieds, le scribe acquiesça. Ahmosis observa les Keftiou avec attention et, ne lisant sur leurs visages que du soulagement et un début d'intérêt, il leva la main.

«C'est tout. Vous avez un mois pour partir.»

Salué par des murmures de reconnaissance, il quitta la cour avec son escorte.

«Ils vont détester Oueset, remarqua Ankhmahor. Ici, dans le Delta, ils sont tout près de leur Grande Verte bien-aimée. Le désert va les horrifier.

– Ils détesteront ma ville mais adoreront les profits qu'ils y feront, répliqua Ahmosis. Ahmès-Néfertari procédera à un tri, et nos propres richesses croîtront, elles aussi.»

Les marchands égyptiens, qui avaient été rassemblés dans une autre cour, accueillirent Ahmosis d'une manière fort différente. En dépit de leurs regards sans expression, leur hostilité était presque palpable. Ahmosis se dispensa de civilités.

« Y a-t-il des nobles parmi vous ? » demanda-t-il sèchement, sans même prendre la peine de les saluer.

Il avait envie de leur hurler : vous êtes égyptiens, vous auriez pu ouvrir vos portes à Kamosé, espionner pour nous… ! vous ne méritez pas de vivre, et je ne devrais pas vous accorder un temps précieux, alors que des centaines de vos frères saignent et souffrent pour l'Égypte. Il les regarda échanger des coups d'œil furtifs. Finalement, trois hommes s'avancèrent.

« Je suis Antefoqer, prince de la ville d'Iounou, où je possède un domaine, déclara l'un d'eux. Je viens ici après chaque crue pour y remplir mes fonctions de premier juge d'Apopi. Des conflits surviennent toujours entre propriétaires terriens lorsque l'Inondation emporte les bornes des champs. Je ne parle pas des contestations entre paysans, bien entendu. Celles-là, ce sont les fonctionnaires des temples locaux qui les règlent. » Il se tut, prit une inspiration, une deuxième, puis ajouta : « Je n'ai pas pris part à la guerre, sire. Je suis un homme paisible qui s'occupe de ses affaires et accomplit une tâche nécessaire.

– Ah oui ? fit Ahmosis avec une feinte douceur. En d'autres termes, pendant que tous les vrais Égyptiens se battaient pour libérer cette terre sacrée, tu as délibérément enfoui la tête dans le sable de l'ignorance, comme une stupide autruche koushite. Tu es pire que les traîtres qui ont attenté à ma vie, jeta-t-il avec dégoût. Eux au moins ont agi, si mal que ce soit. Puisque tu t'es occupé de canaux d'irrigation et de champs, je pense que je vais te faire manier la houe et actionner le chadouf. As-tu des fils ? »

Antefoqer ne put répondre immédiatement. Il avala sa salive avec effort, serra et desserra nerveusement les mains.

« Ce n'est pas juste, sire ! dit-il enfin d'une voix rauque. Je n'ai aucune affection pour Apopi, mais si je n'avais pas travaillé pour lui, j'aurais perdu mes terres ! Les Sétiou désireux de s'approprier mes titres et mes responsabilités ne manquaient pas ! Oui, j'ai des fils, et c'est pour eux que j'ai sacrifié mon intégrité.

– Quel fils respecte un père qui renonce à son âme ? coupa Ahmosis avec dureté. Mais peut-être suis-je injuste, en effet. Il y a encore beaucoup d'hommes comme toi en Égypte, Antefoqer, des hommes perchés en équilibre précaire sur la clôture et qui refusent de poser le pied d'un côté ou de l'autre. S'il m'est impossible de te laisser tes fonctions de juge, je peux en revanche te nommer scribe adjoint d'un des juges du temple d'Iounou. Sans doute est-il préférable que l'on ne voie pas un noble avec de la terre sous les ongles, aussi vil soit-il. Donne le nom de tes fils au scribe du général Khéty. Dans mon armée, ils apprendront peut-être la loyauté. Ton domaine d'Iounou est désormais *khato* ; il m'appartient. »

Il passa aux deux autres nobles. Le premier possédait des terres dans le Delta oriental, où il s'occupait des vignes qui produisaient le meilleur vin d'Égypte. Très égoïstement, Ahmosis lui laissa son poste après l'avoir interrogé en détail sur la culture du raisin. Il le plaça toutefois sous la direction d'un de ses propres responsables agricoles. Quant au second, il était de petite noblesse et occupait un poste très subalterne : sous-assistant de l'administrateur qui avait gouverné le mamelon jusqu'à l'installation de l'armée sétiou. Il avait manifestement perdu sa position. Ahmosis n'insista pas, et se tourna vers les autres.

« Pour vous, j'ignore ce que vous faisiez ici et je m'en moque, déclara-t-il d'une voix forte. Prenez vos affaires et disparaissez. Vous pouvez me remercier de vous laisser la vie sauve. Un roi moins clément vous aurait tous envoyés travailler dans les mines d'or d'Ouaouat, où vous auriez péri. » Voyant que certains s'agitaient et s'apprêtaient à protester, il ajouta : « Dites un mot, et je le fais ! Khéty, Ankhmahor, partons ! On respire ici un air plus nauséabond que l'odeur des cadavres que l'on brûle. »

Il consacra le reste de la journée à passer en revue ses autres divisions, à discuter avec des généraux triomphants, à faire noter par Ipi le nom des soldats qui s'étaient distingués au combat, à visiter les blessés. Vers le soir, comme il regagnait sa tente d'un pas las et que Mékhou reconduisait enfin à leur écurie des chevaux tout aussi épuisés, un éclaireur s'approcha de lui.

« J'apporte des messages des généraux Néferséchemptah, Iyméri et Akhtihotep, déclara-t-il. Le Delta oriental nous appartient. Tes divisions tiennent la route d'Horus et marchent en ce moment sur les Murs du Prince. Quels sont tes ordres ? »

Sous l'effet de la joie, Ahmosis oublia sa fatigue.

« Il est inutile de perdre des hommes en essayant de prendre ces forts, dit-il après un instant de réflexion. Tenir la route d'Horus suffira. Tôt ou tard, les Sétiou qui les occupent s'avoueront vaincus et les abandonneront. Nous les récupérerons à ce moment-là. Transmets mes félicitations aux généraux et dis-leur que s'ils jugent que nous n'avons plus rien à craindre du côté du Retenou, je vais commencer à accorder des permissions aux troupes. Tu leur annonceras aussi la victoire que nous avons remportée ici. »

Cette fois, sa tente ne lui promettait qu'un bon repas et une paisible nuit de repos. Rien ne l'y attendait que le luxe d'un bain chaud et la détente. Il y entra, le cœur léger. Derrière lui, Ankhmahor donnait ses ordres aux premières sentinelles ; devant lui, Akhtoy remplissait une coupe de vin. Ahmosis se surprit à fredonner une vieille chanson de son enfance.

Le lendemain matin, il présida aux funérailles des Égyptiens tombés sur le champ de bataille. Les scribes avaient noté leurs noms, et l'on avait refermé les fosses où leurs corps avaient été déposés. Afin que les dieux puissent les trouver, Ahmosis ordonna que, sur chaque fosse, on érigeât une stèle portant leurs noms. La cérémonie fut solennelle et émouvante. Impeccablement rangées, silencieuses, les divisions regardèrent la fumée d'encens monter vers le ciel, puis se mêler à celle qui s'élevait toujours des feux consumant les cadavres sétiou.

Ahmosis monta ensuite sur une estrade de fortune pour la distribution des récompenses. Il y eut des promotions, des citations, la promesse de l'Or de la Vaillance à ceux qui avaient fait preuve d'initiative ou d'un courage exceptionnel. Ces derniers ne recevraient naturellement leurs décorations qu'après qu'Ahmosis serait rentré à Oueset et les aurait fait fabriquer.

Cette récompense suprême fut décernée au général Baqet de la division de Thot pour la détermination avec laquelle il avait résisté aux assauts de Pédjédkhou jusqu'à l'arrivée des renforts. Le second à la recevoir fut Kay Abana. Lorsque le jeune homme s'approcha de l'estrade, Ahmosis vit qu'il portait déjà au cou, passé à une chaîne en argent, la bague du général Pédjédkhou. Il avait longuement réfléchi au caractère de son capitaine. Kay paraissait impulsif et téméraire, mais le souverain savait désormais que, sous ses airs fanfarons qui amusaient ses supérieurs et lui attachaient ses matelots, c'était un homme d'une grande vaillance, aux qualités militaires indiscutables.

«En plus de l'Or de la Vaillance, j'ai décidé de t'accorder le commandement de mon navire amiral, le *Khâemmennéfer – Gloire-dans-Ménnefer* –, annonça-t-il à un Kay médusé. Tu seras responsable de ma sécurité lorsque je serai à son bord, et de la stratégie pendant les batailles. Ton père et Pahéri demeurent les administrateurs d'ensemble de la marine.»

Kay regarda Ahmosis et le groupe de généraux qui l'entourait.

«C'est un trop grand honneur, Majesté, dit-il avec gravité. Les mots me manquent.

– J'en doute, murmura Touri.

– En cette occasion, tu te trompes, général, déclara Kay, qui avait entendu. Je serai éternellement ton serviteur, Majesté. Merci.» Il ne put toutefois résister au plaisir d'un de ces gestes théâtraux qui commençaient à faire sa célébrité. «En signe de reconnaissance et en gage de mon indéfectible loyauté, je te demande la grâce de changer de nom, dit-il avec un grand salut. Quoique j'en sois indigne, j'aimerais m'appeler Ahmosis au lieu de Kay.

– Je suis le maître de ta vie mais pas de tes noms, répondit le souverain. Porte le mien si tu le souhaites, et puisse-t-il te valoir santé et prospérité.

– Ma prospérité dépend entièrement de toi, Grande Incarnation, plaisanta Kay. Je te remercie encore.

– Un choix judicieux, en dépit de son comportement, dit Touri, quand le nouvel Ahmosis eut regagné sa place. Il te servira bien.»

Le souverain approuva de la tête, puis, faisant signe à Khabekhnet d'annoncer la fin de la cérémonie, il pria les généraux de l'accompagner jusqu'à la table dressée devant sa tente.

Le reste de la journée fut consacré à organiser les permissions des soldats. La moitié des divisions d'Horus et de Rê devait être autorisée à rentrer pour les semailles. Le reste des soldats, soit cinq mille hommes, serait caserné dans la forteresse nord. Ahmosis procéda de la même façon avec les autres divisions, laissant à la moitié de ses effectifs le soin de continuer le siège d'Het-Ouaret. Quant aux unités du Delta, il envoya à ses généraux des messages les autorisant à donner congé à autant d'hommes qu'ils le jugeraient possible sans affaiblir leurs positions.

«La deuxième semaine de tybi commence, dit-il. Si le premier groupe d'hommes rentre faire les semailles, puis qu'il revienne en laissant aux femmes le soin de s'occuper des jeunes pousses, nous pourrons envoyer les autres en permission à temps pour qu'ils s'acquittent eux aussi de cette tâche. C'est surtout le mois prochain, c'est-à-dire en méchir, que les semailles ont lieu ; mais ensuite, phaménoth et pharmouthi nous séparent encore de shemou, notre saison la plus chaude et la plus sèche. Je ne m'attends pas à une offensive militaire sétiou, cet été. C'est l'époque traditionnelle des combats, je le sais, mais d'où pourraient venir leurs troupes ? Nous tenons la route d'Horus, et nous avons pris la forteresse nord. Het-Ouaret ne compte pas assez de soldats pour nous affronter. Je pense que la reddition d'Apopi n'est plus qu'une question de mois.

– Je n'arrive pas vraiment à me figurer que, exception faite d'un misérable bout de terre, tout le pays est de nouveau aux mains des Égyptiens, remarqua Touri. Après tant de souffrances, cela paraît irréel.

– Cela deviendra bien réel lorsque le roi se tiendra dans le palais d'Het-Ouaret, devant le trône d'Horus, et qu'il donnera l'ordre de le transporter dans le Sud, dit Pahéri. Quels sont tes ordres concernant la flotte, Majesté ?

– De nombreux navires ont été endommagés pendant le combat contre les hommes de Pédjédkhou. Leurs équipages les conduiront à Nékheb afin qu'on les y répare. Kay, et Baba Abana ou toi, vous les accompagnerez. Vous êtes tous deux experts en construction navale. Je veux que l'un de vous reste ici, car il faut que des navires continuent à patrouiller sur le fleuve, même lorsqu'il sera à son plus bas niveau. Personne ne doit entrer ni sortir de la ville. Renvoyez chez eux pour les semailles les hommes dont vous n'avez pas besoin. Je vous laisse le soin de ces décisions.»

Les deux hommes hochèrent de la tête. Ahmosis se leva pour indiquer la fin de la réunion, et tous l'imitèrent.

«Je dois moi aussi rentrer à Oueset avec les Medjaï, conclut-il. Je resterai cependant ici jusqu'à la fin de la semaine afin d'entendre vos ultimes rapports. Ensuite, nous communiquerons naturellement par l'intermédiaire des hérauts.»

La vérité, c'est que je répugne étrangement à rentrer chez moi, se dit Ahmosis en regardant ses généraux se disperser. Je n'ai pas envie d'arriver à Oueset au moment des funérailles de ma fille, alors que la mort de mes soldats m'a déjà vidé de toute pitié et de tout regret. Je n'ai pas envie de rencontrer le nouveau scribe d'Ahmès-Néfertari, ni d'entendre parler de l'excellent travail que ma femme et le prince Sébek-nakht ont accompli ensemble. Ma vie avec l'armée a été simple, et j'appréhende un retour aux complexités de l'existence civile. À moins que je ne redoute simplement de revoir Ahmès-Néfertari et d'être incapable d'imposer silence à ma jalousie, à ma possessivité ? J'ai le sombre pressentiment que je vais retrouver Oueset bien différente, après ces six mois d'absence.

Ramosé, qui était resté près de lui, interrompit ses réflexions.

« Quels sont tes ordres en ce qui me concerne, Ahmosis ? demanda-t-il avec douceur. Si tu me laisses le choix, tu sais que je resterai ici.

– Oui, répondit Ahmosis, s'arrachant avec effort à ses pensées. Mais je souhaite que tu retournes à Khmounou. C'est là qu'est ta place. Va t'occuper de ton domaine et de ton nome. Si le siège se poursuit jusque-là, je serai de retour ici au début du mois de Thot, et tu reviendras aussi. En attendant, consacre-toi à d'autres tâches et oublie le trésor terni que contient Het-Ouaret ! »

Il avait parlé avec irritation, la constance de Ramosé lui apparaissant soudain comme une faiblesse pitoyable.

« Je t'obéirai, naturellement, répondit le jeune homme en lui jetant un regard perçant. Je t'ai indisposé, semble-t-il. Pardonne-moi. »

Les épaules d'Ahmosis s'affaissèrent. « Tu n'es pas en cause, dit-il. Pour tout t'avouer, Ramosé, je n'ai guère envie de retourner à mes responsabilités du Sud, moi non plus. J'ai changé ces derniers mois. Si Oueset me promettait de paisibles parties de pêche, quelques après-midi de tir à l'arc, une cruche ou deux de vin à dîner, puis des nuits sans angoisse, je n'éprouverais pas ce… cette répugnance. »

Ramosé ne répondit rien. Effleurant de la main l'épaule de son ami, il s'inclina et sortit.

Ahmosis resta longtemps debout, les yeux fixés sur les murs d'Het-Ouaret, qui se découpaient sur le rouge sombre du ciel vespéral. L'air était doux. Une petite brise soufflait, qui lui caressait le visage et soulevait légèrement son pagne. Entre sa tente isolée et les remparts teintés de rouge, s'étendait le camp, où commençaient à danser les flammes des feux de camp.

Hent-ta-Hent est morte, pensait Ahmosis. Pédjédkhou est mort. La plume de Maât frissonne et, une fois encore, les couleurs et les lignes de ce tableau vivant que sont ma vie et le destin de l'Égypte composent de nouvelles formes que je dois accepter. Et Het-Ouaret est toujours là, silencieuse comme une bête mortellement blessée qui refuse de mourir. Il resta absorbé dans la contemplation de la ville jusqu'à ce que la lumière de la lampe qui brûlait dans la tente, derrière lui, devînt plus forte que celle de Rê.

8

Ahmès-Néfertari se réveilla de bonne heure, pénétrée d'un sentiment d'attente joyeuse. La lettre était encore sur sa table de chevet, où elle l'avait posée la veille après l'avoir relue cent fois. C'est aujourd'hui qu'il arrive, pensa-t-elle en se levant. Pas ce matin, mais peut-être pendant que je dicterai à Khounès, que je donnerai audience à Tétaky ou que je me promènerai au bord de l'eau avec Ahmosis-onkh. Un héraut viendra m'annoncer que son navire est en vue, et je ferai aussitôt prévenir toute la maison. Nous nous rassemblerons à côté du débarcadère, remplis d'excitation, et il sera là, debout à l'avant de son navire, entouré de ses gardes. Nos yeux se rencontreront; il sourira. Oh! dieux, quel bonheur! Ahmosis revient! Je serai incapable de me concentrer sur quoi que ce soit, aujourd'hui.

Appelant doucement Sénéhat, elle s'enveloppa dans un manteau et alla remonter la natte qui fermait la fenêtre. Un air frais entra aussitôt dans la chambre, et le chœur encore ensommeillé de l'aube parvint à ses oreilles. Il était trop tôt pour que les jardiniers fussent au travail, et la pelouse perlée de rosée qui s'étendait sous sa fenêtre était déserte. Frissonnant un peu, Ahmès-Néfertari se tourna vers sa servante, qui s'inclinait devant elle, les yeux gonflés de sommeil et les cheveux en bataille.

«C'est une belle matinée, Sénéhat, dit Ahmès-Néfertari en souriant. Va voir si l'on a mis de l'eau à chauffer dans les bains. Tu diras à Nebamon que je souhaite être massée et rasée, et qu'il doit parfumer son huile d'essence de lotus. En attendant, apporte-moi à manger et envoie-moi Ouni dès qu'il sera prêt.»

La jeune fille sortit à reculons, tandis qu'Ahmès-Néfertari se mettait à marcher de long en large, incapable de penser à autre chose qu'à son mari, ni de voir autre chose que les traits familiers de son visage. Depuis qu'il était parti pour le Nord, après lui avoir confié des responsabilités si lourdes qu'elle désespérait parfois de pouvoir les assumer toutes, elle avait souvent cherché un réconfort dans ses souvenirs. Au début, sa mémoire lui avait fourni des images nettes, mais, à mesure que les semaines passaient, elle avait constaté avec consternation qu'elles se faisaient plus vagues, et qu'il lui devenait difficile d'évoquer le corps, le rire, les gestes d'Ahmosis. Bien qu'elle le retrouvât temporairement dans ses lettres, elle avait de plus en plus souvent l'impression de ne plus avoir de lui que le souvenir d'un souvenir.

La mort d'Hent-ta-Hent avait encore accentué cette coupure. Ahmosis n'avait pas été là ; il n'avait pas vu l'enfant s'agiter, dévorée par la fièvre ; il n'avait pas entendu ses plaintes couvrir les prières psalmodiées par le grand prêtre dans une chambre noyée de fumée d'encens ; il n'avait pas senti la chaleur de la vie quitter peu à peu sa main minuscule ; et lorsque, désespérée, le cœur brisé de chagrin, Ahmès-Néfertari s'était détournée du petit lit trempé de sueur, elle n'avait pu chercher un réconfort dans ses bras puissants. Quoi qu'eût éprouvé Ahmosis en apprenant la nouvelle, sa douleur ne pouvait se comparer à la sienne. Elle avait vu son enfant rendre son dernier soupir, pas lui. Il assisterait aux funérailles – qui n'auraient lieu que la semaine suivante –, mais ce n'était pas pareil.

Ils avaient pourtant connu d'autres séparations. Du vivant de Kamosé, la guerre avait été une succession d'adieux, coupée de courtes retrouvailles, toujours assombries par la crainte d'un avenir incertain. Mais ils avaient peu changé pendant cette période. C'était le meurtre de Kamosé et les troubles ultérieurs qui les avaient profondément atteints et mûris, et ce mûrissement s'était poursuivi pendant leur séparation. Ahmosis avait confié à Ahmès-Néfertari une montagne d'obligations et le pouvoir de s'en acquitter. Il en était résulté beaucoup de fatigue, d'angoisse, d'obstination, et une autorité toujours plus affirmée. Ahmès-Néfertari était devenue une reine capable et en avait pleinement conscience. Elle doutait que ce fût le cas de son époux.

Ce matin-là, néanmoins, elle revoyait le visage d'Ahmosis avec plus de netteté que depuis bien des mois, et l'amour accélérait les battements de son cœur, rosissait ses joues. Elle avait été seule, affligée, la moitié d'un tout merveilleux qui allait enfin être reconstitué... Des prières de reconnaissance à Amon et Hathor montèrent à ses lèvres, tandis qu'elle allait et venait dans sa chambre.

Au lieu de Sénéhat, qu'elle attendait, ce fut Ahmosis-onkh qui frappa le premier à sa porte. Il entra dans la pièce, entièrement nu, un morceau de pain frais dans une main et une datte confite dans l'autre. Trottant jusqu'à la fenêtre, il se mit sur la pointe des pieds pour regarder par-dessus son rebord.

« Rê a commencé à monter dans le ciel, et les jardiniers bavardent dans le jardin, dit-il. Ils devraient être en train d'installer les dais. Et si papa arrivait avant que nous soyons prêts ?

– Nous avons le temps, répondit Ahmès-Néfertari. Un héraut viendra nous annoncer son arrivée, et il y aura une cérémonie près du débarcadère avant que nous festoyions ensemble. Calme-toi, Ahmosis-onkh. Mange cette datte et ne touche à rien avec tes doigts poisseux tant qu'on ne t'aura pas lavé les mains. »

L'enfant fourra la datte dans sa bouche et la mastiqua avec énergie. Au même moment Raa et Ouni apparurent sur le seuil.

« Je t'ai dit mille fois de ne pas le laisser se promener tout nu, Raa, dit Ahmès-Néfertari avec un brin d'exaspération. Il est trop grand maintenant. Mets-lui une tenue de cérémonie, aujourd'hui, et tâche qu'il reste présentable.

– Pardonne-moi, Majesté, répondit Raa en prenant l'enfant par le poignet. Il a le don de disparaître dès que je tourne le dos.

– Je sais. » Ahmès-Néfertari posa un baiser sur le crâne rasé d'Ahmosis-onkh, puis passa les doigts dans l'épaisse mèche de cheveux qui lui tombait sur l'épaule droite. « Confie-le à la surveillance de son garde. Il peut tirer à l'arc ou jouer au ballon dans le jardin. Je ne pense pas qu'il voudra dormir, cet après-midi.

– Il a presque l'âge d'avoir un précepteur, marmonna Raa. Il devrait dépenser son énergie à étudier au lieu de courir partout dans la maison, à être dans les jambes des serviteurs et à embêter les briquetiers.

– Mais j'apprends des choses, Raa ! protesta Ahmosis-onkh, en la suivant dans le couloir. Les briquetiers m'ont montré comment mélanger la terre et la paille, et comment la mettre dans les moules.

– Tu es un prince, tu ne devrais pas te mêler si familièrement aux gens du peuple. » La voix de Raa s'affaiblissait. « Je vais en toucher un mot à ton garde. Il m'a l'air de prendre bien trop de plaisir à bavarder avec les ouvriers… »

Ahmès-Néfertari poussa un soupir et se tourna vers Ouni, qui attendait avec patience.

« Raa a raison, Majesté, dit-il. Le prince aime malaxer la boue et regarder couper la paille, mais c'est un passe-temps peu convenable pour un Faucon-dans-le-nid.

– Je sais, Ouni, fit Ahmès-Néfertari avec une grimace. J'ai été trop prise ces derniers temps pour faire autre chose qu'aller l'embrasser le soir, dans son lit. Le moment est-il venu de lui donner un précepteur ?

– Je peux demander à Youf de le déterminer, répondit l'intendant. La reine Ahhotep n'y verra pas d'inconvénient. Youf doit bientôt aller à Djeb inspecter la tombe de son ancêtre, la reine Sobekemsaf, mais il n'aura guère à faire jusque-là.

– Je ne peux m'occuper d'Ahmosis-onkh, aujourd'hui. Parle à Youf si tu le souhaites. C'est une bonne idée. Raa a beau avoir beaucoup d'affection pour cet enfant, il lui échappe continuellement et l'épuise. Entre, Sénéhat. »

La jeune fille apportait un plateau chargé d'assiettes. Une bonne odeur de pain frais se répandit aussitôt dans la pièce, et Ahmès-Néfertari se sentit brusquement une faim dévorante.

« Fais-moi envoyer Emkhou, poursuivit-elle à l'adresse d'Ouni. Je veux régler avec lui les détails du défilé organisé en l'honneur du roi. Dis au prince Sébek-nakht que ses ouvriers ne doivent pas travailler dans le vieux palais, aujourd'hui, et qu'il doit être prêt à accueillir Ahmosis. Que le chef des greniers passe me voir après que j'aurai donné audience à Tétaky. Je veux lui parler. Le grand prêtre Amonmosé et Néferpéret sont invités au banquet de ce soir. Fais-les prévenir. J'espère qu'Ahmosis trouvera que j'ai bien choisi notre premier trésorier.

– Tu as accompli des merveilles pendant l'absence du roi, Majesté, déclara Ouni. Si ce que tu as fait ne plaît pas au roi, il le changera, mais cela m'étonnerait. Oueset a prospéré sous ta conduite.

– Sous ma baguette, tu veux dire ! s'exclama Ahmès-Néfertari en riant. Surveille de près les préparatifs des festivités, Ouni. Tout doit être parfait, car nous fêtons non seulement le retour du roi, mais sa victoire sur les Sétiou. On croirait rêver, n'est-ce pas ? ajouta-t-elle en baissant la voix. Je me rappelle ce jour où mon père a reçu cette lettre insultante, celle où Apopi se plaignait que les hippopotames de nos marais troublaient son sommeil. Père n'était qu'un prince du Sud, alors, un personnage insignifiant aux yeux des conquérants, en dépit de son sang royal. Ce n'est pas si vieux… Il m'arrive d'imaginer que je vais me réveiller dans mon ancienne chambre, voir Tani endormie dans son lit à côté de moi, et entendre la voix de mon père dans le jardin. » Elle haussa les épaules. « J'ai du mal à croire à la réalité de ce que notre famille a accompli, du mal à croire que je suis désormais reine d'Égypte.

– Het-Ouaret est toujours debout, remarqua l'intendant avec douceur.

– Je peux compter sur toi pour me ramener sur terre ! plaisanta Ahmès-Néfertari en le renvoyant d'un geste. Sers-moi, Sénéhat. »

Après avoir mangé, elle alla aux bains se faire laver, raser, épiler et masser. Étendue sur un banc de bois tandis que les mains sûres du masseur dénouaient ses muscles et que l'odeur capiteuse de l'huile de lotus montait à ses narines, elle pensa à Ouni, si fin, si sûr en dépit de ses ancêtres sétiou, et dont elle avait appris à apprécier le soutien et le jugement. Akhtoy, qui reviendrait avec Ahmosis, souhaiterait reprendre sa place de premier intendant, et cette idée ne plaisait guère à Ahmès-Néfertari. Ouni tenait la maison comme elle aimait qu'elle soit tenue, avec efficacité et tact. Il était ferme mais juste avec les serviteurs, lui épargnait les détails inutiles et savait observer. Debout derrière son fauteuil quand elle interrogeait les candidats à différents postes, il se faisait sa propre idée de leurs capacités, et leurs jugements divergeaient rarement. Elle ne lui demandait pas toujours son avis mais, quand elle le faisait, il le lui donnait avec franchise.

Je ne veux pas qu'Akhtoy change tout cela, se dit-elle en regagnant ses appartements, enveloppée dans un drap. Je ne veux pas qu'Ouni et lui se jettent des regards noirs derrière mon dos, alors que je tâcherai de prendre des décisions affectant toute l'Égypte. Mais ce n'est plus toi qui les prendras, lui rappela une autre voix, celle qu'elle cherchait désespérément à faire taire. Ahmosis ne t'a délégué son pouvoir que pendant la durée de son absence. Dès qu'il descendra de son navire, il redeviendra sien. Tu vas devoir apprendre la coopération, reine Ahmès-Néfertari, et te mordre la langue si le jugement de ton époux te semble moins juste que le tien !

Mais pourquoi le serait-il ? se demanda-t-elle, en s'asseyant devant sa table de toilette et en s'abandonnant aux mains du maquilleur. Nous avons toujours été des associés, Ahmosis et moi ; nous n'avions aucun secret l'un pour l'autre et prenions les décisions difficiles ensemble. Qu'est-ce que je redoute, exactement ? Pas de perdre mon autorité, car Ahmosis a toujours respecté mes points de vue et écouté mes arguments. Peut-être appréhendé-je simplement qu'en exerçant le pouvoir sans moi, il soit devenu arrogant. Ses lettres étaient sèches, presque froides. Parce qu'il était préoccupé, pressé, ou parce qu'il commence à m'en vouloir ?

Ou parce que... une douleur aiguë lui transperça le cœur... parce que je ne lui ai pas encore donné l'héritier mâle plein de santé que j'ai donné à Si-Amon. Pourquoi serait-il différent des autres rois dans son besoin d'être assuré d'une succession paisible ? Lorsqu'il n'était que prince, il ne se souciait pas de ces questions, et nous étions unis. Maintenant qu'il est roi et n'a plus qu'un beau-fils pour lui succéder, il se sent peut-être en danger et en rejette la faute sur moi. Je suis encore jeune, pourtant, et lui aussi. Nous aurons le temps de faire d'autres enfants, filles et garçons. Oh, par pitié, Ahmès-Néfertari, arrête de penser !

Le maquilleur, qui avait enduit son visage d'ocre, lui demanda de quelle couleur serait la robe qu'elle porterait.

« Écarlate », répondit-elle sur une impulsion.

Oui, pensa-t-elle, un rouge éclatant, rehaussé d'or et de lapis, pour qu'il soit ébloui et ne voie que moi.

« Dans ce cas, je te mettrai du khôl noir et frotterai tes paupières de poussière d'or, déclara le maquilleur. Ferme les yeux. »

Lorsqu'il eut fini et qu'il lui tendit le miroir de cuivre, elle s'y examina avec attention. Suis-je encore belle ? demanda-t-elle au visage pensif qui la regardait. Ses lèvres pleines, rougies de henné, avaient un pli inquiet ; ses yeux ourlés de khôl étaient graves. Me trouvera-t-il encore désirable ? Reposant le miroir dans son coffret, elle remercia le maquilleur et le congédia d'un signe de tête.

Après avoir aidé sa maîtresse à enfiler une longue robe écarlate tissée de fils d'or, Sénéhat attacha à son cou un large collier d'or, de lapis et de jaspe, et piqua à ses oreilles des cobras d'or aux yeux de lapis. Ahmès-Néfertari choisit alors une perruque de cheveux longs, dénattés, qui lui tombait dans le dos et sur la gorge. Elle y posa un diadème, également en or et surmonté d'une minuscule imitation de la déesse vautour Mout, patronne des reines. Puis Sénéhat passa des bracelets à ses poignets, des sandales en cuir rouge ornées de perles de lapis à ses pieds et, pour finir, lui teignit la paume des mains de henné. Ahmès-Néfertari était en train de mettre ses bagues quand Ouni entra.

« Le maire d'Oueset est arrivé en même temps que ton chef des greniers, annonça l'intendant. Ils t'attendent dans la salle de réception. Khounès s'y trouve déjà.

– Bien. Fais préparer ma litière. Je me rendrai à la caserne dès que j'en aurai terminé avec eux. Où sont mère et grand-mère, ce matin ?

– La reine Ahhotep s'est rendue au temple avec Youf, et la reine Tétishéri fait installer son dais près du débarcadère. Elle ne veut pas manquer l'arrivée du roi, ajouta-t-il avec un petit sourire.

– Eh bien, c'est parfait, attaquons la journée. »

Ahmès-Néfertari appréciait Tétaky, le maire d'Oueset, et écoutait avec plaisir les rapports qu'il lui faisait régulièrement sur une ville que tous deux aimaient. Ils conversèrent tranquillement tandis que, assis aux pieds de la reine, sa palette sur les genoux, Khounès notait les principaux points de l'entretien. Ahmès-Néfertari discuta ensuite quelques instants de l'avancement des semailles avec le chef des greniers, puis, toujours accompagnée de son scribe, se rendit à la caserne.

Emkhou, l'homme qu'elle avait nommé capitaine des gardes de la maison royale, la salua avec respect et lui offrit une coupe de bière qu'elle refusa. Sa mère et elle venaient souvent à la caserne regarder les soldats s'entraîner à l'épée et au tir à l'arc, ou discuter avec les officiers. Les deux femmes se sentaient étrangement à l'aise dans cet univers masculin, peut-être parce qu'elles s'étaient acquis l'admiration inconditionnelle des troupes pendant la période troublée qui avait suivi l'assassinat de Kamosé ; mais peut-être aussi en raison du manque de présence masculine tonifiante dans la maison, s'avouait Ahmès-Néfertari avec amusement. Ahmosis-onkh ne comptait pas, naturellement, non plus que les serviteurs ; et les sentinelles de garde dans les couloirs et devant les portes n'étaient pas là pour bavarder.

Pendant une heure, le capitaine et elle discutèrent de la disposition des soldats, qui formeraient deux haies entre le débarcadère et la maison, escorteraient le roi dans le jardin et s'aligneraient le long des murs de la salle de réception s'il arrivait trop tard pour banqueter à l'extérieur. Ahmès-Néfertari était très fière de l'unité de soldats expérimentés qu'elle avait créée, et elle souhaitait que leur métier impressionnât Ahmosis. Ankhou aussi. Après lui avoir rappelé que ses hommes devaient être en position peu après le repas de midi, la jeune femme se fit reconduire en litière jusqu'à la maison, où elle congédia son scribe. Puis elle se dirigea à pied vers le débarcadère.

Pour se rendre dans le vieux palais, il n'était plus nécessaire de franchir par une brèche le mur croulant qui le séparait naguère du jardin ; sa démolition avait été la première tâche entreprise par Sébek-nakht. En regardant sur sa gauche, Ahmès-Néfertari voyait donc la masse imposante de l'antique bâtiment, qui disparaissait sous les échafaudages. La façade, avec ses rangées de colonnes flanquant la grande entrée publique, donnait à l'ouest et était encore dans l'ombre.

À mi-chemin entre ces colonnes et le mur d'enceinte, Sébek-nakht avait installé sa table sous un dais, et c'était là qu'il avait coutume de s'entretenir avec ses assistants et Ahmès-Néfertari, pendant que les échafaudages grouillaient de maçons en sueur et qu'un cortège ininterrompu d'ouvriers apportaient les nouvelles briques fabriquées près du fleuve, là même où Ahmosis-onkh aimait jouer. Bien que ce jour-là, conformément aux ordres d'Ahmès-Néfertari, le chantier fût désert, son regard s'y porta de lui-même, et elle pensa à ses frères qui, autrefois, se glissaient par la brèche défendue du mur disparu, la laissant de l'autre côté, seule et jalouse de leurs jeux secrets.

Elle jeta un rapide coup d'œil à la terrasse du palais, où la cheminée d'aération ouvrait toujours sa bouche brisée au vent du nord. C'était là que son père, puis Kamosé, étaient allés s'isoler et réfléchir en contemplant la frondaison ondulante des palmiers et le ruban argenté du Nil; là aussi que Séqénenrê avait été agressé et laissé pour mort par Mersou, l'intendant sétiou en qui il avait une totale confiance. Ahmès-Néfertari détourna le regard. Il serait bon de voir le palais reprendre vie, de le voir plein d'activité et de lumière, d'entendre résonner sur sa terrasse le bavardage joyeux des femmes qui y étendraient des tapis colorés, le soir, pour échapper à la chaleur de shemou. Peut-être alors les fantômes mélancoliques qui rôdaient dans ses salles poussiéreuses en réclamant justice seraient-ils satisfaits.

Tétishéri trônait au milieu d'une pile de coussins, en lisière de l'allée. Elle aussi était somptueusement vêtue. Sa robe blanche était ornée d'ankhs d'or et, en les regardant, Ahmès-Néfertari se dit que ces symboles de vie étaient remarquablement appropriés pour une femme qui aurait bientôt soixante-sept ans et ne montrait guère de signes de décrépitude. En l'entendant approcher, Tétishéri tourna vers elle un visage très maquillé et, agitant un bras maigre cliquetant de bracelets, déclara d'un ton aigre :

«Depuis que l'on a rehaussé et allongé le mur qui ceint nos aroures, on ne voit plus le débarcadère. Pour contempler le Nil, il faut que j'ordonne aux gardes d'ouvrir la nouvelle porte, que je sorte, que je la fasse refermer par les gardes postés de l'autre côté..., tout cela pour ne rester qu'un instant au bord de l'eau, étant donné que ma présence rend les soldats visiblement nerveux. C'est bien embêtant, ma chérie.

– Je sais, répondit Ahmès-Néfertari en se penchant pour l'embrasser. Mais je n'ai fait que me conformer aux ordres d'Ahmosis, grand-mère. Si tu voulais, tu pourrais passer par la cour du vieux palais, où l'on n'a pas encore installé de porte.

– Hum! grogna Tétishéri. Je suppose qu'Ahmosis va vouloir de l'électrum pour sa nouvelle résidence... s'il arrive jamais à amasser l'argent nécessaire. L'or qui entre dans l'alliage n'est plus un problème depuis que nous avons mis les Koushites au pas. Ces derniers temps, il arrive même dans le trésor et les ateliers d'orfèvre avec une régularité rassurante. Téti le Beau se tient bien tranquille.

– C'est ce que me disent mes espions, dit Ahmès-Néfertari en s'asseyant près de la vieille dame. Koush n'est cependant jamais resté tranquille très longtemps, du moins à en croire mon professeur d'histoire. Je dois avouer que ce prince mystérieux m'intrigue.

– Prince ? répéta Tétishéri d'un ton méprisant. Je n'accorderais pas ce titre à un homme dont le sang égyptien est mêlé de sang koushite et peut-être même sétiou. N'a-t-il pas soutenu Apopi et son père depuis qu'il est devenu le chef de sa tribu barbare ? Ahmosis fera bien de le tenir à l'œil. »

Ahmès-Néfertari garda le silence. Il n'aurait servi à rien de rappeler à sa grand-mère qu'Ahmosis avait eu plus important à faire que de s'occuper des agissements d'un roitelet du Sud, ni qu'elle-même avait mis sur pied un réseau d'éclaireurs qui la renseignait régulièrement sur ce qui se passait dans les pays d'Ouaouat et de Koush. Pour Tétishéri, Ahmosis serait toujours le frère cadet un peu naïf à qui il fallait constamment dispenser conseils et recommandations.

« Le mois prochain, nous fêtons la naissance de ton père, reprit Tétishéri après un instant de silence. Nous irons sur sa tombe offrir nourriture, vin et huile. J'espère qu'Ahmosis s'en souviendra sans qu'on ait besoin de le lui rappeler.

– Bien sûr, grand-mère, mais tâche de ne pas le bousculer. Dans une semaine, nous enterrerons Hent-ta-Hent, et il sera tout entier à son chagrin. Il ne pensera à Séqénenrê qu'ensuite. »

Elle se tourna vers Tétishéri, dont elle rencontra les yeux, toujours vifs en dépit d'un réseau de rides fines et de paupières aussi minces et fragiles que des feuilles sèches.

« Je sais ce que tu vas dire, déclara la vieille dame. Que je n'ai jamais aimé ni respecté ton mari, que je vis dans le passé, que je suis pleine d'arrogance et d'orgueil. C'est vrai, Ahmès-Néfertari, et je le regrette. Séqénenrê était un roi, et j'adorais Kamosé. Il ne reste rien pour Ahmosis, bien que je m'efforce honnêtement de surmonter mes préjugés. » Elle chassa d'une main décharnée une mouche qui cherchait à se poser sur son cou. « Une des malédictions de la vieillesse tient à ce que des souvenirs de jeunesse longtemps oubliés vous reviennent à la mémoire, alors que les événements du passé proche semblent s'évanouir. Je comprends ce qu'a fait Ahmosis, mais je ne peux m'empêcher de voir derrière lui l'intelligence, le désespoir, les sacrifices de son père et de son frère, sans qui il n'aurait rien accompli.

– Tu parles de ce qui aurait ou n'aurait pas pu être, dit Ahmès-Néfertari, luttant contre sa colère. De telles pensées sont oiseuses et dangereuses. Tu es la seule à t'être laissée aller à ce jeu stérile, Tétishéri. Si père et Kamosé avaient donné dans le piège où tu tombes si volontiers et si souvent, nous aurions accepté la défaite de Séqénenrê, accepté la séparation et l'exil ; et si mon époux n'avait pas un esprit plus subtil que Kamosé, il ne reviendrait pas aujourd'hui à Oueset en ayant repris toute l'Égypte, exception faite de l'îlot minuscule d'Het-Ouaret. Séqénenrê a lancé notre rébellion ; Kamosé l'a poursuivie ; la tâche d'Ahmosis est de la mener à son terme. Pourquoi ne peux-tu voir la main harmonieuse de Maât dans le destin de ces trois vies précieuses ? » Elle se leva et lissa sa robe. « L'histoire s'apitoiera sur Séqénenrê, et accablera Kamosé parce que ce qu'il devait faire ne sera pas compris. En revanche, les générations futures vénéreront en mon époux le sauveur de l'Égypte. Quant à ce qu'ils diront de toi, je l'ignore... peut-être que tu étais belle dans ta jeunesse. » Une expression de douleur contracta le vieux et digne visage de Tétishéri, et Ahmès-Néfertari comprit qu'elle était allée trop loin. « Pardonne-moi, grand-mère, murmura-t-elle en s'agenouillant devant elle. C'était injuste.

– Mais sans doute vrai, dit Tétishéri. Si j'attends Ahmosis ici, c'est pour être la première à le saluer, pour attirer son attention, pour qu'il ait conscience de ma présence, poursuivit-elle d'une voix rauque. Je ne suis pas idiote, Ahmès-Néfertari. Je sais qu'il m'a délibérément exclue des réunions qu'il avait avec ta mère et toi, qu'il m'a poliment mais fermement reléguée dans les appartements des femmes, qu'à sa manière douce mais parfaitement implacable il m'a retiré tous les pouvoirs que je pouvais exercer. Bien que ce soit ma faute, je ne peux me forcer à ressentir pour lui une chaleur qui n'est pas là.

– Alors, n'essaie pas, dit Ahmès-Néfertari avec un soupir. Tu es sa grand-mère et, à ce titre, tu as droit à son respect. Ne le perds pas en te montrant hypocrite. Rappelle-toi que son sang est le tien, et qu'il est le roi. Kamosé savait qu'il n'aurait pas fait un bon souverain, ajouta-t-elle d'un ton dur. C'était un guerrier. Il était condamné à mourir de mort violente, et il le savait aussi. S'il avait vécu, son règne aurait été de plus en plus brutal. Il a accompli son destin, Tétishéri. Ce n'était pas celui que tu aurais choisi pour lui, mais l'amour que tu lui portais te rendait aveugle à des défauts dont lui-même avait pleinement conscience. Ahmosis est né pour rendre la paix et la prospérité à l'Égypte. Un destin moins glorieux que celui d'un commandant qui donne sa vie en combattant pour son pays. C'est ainsi que tu vois les choses, n'est-ce pas ?» Elle se tut un instant. Tétishéri fixait le sol, le visage sans expression. «Tu n'es pas née homme ni moi non plus, reprit Ahmès-Néfertari, dans un soudain éclair de perspicacité. Nous ne pouvons manier l'épée ni porter la Double Couronne. Seul le désespoir t'attend si tu laisses l'amertume de ton sexe te consumer, grand-mère. Ahmosis est roi. Si tu oubliais ton égocentrisme et te félicitais de sa divinité, tu trouverais en lui un petit-fils aimant et indulgent.»

Pivotant sur les talons, la jeune femme se dirigea vers la nouvelle porte, que les gardes ouvrirent en grand. Je ne devrais pas lui reprocher mon propre ressentiment, se dit-elle en la franchissant. C'est à moi que s'adressaient les critiques que je lui ai faites. Je ne suis ni le Fils du Soleil ni un guerrier, et je me contenterai de ma place de reine. À Amon ne plaise que je finisse mes jours à m'apitoyer sur moi-même comme Tétishéri !

«Tu ne devrais pas prendre la route du fleuve sans escorte, Majesté, cria une des sentinelles en voyant qu'elle s'éloignait en direction du temple. Les habitants d'Oueset se massent déjà le long de la rive pour voir le roi. Tu pourrais être bousculée.»

Bousculée ! pensa Ahmès-Néfertari avec amusement. Il n'y a pas si longtemps, j'aurais pu être la cible d'un assassin mais, aujourd'hui, mon auguste personne ne risque plus que d'être bousculée. Elle se rappelait cependant la réflexion d'Ahmosis lors de la dernière promenade qu'ils avaient faite le long du fleuve : il n'était pas bon que des personnages royaux soient trop visibles, trop accessibles.

«Que deux d'entre vous m'accompagnent, dans ce cas, déclara-t-elle à contrecœur. Je n'ai pas l'intention d'aller jusqu'au temple ; je veux juste regarder le Nil.»

Et échapper aux préparatifs fiévreux qui se déroulent dans la maison, ajouta-t-elle à part elle, en s'avançant sur la route de terre battue qui s'allongeait entre le haut mur du domaine et la végétation printanière de la rive. Elle percevait la désapprobation des hommes qui lui avaient emboîté le pas. Ils me préféreraient dissimulée derrière les rideaux de ma litière, se dit-elle encore. Sénéhat serait sûrement d'accord avec eux : elle devra me laver et m'adoucir les pieds après cette escapade.

Le désir de solitude d'Ahmès-Néfertari fut toutefois contrarié. Comme l'avait dit le soldat, la population d'Oueset quittait en masse la ville pour se répandre, tumultueuse et joyeuse, jusqu'aux abords du domaine royal. Hommes, femmes et enfants se bousculaient sur le chemin afin d'occuper les meilleures places le long de la rive, et de voir le roi et sa flotte dès qu'ils apparaîtraient sur le fleuve. Bien que la journée ne fût pas fériée, ils semblaient avoir décidé d'un commun accord de ne pas travailler.

Sur le passage d'Ahmès-Néfertari, les conversations se taisaient, pour reprendre ensuite de plus belle. Devant elle, les genoux ployaient, les fronts touchaient le sol, et les gens prononçaient son nom sans le faire précéder d'aucun titre, comme s'ils hélaient une amie.

Ahmès-Néfertari s'apprêtait à faire demi-tour quand, un peu plus loin sur la route, un grand vacarme attira son attention. Au-delà du treillis d'ombre et de lumière que jetait sur le sol l'arceau des branches de sycomores et d'acacias en fleur, des têtes s'inclinaient et des dos se courbaient devant quelqu'un d'autre qu'elle. La souveraine s'immobilisa, la gorge nouée par l'émotion. Mouchetées d'ombres, le pas assuré, la voix grave et impérieuse, des silhouettes s'avançaient. Autour d'elles, les acclamations fusaient : «Le roi ! C'est le roi ! Longue vie à toi, Puissant Horus ! » Le cœur d'Ahmès-Néfertari se contracta, puis elle se mit à courir, dépassant Khabekhnet, contournant la colonne massive et noire qu'était Hor-Aha, manquant heurter Ipi, ne s'arrêtant que lorsque ses bras tendus se refermèrent autour de son mari et que sa joue appuya contre son pectoral.

Un instant, Ahmosis fut pris au dépourvu. Elle le perçut à son infime mouvement de recul. Puis avec un rire ravi, il l'étreignit à son tour. Enlacée par ses bras puissants, elle se sentit en sécurité, protégée, un être fragile, chéri, et qui ne faisait qu'un avec lui. Longtemps, elle resta serrée contre lui, répugnant à bouger, et ce fut finalement Ahmosis qui l'écarta avec douceur, en la prenant par les épaules.

« Majesté, second prophète d'Amon, mon Ahmès-Néfertari, dit-il en souriant. Que fais-tu ici avec deux soldats pour toute escorte ? »

Elle lui souriait, elle aussi, un grand sourire stupide, et elle dévorait des yeux son visage familier et aimé, un visage amaigri, plus anguleux, mais avec toujours le même menton volontaire et le même front haut.

« Ahmosis, murmura-t-elle, tandis que la suite du souverain s'inclinait devant elle. Je pourrais te retourner la question. Les gardes de la maison royale forment en ce moment la haie le long de l'allée du jardin pour t'accueillir. D'où viens-tu ? Où sont tes navires ?

– Oh ! j'ai décidé de m'arrêter d'abord au temple afin d'y rendre grâce à Amon de ma victoire dans le Nord, expliqua Ahmosis. Il y aura une cérémonie et un sacrifice en bonne et due forme plus tard, naturellement, mais je voulais que mes premières paroles soient pour le dieu. Revoir Amonmosé m'a fait plaisir. Quant aux navires, mon *Gloire-dans-Mennéfer* est juste derrière nous, et les Medjaï ne sont pas loin. »

Ahmès-Néfertari recula d'un pas, luttant déjà contre la déception et l'irritation qui montaient en elle. Ne te suis-je pas plus chère que le grand prêtre ? avait-elle envie de crier. Ne sais-tu pas avec quelle impatience je t'attendais, combien d'heures j'ai passées à imaginer la façon dont tu t'élancerais vers moi, uniquement occupé de la joie de me revoir ? Ne t'ai-je donc fait aucune impression avec ma robe écarlate, mes nouveaux bijoux, le message qu'ils sont censés transmettre ? Tu ne m'as même pas vraiment regardée ! Au prix d'un effort sur elle-même, elle se ressaisit et prit le bras d'Ahmosis.

« Toute la maison t'attend dans la fièvre, dit-elle avec un enjouement forcé. Tétishéri est installée près de la porte depuis des heures. Mère s'est rendue au temple de bon matin afin d'être revenue à temps pour ton arrivée. Tu aurais dû l'y rencontrer. Sans doute a-t-elle décidé de traverser la ville, et de regagner le domaine en passant par la porte des serviteurs. Et si tu voyais l'agitation qui règne dans les cuisines ! Le personnel travaille depuis l'aube ! » Elle n'arrivait pas à se taire. Sa bouche s'ouvrait et se fermait sur des mots qu'elle entendait à peine tandis que, à l'intérieur d'elle-même, la fumée mortelle du ressentiment s'épaississait. « Hor-Aha ! lança-t-elle au général, qui marchait devant elle. Où sont passés tes cheveux ? Une épée sétiou a-t-elle tranché tes nattes ? »

Le Medjaï se retourna, un sourire tendu sur le visage.

«Non, Majesté, répondit-il d'une voix sans timbre. C'est moi qui les ai coupées.»

Ce n'était pas une explication, et Ahmès-Néfertari se sentit brusquement ridicule. Le flot de paroles qu'elle n'arrivait pas à endiguer tarit d'un coup, et elle serra les dents.

Lorsqu'ils approchèrent du débarcadère, elle vit son mari regarder avec étonnement le nouveau mur d'enceinte.

«J'espère que cela correspond à ce que tu voulais, Ahmosis. Il a été rehaussé sur toute sa longueur et fermé par cette porte.»

Elle indiquait la porte principale, mais Ahmosis s'était arrêté devant l'ouverture où seraient un jour installées les portes du palais.

«Dieux! s'exclama-t-il. Regarde ça, Hor-Aha! Le temps est passé plus vite ici que dans le Nord, à moins que je n'aie été sous un charme et ne vienne de me réveiller! Le mur intérieur qui nous séparait de l'ancien palais a disparu. On voit le jardin. Et ces échafaudages... ces piles de briques...» Il semblait déconcerté, et sa main tremblait légèrement sur le bras de sa femme.

«Tu m'as envoyé Sébek-nakht pour commencer ces travaux, Ahmosis, déclara Ahmès-Néfertari. Cela ne te plaît pas? Je n'ai pas fait ce qu'il fallait?

– Non, non, pas du tout! s'exclama-t-il. C'est merveilleux! Simplement, mon esprit a été si entièrement occupé par Het-Ouaret que, même maintenant, j'ai du mal à en détacher mes pensées.» Il lui sourit, le visage rayonnant. «Je suis impatient de discuter de tout cela avec le prince. Quels autres miracles accomplit-il?

– Il y a la nouvelle caserne destinée aux divisions que tu comptes caserner définitivement ici», répondit Ahmès-Néfertari, froissée une fois encore.

Et moi? pensait-elle, humiliée. N'ai-je pas débattu jour après jour des plans de ton palais avec Sébek-nakht, ô roi? N'ai-je pas veillé à son confort, ne me suis-je pas mise à sa disposition, ainsi que tu me l'avais ordonné? J'ai appris à l'apprécier, à le respecter, et lui, de son côté, a souvent tenu compte de mes idées. Il n'y a pas de place pour toi. Effrayée par la violence de ses pensées, elle fut soulagée d'en être distraite par les sentinelles, qui se mirent au garde-à-vous, s'effacèrent pour les laisser passer, puis refermèrent derrière eux la lourde porte à double battant.

Emkhou avait obéi à ses ordres. Les gardes de la maison royale formaient deux haies le long de l'allée menant au bassin et à la maison. Avec leurs pagnes courts d'une blancheur éblouissante, les pointes de leurs lances et les boucles de bronze de leurs ceinturons qui étincelaient au soleil, le cuir luisant d'huile de leurs sandales et de leurs casques, ils offraient un spectacle magnifique ; et Ahmès-Néfertari les regarda avec fierté. Khabekhnet lança la formule consacrée :

« Le roi approche ! Prosternez-vous ! »

Aussitôt, d'un seul mouvement, les hommes saluèrent, tandis qu'Emkhou s'avançait, s'agenouillait et baisait les pieds d'Ahmosis. Sans réfléchir, Ahmès-Néfertari invita le capitaine à se relever. Elle le vit hésiter et se mordit les lèvres en entendant Ahmosis lui répéter l'autorisation.

« Je te présente Emkhou, capitaine des gardes de la maison royale, déclara-t-elle. Il vient de Birabi, le village qui se trouve sur la rive occidentale, derrière les montagnes. Son père et lui ont combattu avec Séqénenrê. Son père a été tué.

– Très impressionnant, Emkhou, observa Ahmosis avec bonté. Combien d'hommes gardent ma maison, à présent ?

– Je te remercie, sire. Sa Majesté la Reine commande actuellement deux cents soldats. En règle générale, cent d'entre eux patrouillent dans la maison et le domaine, gardent les portes et le mur d'enceinte, tandis que les autres ont quartier libre. Mais aujourd'hui tous sont ici pour te rendre hommage. »

Ahmosis jeta un regard de biais à sa femme.

« Sa Majesté la Reine, hein ? murmura-t-il. Mais c'est moi qui lui ai délégué ces pouvoirs, naturellement. C'est bon, Emkhou. »

Le capitaine s'inclina.

« Ils offrent un beau spectacle, reprit Ahmosis à l'adresse d'Ahmès-Néfertari. Tu as bien travaillé. Il faudra que tu m'apprennes les noms et les qualités particulières de chacun, s'ils se relaient pour monter la garde dans la maison. »

Il avait eu le ton d'un Ahmosis plus jeune, sincère et plein d'égards. Dans un élan de reconnaissance, Ahmès-Néfertari se mit sur la pointe des pieds et lui effleura la joue d'un baiser. Alors qu'elle s'apprêtait à répondre, Tétishéri apparut entre les deux rangées de soldats. Elle s'avança d'un pas rapide, protégée du soleil par le rond d'ombre du parasol qu'Isis tenait au-dessus de sa tête. Le sourire aux lèvres, elle s'inclina légèrement devant Ahmosis.

« Sois le bienvenu, Majesté. Je voulais être le premier membre de la famille, après ta femme, à te féliciter de ta grande victoire sur les maudits. Bientôt, à n'en pas douter, les portes d'Het-Ouaret s'ouvriront, et Apopi rampera à tes pieds en implorant ta clémence. »

Bien qu'elle eût commencé son discours avec assez de calme, elle s'était peu à peu animée et fendait l'air de sa main, le regard étincelant. Éclatant de rire, Ahmosis la souleva de terre et la serra dans ses bras.

« Au milieu de tant de changements, toi au moins es restée la même, grand-mère ! Le pilier Djed devrait être le symbole de ton échine inflexible plutôt que celui d'Osiris. Je suis si content que tu puisses encore gronder aussi férocement que Sekhmet.

– Tant que ce n'est pas à toi que je montre les dents, je suppose », grommela-t-elle, assez flattée dans le fond. Puis, sans même se donner la peine de saluer Hor-Aha, elle prit le bras libre de son petit-fils et marcha à son côté. « Je veux tout savoir du siège et des batailles, poursuivit-elle. Absolument tout. Il faut que tu viennes me raconter ta campagne, ce soir, Ahmosis. »

Le désir qu'elle avait de l'accaparer était si flagrant qu'il en était gênant, et Ahmès-Néfertari sentit qu'Ahmosis s'écartait imperceptiblement.

« Je dois cette soirée à ma femme, Tétishéri, dit-il avec douceur. Mais, demain, je te raconterai ce que j'ai fait dans le Nord aussi longtemps que tu le souhaiteras. »

Tu me dois cette soirée ? pensa Ahmès-Néfertari, de nouveau accablée. Tu considères donc le temps passé en ma compagnie comme le remboursement d'une dette ! Comme c'est flatteur ! Que t'arrive-t-il, mon époux ?

Ils étaient maintenant devant la rangée de colonnes qui marquaient l'entrée principale de la maison. Les serviteurs, dont Karès et Ouni, s'étaient rassemblés là pour présenter leurs respects à leur souverain. Ahmosis les salua avec chaleur, leur dit combien il était heureux d'être de retour, puis les congédia avec la politesse grave qui avait toujours caractérisé ses rapports avec eux. Alors qu'ils se dispersaient, Ahmès-Néfertari fit signe à Khounès de s'approcher.

«Je te présente mon scribe personnel, Majesté, dit-elle. Khounès a étudié dans le temple de Thot, à Abdjou. Il m'a été recommandé par Amonmosé et s'est révélé très capable.»

Elle avait soudain la bouche sèche. Pourquoi est-ce que j'éprouve le besoin de justifier mes travaux et mes choix ? se demanda-t-elle. D'où vient ce désir de l'apaiser ? Ahmosis observait le jeune homme d'un air impassible, mais avec une insistance presque discourtoise. Finalement, il poussa un soupir.

«Tu es très séduisant, Khounès, dit-il avec lenteur. Si ton travail se rapporte à ta beauté, tu dois être le modèle de toutes les vertus de Thot, en effet.»

Manifestement déconcerté, Khounès s'inclina.

«Merci, sire, bégaya-t-il. J'ai le physique que les dieux ont jugé bon de me donner. Quant à mes talents de scribe, c'est à Sa Majesté qu'il appartient de les mesurer.»

Ahmès-Néfertari, qui regardait son époux avec perplexité, le vit ouvrir la bouche, puis se raviser et entrer dans la salle de réception.

Un groupe de personnes se tenait à l'autre extrémité de la pièce, au pied de l'estrade. Alors qu'elles se tournaient vers Ahmosis, Ahmosis-onkh et Ahhotep traversèrent rapidement la salle. Ahmès-Néfertari s'attendait que son fils fît les derniers pas vers son père en courant mais, avec une dignité touchante, le petit garçon continua à avancer lentement, la tête haute, une expression presque solennelle sur le visage. Sa mèche d'enfance avait été tressée de fils d'or, et il avait autour du cou un collier de croissants de lune et de babouins minuscules, symboles de Khonsou, le fils de Mout et d'Amon. Arrivé devant Ahmosis, il s'arrêta, tendit vers lui ses paumes teintes de henné, et s'inclina profondément.

«Je suis heureux de te revoir, Grand Horus, mon père, dit-il de sa voix haute et claire. J'espère que tu vas bien et que les Sétiou vont mal.»

Debout un peu à l'écart, Raa souriait avec fierté. Une boule de tendresse dans la gorge, Ahmès-Néfertari regarda le petit visage parfait de son fils, et applaudit au tact d'Ahmosis, qui se garda bien de prendre son beau-fils dans ses bras.

«Moi aussi, je suis heureux de te revoir, mon Faucon-dans-le-nid, dit-il en lui tendant la main. Je vais en effet aussi bien que les Sétiou vont mal.»

Un sourire dansa sur le visage d'Ahmosis-onkh. Prenant la main d'Ahmosis, il y appuya les lèvres, puis murmura :

« Ma lettre était-elle bien dictée, père ? Et ce que j'ai écrit moi-même… c'était correct ?

– Ta lettre m'a causé une grande joie et une grande tristesse, répondit Ahmosis. Dorénavant, j'attendrai des lettres de toi chaque fois que je m'absenterai. »

Le sourire s'élargit.

« Ce sera un plaisir », dit Ahmosis-onkh, et comme si tant de solennité l'avait épuisé, il courut vers Raa et enfouit son visage dans les plis de sa robe.

Ahhotep s'avança à son tour. Mère et fils s'enlacèrent avec naturel et, fermant les yeux, Ahmosis se détendit visiblement dans ses bras.

« Tu n'as pas changé, mère, dit-il avec un soulagement manifeste. Tu es toujours le métier sur lequel le motif de la vie de notre famille se tisse. J'appréhendais que tu ne sois tombée malade ou n'ais vieilli pendant mon absence. »

Un léger sourire détendit les lèvres d'Ahhotep.

« Oh ! Ahmosis, tu es si absurde parfois ! s'exclama-t-elle. J'apprécie le compliment. Toi, en revanche, tu as l'air fatigué. Tu as besoin de repos. Je crois que, pour la première fois depuis des années, tu pourras le faire sans avoir à affronter de crise. Ahmès-Néfertari et moi nous sommes acquittées scrupuleusement de nos tâches de régentes. Tout est en ordre à Oueset. »

Elle s'écarta pour lui permettre de se diriger vers le groupe de dignitaires qui attendaient en silence au fond de la salle. Alors qu'ils s'inclinaient devant Ahmosis, Ahmès-Néfertari prit une profonde inspiration.

« Lorsque tu es parti dans le Nord, Majesté, tu m'as chargée de gouverner ta ville et le nome d'Ouas, commença-t-elle en le regardant dans les yeux. Pour ce faire, j'ai dû augmenter le nombre de tes administrateurs. Dans le Sud, la paix s'est en effet accompagnée d'une prospérité croissante et, faute d'une gestion et de règlements sages, la prospérité dégénère en un joyeux chaos. » Elle s'interrompit, l'observant avec attention, mais sans déceler autre chose que de l'intérêt sur son visage. « Au début, ta mère et moi avons pu faire face, reprit-elle. Mais avec l'expansion d'Oueset, l'or qui arrivait d'Ouaouat avec une régularité croissante, les chantiers de construction… la journée ne comptait plus assez d'heures…» Ahmosis hocha la tête. Il avait cessé de la regarder pour étudier les dignitaires. «Pendant quelque temps, j'ai continué à accomplir mes tâches de second prophète d'Amon, à commander personnellement les gardes de la maison royale, et à aider Ahhotep à gérer les affaires domestiques, poursuivit Ahmès-Néfertari. Puis Sébek-nakht est arrivé, la période des semailles a commencé, je m'efforçais toujours de dresser une liste d'hommes aptes à devenir conseillers auprès des princes des autres nomes… J'ai alors compris que je devais cesser de me considérer comme la dirigeante d'un petit domaine et d'une ville du Sud somnolente. C'était l'image que les Sétiou avaient de nous.» Elle appela d'un geste de la main un homme vêtu d'une longue tunique à passements d'argent. «Oueset n'est plus le domaine d'un prince, reprit-elle. Elle devient la cour d'un roi et, avec Ahhotep, j'ai choisi les fonctionnaires dont j'avais désespérément besoin pour me seconder. Ce sont eux désormais qui s'occupent d'évaluer la quantité de grains nécessaire pour les semailles, ou veillent à ce que les centaines d'artisans, de paysans et de maçons qui travaillent pour nous soient bien organisés et correctement payés. Tous les matins, j'écoute leurs rapports, ici, dans la salle de réception. Sébek-nakht a projeté de leur construire une rangée de bureaux derrière le vieux palais. Ce n'est pas très commode pour l'instant mais, lorsque nous nous installerons dans le palais, ils seront à deux pas.»

Parfaitement immobile, les yeux plissés, Ahmosis regardait toujours les fonctionnaires. Incapable de deviner ses pensées, Ahmès-Néfertari eut soudain peur de lui. C'était quelque chose de si nouveau qu'elle en resta un instant saisie, le souffle coupé.

«Voici Néferpéret, ton premier trésorier, déclara-t-elle, luttant contre cette émotion irrationnelle. J'ai confié à Néshi, le trésorier de Kamosé, la charge du trésor du temple. Néferpéret tiendra désormais la comptabilité de tous nos revenus. Il peut te donner le poids et l'utilisation du moindre grain d'or reçu ces six derniers mois, et te rendre compte de nos moindres dépenses. Il était employé par le maire d'Oueset et s'occupait des richesses de la ville. J'ai étudié son dossier moi-même. Il est consciencieux et digne de confiance.»

Néferpéret s'inclina de nouveau. Ahmosis le dévisageait d'un air songeur. Finalement, refermant les doigts d'un geste protecteur autour du pectoral passé à son cou, il déclara d'un ton enjoué :

«Dis-moi, Néferpéret, je compte caserner deux de mes divisions – celles d'Amon et de Rê – ici, à Oueset. Dix mille hommes à nourrir quotidiennement. Je suppose que tu es déjà au courant. On construit leurs baraquements au sud de cette maison. Les céréales et les légumes produits par mes aroures suffiront-ils à leur alimentation et à celle de... ma cour?»

Les yeux du trésorier s'allumèrent. Il fronça les sourcils et se tapota la cuisse d'une main distraite.

«Non, sire, répondit-il. Ta terre produira assez à manger pour tes serviteurs et tes fonctionnaires, mais pas pour tes soldats. Cela étant, j'étudierai chaque année les rapports de tes chefs des greniers, des vignobles et des troupeaux – qui, de leur côté, auront reçu les rapports des villes et des villages d'Égypte –, et je suggérerai une taxe appropriée en me fondant sur le niveau de la crue et le rendement probable des récoltes à venir. Sa Majesté tirera également des revenus de ses négociations commerciales avec le Keftiou, qui a déjà manifesté le souhait d'envoyer une délégation à Oueset. Il me semble par ailleurs que Sa Majesté la Reine a envoyé ton chef du commerce à Alasia. Quant à Ouaouat et Koush...

– Mon chef du commerce, coupa Ahmosis, mes chefs des vignobles et des troupeaux... Par les dieux, Ahmès-Néfertari, tu as procédé à une véritable révolution pendant que je massacrais les Sétiou.

– Il s'agit plutôt d'une transformation paisible, d'un épanouissement, répondit-elle aussitôt. L'ordre ancien ne fonctionnait plus.

– Eh bien, présente-moi ces hommes, dit Ahmosis avec un soupir. Cela me changera des conversations avec les généraux.»

Pendant une heure encore, tandis que Khabekhnet, Ipi et les membres de la famille attendaient, Ahmosis interrogea les fonctionnaires choisis avec soin par Ahmès-Néfertari pour former le noyau du nouvel ordre égyptien. Ahmosis-onkh, qui bâillait de sommeil, fut emmené par Raa. De temps à autre, un serviteur ou un héraut apparaissait, consultait Ahmès-Néfertari à voix basse, puis disparaissait. Elle entendait à peine ce qu'ils lui disaient. Toute son attention était concentrée sur son mari, sur ses gestes, ses expressions, le ton de sa voix. À un moment, le voyant passer l'index sur la cicatrice qu'il avait derrière l'oreille, elle sut qu'il était fatigué ou irrité par ce qu'était en train de lui dire, avec beaucoup de conviction, Amoniséneb, son chef des greniers.

Enfin, il les renvoya tous et se tourna vers Ahmès-Néfertari.

« J'ai soif et je commence à avoir mal à la tête, dit-il. Un roi a beaucoup de choses à comprendre, mais, pour l'instant, je ne rêve que de retrouver le silence de ma chambre et le confort de mon lit. Je vois qu'Hor-Aha s'est éclipsé : les Medjaï ont dû arriver, et mon navire est certainement amarré près du débarcadère. Un bien étrange retour », conclut-il avec un mince sourire.

Ahmès-Néfertari et Ahhotep le regardèrent sortir par la porte du fond, qui donnait accès aux pièces intérieures de la maison.

« Impossible de savoir ce qu'il pensait, déclara Ahhotep. Crois-tu que nous soyons allées trop loin, Ahmès-Néfertari ?

– Nous n'avions pas le choix, répondit-elle avec brusquerie. Le poids qui pesait sur nos épaules était devenu insupportable. Tôt ou tard, il se rendra compte que nous créons une administration disparue d'Égypte depuis des hentis, un retour à l'ordre de Maât. Pour le moment, et bien que le temps des combats approche de sa fin, il demeure un roi guerrier.

– Il n'a pas envie d'être ici, même s'il le croit, dit doucement Ahhotep. Une partie de lui rêverait de courir le pays avec l'armée sans jamais avoir à assumer les écrasantes obligations de la divinité. En cela, il ressemble beaucoup à Kamosé.

– Non. » Ahmès-Néfertari regardait fixement les petites perles de lapis qui ornaient ses sandales. « Il ne ressemble pas du tout à Kamosé, mais l'ombre de son frère pèse encore sur lui. Elle ne se dissipera que lorsque Apopi aura cédé. »

Ce soir-là, après le banquet, qui fit résonner le jardin illuminé de rires et de bavardages, après les félicitations, les chansons et les plaisanteries, Ahmès-Néfertari se retira dans ses appartements, le cœur étrangement lourd. Lorsqu'elle en avait demandé l'autorisation à Ahmosis, il avait d'abord haussé les sourcils. Puis, lui tapotant le genou, il lui avait dit que, naturellement, la journée avait été longue et qu'elle devait être fatiguée. Lui-même était resté, souriant avec bienveillance du joyeux tumulte des convives ivres, mais elle avait senti ses yeux la suivre quand elle avait quitté la salle en évitant les fleurs écrasées et les débris de nourriture qui jonchaient le sol.

Dans sa chambre, Sénéhat l'attendait pour la dévêtir et la laver. Les lampes jetaient une lumière douce et apaisante ; la faible odeur de lotus qui se dégageait de ses draps se mêlait à celle de l'encens qu'elle avait fait brûler au matin devant le tabernacle d'Hathor. Envahie par un brusque sentiment de tristesse, elle pensa à la chambre des enfants, où elle ne se rendait plus, le soir, pour se pencher sur la forme endormie d'Hent-ta-Hent, et murmurer la formule magique qui empêcherait le démon « au-visage-tourné-en-arrière » de voler la respiration au bébé. Ce n'était pas cet esprit mauvais qui avait emporté sa petite fille ; un autre habitant du monde invisible s'était introduit en elle par le nez, la bouche, les oreilles, et y avait allumé un feu qui l'avait consumée.

Il ne m'a pas dit un mot à son sujet, pensa Ahmès-Néfertari. Il n'a posé aucune question, n'a montré aucune émotion. C'est comme si notre fille n'avait jamais vécu. Quelle conclusion en tirer ? Que sa douleur est trop profonde pour qu'il puisse l'exprimer, ou qu'il est simplement trop honnête pour dissimuler son indifférence ?

Assise, elle laissa sa servante ôter le henné de la paume de ses mains et de la plante de ses pieds, lui démaquiller le visage, qu'elle enduisit ensuite de miel et d'huile de ricin, puis la coiffer et la vêtir pour la nuit ; mais quand Sénéhat voulut éteindre les lampes, Ahmès-Néfertari l'arrêta.

« Je vais dans les appartements de mon époux, déclara-t-elle, à son propre étonnement. Va chercher ta natte et dors près de mon lit jusqu'à mon retour. »

Il était tard, et Ahmosis ne l'avait pas fait appeler. Je devrais me coucher et oublier cette journée décevante, se dit-elle avec irritation. Mais comme je ne parviendrais pas à trouver le sommeil, autant ravaler ma fierté et aller le trouver.

Alors qu'elle enfilait les sandales que Sénéhat lui présentait, une pensée lui donna le frisson. Et si elle avait une rivale, si Ahmosis s'était entiché d'une autre femme pendant son séjour dans le Nord ? La fille d'un prince, peut-être, ou une des chanteuses ou des danseuses des temples où il s'était arrêté pour prier ? Son absence avait duré six mois, après tout. Il était roi et pouvait, s'il le souhaitait, prendre des concubines ou même d'autres épouses. Que leurs cœurs et leurs esprits se fussent accordés depuis l'enfance ne signifiait pas qu'il en serait nécessairement toujours ainsi.

Si, se dit-elle encore. Ahmosis n'a jamais eu d'yeux pour une autre femme. Il est incapable de duplicité. Son apparente simplicité cache une intelligence profonde mais aucune fourberie. Le problème est ailleurs. Prévenant d'un mot la sentinelle de garde dans le couloir, elle se dirigea vers les appartements de son époux.

Assis à son poste devant la porte de son maître, Akhtoy se leva à son approche. Ahmès-Néfertari le salua en souriant.

«Je suis heureuse de te revoir, Akhtoy. Ouni a pris régulièrement des nouvelles de ta famille en ton absence. Tu dois être impatient de les revoir.

– En effet, Majesté, et je te remercie, répondit l'intendant en s'inclinant. Le roi m'a autorisé à aller leur rendre visite quelques jours, maintenant qu'Ouni et Karès sont là pour s'occuper de lui.»

Ahmès-Néfertari faillit répliquer que Karès était l'intendant de sa mère et qu'Ouni, qui servait et Tétishéri et elle, avait déjà plus de travail qu'il ne lui en fallait. C'est une partie du problème entre Ahmosis et moi, se dit-elle. Le partage des pouvoirs.

«Parfait, fit-elle d'un ton sec. À présent, je désire voir le roi. Annonce-moi, s'il te plaît.

– Pardonne-moi, Majesté, répondit Akhtoy avec hésitation, mais il s'apprête à se coucher. La soirée l'a fatigué. J'attends qu'il me congédie pour rejoindre moi-même mon lit.»

Ahmès-Néfertari éprouva une brusque envie de le gifler.

«Fais ce que je te dis, Akhtoy, ordonna-t-elle d'un ton sans réplique. Immédiatement!»

L'intendant s'inclina aussitôt et disparut. Ahmès-Néfertari attendit, bien qu'elle se sentît humiliée d'avoir à le faire. Elle entendit la voix de l'intendant, puis celle de son mari. Un instant plus tard, Akhtoy ouvrait la porte en grand et s'effaçait pour la laisser passer.

Ahmosis était assis près de son lit. Un serviteur coiffait son crâne rasé du carré de lin qu'il devait porter la nuit. Il avait l'air fatigué. Des cernes sombres entouraient ses yeux et, à la manière dont il les plissa pour la regarder, Ahmès-Néfertari sut qu'il avait mal à la tête. Il lui sourit cependant d'un air d'excuse lorsqu'elle s'approcha.

«Je sais que j'ai dit à Tétishéri que je te devais cette soirée, Ahmès-Néfertari, mais je suis épuisé. Le banquet était excellent, et je t'en remercie.»

Elle s'immobilisa, raide de colère.

«Je ne viens pas réclamer le paiement d'une dette, dit-elle avec amertume. Et tu n'as pas besoin non plus de te montrer condescendant. Tu aurais pu me faire prévenir.»

Le serviteur la dévisageait fixement, et elle déchargea sa colère sur lui.

«Qui es-tu? tonna-t-elle.

– Héqaib, serviteur personnel de Sa Majesté, répondit l'homme en multipliant les saluts.

– Eh bien, laisse-nous, Héqaib.»

Le serviteur jeta un regard à Ahmosis, qui inclina imperceptiblement la tête. Toujours avec force courbettes, l'homme gagna la porte et la referma doucement derrière lui.

«Je ne l'ai jamais vu, dit Ahmès-Néfertari. J'aime connaître ceux qui vivent sous ce toit.

– J'ai envoyé mon précédent serviteur soigner Horkhouef, le fils d'Ankhmahor, lorsqu'il a été blessé, expliqua Ahmosis en haussant les épaules. Je le lui ai laissé. Pourquoi es-tu si en colère, Ahmès-Néfertari?»

Parce que tu es allé d'abord au temple, avait-elle envie de crier. Parce que tu t'es montré indifférent à mon chagrin. Parce que tu n'as manifestement pas envie de me faire l'amour. Il fut un temps où, après une séparation, ni fatigue ni indisposition ne t'auraient empêché de m'entraîner vers ce lit.

«Je ne suis pas en colère, mentit-elle. Je suis venue te dire que j'avais demandé à Amonmosé d'envoyer des prêtres chanter l'hymne de louange devant ta porte, tous les matins à l'aube. Il m'a paru bon de rétablir cette ancienne coutume qui veut que l'on salue le roi en même temps que le lever du soleil. Il faut aussi que tu saches que je reçois mes ministres et mes chefs tout de suite après le petit déjeuner. Tu devrais assister à cette réunion, Ahmosis.»

Elle n'avait pas bougé. Elle restait debout au milieu de la pièce, les poings serrés derrière le dos. Ahmosis la dévisagea longuement en silence, les yeux plissés, balançant une jambe nue.

« Tu as travaillé aussi dur qu'un esclave des mines d'or, dit-il enfin. Tu as établi les bases d'une nouvelle Égypte. Je suis impressionné par le talent et le discernement dont tu as fait preuve. Sans toi, j'aurais dû m'attaquer dès mon retour à une tâche monumentale, et tu as toute ma reconnaissance. Néanmoins, ma chère sœur, ces hommes ne sont-ils pas mes fonctionnaires, et non les tiens ? Ne suis-je pas l'incarnation d'Amon, le souverain et le juge de tous les Égyptiens selon les lois supérieures de Maât ? » Il poussa un soupir. « J'ai blessé ton orgueil, je le vois. Pourtant, en te confiant toutes ces responsabilités, je pensais simplement que nous continuerions à travailler ensemble pour l'Égypte, toi à Oueset, et moi dans le Nord, et que tu n'aurais pas davantage besoin de remerciements pour ce que tu accomplissais ici que moi pour avoir remporté une victoire capitale contre les Sétiou. N'avons-nous pas toujours fait qu'un, Ahmès-Néfertari ?

– Oui, acquiesça-t-elle d'une voix blanche. Ce que tu dis est raisonnable et vrai, Ahmosis, mais nous nous connaissons bien. Il y a de l'insincérité derrière tes paroles rationnelles.

– Et de la colère derrière les tiennes, répliqua-t-il. Je ne veux pas t'interdire d'assister à ces réunions. Je dis simplement que je ne connais pas ces hommes et que, si je dois incarner l'autorité suprême, si je dois gouverner en même temps que régner, il est essentiel que je sache non seulement qui ils sont, mais le détail de ce qu'ils font.

– Tu ne te fies pas à mon jugement ! explosa-t-elle. C'est moi qui les ai choisis, pas toi, et cela te dérange, n'est-ce pas ?

– J'arrive chez moi pour y trouver plus de changements que n'en a connu Oueset depuis des hentis ! s'écria-t-il. Des murs abattus, d'autres érigés ; des hommes inconnus portant des titres inconnus ; une femme trop occupée à construire, consulter et dicter pour accueillir son époux avec plus que de la politesse !

– Je n'ai rien fait d'autre que ce que tu souhaitais ! répliqua-t-elle. Avant de partir gaiement te couvrir de gloire au combat, tu m'as chargé les épaules d'un sac de responsabilités écrasantes ! Comment oses-tu m'accuser d'être trop occupée pour me conduire comme une femme paresseuse et indolente qui doit interrompre ses travaux de couture et ronronner comme une chatte dès qu'apparaît son seigneur et maître ! J'ai accompli un miracle, ici, et je l'ai fait en six mois, sur ton ordre, pendant que ma fille mourait et que mon époux courait après son noble rêve !

– Et toi, après quoi courais-tu ? jeta-t-il. Après un scribe séduisant et un architecte admiratif ?

– Ahmosis ! » Elle le regarda, médusée. « C'est de la jalousie ? Tu es jaloux de Khounès et de Sébek-nakht ? »

Le visage d'Ahmosis se crispa. « Oui, reconnut-il à contrecœur, serrant les poings si fort que ses jointures blanchirent. De lui et de tous les autres. En plus de ta beauté, Ahmès-Néfertari, il y a à présent autour de toi une auréole d'autorité. » Il lui jeta un regard presque timide. « T'imaginer avec ces hommes, qui se réunissaient autour de toi, qui prenaient la place que j'avais laissée, m'a torturé. Le pouvoir est un aphrodisiaque puissant, conclut-il en souriant avec effort.

– Je ne sais si je dois me sentir flattée ou insultée, dit-elle avec incrédulité. Tu viens de déclarer et que je suis indigne de confiance et que le pouvoir m'est monté à la tête. » Elle haussa les épaules d'un air dérouté. « Tu as été le jouet de ton imagination, Ahmosis. Je m'entends bien avec mon scribe et avec le prince, c'est vrai. Comment pourrais-je travailler avec eux si ce n'était pas le cas ? Mais que tu puisses voir de l'attirance sexuelle dans la nécessaire harmonie entre mes serviteurs et moi me dépasse !

– Tu recommences, riposta-t-il. Exception faite de Khounès, ce ne sont pas tes serviteurs, mais les miens.

– Ce sont les nôtres, corrigea-t-elle. C'est moi qui les ai trouvés, qui ai évalué leurs capacités et défini leurs fonctions. Aurais-tu peur de moi, Ahmosis ? Rêverais-tu secrètement d'une femme plus docile ? Regrettes-tu l'Ahmès-Néfertari timide et effacée que j'étais autrefois ? À moins que tu ne m'aies déjà trouvé une remplaçante ? Tu ne m'as pas embrassée une seule fois depuis ton arrivée, sans parler de montrer du désir pour ma personne. »

Ahmosis se redressa, mais continua à serrer ses mains à les briser.

« Je suis navré, Ahmès-Néfertari, dit-il à voix basse. Tes lettres semblaient si compétentes, si froides… Tu mentionnais des hommes qui m'étaient inconnus, et tu parlais d'eux avec une désinvolture indiquant une intimité que je ne pouvais partager. Cela m'a fait peur, je l'avoue, et cela m'a rendu jaloux. » Il dénoua ses mains et les contempla d'un air résigné. «Il n'y a pas d'autre femme. Il n'y a que toi. Je suis retombé amoureux de toi comme au premier jour.»

Que se passe-t-il? se demanda Ahmès-Néfertari avec désespoir. La distance, la jalousie, l'impression que tu n'étais pas maître de la situation, ici, à Oueset... c'est cela qui a attisé ta passion? Où erres-tu, Ahmosis, pour ne pas voir les choses telles qu'elles sont? Le sang et le feu ont-ils fini par te rendre aveugle à la réalité?

«Et Hent-ta-Hent? dit-elle d'une voix mal assurée. Sa mort a-t-elle représenté quelque chose pour toi? Pataugeais-tu dans le bourbier de la jalousie et de la crainte au point de rester indifférent à une véritable tragédie?

– Non, répondit-il. Lorsque j'ai lu ta lettre, j'ai ressenti un immense chagrin mais, plus tard, cette douleur s'est confondue avec celle, plus vaste, moins égoïste, que j'éprouvais pour les nombreux soldats qui avaient donné leur vie en combattant pour l'Égypte, pour moi. La disparition d'Hent-ta-Hent est devenue une mort parmi d'autres.»

Ahmès-Néfertari s'avança vers la table d'un pas incertain, et vida la coupe de vin à demi pleine qu'y avait laissée Ahmosis. Puis, prenant un tabouret, elle s'assit près de lui.

«Nous sommes tous les deux des idiots, ô Grand Horus, déclara-t-elle. J'étais remplie d'appréhension, moi aussi. Je craignais ton retour, craignais que tu ne défasses tout ce que j'avais accompli, que tu ne m'ôtes des mains ces rênes du gouvernement que j'avais pris tant de plaisir à tenir.» Elle lui effleura timidement le genou. «Je n'ai pas envie de renoncer aux tâches que j'ai entreprises. Ne me mets pas à l'écart, Ahmosis, je t'en prie.»

Il éclata brusquement de rire, et sa main se referma sur la sienne, chaude et ferme.

«Moi, te mettre à l'écart? gloussa-t-il. Je crois que nous avons l'un et l'autre été la proie de fantasmes, Ahmès-Néfertari. Je ne sais pas bien pourquoi. Peut-être payons-nous l'anxiété permanente dans laquelle nous avons vécu pendant les campagnes de Kamosé. Mais peu importe. Je suis désolé, je te le répète. Nous avons toujours vécu et agi ensemble. Continuons ainsi. Qu'en dis-tu?»

J'en dis que je me sens toujours menacée, pensa Ahmès-Néfertari, et ton indifférence présente à la mort de notre petite fille, quoi que tu aies pu éprouver lorsqu'elle t'a été annoncée, est une trahison qui s'atténuera peut-être avec le temps mais qui ne s'effacera jamais de mon cœur. Elle se força à sourire à Ahmosis.

« Comment allons-nous nous y prendre, mon époux ? demanda-t-elle.

– Ta voix mord encore, murmura-t-il. Nous commencerons par présider ensemble la réunion quotidienne des ministres. Tu feras mon éducation, et j'apprendrai. Lorsque j'en saurai autant que toi, nous écouterons et déciderons ensemble. Entendu ?

– Entendu. Je veux te montrer la nouvelle caserne et les plans sur lesquels Sébek-nakht et moi nous sommes mis d'accord pour le vieux palais. Ils sont très bons, Ahmosis. Je pense que tu seras de cet avis, toi aussi. Dans le cas inverse, je te permettrai de les modifier. »

Un instant, il haussa les sourcils, dérouté, puis un grand sourire détendit son visage, et il la prit sur ses genoux.

« Embrasse-moi », ordonna-t-il en fermant les yeux.

Elle obéit, retrouvant l'odeur de son corps, la saveur et le contact familiers de sa bouche, s'abandonnant à son étreinte, y cherchant le sentiment de sécurité qu'ils lui avaient toujours apporté. Mais lorsqu'ils firent l'amour, en dépit de ses efforts pour se soumettre à son désir et au sien, une partie de son esprit resta irréductiblement extérieure. Il n'est pas venu à moi, lui murmurait une petite voix. C'est moi qui ai dû aller à lui. Il ne m'a pas embrassée, il m'a ordonné de le faire. Nos corps cherchent à s'unir, mais cela ressemble plus à un combat qu'à une fusion. Alors même qu'il me pénètre, son ka est loin d'ici, et le mien regarde notre petite fille mourir.

Ensuite, étendus côte à côte, ils regardèrent la lumière de la lampe danser sur le ciel bleu et blanc du plafond.

« J'ai oublié de te dire qu'il y avait un homme que tu n'avais pas rencontré, ce matin, dit finalement Ahmès-Néfertari. Il s'agit du chef de mes espions. Il est encore au pays de Koush. Il a des hommes en place à Esna, Pi-Hathor et Souénet, ainsi que dans divers villages du pays d'Ouaouat.

– Tu fais espionner les compatriotes d'Hor-Aha ? » s'exclama Ahmosis, étonné.

Elle acquiesça de la tête, lui effleurant le cou de ses cheveux emmêlés.

« Pas sérieusement, répondit-elle. Ahhotep et moi ne nous attendons pas à avoir de problèmes avec les tribus medjaï, mais tu sais combien ils sont versatiles… Nous tenons en revanche à être informées des offensives que Tétiân pourrait décider de lancer de son bastion de Koush. »

Ahmosis se souleva sur un coude.

« Et pourquoi faites-vous encore surveiller Pi-Hathor ? demanda-t-il. Le maire, Het-Oui, a signé un traité avec Kamosé. Il a juré de rester neutre dans la guerre qui l'opposait à Apopi.

– Mais Kamosé est mort, remarqua Ahmès-Néfertari. Pi-Hathor marquait la frontière sud des Sétiou, et elle devait sa prospérité aux navires qu'y faisaient construire les rois étrangers. D'après les espions, une certaine agitation y règne, de même qu'à Esna. C'est à Nékheb que nous faisons maintenant construire et réparer nos embarcations, Ahmosis. Nous nous sommes détournés de ces deux villes, quoiqu'elles soient également dans le nome de Nékhen. N'oublie pas qu'elles sont toujours pleines de Sétiou.

– Tu penses donc qu'avec la mort de Kamosé, elles considèrent le pacte comme nul et non avenu ? dit Ahmosis. Par les dieux, nous n'en aurons donc jamais fini ? À peine me suis-je assuré le contrôle du Nord que le Sud nous menace de nouveau ? Et à deux jours de navigation à peine d'Oueset !

– Je ne crois pas qu'il y ait lieu de s'inquiéter, déclara Ahmès-Néfertari. Après tout, un grand nombre de nos navires sont récemment passés devant ces deux villes. Esna et Pi-Hathor ont vu les forces dont nous disposons : elles n'agiront pas à la légère ; et si jamais il y avait un soulèvement dans l'air, nous serions prévenus par nos espions. » Elle sourit de l'air préoccupé d'Ahmosis. « Écraser deux villes rebelles n'est rien en comparaison de ta victoire sur Het-Ouaret. Kay Abana y parviendrait avec un seul et unique navire ! »

Ahmosis sourit à son tour et se recoucha.

« Tu sais qu'il se fait appeler Ahmosis Abana, maintenant ? Il est incorrigible.

– Et Ramosé ? demanda Ahmès-Néfertari. Où est-il ?

– Je l'ai laissé à Khmounou pour qu'il s'y familiarise avec sa tâche de gouverneur, dit Ahmosis. J'espère qu'il y sera trop occupé pour penser souvent à Tani.

– S'agit-il d'amour ou d'obsession ? » murmura Ahmès-Néfertari, se rendant compte trop tard qu'un peu d'envie avait percé dans sa voix.

Ahmosis garda le silence. Bien que leur conversation eût paru intime, elle savait que l'entrelacement fragile des mots n'avait pas comblé le fossé qui les séparait. Le silence se prolongea, s'alourdissant de tout ce qui n'était pas résolu entre eux. Ahmès-Néfertari fut incapable de le rompre. Finalement, elle se risqua à jeter un regard vers son mari et, voyant qu'il s'était endormi, elle se dégagea avec précaution, ramassa sa robe et ses sandales, et regagna la solitude bénie de ses propres appartements.

9

Ahmès-Néfertari se réveilla à l'aube, étendue de travers dans son lit, le drap entortillé autour des chevilles. Elle avait eu un sommeil agité, troublé par un rêve où elle avait vu dans son miroir de cuivre un visage si déformé et grotesque qu'elle ne l'avait pas immédiatement reconnu pour le sien. C'était un mauvais présage, elle le savait, et, tandis que Sénéhat lui apportait pain et fruits, allait et venait dans la chambre, relevait la natte de la fenêtre, posait une robe propre sur le lit, la jeune femme réfléchit à son interprétation. Je vais avoir à affronter une vie entièrement nouvelle et qui ne sera pas forcément agréable, pensa-t-elle. Cela ne peut tout de même pas signifier qu'Ahmosis va mourir ! Non, bien sûr que non ! Des présages plus puissants, donnés par Amon en personne, assurent qu'il accédera à la divinité et régnera longtemps sur l'Égypte. Une fissure s'est produite entre nous, et c'est ce qu'indique le rêve, mais nous nous aimons trop pour que cela ne s'arrange pas très vite.

Plus tard, escortée de Khounès et d'un de ses gardes, elle se rendit dans la salle de réception. Ahmosis s'y trouvait déjà, installé dans le fauteuil qu'elle avait occupé pendant six mois. Ipi était assis en tailleur à ses pieds. Ravalant un ressentiment dont elle avait presque le goût dans la bouche, Ahmès-Néfertari se força à sourire et s'inclina devant lui. Saluée par l'assemblée des chefs et des ministres, elle monta sur l'estrade, où un second siège avait été placé à côté de celui du souverain.

« Nous n'aurons pas besoin de toi, aujourd'hui, Khounès », déclara Ahmosis d'une voix forte.

Le scribe, qui avait déjà posé sa palette sur ses genoux et préparait son encre, écarquilla les yeux.

«Majesté?

– Ipi est premier scribe, expliqua Ahmosis d'un ton brusque. Je te remercie du travail que tu as fait en son absence, mais tu pourras désormais te consacrer entièrement au service de la reine.»

Khounès regarda Ahmès-Néfertari avec consternation. Elle lui intima le silence d'un geste et se tourna vers son mari.

«Pardonne-moi, sire, dit-elle en choisissant ses mots avec précaution, mais Khounès a noté tous les entretiens que j'ai eus avec tes fonctionnaires. Il est informé de leurs requêtes et de leurs problèmes. Peut-être pourrait-il être autorisé à continuer de remplir ces fonctions jusqu'à ce qu'il ait eu le temps de mettre Ipi au courant des tâches particulières qu'il accomplit ici.»

Elle vit Ipi approuver de la tête avec gravité. La suggestion était après tout raisonnable. Comprenant qu'Ahmosis avait parlé impulsivement, elle se pencha vers lui et dit à voix basse : «Je ne cherche pas à contester tes ordres ni à exercer un contrôle sur ta cour. Je me soucie seulement d'efficacité.

– C'était étrange et agréable d'être réveillé par des prêtres chantant l'hymne de louange, murmura-t-il sans la regarder. Tu es effectivement devenue l'efficacité même, Ahmès-Néfertari. La reine a parlé avec sagesse, poursuivit-il à voix haute. Prépare ton papyrus, Khounès. Tu peux te retirer, Ipi. Khounès et toi travaillerez ensemble après la réunion.

– Les bureaux des scribes et la nouvelle salle des archives sont terminés, intervint Ahmès-Néfertari. Ils sont à ta disposition, Ipi. Khounès te montrera tout.

– Je regrette déjà de ne pas être resté au lit», chuchota Ahmosis.

Son irritation s'était envolée, et Ahmès-Néfertari lui sourit, éprouvant pour lui une bouffée d'affection qui lui fit oublier son envie de le défier.

«Fais-leur prêter serment, Majesté, murmura-t-elle à son tour. Ils sont impatients de te servir.»

Pendant les heures qui suivirent, les hommes qu'elle avait mis tant de soin à recruter vinrent baiser les pieds et les mains de leur roi en signe de fidélité, puis lui exposèrent leurs triomphes et leurs inquiétudes du moment. Ahmosis parut se satisfaire d'écouter et ne posa que de rares questions, toujours pertinentes, laissant à Ahmès-Néfertari le soin de diriger le déroulement de la réunion. Lorsque celle-ci prit fin, il se leva et s'étira.

« Tu as bien choisi, remarqua-t-il alors qu'ils quittaient la salle de réception pour la lumière aveuglante du dehors. J'ai été particulièrement impressionné par Amoniséneb. L'état des greniers et l'évaluation des récoltes futures sont d'une importance capitale, et il paraît parfaitement informé. Crois-tu que notre premier trésorier Néferpéret va nous rendre riches, Ahmès-Néfertari ?

– Ce qui nous rendra riches, ce sont la reprise du commerce et l'augmentation des taxes que permettra le retour à la paix et à la prospérité, répondit-elle. Le rôle de Néferpéret consistera à s'assurer que nous le restions. Je suis contente que tu approuves mes choix, Ahmosis. Cela compte beaucoup pour moi. » Elle poussa un soupir. « Cela dit, ministres et chefs ont un besoin croissant de scribes, d'assistants et de petits fonctionnaires. Nos vies ne seront plus jamais tranquilles.

– Comparé aux discussions et à l'affairement qui règnent ici, un champ de bataille est un havre de paix », plaisanta Ahmosis.

Ils étaient arrivés au bord de l'allée principale, qui traversait le domaine, du débarcadère à l'entrée de derrière. Devant eux, l'herbe du jardin était sillonnée de petits sentiers qui partaient dans toutes les directions. Des hommes y marchaient, seuls ou en petits groupes, certains portant des rouleaux sous le bras, d'autres discutant avec animation.

« J'ai fait construire les bureaux dans l'ombre du mur d'enceinte, à côté des communs, remarqua Ahmès-Néfertari. Lorsqu'ils seront terminés, il y aura moins d'allées et venues dans le jardin. Pour l'instant, ces hommes travaillent où ils peuvent. » Sentant chez Ahmosis un malaise frisant le désarroi, elle le prit doucement par le bras. « Écoute-moi, mon chéri, dit-elle d'un ton pressant. Il y a peu de temps encore, nous n'étions que de petits princes de province. Père gouvernait un nome paisible, sous l'œil d'Apopi. Nous, ses enfants, nous pêchions, nagions et jouions, menions une existence tranquille et prévisible, occupés à des plaisirs et à de petites tâches toujours identiques. Nous avions accepté notre sort sous une Maât pervertie. Tout cela a changé. Rien ne sera plus jamais comme avant. Apopi a plongé l'épée de l'humiliation dans notre nid paisible, et père a été contraint de répondre à l'insulte. Dès ce moment-là, les dés étaient jetés. Nous ne pouvons plus retourner en arrière. Te rends-tu pleinement compte de ce qui s'est passé cette année ?» Elle secoua le bras d'Ahmosis, dont les yeux perdirent soudain leur expression vague. «L'Égypte a de nouveau un roi égyptien. L'Égypte a recommencé à chanter son chant de sainteté et de fertilité. Elle sera riche, elle sera stable et puissante. Nous sommes sortis d'un cocon, et ce que tu vois autour de toi est l'inévitable épanouissement apporté par les forces de Maât. Ce domaine est devenu le cœur de l'administration égyptienne. Tu n'obéis plus aux impératifs de la guerre, tu sers Maât et l'Égypte. Tu es un dieu, mon cher frère, tu ne t'appartiens plus.»

Lorsqu'elle se tut, il la regarda longuement en silence, une expression troublée sur le visage, tandis que leurs porte-parasols et leurs gardes attendaient patiemment.

«Je sais tout cela, dit-il enfin en hochant lentement la tête. Pendant ces longues nuits où Kamosé et moi descendions le Nil, quand la volonté du dieu était la seule chose qui nous permettait de surmonter l'horreur et les souffrances des combats, j'ai souvent imaginé ce que serait l'Égypte future. Maintenant qu'elle est là, j'ai du mal à me faire à la réalité. Je regrette d'avoir été absent pendant qu'elle prenait forme.» Il jeta un regard plein de nostalgie vers la porte fermée du domaine. «Mes journées vont être très occupées désormais, n'est-ce pas ? J'aimerais emmener Ahmosis-onkh chasser en barque dans les marais.»

Ahmès-Néfertari secoua la tête.

«Il est allé au temple avec un prêtre-ouab, dit-elle. Il apprend les prières et les observances que doit connaître un prince. Sébek-nakht t'attend, Majesté. Il souhaite te montrer ce qu'il a fait.»

Les mâchoires crispées, Ahmosis se tourna vers le vieux palais couvert d'échafaudages et enveloppé de poussière, où résonnaient les cris des ouvriers et le fracas de leurs outils.

«Je devrais déborder de joie, marmonna-t-il. C'est l'aboutissement de tous nos efforts, la récompense de nos combats, la justification des deuils que nous avons éprouvés. Pourquoi alors ai-je l'impression d'avoir mordu dans une pomme mûre qui se révèle véreuse ?» Il fit signe aux gardes, qui s'animèrent aussitôt. Ahmès-Néfertari et lui foulèrent l'herbe élastique de la pelouse. «J'aimais le vieux palais lorsqu'il n'était qu'une noble ruine, continua Ahmosis. C'était un endroit sombre, où pesait la présence mélancolique du passé, mais où l'on trouvait aussi intimité et silence.

– Un silence dans lequel père et Kamosé entendaient un appel assourdissant à la justice, répliqua Ahmès-Néfertari. Imagine le palais restauré, Majesté ! Imagine-le illuminé, scintillant d'or et d'argent !

– Et que dira le trésorier Néferpéret de ces dépenses ?» jeta Ahmosis.

Ahmès-Néfertari haussa les épaules mais ne put répondre, car Khabekhnet annonçait l'approche du roi d'une voix retentissante. Aussitôt, les ouvriers posèrent leurs outils ou leurs chargements de briques pour se prosterner où ils le pouvaient, et un groupe d'hommes portant perruques et pagnes blancs se retourna, abandonnant les plans sur lesquels ils se penchaient pour s'incliner devant le couple royal, qui traversait avec précaution la cour aux pavés fendus et disjoints. Après les avoir priés de se relever, Ahmosis salua Sébek-nakht en souriant.

«C'est un plaisir de te revoir, prince ! Pardonne-moi de t'avoir causé des problèmes de conscience en t'empêchant de retourner à Het-Ouaret achever les travaux d'Apopi.

– Je me suis acquitté de mes obligations envers mon seigneur aussi bien que les circonstances le permettaient, répondit l'architecte avec un geste fataliste. La guerre de Sa Majesté passait naturellement avant la démolition de quelques temples funéraires. Je suis d'ailleurs bien plus heureux lorsque je construis que lorsque je détruis, continua-t-il en souriant à Ahmès-Néfertari. Et je remercie Sa Majesté de m'avoir donné l'occasion de le faire à Oueset.» Il désigna de la main le groupe d'hommes qui attendait respectueusement derrière lui. «Voici les assistants que la reine a eu la bonté de me permettre d'engager.» Après les avoir rapidement présentés à Ahmosis, il lissa les feuilles de papyrus qui se trouvaient sur la table. «J'ai dessiné quelques projets provisoires pour la rénovation du palais, reprit-il. Pour l'instant, nous n'avons procédé qu'à des travaux superficiels. La reine désirait que nous attendions ton retour pour toutes les modifications importantes.»

Ahmosis se pencha sur les plans, où il ne vit qu'un enchevêtrement incompréhensible de fines lignes noires.

« Ces gribouillages n'ont aucun sens pour moi, Sébek-nakht. Tu ferais mieux de me montrer ce que tu as fait et de m'expliquer le reste. Si la reine se fie à toi, moi aussi. » Il tapota la table et jeta un regard de biais à sa femme. « Tu viens ici tous les jours, Ahmès-Néfertari, as-tu appris à lire ces dessins ? »

Elle le dévisagea un instant, cherchant à savoir s'il lui tendait un piège, puis se traita aussitôt de lâche. Si je commence à mentir pour me le concilier, je n'arrêterai plus, se dit-elle.

« Un peu, répondit-elle avec calme. J'ai fait plusieurs fois le tour des bâtiments avec le prince avant que nous ne nous installions ensemble dans le bureau de père, et qu'il m'explique ses projets. »

Cette fois, Ahmosis la regarda en face et lui adressa un demi-sourire.

« Très bien, dit-il. Guide-moi à travers le palais de mes ancêtres, prince. Je t'écouterai. Ah ! comme Kamosé aurait aimé nous accompagner ! »

Il est peut-être près de nous, se dit Ahmès-Néfertari tandis qu'ils avançaient avec précaution, évitant les briques brisées, les outils, les éléments d'échafaudages et les ouvriers eux-mêmes qui, interrompant leur travail, se prosternaient sur le sol poussiéreux. J'ai souvent senti sa présence quand Sébek-nakht et moi parcourions le palais, et je suis sûre de l'avoir vu, un jour, sur cette terrasse des appartements des femmes où il allait si souvent s'isoler.

Le prince s'arrêta devant les colonnes qui marquaient l'entrée principale. « Il y en a dix, comme tu le sais, sire, déclara-t-il. Contrairement au palais, qui est en brique crue, elles sont en grès. Elles sont magnifiques, bien que les peintures qui les décoraient aient presque entièrement disparu. Trois d'entre elles penchent et doivent être démontées, une tâche qu'il faut confier à des maçons qualifiés. M'autorises-tu à envoyer chercher à Mennéfer des artisans avec qui j'ai déjà travaillé ? Je te garantis leur compétence. »

Le regard d'Ahmosis monta le long du fût des colonnes et se perdit dans le bleu profond du ciel, au-dessus.

« Je me fie à ton jugement, prince », répondit-il.

Ils quittèrent la chaude lumière du soleil pour la pénombre de la grande salle d'audience, flanquée à gauche de l'ancien corps de garde et, à droite, d'une pièce où solliciteurs et ministres attendraient d'être reçus par le roi. Ahmosis s'arrêta, retenant son souffle. Tendus, Ahmès-Néfertari et Sébek-nakht guettèrent sa réaction.

L'ancien pavage de pierres, abîmé, irrégulier, avait été enlevé et remplacé. À présent, il s'étendait, uni et brillant, entre deux rangées de colonnes. Les murs autrefois en ruine, criblés de trous dans lesquels nichaient les oiseaux, étaient maintenant parfaitement lisses, et s'élevaient jusqu'à un plafond qui ne présentait plus ni fissures ni affaissements. L'estrade du trône avait été entièrement refaite.

«Tout cela ne nécessitait pas la compétence d'un architecte, Majesté, observa Sébek-nakht. De bons maçons et un contremaître efficace ont suffi. Ce que tu vois n'est que l'ossature d'une splendeur finale que tu dois essayer d'imaginer.

– Je l'imagine, fit Ahmosis, impressionné. Un carrelage de lapis bleu foncé semé de particules d'or où les torches mettront des reflets, comme le soleil à la surface de l'eau; des murs plaqués d'électrum et ornés de l'image des dieux; un plafond piqué d'étoiles d'argent.» Il montra l'estrade d'une main qui tremblait d'excitation. «Et là, au centre, le trône d'Horus avec, à côté, le coffret contenant la Double Couronne, le Sceptre et le Fouet. Où sont les ombres qui se tapissaient dans les coins des salles en ruine, Ahmès-Néfertari?

– Les fantômes s'en sont allés, dit-elle doucement. Ils sont apaisés, car leur longue tristesse a pris fin. Le palais revit et va de nouveau abriter un roi.»

Elle crut voir briller des larmes dans les yeux d'Ahmosis. Un long moment, il resta immobile, regardant autour de lui, humant un air qui ne sentait plus la décomposition ni l'humidité, mais la poussière de brique et la sueur. Puis il haussa les épaules, comme pour se débarrasser d'un poids indésirable.

«Continuons, prince, dit-il enfin. Je suis très satisfait.»

Ils traversèrent des salles plus petites, encombrées de gravats; des couloirs dont les plafonds démolis laissaient voir les étages supérieurs; ils franchirent des portes conduisant à des puits fraîchement creusés, et contournèrent des puits que l'on comblait. Tout en pilotant le roi, Sébek-nakht lui exposait ses projets : de la chrysalide du vieux palais sortirait un bâtiment aux pièces plus vastes et plus claires, aux couloirs et aux escaliers plus larges.

«Nous ne pouvons monter dans les chambres, déclara-t-il. Les planchers ne sont pas sûrs et des cheminées d'aération se sont effondrées. Je t'ai montré les murs que je souhaitais détruire entièrement afin d'agrandir les appartements. Comme cela limitera le nombre de personnes qui pourront habiter le palais, je te demande l'autorisation de construire deux nouvelles ailes, dont l'une rejoindra ta maison actuelle. J'ai également prévu de nouveaux communs, naturellement, et de petites chambres pour loger les gouverneurs lors de leurs séjours à Oueset. Je serais honoré de te soumettre ces plans. »

Ils étaient arrivés au pied de l'étroit escalier tournant qui menait à la terrasse où Séqénenrê avait été attaqué, et où Kamosé s'asseyait, le dos contre une cheminée d'aération en ruine, le regard posé sur le fleuve et sur les montagnes occidentales. Ahmosis s'immobilisa.

« Cet escalier a de l'importance pour moi, dit-il. Tu es un architecte de talent, prince, et je te félicite de ce que tu as fait jusqu'à présent. Je n'ai aucune critique à formuler, je trouve même que tu as pour ce palais sacré une vision qui surpasse la mienne. Je tiens toutefois à ce que cet escalier reste tel qu'il est. Est-il sûr ?

– Oui, sire, répondit Sébek-nakht, perplexe. Il a été examiné. Je comptais cependant le détruire : il faut qu'il soit plus large et qu'il n'ait qu'un angle si femmes et serviteurs doivent l'emprunter.

– Construis aux femmes un autre moyen d'accès à la terrasse de leurs appartements. Personne ne doit utiliser cet escalier sans autorisation. Ferme-le par deux portes afin qu'on ne le prenne pas par erreur.

– À tes ordres, sire, mais ne souhaites-tu pas que je fasse au moins nettoyer les débris qui l'encombrent et réparer les marches ?

– Non, n'y touche pas. Il rappellera aux rois futurs que, faute de vigilance, l'Égypte pourrait de nouveau connaître un sort tragique. J'ai dit. »

Plus tard, lorsque, après avoir pris congé de Sébek-nakht, le couple royal se dirigea vers le bassin, Ahmès-Néfertari prit le bras de son époux.

« Je sais pourquoi tu veux conserver cet escalier en l'état, dit-elle. Mais est-ce sage, Ahmosis ? Un escalier inutilisé et condamné, qui a vu monter un assassin et descendre un homme mutilé, que Kamosé gravissait souvent, le cœur plein d'émotions violentes et secrètes… Tu ne crois pas qu'il est dangereux d'emprisonner ces forces invisibles ? Ne vont-elles pas imprégner le reste du palais, peupler nos nuits de rêves mélancoliques, et apporter à ceux qui viendront après nous une tristesse qui ne sera pas la leur ? »

Ahmosis s'assit sur les coussins installés dans l'ombre d'un dais blanc, à côté du bassin. Akhtoy apparut aussitôt, menant un cortège de serviteurs chargés de plateaux.

« Peut-être, répondit le souverain, mais notre destin s'est décidé sur ces marches, Ahmès-Néfertari. Elles me sont précieuses pour cette raison, et parce qu'elles gardent l'empreinte des pieds de père et de Kamosé. Ils ne permettront pas que ma décision fasse peser une malédiction sur le palais. »

Ahmès-Néfertari vit qu'il ne changerait pas d'avis. Sur ces entrefaites, Ahmosis-onkh arriva en courant, suivi de près par son garde.

« J'ai récité mes prières tout le matin, Majesté mon père, et je meurs de faim ! s'écria-t-il. Je peux manger avec vous ? Je peux être dispensé de sieste, cet après-midi ? Je veux aller dans les marais voir le bébé hippopotame qui vient de naître.

– Oui et non, répondit tranquillement Ahmosis, tandis que le petit garçon se laissait tomber entre Ahmès-Néfertari et lui. Nous irons voir les hippopotames ensemble, mais pas tout de suite. Les parents de ce bébé vont être dangereux. Un jour, dans des circonstances analogues, ils ont pourchassé ta tante Tani. Elle aimait les hippopotames et passait beaucoup de temps à les observer. »

Ahmès-Néfertari lui jeta un regard perçant. Prenant le plat qu'un serviteur lui présentait, Ahmosis-onkh remarqua :

« J'ai entendu les domestiques parler de tante Tani, mais jamais ma famille. Pourquoi ? Elle est morte ? Nous n'allons jamais sur sa tombe le jour de la Belle Fête de la Vallée. Je n'ai qu'un radis, ajouta-t-il à l'adresse d'un serviteur. Donne-m'en d'autres. »

Pendant qu'ils mangeaient, Ahmosis décrivit à son beau-fils la jeune fille espiègle qui avait aimé regarder les hippopotames émerger de l'eau paisible des marais, le dos luisant et les dents festonnées de plantes aquatiques ; qui avait couru et dansé dans la maison et le domaine en égayant maîtres et serviteurs. Il parla de la passion née entre Ramosé et elle, une passion dont la flamme brûlait encore dans le cœur du jeune homme, et il raconta comment, après la défaite de Séqénenrê à Qès, Apopi était venu à Oueset où, ayant condamné la famille à l'exil, il avait décidé d'emmener Tani en otage à Het-Ouaret pour éviter que Kamosé ne se rebelle. Ahmosis-onkh écouta avec attention, poussant son légume favori sur le bord de son assiette afin de le manger en dernier.

«Mais mon oncle n'a pas obéi à l'usurpateur, remarqua-t-il, mordant dans une branche de céleri et agitant le morceau restant sous le nez de son père. Il lui a déclaré la guerre. Qu'est-il arrivé à ma tante? Est-ce qu'Apopi l'a tuée?

– Non, répondit Ahmosis avec gravité. Apopi a beau être un usurpateur, il n'est pas cruel. Tani vit toujours.

– Ah.» Ahmosis-onkh se mit à déguster ses radis avec un plaisir visible. «Alors, tu la libéreras quand tu prendras Het-Ouaret, et elle vivra avec Ramosé?

– Peut-être.

– Je l'espère bien.»

Se désintéressant du sujet, il tendit son assiette vide à un serviteur et, roulant sur le ventre, se mit à chercher dans l'herbe des insectes qu'il pourrait donner aux grenouilles du bassin.

Il vient de recevoir sa première leçon d'histoire, je suppose, se dit Ahmès-Néfertari en le regardant avec affection et mélancolie. Mais Ahmosis ne lui a pas tout dit; il ne lui a pas raconté que Kamosé avait envoyé Ramosé tendre un piège à Apopi et à ses généraux, qu'en échange de ses fausses informations le souverain sétiou lui avait permis de voir Tani, et que Ramosé avait alors appris qu'elle avait épousé Apopi et reçu le nom de reine Tautha. Je ne souffre presque plus en pensant à ma sœur, constata la jeune femme. Ce qui a été si radicalement brisé ne peut plus vraiment être réparé. Lorsque Ahmosis s'emparera d'Het-Ouaret, que fera-t-il d'elle? Nos plaies se rouvriront-elles à cette occasion?

«Il est temps d'aller dormir, Ahmosis-onkh, déclara-t-elle. Raa t'attend.»

L'enfant poussa un soupir bruyant mais se leva aussitôt.

«Pourrai-je aller nager après? demanda-t-il.

– Nous irons voir le bébé hippopotame, si ça te fait plaisir, dit Ahmosis en tirant doucement sur sa mèche d'enfance. Passer une heure ou deux avec toi sur le fleuve me fera le plus grand bien.

– Oh! merci, Majesté mon père! s'écria Ahmosis-onkh avec ravissement. Et je pourrai me servir de mon bâton de jet?

– Contre les canards, pas contre les hippopotames», dit Ahmosis avec amusement. Il regarda l'enfant courir vers la maison, puis se tourna vers sa femme. «Il a un bâton de jet?»

Ahmès-Néfertari se rinça et se sécha les doigts avant de répondre.

«Emkhou lui en a fait fabriquer un. D'après lui, les canards peuvent encore dormir tranquilles quelques années.»

Ahmosis ne sourit pas. «Ahmosis-onkh a presque cinq ans, dit-il. Il va grandir très vite, maintenant. Nous devons avoir d'autres enfants, Ahmès-Néfertari, un autre fils, une fille pour légitimer l'accession d'Ahmosis-onkh à la divinité lorsque son tour viendra. Il est tout ce qui sépare la stabilité de l'Égypte d'un retour au chaos. Si je le pouvais, je l'enfermerai pour le préserver de tous les dangers de l'existence.»

C'était la première fois qu'il parlait aussi franchement de cette peur qui, Ahmès-Néfertari le savait, commençait à l'obséder.

«Je sais, murmura-t-elle, envahie par un sentiment d'échec. Mais si tu restais à la maison un peu plus d'un jour ou deux, nous pourrions peut-être commencer à remplir ces nouveaux appartements dont Sébek-nakht parlait.»

Elle s'était efforcée de prendre un ton léger et, avec un éclat de rire, Ahmosis l'embrassa dans le cou.

«Nous pourrions, en effet, approuva-t-il en souriant. Nous devons même nous y appliquer assidûment, ma belle guerrière. Dès ce soir...»

Il s'interrompit en voyant sa mère s'avancer vers eux, accompagnée de Karès, qui portait un tabouret pliant.

«Ahhotep! s'écria-t-il. Tu as manqué un excellent repas!»

Elle s'arrêta à l'ombre du dais, le front perlé de sueur et une mèche de cheveux collée à son cou. Après avoir fait signe à Karès d'installer le tabouret, elle appela d'un claquement de doigts un serviteur portant une cruche de bière. Aussitôt assise, elle vida le pot qu'il lui présenta.

«Il fait chaud pour une journée de printemps, remarqua-t-elle. Je n'avais pas faim, Ahmosis. J'étais dans le potager avec Tétishéri. Je l'ai fait agrandir cette année pour augmenter son rendement. Il a fallu y transporter d'énormes quantités de limon, et il est maintenant si vaste que l'arrosage est devenu un problème. Je souhaite changer carrément d'emplacement et planter de légumes un des champs de céréales situés au nord, afin de pouvoir l'irriguer directement à partir d'un canal relié au Nil.» Karès lui tendit un carré de lin, dont elle se tamponna délicatement le front. «Le temps où nous faisions pousser quelques rangs d'ail, de laitues et d'oignons est révolu. Je suis fatiguée.

– Tu n'as tout de même pas sarclé toi-même ? s'exclama Ahmès-Néfertari.

– Certainement pas, répondit Ahhotep avec une grimace. Mais je me suis disputée avec Tétishéri à propos des concombres.» Devant l'expression perplexe de sa fille, elle poursuivit avec un petit rire : «Les concombres ne plaisent pas à Tétishéri parce que ce sont les Sétiou qui les ont introduits en Égypte. Elle refuse que nous en cultivions davantage. Je lui ai dit que c'était ridicule, que c'était un légume juteux et rafraîchissant, et que, de toute façon, tous les aliments permis sont un don des dieux. Elle n'a rien voulu entendre. Il m'a fallu dire carrément au chef des jardiniers de ne pas tenir compte de ses ordres. Elle est allée se reposer dans ses appartements.»

L'incident n'amusa ni Ahmès-Néfertari ni Ahmosis.

«Malgré son âge, Tétishéri est toujours en pleine possession de ses moyens, remarqua celui-ci d'un air pensif. Elle a droit à notre respect, et j'aimerais pouvoir lui confier des tâches qui lui permettraient de déployer sa remarquable énergie ; mais comment le faire quand elle prend prétexte de la moindre responsabilité pour se mêler de décider de l'avenir de l'Égypte ? Comme grand-mère, je l'adore, mais à tout autre égard elle est exaspérante.

– Dès que nous aurons enterré Hent-ta-Hent, je compte aller à Djeb inspecter la tombe de mon ancêtre, la reine Sobekemsaf, déclara Ahhotep. J'avais d'abord prévu de n'y envoyer que Youf, mais j'ai besoin de changer d'air.» Elle jeta un regard triste à son fils. «Je m'ennuie un peu, je dois l'avouer. J'en suis réduite à m'occuper de l'état du potager et à me disputer avec une autre reine à propos de concombres ! Je pourrais emmener Tétishéri.» Elle hésita, puis reprit : «Ce sera un voyage en grande pompe : deux navires, tout mon personnel. Elle y prendra plaisir. Nous ferons escale à Esna et à Pi-Hathor… à Nékheb aussi, bien entendu. Toutes les villes du parcours nous recevront et nous fêteront.

– Tu estimes donc nécessaire de rappeler à Esna et Pi-Hathor qu'elles sont définitivement sous mon autorité», remarqua Ahmosis.

C'était une constatation plus qu'une question, et Ahmès-Néfertari s'émerveilla de la perspicacité de son mari. Comme beaucoup d'autres, il m'arrive de croire qu'Ahmosis est aussi direct et simple qu'il en donne l'impression, se dit-elle. Je sais pourtant depuis longtemps que cette apparence est trompeuse. Elle croisa le regard d'Ahhotep.

«D'après nos espions, le mécontentement croît dans ces deux villes, déclara celle-ci avec franchise. Nous y montrer ne pourra faire de mal. Mais je ne vais pas dans le Sud uniquement pour prendre leur température. L'inspection de la tombe de mon ancêtre n'est pas un prétexte.

– Que grand-mère t'accompagne si elle le souhaite, bien entendu, dit Ahmosis. Naviguer sur le fleuve et banqueter dans les salles de réception de maires déférents la divertira. Peut-être reviendra-t-elle de meilleure humeur. Combien de temps durera votre absence ?

– Je n'en sais rien encore. Un mois ou deux, peut-être davantage.

– Tu dois effectivement t'ennuyer, mère ! remarqua Ahmosis en haussant les sourcils. Serais-tu malheureuse, toi aussi ?

– J'ai quarante et un ans, Ahmosis, répondit-elle en se mordant la lèvre. Et j'ai vécu bien des expériences qui sont d'ordinaire réservées aux hommes : j'ai maté une révolte, tué un traître. Il m'a été difficile de retourner aux tâches domestiques ordinaires, même si Ahmès-Néfertari a eu la bonté de m'associer à certaines de ses responsabilités. Les Mouches d'or sont sur ma table de chevet. Quand le sommeil me fuit, la nuit, il m'arrive de les prendre et de me remémorer le jour où tu m'as ordonné de me rendre au temple vêtue de la robe souillée du sang de Mékétrê, un sang que j'avais moi-même versé.» Elle porta une main à sa gorge, comme si les trois précieuses mouches, symboles de son courage, s'y trouvaient. «Comprends-moi bien, ajouta-t-elle avec énergie. Je ne voudrais pas revenir à cette époque pour tout l'or du pays de Koush. Je ne souhaite être ni général… ni assassin. Je ne suis pas malheureuse, j'ai simplement besoin de mouvement. Ce voyage me fera le plus grand bien.

– Dois-je te trouver un autre époux, Ahhotep ?» demanda Ahmosis, sur une impulsion.

Elle éclata d'un rire musical.

« Oh non ! s'exclama-t-elle. Tu serais obligé d'aller le chercher au-delà des frontières de l'Égypte, car ne suis-je pas reine, épouse d'un roi et mère d'un autre ? D'ailleurs, assister aux transformations d'Oueset est captivant, et le simple fait de dormir en paix est une bénédiction. »

Vraiment ? se demanda Ahmès-Néfertari, en contemplant le beau visage de sa mère. Tu as toujours été une femme sensuelle, Ahhotep. C'est dans ton sang, dans ta façon de marcher, dans la grâce de tes mouvements. Ne ressens-tu jamais le manque d'un homme ? Comme si Ahhotep avait deviné ses pensées, elle tourna vers sa fille un regard qui semblait dire : oui, un homme me manque, mais il s'appelle Séqénenrê, et ce désir ne peut être satisfait dans cette vie. Je ne suis pas heureuse, mais j'apprends la résignation.

Une semaine plus tard, le petit cercueil d'Hent-ta-Hent fut transporté sur la rive occidentale, et Amonmosé célébra les rites funèbres. Dans le ciel, seuls glissaient des faucons, planant languissamment dans les courants d'air ascendants. L'odeur du fleuve se mêlait à celle, indéfinissable, des cultures encore à demi enfouies, qui s'arrachaient avec une lente obstination à la terre humide. L'enterrement se déroula selon les traditions. Les pleureuses se lamentèrent et se couvrirent la tête de sable ; Amonmosé effleura de l'adjé sacré le corps emmailloté d'Hent-ta-Hent pour ouvrir sa bouche, ses yeux et ses oreilles ; des nuages de fumée d'encens enveloppèrent l'assistance.

Pourtant, Ahmès-Néfertari, qui pleurait silencieusement à côté de son mari, trouva que la cérémonie avait quelque chose de rapide et même d'hypocrite, comme si ceux qui y participaient s'étonnaient et s'impatientaient que l'on accordât d'aussi longues funérailles à un bébé. Elle n'a pas vécu assez longtemps pour que sa personnalité marque ceux qui l'entouraient, se dit-elle. Ahmosis a les yeux secs. À part moi, personne ne la pleure sincèrement. Mon corps a porté le sien, mon sein l'a nourrie ; je la tenais dans mes bras, je la berçais pour l'endormir, je voyais ses yeux s'ouvrir et ses lèvres me sourire lorsqu'elle me reconnaissait. Je la consolais quand elle pleurait, elle poussait sa petite tête contre mon cou… Seule ma douleur est authentique.

Après le repas funèbre, Ahmosis renvoya tout le monde mais ne regagna pas immédiatement la rive orientale. Accompagné d'un garde et d'un porte-parasol, il se promena parmi les autres tombes, éparpillées dans la plaine aride comme des monuments érigés à la fatalité du destin. Absorbée par son chagrin et répugnant à retrouver sur-le-champ le bruit et la routine du domaine, Ahmès-Néfertari était restée, elle aussi, et, assise à l'ombre d'un dais, elle le regardait apparaître et disparaître entre les tombes. Il s'arrêta longuement devant celle de leur père. Son pagne de deuil bleu flottait dans le vent, et le soleil faisait étinceler l'or sur son torse et ses bras bruns.

Lorsque, sortant enfin de l'édifice de Séqénenrê, il entra dans la petite cour de son frère, une forme grise quitta à regret l'ombre des murs et s'avança vers lui. Ahmès-Néfertari vit son mari s'accroupir pour caresser la tête du chien. Puis il se releva et revint vers elle.

« Que fait Béhek ici ? » demanda-t-il, en s'asseyant dans le sable à côté de son tabouret.

Il ne la regardait pas. Les yeux plissés, il contemplait le paysage désolé qui s'étendait devant lui. Au-delà des tombes, le terrain montait lentement vers le temple de l'Osiris Mentouhotep Nebhépetrê, dont les pierres pâles se confondaient presque avec la falaise abrupte de Gourna contre laquelle il était blotti.

« Il s'est arrangé pour traverser le fleuve au moment de l'enterrement de Kamosé, tu ne t'en souviens pas ? dit Ahmès-Néfertari. Il a élu domicile devant la porte de son tombeau. J'ai chargé un serviteur de lui apporter quotidiennement à boire et à manger, car il n'y a pas moyen de l'en faire bouger. »

Ahmosis ne fit pas de commentaire. Il continua de regarder le paysage aride, puis, au bout d'un long silence, posa une main sur la jambe de sa femme et dit doucement :

« Hent-ta-Hent n'a rien accompli, n'est rien devenue, elle n'a pas eu le temps de quitter le cocon de l'enfance. Pourtant, elle est ici, parmi ceux qui ont combattu et souffert, aimé et haï, péri de vieillesse ou percés par une lance à la fleur de l'âge. Lorsque nous avons enterré notre père et Kamosé, c'était dans une période troublée, et leur mort semblait faire partie de cette tourmente. Même Si-Amon, que la culpabilité et le remords de nous avoir trahis ont poussé à se supprimer… même ce suicide s'inscrivait dans le cours de nos vies. Tandis qu'Hent-ta-Hent… » Il retira sa main et entoura ses genoux de ses bras. «Sa mort me paraît anormale, irréelle, quelque chose d'absurde et de bizarre dans ces temps de paix et de nouvelle prospérité. Elle ne fait pas partie du flux et du reflux ordinaire de l'existence, pas comme les autres pertes que nous avons éprouvées.» Il lui jeta un rapide coup d'œil, puis détourna le regard. «Je suis navré, Ahmès-Néfertari. Je m'exprime mal. J'aimerais être plus clair, parce que c'est une des raisons pour lesquelles je ne souffre plus de la mort de notre enfant.

– Tu es au moins capable de l'admettre, dit-elle d'une voix voilée.

– Je suis navré, répéta-t-il. Ce n'est pas dû à un manque de souvenirs, même s'ils ont été peu nombreux, ni à une quelconque froideur à son égard. Elle était parmi nous; elle est maintenant chez les dieux. J'étais son père, et son départ a laissé une trace dans mon ka, mais il s'agit d'événements, pas de sentiments. La mort n'est plus enlacée à la vie comme au temps des luttes de notre famille. C'est quelque chose de distinct, de séparé.

– Ça ne l'est jamais! répliqua Ahmès-Néfertari avec violence. Si tu le crois, tu te fais des illusions, Majesté.»

Le silence s'installa à nouveau entre eux, rompu seulement par les cris d'un faucon, haut dans le ciel.

«Penses-tu souvent à Si-Amon, Ahmès-Néfertari? demanda finalement Ahmosis. T'arrive-t-il de le regretter? Après tout, il était le jumeau de Kamosé, ton premier époux, le père d'Ahmosis-onkh. Occupe-t-il encore une place dans ton cœur?

– Évidemment! s'exclama-t-elle. Il était faible, sa destinée a été noire et cruelle, mais je l'aimais. Et toi aussi. Quant à l'amour qu'éprouve une femme pour son époux, le mien n'appartient désormais qu'à toi seul. Lorsque je pense à Si-Amon, c'est comme si, dans le petit point de lumière que j'apercevais au bout d'un long tunnel, je voyais une silhouette indistincte et floue. Il ne me manque pas. Je pense parfois avec tristesse aux événements brutaux d'un passé où il a joué un rôle, mais pas à Si-Amon seul.» Mal à l'aise, elle se leva. «Qu'est-ce qui te prend, aujourd'hui?»

Il évitait toujours son regard.

«Je sais que je suis en train de te conduire au fleuve», murmura-t-il, employant l'expression décrivant le sort des femmes que la guerre privait de leurs maris et de leurs maisons. «Je crains d'être en train de perdre ton estime.»

Dix répliques mordantes vinrent aux lèvres d'Ahmès-Néfertari : tu ferais mieux de pleurer sur Hent-ta-Hent que sur toi-même, surtout aujourd'hui ; depuis ton retour, tu m'as traitée sans tact ni tendresse ; ton sentiment d'insécurité a ses racines dans une peur égoïste, et non dans l'amour que tu me portes... Elle les ravala toutes, au prix d'un effort qui lui laissa la gorge et la bouche sèches. Ordonnant d'un mouvement de tête à son garde et à sa servante de la suivre, elle se dirigea d'un pas mal assuré vers sa litière, posée au pied d'un vieux sycomore. Les porteurs se levèrent aussitôt.

« À la maison », ordonna-t-elle. Et, s'installant sur les coussins, elle tira les rideaux d'un geste sec.

Au début du mois de phaménoth, la végétation explosa. De chaque côté du Nil, sur l'étroite bande de terre cultivable flanquée à l'est et à l'ouest par le désert, blé, orge et lin étendaient des tapis d'un vert éclatant jusqu'à la lisière irrégulière des palmiers, qui séparait abruptement fertilité et aridité. Les champs étaient sillonnés de canaux d'irrigation pleins à déborder, dont la surface paisible grouillait d'insectes. On voyait partout des paysans, pieds nus et couverts de boue, le dos courbé et le hoyau à la main. Sur le fleuve, les pêcheurs allaient et venaient sur leurs felouques, et leurs chants, le son de leurs tambours, accompagnaient la mélodie silencieuse chantée par l'Égypte.

Ahhotep, Youf et Tétishéri partirent pour Djeb avec serviteurs, gardes et médecin, emportant quantité de coffres et de coffrets, des présents pour les maires des villes où ils feraient escale, et les instructions secrètes d'Ahmès-Néfertari aux espions d'Esna et de Pi-Hathor.

« Ces deux villes m'inspirent des inquiétudes, avait-elle dit à Ahhotep. Tâche de cacher nos activités clandestines à grand-mère, si tu le peux. Elle ne ferait que compliquer les choses. Fie-toi à ton intuition, Ahhotep, et puisse la plante de tes pieds être ferme. »

Toute la maison vint assister au départ des deux femmes. Avec une chaleur inhabituelle, Tétishéri serra Ahmès-Néfertari dans ses bras avant de monter la passerelle d'un pas guilleret. Si elle lança bien la flèche du Parthe que tout le monde attendait, ce fut en en atténuant l'effet d'un grand sourire :

« Avouez que vous êtes bien contents d'être débarrassés de moi pour quelque temps. »

Elle se trompe, pensa Ahmès-Néfertari en regardant les deux navires qui, pavillons bleu et blanc claquant au vent, s'éloignaient vers le Sud. Elle va me manquer, et mère aussi. Surtout mère. Elle a une influence apaisante sur nous tous, en dépit de sa parfaite discrétion.

Avant de partir, Ahhotep avait demandé à son prêtre de trouver un précepteur à Ahmosis-onkh. Moins d'une semaine plus tard, un jeune homme se présenta à l'un des conseils matinaux qu'Ahmosis présidait avec une assurance croissante. Il s'appelait Pashé et était originaire d'Abdjou. Son père, commerçant, exerçait par rotation les fonctions de prêtre dans le temple d'Osiris. Mais Pashé se passionnait pour les anciennes tombes et, après avoir achevé ses études de scribe, il avait demandé à être admis dans le temple d'Amon, à Oueset, pour être à proximité de la Cité des Morts de la rive occidentale. Youf et lui étaient devenus amis, mais, étant donné l'importance du poste, Ahmès-Néfertari savait que le prêtre ne s'était pas uniquement laissé guider par l'amitié.

Pashé avait apporté plusieurs échantillons de son écriture, une lettre de recommandation du grand prêtre, une autre de son professeur d'Abdjou, et l'histoire de quelques anciennes tombes qu'il rédigeait pendant ses moments de loisir. Il attendit patiemment que l'on eût fini de traiter les affaires du jour. Lorsque les ministres se furent dispersés, Ahmosis lui fit signe d'avancer et parcourut rapidement ses références avant de les tendre à sa femme. Ahmès-Néfertari adressa au scribe un sourire encourageant.

« Ces lettres sont très louangeuses, dit-elle, mais un précepteur royal doit posséder plus que de l'intelligence. Il doit être capable de gagner la confiance et le respect de ses élèves. As-tu déjà eu affaire à des enfants, Pashé ?

– Non, Majesté, mais avoir l'occasion de former un jeune esprit, surtout quand c'est celui du futur souverain de l'Égypte, est un défi précieux. Mon père m'a élevé avec fermeté et douceur, et j'aimerais appliquer les mêmes principes à mon élève.

– Le prince Ahmosis-onkh a plus besoin de discipline que de douceur, remarqua Ahmosis. Sa nourrice l'a gâté, et elle lui passe ses quatre volontés.

– Je m'attends à une période d'adaptation, Majesté. J'ai entendu dire que le prince était turbulent, en effet, mais un peu d'entêtement dénote souvent une nature noble qu'il suffit simplement de guider.

– Tu sembles prêt à mater ce gamin. Comment commenceras-tu ? »

Les yeux de Pashé brillèrent.

« Le prince n'a pas encore cinq ans, dit-il avec enthousiasme. Je suggère une heure d'enseignement matin et après-midi pendant les six premiers mois, période au cours de laquelle je lui apprendrai les rudiments de l'écriture hiératique. Nous passerons plus tard aux hiéroglyphes. La *Kemit* a été composée il y a plusieurs centaines d'années précisément dans ce but. Je suis certain que Sa Majesté a elle aussi commencé par ce texte antique avant d'étudier l'*Enseignement de l'Osiris Amenemhat Ier* et l'*Hymne au Nil*, écrit par Khéty, fils de Douaouf.

– Je m'en souviens, en effet, dit Ahmosis avec une grimace. Chaque mot s'accompagnait de la promesse d'une correction. Mon précepteur était un maître sévère.

– Je ne le battrai qu'en tout dernier recours ! s'exclama Pashé avec indignation.

– Tu changeras peut-être d'avis d'ici peu ! fit Ahmès-Néfertari en riant. Et si cela t'arrive, tu auras affaire à Raa. Elle a beau se plaindre de la désobéissance d'Ahmosis-onkh, elle le couve terriblement. »

Pashé hésita, puis dit :

« J'aimerais être autorisé à loger près du prince. Il doit voir en moi un ami et un protecteur autant qu'un professeur. Je souhaiterais être avec lui lorsqu'il mange, se baigne, récite ses prières... Toutes ses activités serviront à son éducation.

– La demande est inhabituelle, mais si tu as envie de t'infliger cette punition, je suppose que cela peut être arrangé. Qu'en penses-tu, Ahmès-Néfertari ? »

Elle observa longuement le scribe avant de répondre.

« C'est une curieuse méthode d'enseignement, dit-elle enfin. Je suis néanmoins prête à en faire l'essai. Khabekhnet ! » Le premier héraut quitta son poste, au fond de la salle. « Va chercher Ahmosis-onkh. Autant qu'il fasse tout de suite la connaissance de l'homme qui va lui rendre la vie difficile. N'oublie jamais que tu éduques un Faucon-dans-le-nid, reprit-elle à l'adresse de Pashé. Chacun de tes mots influera sur sa capacité à régner sur l'Égypte lorsqu'il montera sur le trône d'Horus. Tu me feras toutes les semaines un rapport sur ses progrès. »

Pashé se prosterna.

« Mille mercis, Majestes, dit-il, le nez contre le sol. Cette responsabilité me sera aussi précieuse qu'à Khnoum, l'argile dans laquelle il modela le premier homme sur le tour de potier céleste.

– Il t'est également permis de rire de temps à autre, Pashé, déclara Ahmosis en se levant. Tous mes vœux t'accompagnent. Je te laisse assister seule à cette rencontre capitale, Ahmès-Néfertari. »

Sur ces mots, faisant signe à Ipi et à Akhtoy de le suivre, il quitta la salle.

Vers la mi-pharmouthi, des navires amenèrent à Oueset les commerçants keftiou à qui Ahmosis s'était adressé dans la forteresse nord d'Het-Ouaret, soit une quinzaine de familles avec serviteurs et marchandises. Aidée d'Ouni, Ahmès-Néfertari s'occupa de les loger. La tâche ne fut pas facile, car tous voulaient de beaux domaines en bordure du Nil. En prenant connaissance des réclamations dont ils harcelaient son intendant, elle se rendit compte du traitement de faveur que leur avait accordé Apopi.

« Nous savons que les Sétiou sont entichés de l'art keftiou, dit-elle à Ouni. Le roi m'a appris qu'ils habitaient les plus belles propriétés d'une ville pourtant surpeuplée. Nous devons nous les concilier, car outre le bronze, les épées et les poignards incrustés d'or, les vases, les lampes et, surtout, le pavot et les teintures, ils nous donneront l'occasion d'établir des liens politiques avec leur île. J'essaie aussi d'attirer à Oueset des commerçants d'Alasia. Fais de ton mieux pour les satisfaire, Ouni. »

L'intendant poussa un grognement bruyant, manifestation d'irritation rare chez lui, et s'inclina en signe d'acquiescement.

Peu de temps après, Ahmès-Néfertari reçut un message lui indiquant que le Keftiou avait envoyé un ambassadeur à la cour d'Ahmosis, et que celui-ci resterait en poste à Oueset. C'était un triomphe pour la jeune femme. Elle avait écrit au dirigeant du Keftiou quelques mois auparavant en lui rappelant avec toute la diplomatie et la politesse requises qu'Apopi, son précédent allié, n'était plus qu'un scorpion sans dard n'ayant plus la moindre chance de reprendre le pouvoir en Égypte, alors que le souverain légitime d'Égypte était tout disposé à renouer les relations traditionnelles qui avaient toujours uni l'Égypte et le Keftiou.

Elle avait reçu en réponse une lettre tout aussi courtoise, mais aux termes fort vagues. Sans insister davantage, Ahmès-Néfertari avait néanmoins demandé à Sébek-nakht d'ajouter à ses tâches déjà écrasantes la construction de vastes demeures avec jardin, destinées aux ambassadeurs étrangers qu'il convenait d'attirer à Oueset. Ces maisons charmantes se dressaient à présent au sud du domaine, entre son mur d'enceinte et les baraquements qui abriteraient les deux divisions permanentes d'Ahmosis.

Le souverain keftiou avait donc pris son temps mais, jugeant Apopi irrémédiablement perdu, il avait fini par décider de s'associer à un régime plus solide. Lorsque l'ambassadeur arriva, en grande pompe et avec toute sa maison, Ahmosis le fêta avec magnificence et parla de longues heures avec lui de l'amitié renouvelée entre leurs deux nations. Mais ce fut la reine et le premier trésorier qui élaborèrent les termes des accords commerciaux. Ahmès-Néfertari veilla également à attacher à la résidence de l'ambassadeur un cuisinier et un jardinier qui avaient fait leur apprentissage d'espions à Esna.

Les deux époux étaient parvenus à une sorte de trêve imparfaite et tacite, à un compromis qui concernait aussi bien leurs responsabilités publiques que leurs rapports intimes. Alors qu'ils partageaient naguère joies et soucis, ils évitaient maintenant avec prudence les domaines sensibles, sachant que certaines blessures étaient trop fraîches pour que l'on y touchât. Ils avaient recommencé à faire l'amour, mais avec la précaution qu'ils mettaient à leurs conversations intimes, et la consommation de leur passion était devenue un exercice accompli en silence.

Ahmès-Néfertari essayait de ne pas penser au naturel et à la bonne humeur qui avaient naguère caractérisé leurs ébats amoureux. À quoi bon retourner le couteau dans une plaie déjà à vif ? À la fin de pachons, elle découvrit qu'elle était de nouveau enceinte. C'était, outre la promesse d'une nouvelle vie, l'espoir qu'Ahmosis et elle seraient délivrés de l'amertume qui les empoisonnait. Lorsqu'elle lui apprit la nouvelle, il l'étreignit avec un joie manifeste, et alla au temple remercier Amon. Mais il y avait entre eux deux morts, celles d'Hent-ta-Hent et du premier fils qu'elle avait eu de Si-Amon, et l'espoir d'Ahmès-Néfertari se mêlait de peur.

Ils recevaient régulièrement des rapports de l'armée et de la flotte qui assiégeaient toujours Het-Ouaret. La situation était inchangée. La ville restait fermée sur elle-même. Le couple lisait ces lettres dans le bureau de Séqénenrê, tournant le dos au soleil qui entrait à flots par les colonnes. Hor-Aha était généralement là. Ses cheveux avaient repoussé. Ils étaient encore trop courts pour qu'il pût en faire ces tresses dont Ahmès-Néfertari se souvenait, mais ils lui arrivaient maintenant aux épaules, épais, ondulés et brillants, et il avait pris l'habitude de les rejeter en arrière d'une main impatiente.

Ahmès-Néfertari le voyait peu depuis son retour à Oueset. Il partageait son temps entre ses Medjaï, stationnés de l'autre côté du Nil, et de longues expéditions de chasse dans le désert, où il traquait hyènes, antilopes et lions.

« Comment survivent-ils, Majesté ? demanda-t-il un jour, après la lecture d'un de ces rapports. Lorsque nous sommes partis, les maladies ravageaient la ville, et Het-Ouaret manquait d'eau. Elle aurait dû capituler au bout de quelques semaines.

– Il arrive souvent que ces pestes suivent leur cours, puis s'éteignent, déclara Ahmosis. Des centaines d'hommes ont péri, à n'en pas douter : nous avons vu de nos yeux la fumée des bûchers funéraires. C'est une supposition, général, mais je pense que, grâce à ces morts, les survivants ont maintenant assez d'eau ; d'autant qu'ils ont certainement creusé des puits supplémentaires. Quant à la nourriture, ils jardinent sur le toit de leurs masures. Un régime de famine, sans doute, mais qui suffit peut-être à les maintenir en vie.

– C'est comme un cauchemar, intervint Ahmès-Néfertari. Il ne prendra donc jamais fin ?

– Mais si, assura Ahmosis. Nos divisions tiennent la route d'Horus sans aucune difficulté. Ce n'est qu'une question de temps. À la fin d'épiphi, toutes les troupes auront pris leurs congés, poursuivit-il. Tu pourras alors emmener tes Medjaï au pays d'Ouaouat et y rester quelques mois, Hor-Aha. Tes hommes ont mérité une visite à leurs familles. J'ordonnerai à Abana de conduire une partie de la flotte à Oueset, et à Touri et Kagemni de quitter le Delta avec les divisions d'Amon et de Rê pour venir prendre leurs quartiers, ici, au sud du domaine. Nous devons nous efforcer d'ignorer Apopi jusqu'à ce qu'il nous contraigne à faire autrement.»

Hor-Aha le regarda d'un air pensif.

«Il serait peu sage de laisser trop longtemps les Medjaï dans leurs villages, sire, remarqua-t-il. Ils replongeront vite dans la vie de leurs tribus, et il sera alors très difficile de les en arracher et de leur réapprendre la discipline égyptienne. As-tu envisagé de faire venir leurs familles à Oueset ? Ce sont des êtres qui vivent dans le présent. S'ils avaient auprès d'eux leurs femmes et leurs enfants, ils seraient ravis de transformer en village les baraquements qu'ils habitent.

– Si je le fais pour les Medjaï, il faudra que je le fasse pour tous les soldats de mes divisions d'Oueset, objecta Ahmosis. Dix mille hommes peuvent être logés sans trop de difficultés ni de frais, mais ajoutes-y leurs femmes et leurs enfants… et tu as un nouveau problème d'organisation sur les bras», conclut-il en se tournant vers Ahmès-Néfertari.

Elle lui sut gré de reconnaître ainsi son travail.

«De toute façon, si tu casernes des troupes permanentes à Oueset, tu devras nécessairement leur permettre de voir leurs familles, remarqua-t-elle. Sinon leur moral se détériorera vite.»

Ahmosis poussa une petite exclamation de détresse.

«Cette idée de permanence m'est encore étrangère, reconnut-il. Depuis deux ans, je n'ai cessé d'être en mouvement. Pourtant, autour de moi, autour de nous, tout se stabilise.

– Oueset s'agrandit presque quotidiennement, dit Ahmès-Néfertari. Les gens y sont attirés par la perspective d'y obtenir de l'avancement, d'y faire du commerce, ou par le désir d'offrir les meilleures chances à leurs enfants. Ce n'est pas la place qui manque. Donne des terres aux familles de tes soldats. Ils ne souhaiteront peut-être pas tous déraciner les leurs, mais tu leur auras au moins laissé le choix. Si tu veux, je peux nommer un chef des implantations militaires pour s'en occuper. L'avantage, c'est que, pour leurs permissions, tes soldats n'iront plus que de leur caserne à la ville, au lieu de partir dans des villages lointains. Tu les auras toujours à ta disposition.

– Tu as raison, je suppose, admit Ahmosis à contrecœur. Nous ferons la même chose pour les Medjaï, Hor-Aha. Je ne sais pas pourquoi ces questions me trouvent si réticent. Occupe-t'en, Ahmès-Néfertari. Je n'en ai pas le courage.»

Ce qui te chagrine, mon époux, c'est de ne plus tout maîtriser, pensa la jeune femme. Il t'est impossible, désormais, de savoir tout ce que font tes ministres, ou de prendre toutes les décisions. Tu es contraint de te fier à l'intelligence et à l'honnêteté d'autres que toi, et cela te rend fou.

Au mois de pachons succédèrent ceux de *payni* et d'épiphi. La chaleur s'intensifia, et le rythme de la vie se ralentit. Nobles et paysans passaient les longs et brûlants après-midi à dormir. Le soir, cependant, les habitants d'Oueset sortaient pour vaquer à leurs affaires, boire de la bière ou bavarder, et les rues de la ville s'animaient.

Tourmentée par des nausées quotidiennes, Ahmès-Néfertari n'en appréciait que davantage les heures plus fraîches du soir. Au coucher du soleil, elle se rendait aux bains pour s'y débarrasser de la sueur et de la fatigue de la journée, puis, vêtue d'une tunique ample, elle montait sur la terrasse, où Sénéhat avait disposé tapis et coussins, et allumé des lampes d'albâtre. Ahmès-Néfertari y trouvait aussi des coupes de fruits, des cruches de vin et d'eau, les jeux de zénet et de chien et chacal, et des couvertures pour la couvrir quand elle s'endormait enfin sous les innombrables étoiles blanches de l'été. Mais sans sa mère et sa grand-mère, qui lui tenaient d'ordinaire compagnie pendant ces longues soirées d'été, elle se sentait seule.

Elle avait reçu des lettres d'Ahhotep et, moins fréquemment, de Tétishéri. Toutes deux avaient été convenablement accueillies à Esna et Pi-Hathor mais n'avaient guère pris de plaisir au séjour qu'elles y avaient fait. Tétishéri déclarait avoir trouvé les serviteurs des deux maires négligés et stupides, et les gens du peuple peu pressés de se prosterner devant elle quand elle sortait. Elle rappelait à Ahmès-Néfertari qu'un poisson d'Esna avait avalé le pénis d'Osiris et que, de ce fait, «personne n'a le droit de manger de poisson, ici. Ce satané poisson aurait mieux fait de laisser le pénis du dieu tranquille et de gober la ville à la place», concluait-elle avec aigreur.

Ahhotep, elle, parlait de l'atmosphère de mécontentement qu'elle avait perçue dans les deux villes. Elle s'était entretenue avec les espions, et ils lui avaient décrit les quais et les entrepôts en ruine, les domaines laissés à l'abandon par les hommes qui s'étaient enrichis sous les Sétiou, le sentiment d'incertitude de la population.

«Pi-Hathor et Esna construisaient, équipaient et réparaient les navires de nos envahisseurs, écrivait-elle. Cette source de prospérité est désormais tarie. Leur position géographique, à mi-chemin d'Het-Ouaret et du pays de Koush, leur donnait également une importance commerciale. Maintenant qu'Oueset – qui n'est qu'à trente-quatre kilomètres en aval – est devenue le cœur de l'Égypte, ce n'est plus le cas. Il ne leur reste que la carrière de calcaire des environs de Pi-Hathor et, comme Ahmosis n'a pas encore commencé à faire construire de grands monuments, les ouvriers carriers sont au chômage. La situation me semble dangereuse, et je me félicite que nous ayons établi un aussi bon réseau d'espions. Demain, nous partons pour Nékheb… avec soulagement. Nous comptons y rester au moins un mois. Il y fera très chaud, et plus chaud encore à Djeb, mais l'air des villes du Sud a quelque chose de sain et d'apaisant.»

Ahmès-Néfertari montra ces lettres à Ahmosis.

«Kamosé ne leur faisait pas confiance non plus, remarqua-t-il après les avoir lues. Mais, coincées comme elles le sont entre Nékheb et Oueset, ces villes sont impuissantes. Quelle autre solution ont-elles que d'accepter leur sort? J'ai beau plaindre ces carriers, je ne peux les employer uniquement pour leur assurer le pain et les oignons. Quant aux constructeurs de navires, ceux de Nékheb sont bien plus sûrs que les Sétiou de Pi-Hathor. Ils devraient s'estimer heureux que Kamosé n'ait pas rasé leurs maisons, comme il l'a fait à Dashlout. Ah! vos espions, à ta mère et toi!» conclut-il avec un petit rire, en lui effleurant la joue d'un baiser.

Cette remarque condescendante indigna Ahmès-Néfertari, mais elle ne riposta pas. Il n'était pas aussi méprisant, au début, lorsque je lui ai appris l'existence de ce réseau, se dit-elle avec amertume. À ce moment-là, il acceptait avec reconnaissance toute assurance de protection, si vague soit-elle. Je n'aborderai plus cette question avec lui.

Ahmosis la rejoignait parfois sur la terrasse où, étendus sur les coussins, ils bavardaient paisiblement, jouaient au zénet ou s'amusaient à nommer les constellations qui resplendissaient au-dessus de leurs têtes. Le plus souvent, toutefois, il préférait passer la soirée à boire de la bière en compagnie de Touri, de Kagemni, d'Hor-Aha et des autres officiers. Les divisions d'Amon et de Rê étaient arrivées à Oueset au début de mésorè, et étaient maintenant confortablement installées dans leur nouvelle caserne. Ankhmahor était également arrivé avec son fils Horkhouef, qui ne gardait de sa blessure qu'une cicatrice irrégulière.

Assise au-dessus des centaines de points de lumière qui indiquaient les autres terrasses de la ville, écoutant au-dessous d'elle les éclats de rire des hommes réunis sur la pelouse, Ahmès-Néfertari se sentait aussi abandonnée qu'une sandale usée. Les récoltes ont commencé, pensait-elle mélancoliquement. Les épis tombent sous la faucille des moissonneurs ; l'air est plein des poussières du vannage ; dans les pressoirs, hommes et femmes chantent en foulant le raisin ; le miel des ruches coule dans les pots comme les larmes de Rê, et la coriandre, le cumin, le thym et la menthe embaument les jardins. Pourtant, mon ventre reste silencieux, aucun signe ne m'indique que mon bébé vit. Il est trop tôt, je suppose, et il manifestera sans doute sa présence d'ici un mois. Pour l'instant, cependant, je me sens stérile au milieu de cette explosion de fertilité. Est-ce ainsi que nous vivrons, désormais : Ahmosis pris dans un monde d'hommes, tandis que je m'efforce de m'adapter de nouveau à l'univers insignifiant des activités féminines ? Est-ce pour ce résultat que j'ai travaillé pendant les mois où il était absent ?

Son œil fut attiré par un mouvement au-delà des palmiers. Se penchant en avant, elle vit un esquif glisser silencieusement sur le fleuve. À son bord, un homme et une femme s'enlaçaient, indifférents à tout ce qui n'était pas eux-mêmes.

« Sénéhat », appela Ahmès-Néfertari d'une voix morne.

Sa servante quitta son perchoir et s'approcha.

« Je n'ai pas encore reçu de rapport sur le nombre de poissons-*inet* qui doivent être salés et mis de côté pour les marchands keftiou. Rappelle-moi de m'en occuper demain. »

Sénéhat acquiesça et se fondit de nouveau dans l'ombre. Dieux ! pensa Ahmès-Néfertari en fermant les yeux. La lune est pleine, l'amour parfume l'haleine de la nuit, et je pense aux poissons-inet ! Elle se sentait trop vide pour pleurer.

10

Au mois de payni, le jour de la pleine lune, tout Oueset avait célébré la Belle Fête de la Vallée, et les Taâ s'étaient joints aux centaines de personnes qui avaient traversé le fleuve pour apporter à leurs morts des offrandes de nourriture, d'huile et de vin. Ahmosis n'avait pas oublié l'anniversaire de la naissance de son père, au mois de phaménoth, et, comme pour tous les membres de la famille, vivants ou morts, on avait marqué ce jour par des prières et un banquet. La Belle Fête de la Vallée, elle, était un événement plus solennel. Après que les prêtres avaient encensé les tombes, les parents s'installaient auprès de leurs morts pour y manger en leur présence et parler d'eux avec amour.

Nous avons perdu tant des nôtres, pensait Ahmosis en regardant les serviteurs préparer le banquet dans la petite cour de Kamosé : le mari de grand-mère, l'Osiris Sénakhtenrê; mon père Séqénenrê; deux nourrissons; l'Osiris Kamosé; et Si-Amon, dont nous ne pouvons prononcer le nom en cette journée. Nous allons de tombe en tombe déposer nos offrandes, mais la vie est si pressante en cette période de l'année – il y a les récoltes, l'attente des larmes d'Isis, les préparatifs des festivités du Nouvel An – que seuls ceux qui viennent d'éprouver un deuil peuvent vraiment pleurer. D'ailleurs, cette fête a surtout pour but de sanctifier les morts et d'évoquer leur souvenir. Béhek est le seul pour qui la mort de Kamosé reste aussi douloureuse qu'au premier jour. Qu'éprouve un simple chien ? Jusqu'où va sa capacité de raisonnement ? Attend-il que Kamosé sorte de sa tombe, ou sait-il que l'essence de mon frère s'en est allée et considère-t-il simplement de son devoir de veiller sur son long sommeil ?

À genoux dans le sable, Ahmosis-onkh tenait Béhek par le cou. À côté de lui, Pashé, son précepteur, lui expliquait quelque chose qu'Ahmosis n'entendait pas. Ces deux-là s'entendent bien, se dit le souverain. Il y a eu quelques crises de colère, au début, quand Ahmosis-onkh s'est rendu compte qu'il ne pourrait plus en faire qu'à sa tête ; maintenant il semble non seulement avoir accepté la discipline de Pashé, mais commencé à lui accorder sa confiance. Son précepteur ne mentionne pas ce fait dans ses rapports hebdomadaires, bien entendu, mais c'est évident dans le comportement de l'enfant. Ahmès-Néfertari a réussi dans ce domaine comme dans tous les autres.

Il jeta un coup d'œil à sa femme, assise non loin de là. Depuis quelque temps, elle était sur la défensive avec lui, lui répondait avec brusquerie, dissimulait ses pensées sous un masque inexpressif. D'autres que lui auraient pu y voir un retour à la timidité de sa jeunesse, mais Ahmosis savait à quoi s'en tenir. Ahmès-Néfertari nourrissait à son encontre une colère profonde et permanente, une colère faite de déception et de fierté blessée, et, bien qu'il le regrettât, lui aussi devait batailler contre son amour-propre. Il avait essayé de se rapprocher d'elle en la rejoignant quelquefois sur la terrasse par ces soirées tièdes qui étaient une invitation à l'amour, mais les mots qu'il aurait dû prononcer n'avaient pas franchi ses lèvres, et elle l'avait refroidi en lui reprochant sèchement de se montrer condescendant à son égard. Il aurait persévéré, tant lui manquait leur intimité de naguère, mais ses divisions étaient arrivées ainsi qu'Ankhmahor et Horkhouef, Pahéri et Ahmosis Abana, et il avait été contraint de se consacrer à son armée.

Ahmosis devait reconnaître qu'il y avait trouvé une distraction bienvenue. Assis dans le jardin en compagnie des hommes avec qui il avait combattu, il discutait avec eux de l'avenir, évoquait le siège et les batailles d'Het-Ouaret, prenait plaisir à leurs conversations franches et à leurs rires virils. S'il pensait à sa femme, qu'il savait assise sur la terrasse, solitaire et mélancolique, pour la première fois depuis qu'ils étaient mari et femme, il ne lui tardait pas d'être en sa compagnie. Il se demandait si sa nouvelle grossesse jouait sur son humeur. Bien qu'il se réjouît de cette future naissance, il redoutait l'anxiété qui le rongerait à mesure que l'enfant grandirait.

Il s'était rendu secrètement au temple pour connaître les présages. Debout à distance respectueuse, la respiration suspendue, il avait regardé le jeune prêtre doué de seconde vue se pencher sur la vasque et examiner la pellicule d'huile qui flottait à la surface de l'eau. La peur avait contracté son cœur quand, la cérémonie terminée, il avait lu le verdict sur le visage du prêtre avant même que celui-ci n'eût ouvert la bouche.

« Interroge aussi l'oracle d'Amon, sire, avait dit le voyant. L'huile ne montre pas toujours l'avenir avec précision, seule la voix du dieu est infaillible.

– Est-ce la maladie ou la mort ?

– L'un et l'autre pour l'enfant », avait répondu l'homme, et Ahmosis avait quitté la pièce obscure, le cœur rempli de désespoir.

Jusque-là, il s'était seulement dit que les enfants étaient sujets aux fièvres et aux maladies, et qu'ils mouraient facilement. Il commençait maintenant à se demander si le ventre d'Ahmès-Néfertari n'avait pas quelque défaut, quelque chose d'invisible qui finissait par se révéler mortel pour les enfants qu'elle mettait au monde. Cette possibilité augmentait son angoisse, car en dépit de leur brouille présente, son amour pour elle était intact.

Comme un serpent rampant vers l'ombre humide d'un rocher, la pensée se glissait en lui qu'une autre femme lui donnerait peut-être des descendants pleins de santé. Après tout, il était en droit de prendre d'autres épouses, voire des concubines. Il n'imaginait pas vraiment faire l'amour à une autre qu'Ahmès-Néfertari. Il savait être l'homme d'une seule femme. La douceur de sa peau, l'odeur de son corps pendant l'amour, la saveur de ses lèvres, lui apportaient un sentiment de sécurité et de complétude. Un autre corps que le sien ne lui donnerait jamais ces choses précieuses, ne pourrait remplacer les rapports de confiance et de compréhension mutuelles qu'ils avaient tissés ensemble... il pourrait en revanche enfanter des rois et des reines qui vivraient assez longtemps pour atteindre l'âge de raison. Horrifié, Ahmosis essayait de chasser ces pensées importunes, mais, ayant trouvé un repaire sombre et frais, le serpent s'y lovait et refusait de s'en laisser déloger.

Ahmosis-onkh tâchait vainement d'entraîner Béhek à quitter son poste. À l'appel d'Akhtoy, il renonça et courut jusqu'au dais protégeant ses parents. Après avoir salué ceux-ci d'une inclination de tête, Pashé alla rejoindre le personnel de la maison, installé sur des nattes et sous des parasols à l'extérieur du complexe funéraire.

« Ce qu'il fait chaud ! s'exclama le jeune garçon en empoignant la cruche d'eau. Pourquoi faut-il que cette fête ait lieu en été ?

– Parce que, en hiver, l'Inondation rend le fleuve difficile à traverser et que, au printemps, tout le monde est occupé à planter et à semer, répondit sa mère. C'est un bon moment pour se rappeler les morts. »

Ahmosis nota avec approbation que l'enfant se rinçait spontanément les doigts avant de s'attaquer à l'assiette que lui présentait un serviteur.

« Pashé t'a appris les bonnes manières, on dirait », remarqua-t-il.

Ahmosis-onkh hocha la tête avec gravité.

« Mon précepteur sait tout, déclara-t-il. Est-ce que tu savais que le puissant dieu Thot avait donné six cents symboles sacrés à Ptah pour qu'il crée en les nommant toutes les choses de ce monde ?

– En effet, répondit Ahmosis, et nous utilisons ces symboles dans nos textes officiels. Mais tu n'as tout de même pas encore commencé à les apprendre !

– Non, pas encore, dit Ahmosis-onkh, qui mordit avec énergie dans un morceau de canard froid. Je m'entraîne à tracer les signes de l'écriture hiératique sur des tessons de poterie que Pashé m'envoie chercher moi-même dans les cuisines. Je ne sais en écrire que douze.

– Douze ! s'exclama Ahmès-Néfertari. Mais c'est très bien, Ahmosis-onkh. Quand me montreras-tu ton travail ?

– Quand je saurai former tous les signes », répondit-il. Il avala une tranche de concombre après en avoir léché le sel, puis ajouta en regardant sa mère : « Ma réponse était-elle impolie, Majesté ? Je viens d'apprendre une maxime du scribe Any, continua-t-il en fronçant les sourcils : "Rappelle-toi que ta mère t'a donné le jour et a mis tous ses soins à t'élever. Ne lui donne jamais de raison de te faire des reproches et de prendre le dieu à témoin de ta conduite, et ne donne jamais au dieu de raison d'écouter ses plaintes." »

Il souffla bruyamment, épuisé par l'effort et tout content de son exploit. Ahmès-Néfertari adressa un sourire ravi à Ahmosis, le premier vrai sourire auquel j'ai droit depuis mon retour, pensa celui-ci.

« Bravo, dit-elle à Ahmosis-onkh. Tu as une excellente mémoire. »

Le petit garçon battit des mains, mais détruisit l'impression d'obéissance et d'érudition qu'il tâchait si fort de produire en disant :

« De quel dieu parle le scribe, Majesté ma mère ? Nous en avons tellement. Je peux aller donner ces os et ces restes à Béhek ? »

« Je suis très content de la façon dont il a changé, commenta Ahmosis, quand son beau-fils se fut éloigné. D'après son précepteur, il apprend vite et retient bien.

– Pashé m'a demandé l'autorisation de l'emmener sur la terrasse, un soir, pour lui montrer les constellations. Ma première réaction a été de refuser, tu sais ! J'ai pensé à père dans le vieux palais, puis à ce jour où Kamosé a été assassiné et toi, blessé. C'est idiot, n'est-ce pas ? Nous n'avons jamais été plus en sécurité, et pourtant j'ai encore peur de mon ombre.

– Cela m'arrive, à moi aussi, reconnut Ahmosis. Mais, avec un garde, ils n'auront rien à craindre. » Il appela Akhtoy d'un claquement de doigts. « Il est temps de rentrer, dit-il. Je veux voir Abana et Pahéri avant qu'ils ne partent pour Nékheb. Je leur ai accordé de passer un mois auprès de leurs épouses avant de retourner dans le Delta. »

Le visage d'Ahmès-Néfertari redevint un masque.

« Je vais rester encore un peu, déclara-t-elle avec froideur. Je tiens à laisser une offrande à Si-Amon, et je me moque que cela soit interdit.

– Moi aussi, dit-il avec douceur. Souviens-toi de son enterrement, Ahmès-Néfertari. Tous, Amonmosé compris, nous avons osé honorer sa dépouille en même temps que nous enterrions père. »

Il ne se rappelait pas si elle avait rendu hommage à Si-Amon les années précédentes, et se demanda si elle n'avait pas uniquement cherché à le contrarier.

« Appelle le prince Ahmosis-onkh et fais avancer les litières, Akhtoy, ordonna-t-il. La cérémonie est terminée. »

Après mésorè, le premier jour du mois de thot marquait le début de la nouvelle année, le lever de l'étoile Sopdet et le commencement de l'hiver. Toute l'Égypte était en fête ; on se pressait dans les temples et le long des rives du Nil, où vendeurs de sucreries et d'effigies divines bon marché criaient leurs marchandises. Le soir, les villageois dansaient, buvaient et bavardaient, tandis que, dans leurs barques décorées, nobles et gens aisés se laissaient glisser au fil de l'eau, au son des tambourins, des flûtes et du luth.

Ahmosis se leva à l'aube pour entendre l'hymne de louange, chanté pour lui dans le temple d'Amon. Il procéda ensuite lui-même à l'ouverture du sanctuaire, puis nourrit, vêtit et encensa le dieu. Il avait espéré trouver un réconfort dans le visage légèrement souriant de la divinité que sa famille vénérait depuis des générations et qui avait visité les rêves de Kamosé, mais, en ce jour solennel, il lui sembla que le dieu lui opposait un visage fermé et restait enveloppé d'un mystère que ses prières ne pouvaient percer.

Ahmosis n'avait parlé à personne de la terrible vision du voyant. Il n'avait pas consulté l'oracle. Il se disait que, tant que la prédiction n'était pas confirmée, il pouvait continuer à en douter et donc à espérer. Le bébé est vivant, pensait-il tandis que son corps s'inclinait et se prosternait, que ses bras s'élevaient et retombaient, que ses lèvres formaient des mots de louange et de supplication. Ahmès-Néfertari l'a senti bouger. J'ai posé la main sur son ventre et senti moi aussi le léger mouvement de ses membres. Tout se passera peut-être bien. Qui sait si l'huile du voyant n'a pas attiré des démons désireux de m'induire en erreur, d'empoisonner l'amour que j'ai pour ma femme ? Il n'avait toutefois pas l'habitude de se mentir, et ses pauvres arguments ne le convainquaient pas.

Traversant l'avant-cour du temple pour regagner sa litière, brûlé et aveuglé par un soleil encore impitoyable, Ahmosis combattit son sentiment d'abattement. Je l'emmènerai sur le fleuve, ce soir, se promit-il. Je dormirai avec elle sur la terrasse. Je lui apporterai le réconfort de mon corps, puisque ma langue refuse de prononcer les mots que j'aimerais lui dire. Aujourd'hui, les prêtres commencent à guetter les premiers signes de la crue. Aujourd'hui, une nouvelle année débute, avec ses joies et ses terreurs inconnues. Les dieux seuls savent comment elle finira, mais il dépend assurément d'Ahmès-Néfertari et de moi de préserver l'estime mutuelle que nous avons l'un pour l'autre, ou de la laisser filer comme du sable entre nos doigts. Adressant un signe de tête à Ankhmahor et à son escorte, il monta dans sa litière.

L'Égypte soupira de soulagement lorsque la crue commença. Les récoltes étaient rentrées, le montant des taxes fixé, et Ahmosis s'habituait à la routine quotidienne des consultations, des audiences, des petits problèmes, dont sa vie était désormais faite. La famille de Sébek-nakht arriva à Oueset avec tous ses objets personnels, signe que le prince s'engageait définitivement et entièrement au service des Taâ. Ahmosis le nomma premier architecte et lui donna une maison jouxtant celles des ambassadeurs étrangers, qui arrivaient peu à peu à Oueset. Il prenait désormais beaucoup de plaisir à l'heure qu'il passait chaque jour dans le palais. À mesure que le fleuve gonflait, puis noyait les terres, y déposant son précieux chargement de limon, l'édifice semblait lentement renaître. Il émergeait de son long sommeil, comme si les centaines de maçons, d'artisans et d'architectes qui s'y affairaient accomplissaient la même fonction que les prêtres-sem dans la Maison des Morts. Il avait été vidé de ses entrailles, on avait embelli son enveloppe extérieure, mais pour lui rendre sa gloire passée et non pour le mettre au tombeau.

Ahmès-Néfertari assistait toujours aux réunions du matin avec Ahmosis, mais elle ne participait guère aux discussions, et son scribe, bien que présent, ne prenait pas de notes. Sa grossesse commençait à arrondir légèrement son ventre et donnait à sa peau l'éclat de la santé. Elle passait la plupart de ses après-midi dans ses appartements, s'acquittait de ses obligations de second prophète d'Amon et se rendait parfois à la caserne des gardes de la maison royale, dont Emkhou avait toujours le commandement.

Ni elle ni Ahmosis ne voyaient beaucoup Ahmosis-onkh. Pashé et lui ne se quittaient plus. Le précepteur accompagnait son élève sur le terrain de manœuvres où l'enfant commençait à apprendre à tirer à l'arc et à manier l'épée. Ils allaient ensemble dans les marais pour qu'Ahmosis-onkh pût s'exercer au bâton de jet sur les canards braillards et, quand Pashé vaquait à ses propres affaires, qu'il se rendît dans sa chambre, chez les fabricants de papyrus ou sur la rive occidentale pour étudier les tombeaux des morts, l'enfant le suivait en le tenant par la main. Lorsque Ahmosis lui dit un jour qu'il n'était pas responsable de son élève en dehors des heures de cours, Pashé protesta :

« C'est parfois en dehors des cours proprement dits que s'apprennent les leçons les plus précieuses, sire. Les occasions d'instiller les bonnes manières, l'honnêteté et la bonté indispensables à un enfant de Maât ne surgissent pas souvent pendant la dictée d'un texte ou le calcul de la valeur de deux *khars* de blé. Lorsque je souhaite être seul, je fais appeler Raa, et elle emmène le prince. C'est aussi simple que cela.

– Raa engraisse à force d'oisiveté, dit Ahmosis, et ton prince est devenu un monsieur je-sais-tout qui nous abreuve de connaissances à demi digérées. Je plaisante ! fit-il en voyant l'expression indignée de Pashé. Je suis très content de ton travail. Veille à ne pas te lasser de tes efforts. »

Ahmosis appréhendait les longues délibérations qui seraient nécessaires pour nommer auprès de chaque gouverneur de nome un homme de confiance qui lui enverrait des rapports fidèles. Bien qu'il eût chargé Ahmès-Néfertari de dresser une liste d'espions indiqués pour ces postes – quel que soit leur titre officiel, leur rôle serait bien celui-là –, il n'avait pas encore demandé à la voir. Il le fit un jour, surtout pour avoir l'occasion de parler avec sa femme. Khounès et elle entrèrent dans le bureau, une fin d'après-midi. En signe de confiance, Ahmosis renvoya Ipi. Ahmès-Néfertari prit place en face de lui et, avant de s'asseoir en tailleur à ses pieds, Khounès lui tendit une épaisse liasse de papyrus. Ahmosis se sentit frémir.

« Il n'y a que vingt-deux nomes ! s'exclama-t-il. Ton scribe n'a tout de même pas eu besoin de toutes ces feuilles pour noter les noms des candidats ! »

Ahmès-Néfertari lui sourit avec hauteur.

« Bien sûr que non, répondit-elle. Mais j'ai pensé que tu aimerais savoir que tes négociations commerciales se déroulent de façon très encourageante. Tu as reçu officiellement des ambassadeurs du Keftiou, d'Alasia, du Mitanni, et même quelques représentants plutôt frustes du pays de Koush. Néferpéret et moi nous sommes activés à trouver des moyens de remplir le trésor. Les rénovations du vieux palais nous ont obligés à fournir de grosses quantités de céréales et de légumes aux ouvriers, et ce n'est qu'une partie du problème. Nourrir les deux divisions en est un autre. Les champs qu'elles doivent cultiver ont été préparés, naturellement, mais ils ne pourront être ensemencés qu'à la décrue. »

Ahmosis se pencha en avant, intrigué.

« Quels accords as-tu conclus ? demanda-t-il.

– Avec le Keftiou, d'abord, dit-elle en triant les feuilles de papyrus. Ils vont nous envoyer bronze, pavot et teintures en échange de lin et de papyrus. Ils ont aussi des vases, des coupes, etc., mais nous n'avons pas besoin de ces produits de luxe pour l'instant. » Elle tendit le document correspondant à Khounès. « Alasia nous donnera de l'argent brut – pas beaucoup car c'est un métal rare – contre du lin, du papyrus, du cuir et du blé. » Une autre feuille disparut entre les mains du scribe. « Les négociations avec le Mitanni ont été compliquées. C'est un pays lointain, situé à l'est du Retenou, et son ambassadeur hésite à rester dans un trou perdu comme Oueset. Cela étant, poursuivit-elle en souriant, Néferpéret a consacré toute son attention aux marchands qui sont venus avec lui. Les commerçants aiment les profits, et ceux-là flairent de bonnes affaires. Ils nous fourniront des épices, des bois précieux, de l'or rouge et des lames en fer, autant de produits dont l'Égypte ne dispose pas ; mais ils veulent des céréales et de l'or en échange.

– Nos greniers sont pleins, remarqua Ahmosis. En revanche, nous ne sommes pas encore sûrs de l'or de Koush et d'Ouaouat. Comment comptes-tu t'y prendre ?

– J'ai pris la peine d'accorder une audience aux Koushites, répondit Ahmès-Néfertari. Ils sont venus chercher à Oueset l'assurance que tu ne les inquiéterais pas. Ils ont peur de Tétiân et de la collection de tribus qui compose son prétendu royaume, et ils ont peur de toi. Je leur ai dit que, à la condition qu'ils nous approvisionnent en or, nous tâcherions de les protéger de Téti le Beau si celui-ci décidait d'étendre son domaine d'influence.

– Il va donc falloir que j'envoie des troupes à ces troglodytes chaque fois qu'ils croiront leurs misérables vies menacées ! s'exclama Ahmosis. J'espère que cela en vaut la chandelle ?

– Je le pense, répondit-elle, sans se laisser émouvoir. Koush veillera à faire fonctionner les mines d'or, et nous enverra également de l'ivoire, de l'ébène, de l'encens, du lapis-lazuli et des peaux d'animaux exotiques.

– Ah ! fit Ahmosis. C'est très bien. Tout cela en échange d'une simple promesse de protection. Souhaitons que Tétiân continue de se satisfaire de cette étrange agglomérat de villages qu'il appelle son royaume. Je m'étonne qu'il ne nous ait pas envoyé d'émissaires maintenant que son "frère" Apopi est réduit à l'impuissance. Mais j'ai besoin du cèdre du Retenou pour les mâts de mes navires, ajouta-t-il avec un soupir. Quand Het-Ouaret tombera-t-elle ? »

Il y eut un moment de silence pendant lequel sa femme le regarda en haussant les sourcils. Elle attend un compliment, comprit-il soudain. Elle a fait des miracles, et je reste muet comme l'imbécile égoïste que je suis.

« Je suis émerveillé de ton efficacité et du succès de tes efforts, dit-il enfin. Espérons que tous ces accords porteront leurs fruits. Maintenant, si nous en venions à cette liste de noms ? »

Elle hocha la tête, apparemment satisfaite et, cette fois, au lieu de lire le document, elle le lui tendit.

« Mettre au point ces contrats commerciaux n'était rien en comparaison des mois que j'ai passés à dresser cette liste, dit-elle d'un ton brusque. J'ai épluché les archives de la Maison de Vie d'Oueset afin d'y obtenir des renseignements sur les candidats potentiels. Lorsque Khounès est entré à mon service, je l'ai envoyé faire la même chose dans toutes les Maisons de Vie du pays, de Khmounou au nord jusqu'à Souénet au sud. À son retour, j'ai examiné ce que nous avions trouvé. Âge, histoire familiale, relations, talents, succès ou échecs avec leurs propres surveillants et paysans, conduite du temps de notre père et de celui de Kamosé..., beaucoup de mes conclusions ont été le résultat de petits détails qui se sont accumulés comme des grains de sable dans un coin oublié de la maison. » Elle indiqua d'un mouvement du menton la feuille de papyrus que tenait Ahmosis. « J'y ai mis tout le jugement et toute l'intuition dont je suis capable. Je suis prête à me porter garante de la fidélité de tous ceux que j'ai choisis.

– Vraiment ? fit-il, étonné. Tes recherches ont dû être d'une extraordinaire minutie. Je vois qu'en plus du nom des candidats, tu as aussi indiqué le nome pour lequel chacun d'eux était le plus approprié. Ils me sont presque tous inconnus. » Son soulagement était manifeste. Il s'était à peine donné la peine de parcourir la liste. « J'avoue que lorsqu'ils seront en place et m'enverront leurs rapports, je me sentirai l'esprit plus léger. Je suppose que ta mère et toi avez tout préparé, là aussi ?

– Bien sûr, fit-elle avec une petite moue. J'ai engagé de nouveaux hérauts qui n'attendent que tes ordres pour partir annoncer à ces hommes qu'ils doivent venir à Oueset te jurer allégeance, puis aller prendre leurs fonctions. Peut-être serait-il bon de leur inventer un titre qui leur fera oublier qu'ils ne sont guère que des espions, ajouta-t-elle d'un ton hésitant. Je les ai choisis pour leur honnêteté et leur sérieux, après tout. »

Ahmosis émit un grognement.

« Il y a des mois de cela, je t'ai dit que, sous mon règne, les nobles ne lèveraient jamais la tête plus haut que je ne le leur permettrai, déclara-t-il. Je suis en revanche prêt à les couvrir de titres, quitte à ce que leurs serviteurs mettent une matinée entière à les annoncer. Les titres ne signifient rien s'ils ne s'accompagnent pas de pouvoirs, et ces pouvoirs, je ne les leur donnerai pas ! Donc, je suis d'accord, trouvons-leur un titre. » Levant les yeux au plafond, il se mit à tapoter de sa sandale le pied doré de la table. « Comment allons-nous les appeler ? Voyons… Que penses-tu de “Héraut et Fils du Roi” ? Grâce au mot “héraut”, leurs messages perdront leur caractère clandestin – à leurs yeux tout au moins –, et l'expression “Fils du Roi” leur donnera l'impression d'avoir avec moi un lien unique.

– Tu es un dieu intelligent et sournois, rit-elle. Oui, c'est bien choisi. Ne leur accorderas-tu vraiment aucun pouvoir, Ahmosis ?

– Je ne leur en parlerai pas lorsqu'ils s'agenouilleront devant moi, dit-il d'un air songeur. Mais je leur confierai le gouvernorat de tout nome mal géré, ou dont le gouverneur fomente des troubles.

– Ramosé est naturellement l'exception, remarqua Ahmès-Néfertari. Tu l'as nommé gouverneur du nome d'Oun avec une entière autorité sur les villes de Khmounou, Néferousi, Hor et Dashlout. Je n'ai inscrit aucun nom en face du sien.

– Non, il est inutile de le faire surveiller. J'ai effectivement confiance en lui.

– Tu perds ta prudence, remarqua sa femme.

– Pas totalement. Il m'arrive de rêver de la révolte des princes, tu sais. Bien que je n'en aie rien vu, puisque j'étais blessé et sans connaissance, bien que je n'aie pas été témoin du courage avec lequel mère et toi l'avez matée, j'en fais régulièrement le cauchemar. Je ne veux plus être poignardé dans le dos au moment où je m'y attends le moins, Ahmès-Néfertari. Je ne veux pas non plus passer mon règne à courir d'un bout à l'autre du royaume avec mes divisions pour réprimer des insurrections.

– Ce n'est plus vraiment de la méfiance, n'est-ce pas, mon époux ? »

Ahmosis lut de la tendresse dans son regard.

« Non, répondit-il simplement. Tu as entièrement mérité la confiance que j'avais placée en toi, ma sœur, et cela m'a amené à me fier aux hommes dont tu t'étais entourée en mon absence.

– Merci, Ahmosis, fit-elle d'une voix tremblante. J'avais besoin d'entendre ces mots. Tu n'es plus jaloux, alors ? »

Il la regarda, espérant qu'elle plaisantait, mais son visage était on ne peut plus sérieux. Il devait lui répondre avec sincérité, même si cela lui était difficile. Ils avaient discuté comme autrefois, lorsqu'ils prenaient leurs décisions ensemble, et il savait que, s'il parlait avec légèreté, elle ne le lui pardonnerait pas.

« La jalousie m'envahit encore quelquefois, comme toi la colère, reconnut-il d'une voix rauque. Mais je t'aime, Ahmès-Néfertari, je t'aime comme je l'ai toujours fait. »

À son grand embarras, il vit que ses yeux s'embuaient de larmes.

« Je t'aime moi aussi, mon frère. »

À ses pieds, Khounès s'agita.

« Que Vos Majestés me pardonnent, mais je suppose qu'elles ne souhaitent pas que leurs paroles soient notées après "aux hommes dont tu t'étais entourée en mon absence" ?

– Bien sûr que non ! » s'exclama Ahmès-Néfertari avec un rire tremblant.

Ahmosis s'attendait presque à la voir tapoter la coiffure de lin du scribe. Mal à l'aise, il changea de sujet.

« Nous n'avons reçu aucune lettre de mère ni de grand-mère depuis un bon moment », remarqua-t-il en se levant.

Ahmès-Néfertari quitta son siège, elle aussi, puis, subitement, elle leva les bras et s'étira lentement, un geste d'une grâce féline qui mit en valeur son long cou brun et qui, à l'étonnement d'Ahmosis, éveilla brutalement son désir.

« Je suis sûre qu'elles ne courent aucun danger et sont en parfaite santé, dit la jeune femme. Dans sa dernière lettre, mère expliquait que la tombe de son ancêtre à Djeb avait effectivement besoin de réparations importantes et que, jusqu'à leur achèvement, grand-mère et elle étaient confortablement installées dans une maison, au bord du fleuve. Je crois que le rythme languissant de la vie du Sud leur plaît. »

Ahmosis s'approcha d'elle et passa la main dans ses cheveux ; sa nuque était chaude.

« Je te laisse le soin de convoquer les hommes de ta liste, murmura-t-il. Si nous allions dans mes appartements, Ahmès-Néfertari, ou dans les tiens ? J'ai envie de toi. »

Il avait ravalé une bonne partie de sa fierté pour lui avouer aussi ouvertement son désir, et il attendit sa réponse avec anxiété. Elle resta longtemps immobile, et il allait retirer sa main, confus, quand elle se tourna vers lui. Elle le dévisagea d'abord avec méfiance, puis ses traits se détendirent. Oui, cette fois, je serai entièrement présent, lui dit-il en silence. Ahmès-Néfertari dut lire cette promesse muette dans ses yeux, car elle appuya la tête contre sa poitrine.

« Je suis à tes ordres, Majesté, murmura-t-elle. Prépare une lettre convoquant les hommes approuvés par le roi, Khounès. Je la lirai plus tard. »

Ce fut le début d'une sorte de réconciliation, un processus lent, marqué de rechutes, où ils s'efforcèrent d'accepter les changements survenus en chacun d'eux. La routine de la vie de cour, complexe mais de plus en plus organisée, et la grossesse d'Ahmès-Néfertari les y aidèrent. À mesure que les semaines passaient, la jeune femme n'éprouvait plus le même désir de prendre une part active aux affaires politiques, et elle se contentait du compte rendu des événements et des décisions de la journée que lui faisait Ahmosis pendant les soirées qu'ils avaient pris l'habitude de passer ensemble.

Au début de khoïak, juste après la fête d'Hathor, alors que la crue avait presque atteint son maximum et que l'air commençait à devenir moins brûlant, Ahmosis Abana arriva à l'improviste. Il avait attaché son embarcation à un poteau et, précédé par un des hérauts postés en permanence à la porte du domaine, il entra dans le jardin où Ahmosis et son épouse profitaient de la fraîcheur et des dernières lueurs du crépuscule. Pashé, Ahmosis-onkh ainsi que leurs serviteurs personnels se trouvaient avec eux. Assise dans un fauteuil, Ahmès-Néfertari avait sur les genoux tous les tessons de poterie que son fils lui avait apportés avec fierté pour lui montrer ce qu'il avait appris à écrire. Ahmosis regardait avec tendresse la mère et l'enfant, qu'enveloppait la lumière douce du couchant. Des moustiques voletaient au-dessus de la surface rosée du bassin et, sous les arbres qui entouraient la pelouse, les ombres commençaient à se fondre. Ahmosis venait de demander à Akhtoy d'allumer les grandes lampes accrochées aux montants du dais, quand deux silhouettes émergèrent de l'obscurité et s'inclinèrent devant lui.

« L'amiral Ahmosis Abana, sire, annonça le héraut.

– Quoi ? s'exclama Ahmosis. Il y a à peine six semaines que tu es retourné dans le Delta après ton mois de permission à Nékheb. Que fais-tu ici, Abana ? Tu as l'air épuisé. Akhtoy ! Donne cette bougie à quelqu'un d'autre, et fais-nous apporter à manger et à boire. »

En regardant les épaules affaissées et le visage inexpressif du jeune homme, Ahmosis fut saisi d'appréhension. L'ennemi a repris les Murs du Prince, pensa-t-il avec affolement. De nouvelles troupes sétiou entrent dans le Delta par la route d'Horus. Les portes d'Het-Ouaret se sont ouvertes, mon armée a été écrasée, et Apopi marche sur Oueset ! Prenant une profonde inspiration, il réprima ce moment de panique et se tourna vers Ahmosis-onkh.

« Il est temps d'aller te coucher, dit-il. Non, pas de discussion ! Remets ces tessons de poterie dans ton sac, et viens nous embrasser, ta mère et moi. »

Avec une grimace de déception, l'enfant obéit, et Pashé l'emmena. Se rendant compte qu'il gardait les yeux fixés sur leurs deux silhouettes, plongé dans une sorte de stupeur, Ahmosis se secoua.

« Laissez-nous ! ordonna-t-il aux serviteurs. Sauf toi, Ipi. »

Aussitôt, tous s'inclinèrent et s'en furent, exception faite d'Héqaib, qui allait de lampe en lampe avec sa bougie, laissant derrière lui de grands cercles de lumière. Ahmosis regarda de nouveau Abana. Les yeux gonflés et à demi clos, il avait vraiment l'air épuisé. Héqaib acheva sa tâche, souffla la bougie et disparut dans l'obscurité.

« Tu ferais mieux de t'asseoir avant de t'effondrer, Abana, dit Ahmosis. Es-tu venu à bord du *Gloire-dans-Mennéfer* ? »

Abana se laissa tomber sur une natte en poussant un soupir de soulagement.

« Je suis venu seul dans l'esquif le plus léger que j'aie pu trouver, sire, répondit-il d'une voix rauque. C'était une erreur, car il m'a fallu ramer et contre le courant et contre le vent, mais je voulais t'annoncer la nouvelle en personne avant que d'autres lèvres ne la colportent jusqu'à Oueset.» Il se frotta les yeux d'un doigt sale et eut un faible sourire. «Se battre contre la crue, même dans un esquif, n'est pas un mince exploit.»

Reste calme, se dit Ahmosis, dont tous les nerfs étaient tendus. Pourquoi supposer qu'il apporte de mauvaises nouvelles ? Comment pourraient-elles l'être, alors que mes soldats entourent Het-Ouaret en rangs aussi drus que le blé dans les champs ?

«Je connais ton habileté sur l'eau, jeta-t-il avec irritation. Il est inutile de me la rappeler. Raconte-moi plutôt ce qui s'est passé.

– Nous n'avons pas été à la hauteur des circonstances, sire, déclara Abana. Nous avons eu l'occasion de capturer Apopi, et nous l'avons laissé échapper. Je t'apporte les excuses des généraux chargés de surveiller la ville.

– Capturer Apopi ? intervint Ahmès-Néfertari. Es-tu en train de nous dire qu'Het-Ouaret est tombée ?»

Elle se penchait en avant, une expression incrédule sur le visage. Abana secoua la tête.

«Puissent les dieux nous punir de notre négligence, dit-il avec amertume. Je ne cherche pas à nous trouver d'excuses, mais quand un siège s'éternise, il arrive que les hommes deviennent inattentifs, même s'ils continuent à faire leur devoir.»

Il trébuchait un peu sur les mots et, en dépit de son impatience, Ahmosis l'arrêta d'un geste de la main.

«Mange et bois avant de poursuivre», dit-il.

Akhtoy était revenu avec un serviteur qui posa une assiette près de l'amiral pendant que l'intendant lui servait du vin. Après avoir bu à longs traits, Abana s'attaqua à la nourriture. Ahmosis attendit. Finalement, le jeune homme s'essuya la bouche sur un coin de son pagne souillé.

«Pardonne-moi, Majesté…»

C'en était trop pour la patience d'Ahmosis.

«L'humilité devant les dieux est fort louable mais, devant les rois, elle est un obstacle irritant dont il vaut mieux se défaire ! explosa-t-il. C'est un sentiment dont tu n'as pas l'habitude, amiral, je te conseille donc de le laisser de côté et d'en venir enfin au fait !

– J'ai tout de même perdu un peu de mon arrogance naturelle, sire, et cela à cause de ma propre bêtise, comme tu vas pouvoir en juger. » Les bras noués autour des genoux, Abana se mit à se balancer d'avant en arrière. Il est véritablement honteux, se dit Ahmosis avec surprise. Ce n'est pas de la comédie. « Le douzième jour d'*athyr*, nous avons fêté Hâpy, poursuivit Abana. Toute l'armée a participé aux festivités, naturellement, mais, comme Hâpy est le dieu du Nil, la flotte l'a fait avec une dévotion et une joie particulières. » Il jeta un rapide coup d'œil à Ahmosis. « Quand je dis toute l'armée, je parle des soldats qui n'étaient pas de service, et des marins qui n'étaient pas de patrouille sur les canaux d'Het-Ouaret.

– Les autres se sont soûlés, coupa Ahmosis d'un ton sec.

– Comme toujours en pareille occasion, acquiesça Abana. Pahéri avait pris le commandement de la flotte, ce soir-là. Mon équipage et moi avions quartier libre et buvions de la bière autour des feux de camp. Nous étions à l'est de la ville, séparés des remparts par le canal. Tout d'un coup nous avons entendu un grand vacarme à l'ouest d'Het-Ouaret, à l'endroit où le fleuve longe les murs. J'ai aussitôt couru voir ce qui se passait. Lorsque je suis arrivé, j'ai vu qu'une unité de Sétiou s'était glissée dehors à la faveur de la nuit et attaquait nos soldats. La porte avait été refermée. Nos hommes étaient pris au dépourvu : rien ne les avait avertis de cette sortie.

– Évidemment ! s'exclama Ahmosis. Mes généraux s'attendaient peut-être que les Sétiou montent sur les remparts avec des torches pour leur crier : “Préparez-vous, nous sortons” ?

– Pard… La ville était calme depuis si longtemps, depuis des semaines, sire. On l'aurait crue morte. C'était complètement inattendu. Les officiers ont rallié les hommes, et j'ai vu nos navires se porter à leur rescousse. J'ai rejoint mon équipage et couru à bord du *Gloire-dans-Mennéfer*. Il était mouillé à l'est d'Het-Ouaret. Nous avons largué les amarres avec l'intention de nous joindre à la mêlée, mais, en levant les yeux, j'ai vu du mouvement sur le mur. » Il se frappa la tête du plat de la main. « C'est là que je me suis conduit comme un imbécile ! J'avais bu. Je retrouvais ma lucidité, mais pas assez vite. Comme le mur et le ciel étaient très noirs, je ne voyais pas très bien. C'est mon cousin Zaa qui a dit : “Des hommes descendent quelque chose. Je crois que c'est une barque.” Au même instant, l'embarcation touchait l'eau. Si je n'avais pas été aussi imbibé de bière, j'aurais tout de suite compris que les combats à l'ouest de la ville n'étaient qu'une diversion ; au lieu de quoi, je suis resté sans rien faire sur le pont de mon navire. “Ils descendent autre chose, a annoncé Zaa. On dirait un gros panier.” » L’amiral serra les poings et en martela le sol. «Je ne comprenais toujours pas, Majesté ! s’écria-t-il. Si j’avais laissé ce panier descendre, si j’avais attendu tranquillement, je t’aurais amené ce soir ton vil ennemi attaché à mon mât !

– Apopi était dans ce panier, dit Ahmès-Néfertari d’une voix blanche. Il cherchait à fuir, en abandonnant son peuple, comme la misérable fouine qu’il est. Comment as-tu su qu’il s’agissait de lui ? Était-il accompagné ? »

Tani, pensa aussitôt Ahmosis. Il prit la main de sa femme et la trouva glacée.

«La lampe du gouvernail était allumée, Majesté. J’ai discerné du mouvement dans le panier. Sans réfléchir, l’esprit encore embrumé par la bière, j’ai pris mon arc et tiré sur les vagues silhouettes que j’apercevais sur le mur. Ma flèche a atteint un homme, qui a crié et basculé, emportant dans sa chute la pièce de tissu noir qui dissimulait les occupants du panier. Un ordre a retenti, et celui-ci a été précipitamment remonté. J’ai tiré encore une fois, mais sans toucher personne. Juste au moment où le panier était halé par-dessus le rebord du mur, une tête s’est montrée. C’était Apopi, sans l’ombre d’un doute. Un de mes marins l’a reconnu pour l’avoir vu à Oueset quand il y était venu juger votre famille. »

Il desserra les poings et tendit les mains, paumes offertes, vers Ahmosis.

«Maintenant, tu sais pourquoi je dois implorer ton pardon, dit-il. L’usurpateur est de nouveau à l’abri de sa forteresse, et je meurs de honte. J’ai conduit mon navire sur le lieu de la bataille, mais elle était terminée quand je suis arrivé. Nous avons perdu trente hommes. Tous les Sétiou ont été tués. J’ai pris la main de celui que j’avais abattu. »

Il se tut et, le visage dans l’ombre, Ahmosis se mit à réfléchir intensément. À côté de lui, Ahmès-Néfertari respirait vite et fort, irritée du manque de présence d’esprit d’Abana ou émue à la pensée que Tani s’était peut-être trouvée dans ce panier, il n’aurait su le dire. Ce n’était sûrement pas elle, pensa-t-il. Apopi chercherait avant tout à sauver son fils aîné et peut-être Kypenpen, son cadet. Il est facile de trouver une remplaçante à une reine ; il est moins simple de s'assurer un successeur. Ils ne jaillissent pas, adultes et pleins de santé, de la semence de leurs pères.

«A-t-on déterminé l'identité de l'homme que tu as tué? demanda-t-il soudain.

– Non, répondit Abana. Il était vêtu d'une magnifique robe d'intendant, avait les cheveux blancs et portait la barbe, à la mode sétiou.

– Les conseillers d'Apopi mériteraient d'être exécutés, commenta Ahmosis. Une diversion était la dernière chose à faire. Cela n'a abouti qu'à mettre l'armée et la flotte en alerte, alors qu'un panier descendu silencieusement le long du mur en pleine nuit aurait eu toutes les chances de passer inaperçu. Que va-t-il faire, à présent?»

Abana poussa un grognement. Ayant raconté son histoire sans essuyer l'explosion de colère à laquelle il s'attendait, il commençait à retrouver son aplomb naturel.

«Je pense qu'il récidivera, déclara-t-il. Mais pas tout de suite; il a été échaudé. Il faut que la situation dans Het-Ouaret soit vraiment critique pour qu'il ait décidé d'abandonner les milliers de citoyens dont il a la charge.

– Je suis las de faire des conjectures sur l'état de la ville, soupira Ahmosis. L'eau et la nourriture dont elle dispose, les maladies qui la ravagent, le désespoir des habitants... quelle importance si ses portes ne s'ouvrent jamais pour une reddition? Lève-toi, Abana.»

Le jeune homme obéit. Parler et manger lui avait fait du bien. Il avait perdu son air traqué. Il n'est pas dépourvu de sensibilité, se dit Ahmosis. Faire ce voyage avec ce poids sur la conscience, sans savoir si je le punirais ou non, a dû être terrible pour lui.

«Si toute l'armée avait festoyé, si vous vous étiez enivrés alors que vous étiez de service, j'aurais certainement banni mes commandants après leur avoir fait trancher le nez et les oreilles, déclara-t-il. Mais vous n'avez pas commis d'infraction à la discipline, même si la vigilance de mes généraux semble quelque peu se relâcher. Je ne prendrai pas de sanction. Akhtoy va te trouver un lit et te montrer les bains. Suis-le.»

Abana s'inclina.

«Je te remercie de ta magnanimité, sire. Je suis ton serviteur dévoué et plein de remords.»

Il se retira à reculons, toujours courbé, et se fondit dans l'obscurité.

« As-tu noté les propos de l'amiral, Ipi ? » demanda Ahmosis. Puis, comme le scribe acquiesçait : « Dans ce cas, tu peux te retirer. »

Ipi ramassa ses pinceaux et sa palette et s'en fut.

« Je crois qu'il est temps que je retourne dans le Delta, dit Ahmosis d'une voix accablée. Les troupes ont besoin de me voir. Leur enthousiasme faiblit. »

Il était intensément conscient du profil figé de sa femme, de l'immobilité tendue de son corps.

« C'était étrange de penser que Tani était peut-être dans ce panier, murmura-t-elle. D'une certaine façon, je m'en moquais.

– Je sais, dit-il en passant un bras autour de ses épaules contractées. Nous devrions rentrer, Ahmès-Néfertari. Tu as froid. »

Elle se leva docilement. Alors qu'il se demandait si elle l'avait entendu parler de son départ, elle serra son manteau autour d'elle en disant :

« Tu feras ce que tu as à faire, aller dans le Nord ou rester. Quant à moi, je suis prisonnière de ce corps et dois de nouveau enfanter. »

Son ton était mordant et, sagement, Ahmosis garda le silence.

Une fois dans la maison, elle l'embrassa et, après lui avoir souhaité un sommeil paisible, se retira dans ses appartements. Indécis, Ahmosis resta un instant dans le couloir. Il entendit sa femme échanger quelques mots chaleureux avec la sentinelle gardant sa porte. Elle aime ces soldats qu'elle a choisis et suivis, se dit-il. Elle connaît le nom de leurs femmes et de leurs enfants ; elle sait qui monte la garde et où. Toutes les semaines, elle se rend dans leur caserne et, si quelque chose ne va pas, elle y remédie aussitôt. Des liens étroits se sont noués entre eux pendant ces jours où je gisais sans connaissance et où Ahmès-Néfertari a eu le sort de l'Égypte entre les mains. Ahmès-Néfertari et Ahhotep. Ce moment de ma vie m'échappe à jamais, et je suis exclu pour l'éternité des nombreux changements qui se sont produits autour de moi pendant cette période.

Comme en réaction à ses ruminations, le sang se mit à lui battre les tempes, une pulsation douloureuse qui l'engageait à aller se coucher. Mais le récit d'Abana l'avait agité ; il s'exaspérait du destin qui lui avait fait manquer Apopi de si peu. Imaginer le souverain sétiou attaché à un char, exhibé sous les murs d'Het-Ouaret, comme c'était enivrant ! Khabekhnet aurait crié à tous ses concitoyens : « Votre roi est prisonnier ! Rendez-vous ! » Dire que cela avait failli se réaliser ! Ce siège a aussi mauvais goût que de l'eau restée trop longtemps dans une jarre, pesta intérieurement Ahmosis. Rien que d'y penser me fatigue.

Il se dirigea vers ses appartements, salué au passage par les gardes postés dans les couloirs. En le voyant approcher, Akhtoy quitta son tabouret et s'inclina. Ahmosis hésita. Il savait que s'il ne dormait pas, son mal de tête s'intensifierait, mais la perspective de se retrouver seul, enfermé entre les quatre murs de sa chambre, lui fut brusquement insupportable.

« Va trouver le prince Ankhmahor, ordonna-t-il à l'intendant. Dis-lui de me retrouver au débarcadère. J'ai envie de faire un tour sur le fleuve, ce soir. Ensuite, tu pourras aller te coucher.

– La crue a atteint son maximum, et le courant est fort, remarqua Akhtoy d'un ton dubitatif. Est-ce bien sage, Majesté ?

– Non, ça ne l'est pas. Va me chercher un manteau avant de partir. »

Il trouva un réconfort dans la présence d'Ankhmahor. Le prince respirait une assurance et un calme apaisants. Lorsque, tirant sur leurs rames, ils s'écartèrent du débarcadère, Ahmosis sentit sa tension et son abattement commencer à se dissiper. Le globe bleuté de la lune se levait, mettant un sentier d'argent sur le sein sombre et gonflé du Nil. Sur les rives, les arbres à demi submergés formaient une forêt mystérieuse. Plus loin, au-dessus de la ville d'Oueset, un faible halo orange se détachait sur la noirceur du ciel. Un petit point de lumière suspendu marquait le toit du temple d'Amon, et, à intervalles irréguliers le long de la rive orientale, d'autres lumières dansantes indiquaient les nouveaux domaines des ministres et des nobles. Ahmosis respira profondément, s'imprégnant de la beauté et de la paix de ce spectacle.

« Je regrette que nous ne puissions pas pêcher, dit-il avec mélancolie. Un roi ne saurait offenser Hâpy, mais mon divertissement préféré me manque.

– Où Sa Majesté souhaite-t-elle aller ? » demanda poliment Ankhmahor.

Ahmosis haussa les épaules.

« Laissons-nous porter par le courant un moment, puis nous reviendrons à la rame, dit-il. L'exercice me fera du bien. Je ne peux pas dormir, Ankhmahor. Het-Ouaret me rend fou.

– La ville ne tiendra pas éternellement, sire. Elle finira par tomber, pourvu que nous soyons patients.

– Elle aurait pu tomber le mois dernier », grommela Ahmosis.

Tandis qu'ils glissaient sur les eaux noires du fleuve, il répéta au prince le récit d'Abana. Ankhmahor écouta, commenta et, bientôt, les deux hommes passaient en revue avec animation tous les stratagèmes jamais conçus pour précipiter la chute d'Het-Ouaret. Cela soulagea Ahmosis, même s'il se rendait compte qu'ils ne disaient rien de neuf, qu'il n'y avait rien de neuf à faire ni à dire.

Sur le chemin du retour, ramant à contre-courant, ils durent économiser leur souffle et ne parlèrent guère. Tous deux étaient fatigués et en nage quand ils rattachèrent finalement l'esquif à son poteau d'amarrage. Souhaitant bonne nuit au prince, Ahmosis se fit ouvrir la porte du domaine et gagna les bains. Ils étaient obscurs et vides, et il y flottait un léger parfum de lotus et de jasmin. À la lumière de la lune qui entrait par la porte ouverte, Ahmosis examina les hautes jarres d'eau rangées contre le mur. Quand il en eut trouvé une pleine, il prit une poignée de natron, s'en frictionna, puis se rinça. L'eau était si froide qu'elle lui coupa le souffle. Il ne put découvrir de serviette, mais il pouvait s'en passer. Envahi par une agréable fatigue, il ramassa son pagne sale et son manteau, et quitta les bains pour rejoindre ses appartements. Son mal de tête s'était entièrement dissipé.

En approchant de sa porte, il constata qu'elle était grande ouverte et qu'un flot de lumière se déversait dans le couloir. Lorsqu'il entendit des voix impatientes à l'intérieur, dont celle de sa femme, son cœur se mit à battre avec violence. Des pas résonnèrent soudain derrière lui. Il se retourna et vit Emkhou s'avancer vers lui d'un pas rapide.

« Mes hommes t'ont cherché partout, sire ! s'exclama le capitaine. Akhtoy m'a dit que tu étais sur le fleuve mais, le temps que j'aille interroger les sentinelles de l'entrée, tu étais revenu et tu avais disparu. La reine souhaite te voir. »

Il avait à peine fini de parler que la voix d'Ahmès-Néfertari retentit.

«Tu l'as trouvé, Emkhou? Il est ici?»

Ahmosis franchit le seuil. Sa femme marchait de long en large dans la pièce, et un homme qu'il n'avait jamais vu se tenait près de la fenêtre. Il s'inclina à son entrée.

«Où étais-tu? demanda Ahmès-Néfertari. Mais tu es trempé, Ahmosis, et entièrement nu! Akhtoy m'a dit que tu avais pris un esquif. Aurais-tu chaviré?»

Soulagé de voir qu'en dépit de son agitation, Ahmès-Néfertari ne paraissait pas malade, comme il l'avait d'abord craint, il alla prendre un des draps du lit et s'en couvrit.

«Je n'ai pas chaviré, répondit-il avec calme. Je suis allé me laver aux bains en revenant.»

Il se tourna vers l'inconnu qui s'était avancé et le regardait avec gravité. Aussitôt, Ahmès-Néfertari le lui présenta :

«Mérérouka, le chef de mes espions d'Esna et de Pi-Hathor. Je t'ai déjà parlé de lui. Il a cinq hommes et femmes sous ses ordres, et habite Pi-Hathor, où il élève et vend des ânes.

– Un occupation utile pour un espion», commenta Ahmosis. Soudain épuisé, il s'assit dans un fauteuil. Pendant quelques précieuses heures, j'étais redevenu un prince, pensa-t-il. À présent, me voici de nouveau roi. «Il faut que tu apportes des nouvelles bien importantes pour venir en personne à Oueset», déclara-t-il à voix haute.

Mérérouka approuva de la tête. C'est l'homme le plus banal que j'aie jamais vu, se dit Ahmosis. Tout chez lui, de ses cheveux noirs coupés court jusqu'à ses sandales usées, est anonyme. Il n'a pas le moindre trait distinctif; même ses gestes passent inaperçus. Il s'émerveilla un instant de la sagacité que montrait Ahmès-Néfertari dans le choix des hommes.

«Elles le sont, sire, en effet, répondit Mérérouka. J'ai régulièrement informé la reine – oralement, bien entendu – du mécontentement croissant des habitants dans les deux villes dont je suis responsable. Sa Majesté sait naturellement combien Esna et Pi-Hathor ont souffert. C'étaient des villes prospères, et beaucoup de Sétiou y vivent.»

Son visage est peut-être ordinaire, mais ce n'est pas le cas de son intelligence ni de son langage, pensa Ahmosis. Où diable Ahmès-Néfertari l'a-t-elle trouvé?

« Je sais, coupa-t-il avec impatience. Kamosé s'était assuré leur neutralité par des menaces et par un pacte.

– Leur neutralité a pris fin, déclara Mérérouka, l'air sombre. Il y a deux jours, le maire de Pi-Hathor a été assassiné, et sa maison brûlée. Hier, une foule de citoyens déchaînés ont battu à mort le maire d'Esna. Ils avaient auparavant barré le fleuve et tué un de tes hérauts, qui venait de Djeb. Ils ont l'intention de s'emparer de la prochaine cargaison d'or qui descendra le Nil. Au début, ce n'était qu'un mouvement inorganisé mais, à présent, des chefs sont apparus pour canaliser leur mécontentement. Six kilomètres à peine séparent les deux villes. Déjà, des hommes sont postés au nord de Pi-Hathor pour empêcher quiconque de quitter la région et d'aller te prévenir. Je crains un soulèvement.

– Comment es-tu arrivé jusqu'ici ? demanda Ahmosis.

– Mon fils et moi avons conduit des ânes sur la route d'Esna. À mi-chemin entre les deux villes, je lui ai laissé les bêtes et j'ai traversé le fleuve sur un radeau. J'ai fait prévenir les reines Ahhotep et Tétishéri de rester à Djeb jusqu'à ce que Sa Majesté soit maître de la situation.

– Voilà qui était fort prévoyant de ta part, dit Ahmosis avec un mouvement d'irritation. Je suppose que tu souhaites me donner tes conseils ? »

L'homme jeta un rapide coup d'œil à Ahmès-Néfertari, manifestement pris au dépourvu par le ton du roi. La jeune femme s'avança.

« Il ne souhaite rien du tout, dit-elle avec force. Mais nous ferions bien de l'écouter, Ahmosis. »

En disant « nous », elle évitait avec tact de l'accuser d'arrogance et d'ingratitude.

« Tu as raison, reconnut-il en se radoucissant. Dis-moi ce que je devrais faire, Mérérouka. Les mécontents s'apaiseront-ils d'eux-mêmes après quelques actes de violence – auquel cas il me suffit d'attendre, puis de leur expédier des juges –, ou faut-il que j'envoie une armée rétablir l'ordre ?

– Une armée ne sera peut-être pas nécessaire, sire, répondit l'espion avec prudence. Je pense toutefois que tu as affaire à une petite révolte qui risque de prendre une ampleur dangereuse si tu n'interviens pas. Mille hommes devraient suffire à la réprimer. »

Ahmosis se leva, en jetant un regard de regret à son lit.

« Merci, dit-il. Retournes-tu à Pi-Hathor, ce soir ?

– Il le faut, répondit Mérérouka en s'inclinant. J'ai laissé mon fils et mes ânes dans un endroit tranquille près du fleuve, mais, s'il s'y attarde trop longtemps, les passants finiront par se demander pourquoi. Puis-je me retirer ? »

Ahmosis acquiesça de la tête. Après s'être incliné de nouveau, cette fois dans la direction d'Ahmès-Néfertari, l'espion sortit. Le souverain eut l'impression qu'il oubliait instantanément son visage. Il en éprouva un certain malaise.

« Quel homme remarquable ! commenta-t-il. D'où vient-il ?

– J'ai entendu parler de lui par Ouni, qui en avait entendu parler par un des serviteurs des cuisines, répondit Ahmès-Néfertari. Il habitait Oueset avec sa femme et son fils, et travaillait pour un marchand qui l'avait engagé afin d'obtenir des informations sur les négociations commerciales d'autres marchands. Apparemment, ce sont souvent les plus gros pots-de-vin qui décident des meilleures affaires, et son maître voulait savoir ce qu'offraient ses concurrents. » Elle eut un sourire froid. « Ce qui a éveillé mon intérêt, c'est que personne ne pouvait décrire avec précision son apparence ni ses habitudes, alors qu'il était pourtant assez connu des serviteurs de différentes maisons. Que vas-tu faire, Ahmosis ?

– Mettre Esna et Pi-Hathor au pas, naturellement. Il faut que je leur donne une leçon, reprit-il, après avoir appelé Akhtoy. Par comparaison au traitement qu'il a infligé à d'autres villes d'Égypte, Kamosé s'est montré d'une indulgence exceptionnelle à l'égard de ces deux-là. Elles ont répondu à la magnanimité par la traîtrise.

– Ses habitants sont appauvris et démoralisés, objecta Ahmès-Néfertari.

– Tu les défends ? N'oublie pas que la plupart d'entre eux sont des Sétiou. Ils auraient pu m'envoyer leurs maires pour m'expliquer leur situation et implorer mon aide. Je les aurais écoutés, Ahmès-Néfertari, tu le sais. Mais non ! Comme tous les Sétiou, ils ont choisi la perfidie et le meurtre. Leur conduite est une insulte à mon pouvoir. Je ne le tolérerai pas ! »

Il se tourna vers Akhtoy, qui était entré et attendait patiemment.

« Rattrape l'espion et dis-lui d'attendre, ordonna-t-il. Ensuite tu iras tirer Abana de son lit, et tu me l'enverras. Réveille aussi le personnel des cuisines. Qu'il nous prépare quelque chose de chaud. Je ne pense pas que nous dormirons beaucoup, cette nuit. »

Lorsque Ahmosis Abana arriva, l'œil vif en dépit de ses cheveux en broussaille et de son pagne noué de travers, le souverain lui fit un bref résumé de la situation.

« Tu vas te rendre à Nékheb, déclara-t-il ensuite. Tu devrais dépasser Esna et Pi-Hathor sans difficulté puisqu'elles se trouvent sur la rive occidentale, alors que Nékheb est sur la rive orientale. D'ailleurs, Mérérouka, un espion, t'accompagnera jusqu'à Pi-Hathor. Je vous donnerai une escorte. Une fois à Nékheb, tu équiperas en hommes trois des navires qui y ont été envoyés pour réparation après la bataille d'Het-Ouaret. Cela devrait suffire à venir à bout de leur barrage, quel qu'il soit. Tâche d'y jeter un coup d'œil au passage. Je marcherai sur ces deux villes avec mille hommes. Pi-Hathor n'est qu'à vingt-huit kilomètres d'Oueset. Nous ne devrions pas mettre plus d'une journée pour l'atteindre. Combien de jours te faut-il pour ramener les navires ? »

Abana calculait déjà, les yeux plissés.

« Vingt-huit kilomètres jusqu'à Pi-Hathor, six jusqu'à Esna, trente-trois jusqu'à Nékheb, murmura-t-il. Soixante-sept en tout. Comptons trois jours de marche, si tout se passe bien, puis un jour de plus pour rassembler les marins et les matelots nécessaires. Ensuite, comme le fleuve est en crue, et le courant rapide, il nous faudra sans doute moins d'un journée pour arriver en vue d'Esna.

– Bien, je m'abattrai donc sur Pi-Hathor dans cinq jours, et nous nous retrouverons à proximité. Akhtoy te présentera à Mérérouka. »

Lorsque Abana eut quitté la pièce, Ahmosis se laissa tomber dans un fauteuil.

« Ah ! qu'ils soient damnés ! s'exclama-t-il. J'espérais ne plus avoir à tuer ailleurs qu'à Het-Ouaret.

– Tu es tout de même content de partir, lança Ahmès-Néfertari. Tu commençais à t'ennuyer, ici, reconnais-le. »

Ahmosis réfléchit à son accusation, puis la repoussa, l'air pensif.

« Non, ce n'est pas vraiment que je m'ennuie, mais je m'aperçois qu'il m'est impossible de me consacrer pleinement à l'organisation de l'Égypte tant qu'Het-Ouaret n'est pas conquise. C'est un fil défait qui gâche le beau vêtement que nous tissons ensemble. Esna et Pi-Hathor seront une distraction, une action positive, dit-il en la regardant en face. Cela me permettra d'oublier Het-Ouaret, dont la pensée ne cesse de me lanciner.

– Je ne pensais pas que tuer fût une distraction, jeta-t-elle d'un ton sec, en se dirigeant vers la porte. Je suis fatiguée, je vais me coucher.

– Ce n'est pas ce que je voulais dire ! »

Mais peut-être que si, pensa-t-il un peu plus tard, quand Héqaib lui apporta une soupe de lentilles fumante. Ce sera en effet un détour bienvenu sur la longue route d'Het-Ouaret, et j'éprouve moins de scrupules à tuer des Sétiou rebelles que je ne le devrais.

Le lendemain matin, Abana et Mérérouka partirent avec vingt soldats de la division d'Amon. Ahmosis convoqua Touri et Ankhmahor, à qui il annonça qu'ils devaient se préparer à marcher vers le Sud, le premier avec une partie de la division d'Amon, et le second avec les gardes. Il avait décidé de ne pas emmener les Medjaï, qui venaient tout juste de rentrer de leurs villages d'Ouaouat avec leurs femmes et leurs enfants. Dans le tumulte et le vacarme qui semblaient accompagner tout ce qu'ils faisaient, ils étaient encore occupés à s'installer dans les huttes de terre que Sébek-nakht avaient fait construire à la hâte en lisière du désert. Hor-Aha avait raconté en plaisantant à Ahmosis qu'il avait dû prendre des mesures sévères pour empêcher des villages entiers de faire leurs balluchons et de suivre ses archers en Égypte. Le souverain avait trouvé leurs huttes bien misérables quand, acclamé avec euphorie, il avait circulé parmi leurs troupeaux puants de vaches et de chèvres pour leur souhaiter la bienvenue, mais Hor-Aha lui avait assuré que les Medjaï étaient satisfaits.

Ahmosis n'avait plus reçu de lettres de sa mère ni de sa grand-mère, mais il n'en attendait pas. Ahhotep écouterait le conseil de Mérérouka et resterait à Djeb.

« Tétishéri doit considérer la révolte des paysans de ces deux villes comme un affront à sa noblesse, remarqua Ahmosis, la veille de son départ, alors qu'il était étendu auprès de son épouse. Si elle était née homme, elle serait roi à l'heure qu'il est, et les Sétiou ne seraient plus qu'un souvenir. »

Ahmès-Néfertari tira la couverture sur ses seins, car la nuit était fraîche, et le petit brasero était presque éteint.

«Elle doit brûler de curiosité, dit-elle. Abana aurait peut-être dû pousser jusqu'à Djeb pour lui raconter ce qui se passait.

– Mieux vaut qu'il ne l'ait pas fait. Si elle avait exigé qu'il l'emmène sur un de ses navires, il aurait eu toutes les peines du monde à refuser.

– J'aimerais partir avec toi, moi aussi, murmura Ahmès-Néfertari. Tu n'es pas le seul qui t'ennuies parfois, Ahmosis.

– J'ai besoin de toi à Oueset, dit-il en posant un baiser dans ses cheveux emmêlés. Et puis tu n'entrerais pas dans mon char, tu es trop grosse ! »

Elle ne rit pas de sa plaisanterie.

« Tu seras de retour avant la naissance du bébé, n'est-ce pas, Ahmosis ? » dit-elle, en tournant vers lui un visage inquiet.

Il se souleva sur un coude.

« Tout sera terminé en une semaine, promit-il. Cela n'a rien à voir avec mes campagnes précédentes. Je serai revenu pour la fête du couronnement d'Horus, le premier jour de tybi. Le bébé ne doit naître qu'un mois plus tard. Ne t'inquiète pas. »

Son visage s'éclaircit, et elle ferma les yeux. Ahmosis resta immobile, regardant la ligne émouvante de son cou, les longs cils noirs frôlant sa joue, l'ombre mince entre ses seins à demi dissimulés par la couverture. Je serai là, ma sœur, malgré le peu d'envie que j'en ai. Si tu savais avec quelle force et avec quelle lâcheté je désirerais me trouver à des milliers de kilomètres d'Oueset lorsque tu accoucheras, l'amour que tu éprouves pour moi se muerait instantanément en mépris. Si le voyant a vu juste, ton ventre distendu ne nous réserve que douleur et désespoir.

Ahmès-Néfertari s'était endormie. Sa respiration était lente et régulière. Roulant sur le dos, les yeux fixés sur les ombres rougeâtres qui dansaient au plafond, Ahmosis lutta contre les pensées qui s'insinuaient dans son esprit.

11

Après avoir traversé le fleuve, Ahmosis et ses hommes se dirigèrent vers le sud, laissant derrière eux la vallée des morts. Sur leur droite, le sable s'étendait jusqu'à la chaîne déchiquetée des montagnes, qui se découpait sur un ciel sans nuages. Sur leur gauche, après les palmiers épars à l'ombre desquels ils marchaient, c'étaient les marais, où d'innombrables oiseaux blancs se balançaient sur les tiges oscillantes des roseaux. De temps à autre, Ahmosis apercevait à fleur d'eau les narines jumelles d'un hippopotame, et des tourbillons d'eau scintillante indiquaient l'endroit où les bêtes avaient plongé.

Le fleuve baissait, le soleil n'avait plus son ardeur du shemou, et Ahmosis respirait avec bonheur l'odeur de la terre humide et celle de la sueur de ses chevaux. Derrière et devant lui, ses soldats marchaient en bavardant tranquillement, et le bruit de leur conversation se mêlait agréablement au grincement des roues de son char et au piétinement sourd des gardes qui l'entouraient. On croirait une expédition de chasse, se disait-il. Les hommes savent qu'ils ne courent aucun danger. Leur proie est déjà condamnée, un ramassis de citadins en colère qui ne feront pas le poids contre des soldats aguerris. Quant à moi, je n'ai rien d'autre à faire que de regarder défiler l'Égypte, debout sur mon char. Je suis libre.

Ils s'étaient mis en route avant l'aube et, à midi, ils avaient parcouru la moitié du trajet. Ordonnant une halte, Ahmosis mangea pain, fruits secs et fromage de chèvre, adossé à un palmier, pendant qu'un de ses gardes détachait les chevaux et allait les abreuver. Partout, dans l'ombre mouchetée des arbres, les soldats partageaient leurs rations, épées et arcs posés négligemment à leur côté. Certains s'étaient même dévêtus et pataugeaient bruyamment dans le fleuve. Cela ne dérangeait pas Ahmosis. Il n'était pas pressé de repartir, il se serait même volontiers endormi, bercé par le bruissement régulier des palmes au-dessus de lui, si la voix impérieuse de Touri ne l'avait tiré de sa somnolence. Il se releva à contrecœur, tandis que les soldats se rhabillaient à la hâte et ramassaient leurs armes.

Deux heures après le coucher du soleil, alors qu'ils étaient tout près de Pi-Hathor, leur éclaireur revint.

«Je crois qu'ils ont été avertis de notre approche, sire, déclara-t-il. D'après ce que j'ai pu observer, les rues sont encore pleines de monde alors que, à cette heure, les gens devraient être chez eux en train de manger.

– C'était inévitable, je suppose, dit Ahmosis. Nous avons dépassé des paysans qui abreuvaient leurs bœufs et qui nous ont forcément vus.»

Il remercia l'éclaireur et ordonna une halte pour la nuit. Les soldats n'avaient pas apporté de tentes; ils se roulèrent dans leur couverture, et Ahmosis fit de même. Pour plus de sécurité, Touri posta des sentinelles, bien qu'une attaque des habitants de Pi-Hathor fût hautement improbable.

À l'aube, transi et ankylosé, Ahmosis quitta le creux de sable où Touri, Ankhmahor et lui avaient dormi. Après un repas rapide, ils se remirent en route, mais, presque aussitôt, la colonne s'immobilisa, et un homme courut vers Ahmosis. C'était Mérérouka.

«Tu vas trouver Pi-Hathor déserte, sire, annonça-t-il. Tous les hommes sont partis rejoindre les habitants d'Esna dans la nuit. À moins que tu n'aies l'intention de brûler la ville, il est inutile que tu y perdes ton temps. Il n'y reste que des femmes et des enfants.

– On les a donc bien prévenus, remarqua Ahmosis.

– Oui, dit Mérérouka avec un sourire rusé. C'est moi qui m'en suis chargé. Mon fils a guetté votre arrivée. Dès qu'il vous a aperçus, j'ai répandu la nouvelle dans Pi-Hathor. Il n'a pas fallu longtemps pour convaincre les hommes de la ville que, unis à ceux d'Esna, ils résisteraient mieux à tes troupes.

– De sorte que nous pouvons maintenant frapper un seul coup au lieu de deux, et en bénéficiant du soutien d'Abana, dit Ahmosis d'un ton admiratif. Tu es décidément bien retors pour un éleveur d'ânes. As-tu des nouvelles de mon amiral ?

– Deux de mes espions d'Esna – des coupeurs de papyrus qui travaillent au bord du fleuve – m'ont informé que l'amiral Abana était arrivé au sud de la ville, hier soir. Il doit s'apprêter à attaquer. »

Ahmosis le renvoya et, en le regardant s'éloigner dans la lumière indécise du petit matin, il se promit de récompenser sa loyauté par l'Or des Faveurs. Je continuerai à utiliser ses compétences, se dit-il. Lorsque toute l'Égypte sera mienne, je ferai de lui les Yeux et les Oreilles du Roi. Ahmès-Néfertari sera contente. Elle avait sans doute déjà envisagé de lui accorder une promotion de ce genre.

L'espion n'avait pas menti. À la hauteur de Pi-Hathor, le Nil s'incurvait vers l'est, de sorte que la ville ne se trouvait pas au bord de l'eau, et que la route du fleuve croisait les larges avenues qui menaient de la ville aux quais. Massée devant les entrepôts délabrés, une foule silencieuse et apeurée de femmes et d'enfants regarda passer les soldats. Quelques chiens accoururent en aboyant et en montrant les dents, mais ce furent les seuls à faire un mouvement. Même les enfants restaient immobiles.

Ahmosis remarqua que les appontements tombaient en ruine : leurs planchers présentaient des trous, et les poteaux de soutien penchaient dans le sens du courant. Il n'y avait pas trace de navire. En dépit de l'absence manifeste de danger, ce spectacle sinistre donnait la chair de poule. Les hommes d'Ahmosis s'étaient tus, et on n'entendait plus que le bruit sourd de leurs pas et le reniflement des chevaux. Il y avait dans l'air un désespoir et une hostilité qui rappelaient à Ahmosis la terrible campagne qu'il avait menée avec Kamosé pour le contrôle des villes et des villages d'Égypte, les massacres et les incendies quotidiens qui avaient conduit son frère et lui au bord de la folie. Ce fut avec un immense soulagement qu'il laissa Pi-Hathor derrière lui.

Le soleil matinal était chaud, l'air frais et revigorant, et Esna n'était qu'à six kilomètres. Les soldats retrouvèrent vite leur bonne humeur, mais marchèrent désormais avec une certaine gravité, car, pour prévisible que fût l'issue du combat à venir, ils n'en auraient pas moins à se battre.

Ils entendirent la rumeur de la ville avant de la voir, puis le vent leur souffla soudain au visage une haleine brûlante et une odeur de bois carbonisé. Ordonnant à ses hommes de mettre l'épée au clair, Ahmosis poussa son char vers les premiers rangs. Ankhmahor et les gardes le suivirent au pas de course.

Les quais d'Esna étaient en flammes et, en voyant les embarcations qui encombraient le fleuve, Ahmosis comprit pourquoi il n'en avait vu aucune à Pi-Hathor : ses habitants, tous bons marins, étaient partis à leurs bords et, à présent, ils encerclaient maladroitement les navires d'Abana, aisément reconnaissables aux archers alignés avec ordre sur les ponts. Les hommes de l'amiral tiraient surtout sur les autres bateaux, même si certains prenaient pour cible la foule hurlante qui se bousculait sur la rive.

Ahmosis eut vite évalué la situation. Point n'était besoin d'user de stratégie ; il suffisait de marcher sans attendre sur la cohue des citadins qui se pressaient entre le fleuve et les bâtiments. Si quelques-uns agitaient des épées, si d'autres avaient des lances, la plupart n'étaient armés que de couteaux, de masses de carrier ou d'outils destinés à la construction des navires. Réprimant un sentiment de culpabilité et de pitié, Ahmosis lança un ordre bref à Touri qui, les mains en porte-voix, le transmit à ses officiers. Alors que les gardes prenaient position autour de lui, Ahmosis aperçut Abana, debout à l'avant d'un des navires. Mais les troupes de Touri avaient presque rejoint l'adversaire, et il reporta son attention sur elles.

Ce ne fut pas vraiment un massacre, car une sorte de chef émergea de la foule et la dirigea. Sa voix se faisait souvent entendre au-dessus du tumulte, et si l'on ne saisissait pas ses paroles, son ton était indéniablement celui du commandement. Docilement, ses concitoyens se dérobaient devant les soldats, formaient de petits groupes compacts ou couraient prendre d'autres positions. Ahmosis se rappela que, selon Mérérouka, quelqu'un coordonnait la révolte dans les deux villes : sans doute l'homme qu'il avait sous les yeux. Il l'observa avec attention en se demandant s'il avait servi un jour dans l'armée de Séqénenrê, ou peut-être même dans celle d'Apopi. Il était impossible de dire s'il s'agissait d'un Sétiou. Il brandissait une épée, dont il se servait pour indiquer ses intentions aux hommes qui se battaient avec acharnement autour de lui. En dépit de ses efforts et de son courage, il doit pourtant savoir que sa résistance est sans espoir, pensa Ahmosis avec une certaine tristesse. Comme je déteste ce qu'il me faut faire !

Pendant quelque temps, la mêlée fut inextricable, mais, peu à peu, le nombre des citadins commença à diminuer. Le combat perdit de son intensité. Les cadavres jonchaient le sol, et les survivants se mirent à fuir, jetant leurs armes de fortune pour courir vers leurs champs à demi submergés, ou pour plonger dans le Nil, sur lequel deux de leurs embarcations dérivaient, abandonnées et en feu. Les matelots d'Abana avaient abordé les autres et taillaient en pièces des hommes habitués à naviguer mais pas à se battre sur les ponts instables de leurs navires. Les hurlements et les gémissements des blessés remplissaient l'air, mêlés aux cris de victoire des assaillants. L'affrontement avait à peine duré une heure. Le soleil n'avait pas encore atteint son zénith et, déjà, la bataille était terminée.

L'homme qui avait organisé les rebelles criait toujours. Il se rua vers le Nil, non pour fuir, mais pour tenter de rallier ses hommes, de lutter contre la panique qui les égaillait. Quelques-uns l'écoutèrent, revinrent vers le bord, et il courut à leur rencontre, s'avançant jusqu'à mi-corps dans le fleuve, où les manœuvres des navires soulevaient des vagues.

Il ne vit pas Abana, qui se pencha par-dessus la lisse de son navire, apprécia la situation d'un rapide coup d'œil et bondit, atterrissant derrière lui dans un grand jaillissement d'eau. L'homme se retourna maladroitement, gêné par son épée et par la résistance de l'eau. Abana l'empoigna à bras-le-corps et lui fit perdre l'équilibre. Les deux hommes basculèrent et, lorsqu'ils refirent surface, Abana agrippait à deux mains le poignet armé de son adversaire, qu'il secouait avec violence tout en décochant au hasard de grands coups de coude et de tête.

« Touri ! hurla Ahmosis. Envoie quelqu'un à son secours ! »

L'ordre était inutile, car plusieurs soldats couraient déjà vers les deux combattants. Avant qu'ils ne les aient rejoints, cependant, l'épée de l'homme, arrachée à son étreinte, s'enfonçait sous l'eau et, un bras autour du cou de son prisonnier, Abana le halait vers la rive.

Cette capture marqua la fin des dernières velléités de résistance. Les hommes qui étaient encore dans le fleuve regagnèrent la rive et jetèrent leurs armes. Touri s'avança vers Ahmosis et salua.

« Tout est fini, sire, dit-il. Que devons-nous faire de ceux qui se sont rendus ? »

Ahmosis parcourut du regard les appontements réduits en cendres, les cadavres amoncelés, les femmes qui sortaient peu à peu de la ville et commençaient à pousser de stridentes lamentations.

« Fais-les garder pour l'instant, dit-il. Ordonne que l'on ramasse les corps et qu'on les brûle. Arrange-toi pour tenir ces femmes à distance. Je veux aussi connaître nos pertes le plus rapidement possible. »

Descendant de son char, il se dirigea vers Abana et son prisonnier. Les soldats qui entouraient les deux hommes s'écartèrent respectueusement à son approche. Abana lui sourit, en secouant sa chevelure ruisselante.

« Il n'était pas de taille face à l'entraînement et à la discipline d'un amiral égyptien ! s'exclama-t-il. Mais il a bien commandé ses hommes, n'est-ce pas ? »

Ahmosis acquiesça et regarda le prisonnier. Il tremblait un peu, mais peut-être plus par réaction nerveuse que par peur, car son visage était calme.

« Comment t'appelles-tu ? demanda Ahmosis.

– Yamou.

– Tu es sétiou. » C'était une constatation plus qu'une question, et l'homme inclina la tête. « Tu as fait couler le sang inutilement, Yamou. Rien de tout cela n'était nécessaire ! Si les citoyens de Pi-Hathor et d'Esna étaient mécontents, ils auraient dû faire part de leurs griefs d'abord à leurs maires respectifs, puis à moi. J'aurais préféré charger un juge d'examiner vos plaintes que d'amener mille soldats vous détruire ! »

Yamou releva la tête, et une expression de mépris déforma soudain ses traits.

« Le maire de Pi-Hathor refusait de compromettre le lâche traité qu'il avait conclu avec ton frère, dit-il d'un ton mordant. Quant à celui d'Esna, il possédait beaucoup de terres et de bétail, et il ne voulait pas risquer de les perdre en se plaignant à toi, Ahmosis Taâ. Nous leur avons donc coupé la tête. »

Ahmosis le regarda d'un air pensif. Ce n'était pas seulement le sentiment d'une injustice qui lui donnait cette virulence, il y avait dans son ton un mépris frisant la haine. Vous, les Sétiou, vous avez toujours eu le plus profond mépris pour nous, se dit Ahmosis. Vous nous avez conquis sans violence, grâce à la ruse et à la fourberie pour lesquelles vous êtes célèbres, et parce que vous avez réussi à nous berner si facilement, vous nous jugez naïfs et stupides, un peuple à exploiter, un pays à violer. Ce sont vos bergers qui sont entrés en Égypte les premiers, autorisés par le roi à faire paître leurs troupeaux dans le Delta. Les commerçants et les aventuriers ont suivi, nous dépouillant de nos richesses et, finalement, de notre liberté. Aujourd'hui que nous osons relever nos pauvres têtes et reprendre ce qui nous appartient, vous nous méprisez de ne pas être conformes à l'idée que vous aviez de nous. Il poussa un soupir.

« Je n'ai d'autre solution que de te décapiter à ton tour, dit-il, avant de se tourner vers le porte-enseigne de la division. Rassemble les soldats et fais aligner les prisonniers, Idou, ordonna-t-il. Je vais exécuter cet homme pour trahison. »

Ahmosis attendit, le cœur serré. La dernière exécution à laquelle j'ai assisté était celle de Téti, après la bataille de Néferousi, pensa-t-il. Téti, qui était le cousin de ma mère et qui avait poussé Si-Amon à nous trahir. Il était l'instrument d'Apopi, comme cet homme. Kamosé a fait justice lui-même. Je me rappelle la place abreuvée de sang de la forteresse ; je me rappelle la façon dont Téti s'est agrippé à son fils, et l'expression de Ramosé lorsqu'il a dû s'écarter de son père pour permettre à Kamosé de décocher sa flèche. Mon frère n'avait pas le choix, mais ce n'en était pas moins terrible. La nuit suivante, j'ai entendu Ramosé pleurer, et je sais que Kamosé ne dormait pas, lui non plus. J'espérais que ces temps étaient révolus.

Les bavardages des soldats s'éteignaient. On amenait les prisonniers, qui se serraient les uns contre les autres, incertains et effrayés. Les yeux se tournaient vers Ahmosis. Kamosé a utilisé son arc, se dit-il fiévreusement. Moi, je vais devoir frapper avec une épée, la sentir trancher muscles et os, être prêt à m'écarter pour éviter le sang qui jaillira, les convulsions de son corps. Il n'y a rien de comparable entre tuer dans le feu du combat et s'approcher froidement d'un homme agenouillé, voir qu'il a, collées au cou que l'on s'apprête à trancher, des mèches de cheveux mouillés, et que de l'eau dégouline de son pagne sur ses cuisses. Puisse Amon m'aider à ne pas me couvrir de honte devant les miens !

Dégainant son épée, il s'adressa aux citoyens d'Esna et de Pi-Hathor.

« J'ai décidé dans ma clémence de vous épargner, déclara-t-il d'une voix qui résonna haut et clair dans le silence. Vous êtes tous coupables de trahison, quelles que soient les justifications que vous trouviez à ce soulèvement. Je vous somme donc de vous rappeler ce jour, de vous rappeler et ma clémence et la vengeance que je vais exercer. L'Égypte est mienne. Vous m'appartenez. Oubliez-le une seconde fois, et je tuerai hommes, femmes et enfants, je raserai vos villes. J'ai dit. »

Des murmures de soulagement coururent parmi les prisonniers, et l'écœurement qu'il éprouva de cette manifestation instantanée d'égoïsme contribua à affermir ses mains et à calmer les battements de son cœur. Une femme se mit soudain à crier : « Yamou, non ! Yamou, non ! » Ahmosis se tourna vers le Sétiou.

« Souhaites-tu prier un moment ? demanda-t-il, étonné que sa voix ne tremblât pas.

– Oui, répondit Yamou. Je prie que vous soyez maudits à jamais, toi et tes descendants, tous les Taâ jusqu'à la fin des temps. »

Ahmosis écarta les jambes. Prenant son épée à deux mains, il la leva haut au-dessus de sa tête. Il voyait le cou tendu de l'homme, la rangée de ses vertèbres. « Au nom de mon père Amon », murmura-t-il, et, rassemblant tout son courage, il abattit la lame, qui étincela au soleil l'éclair d'un instant.

Le souverain trouva encore la force d'ordonner que le corps du Sétiou fût brûlé avec les autres, que l'on fichât sa tête sur une pique pour qu'elle y pourrît à la vue de tous ; il réussit à s'éloigner d'un pas ferme de la flaque de sang sur laquelle l'on jetait déjà des pelletées de sable ; mais, arrivé à son char, il se laissa tomber sur le sol, la tête sur les genoux.

« Envoie des gardes me chercher du vin en ville, Ankhmahor, dit-il d'une voix rauque. N'importe quoi… même du vin de palme fera l'affaire. »

Du sang avait giclé sur son pagne, bien qu'il eût veillé à s'écarter du corps en retirant son épée. Il arracha aussitôt le vêtement et le jeta dans un buisson, mais il vit alors avec consternation qu'une tache rouge sombre souillait sa cuisse. Ankhmahor lança un ordre aux hommes qui se trouvaient derrière lui, puis se pencha vers le souverain.

«Qu'y a-t-il, sire? Tu as déjà tué. Toi, l'Osiris Kamosé, ton père avant lui... tous les rois combattants. Cette exécution était juste et nécessaire. Que t'arrive-t-il?

– Cela n'a pas de fin», murmura Ahmosis. Il se sentait oppressé et avait les épaules endolories par la force du coup qu'il avait porté. «Toutes ses vies gaspillées... Je pensais... j'espérais... Apopi ne capitulera pas. Het-Ouaret m'attend, telle une énorme plaie suppurante qu'il faut cautériser, et ceci...», il effleura du doigt le sang encore humide qui souillait sa cuisse, «... ceci est en train de devenir l'emblème de ma famille. Le sang et les Taâ. On ne peut plus penser à l'un sans penser aux autres.

– Je vais te faire apporter un pagne propre, dit Ankhmahor avec douceur. Va te laver dans le fleuve avec un peu de natron, Majesté. Plus rien ne requiert ton attention, aujourd'hui. On brûle les cadavres, et Abana s'occupe de trouver des marins capables de conduire les navires sétiou à Nékheb. D'après ce que je sais, nous n'avons pas à déplorer de morts, et aucun blessé ne l'est si gravement qu'il ne puisse regagner Oueset à pied. Le général Touri viendra certainement te faire son rapport, un peu plus tard. Cette expédition punitive était indispensable, Ahmosis, et tu le sais. Pi-Hathor et Esna auraient pu propager la rébellion.

– Où cela? dit Ahmosis, qui se releva péniblement. L'influence sétiou ne se fait plus sentir que dans le Delta. Mais tu as raison, comme d'habitude, Ankhmahor. Je vais suivre tes conseils et demander à Hâpy de me purifier. Envoie-moi Abana lorsqu'il en aura terminé avec les navires.»

L'acte en lui-même n'était pas au-delà des forces de mon ka, se dit-il en entrant dans le fleuve, hors de vue de la ville. Je ne suis ni un lâche ni un faible. Non, ce qui a jeté le désarroi dans mon âme, c'est la malédiction que cet homme a prononcée, comme s'il connaissait la terrible prédiction du voyant, comme si un de ses dieux sétiou malveillants avait parlé par sa voix. C'est une chose d'accepter la volonté d'Amon, une autre de se dire qu'elle réjouit ses ennemis et qu'ils sont ravis des souffrances qu'elle cause à sa famille divine.

Le temps de se sécher, de mettre un pagne et une coiffure de lin propres, Ahmosis avait retrouvé son équilibre et, assis sur le plancher de son char, il but avec plaisir le vin que lui avait trouvé son garde. Peu après, Touri vint lui faire son rapport : on avait retiré les restes des appontements brûlés de l'eau afin que la navigation puisse reprendre ; on ne déplorait que quelques blessés sans gravité ; les prisonniers, relâchés, s'étaient dispersés dans la ville avec leurs femmes. Ahmosis lui ordonna d'emmener ses hommes bivouaquer hors d'Esna, sur la route de Pi-Hathor. Ils reprendraient le chemin d'Oueset le lendemain matin. Le général fut presque immédiatement remplacé par Abana, qui s'inclina respectueusement devant le souverain, puis, à son invitation, s'assit dans l'herbe à côté du char.

Les deux hommes gardèrent un instant le silence. Un peu plus loin, les gardes bavardaient entre eux à voix basse. Toujours sans un mot, Ahmosis tendit à l'amiral ce qui restait du vin. Tandis qu'il le regardait vider lentement la coupe, il se dit qu'il avait décidément beaucoup d'affection pour lui.

« Quel âge as-tu, Abana ? » demanda-t-il sur une impulsion.

Le jeune homme lui jeta un regard faussement soupçonneux.

« J'ai vingt-trois ans comme toi, sire. Je trouve que j'ai accompli beaucoup de choses dans ma courte vie, mais moins que Ta Majesté. Je suis tout de même fier de mon nouveau titre d'amiral et de commander le *Gloire-dans-Mennéfer*. J'ai ta faveur, n'est-ce pas ?

– Toujours aussi vantard ! plaisanta Ahmosis. Je reconnais cependant que tu tiens beaucoup de ton père : tu as son bon sens et sa capacité à gagner la confiance des hommes. Dis-moi, si tu gouvernais ce nome, que ferais-tu d'Esna et de Pi-Hathor ? »

Abana posa sa coupe sur le sol et regarda d'un air pensif l'entrelacs des branches au-dessus de leurs têtes.

« C'est toi le maître suprême, et je n'ai pas à décider du sort de ces deux villes récalcitrantes, dit-il enfin. Cela étant, si j'en avais la responsabilité, je chercherais à dissiper leur mécontentement. Leurs habitants ne se révolteront plus, ils l'ont payé trop cher, mais ils n'estiment pas pour autant te devoir fidélité, Majesté. Pas encore. » Il fronça les sourcils et se caressa l'oreille. « La plupart d'entre eux sont des Sétiou habitués à se soumettre à quiconque leur assure richesses et confort. Jusqu'à il y a peu, c'était Apopi, mais ils sont inconstants. Donne-leur du travail, remplis leurs assiettes, et ils feront tes quatre volontés. Je les connais. Nékheb n'est qu'à trente-trois kilomètres au sud. Quand j'étais enfant, il y avait beaucoup de commerce entre ces trois villes. Je les connais.

– Et je te pose de nouveau ma question, insista Ahmosis. Que ferais-tu ?

– D'abord, je remplacerais les maires par de bons Égyptiens. Puis je ferais reconstruire les appontements. Les chantiers de construction navale de Sa Majesté se trouvent désormais à Nékheb, mais Esna pourrait fabriquer des radeaux pour le transport des pierres, et des chalands pour celui des marchandises en tous genres. Par ailleurs, les hommes qui travaillent dans les mines d'or d'Ouaouat ont besoin de plus d'aliments qu'il ne peut en pousser dans cette région aride. Pour l'instant, ces mines ne sont pas exploitées à plein. Apopi ne s'est pas donné la peine d'y envoyer des mineurs. Il se reposait sur les indigènes, qui ramassaient souvent l'or dans le lit même du fleuve. Mais tu vas avoir besoin de beaucoup d'or pour Oueset, pour le commerce, pour tes nobles… Tu rouvriras des mines. J'accorderais à Pi-Hathor et Esna le droit d'acheter des denrées comestibles en amont et en aval du fleuve, et d'approvisionner les mineurs. Quant aux ouvriers des carrières de calcaire, si plus tard Ta Majesté se fait construire des monuments, ils retrouveront du travail.

– Des projets ambitieux, dit Ahmosis, quand Abana eut repris haleine. C'est peut-être la solution, ou peut-être pas. Quoi qu'il en soit, j'ai décidé de te confier la responsabilité de leur réalisation. »

Le jeune homme se tourna vers lui, stupéfait.

« Tu as déjà prouvé tes qualités à mon service, poursuivit Ahmosis. Et, en dépit d'une suffisance agaçante, tu n'as jamais rien demandé. Debout, Abana. Ankhmahor ! Viens ici ! »

Dès que le prince les eut rejoints, Ahmosis déclara :

« J'ai besoin de toi comme témoin. Je ferai établir le document *ad hoc* lorsque nous serons de retour à Oueset. » Il s'avança alors vers l'amiral, dont il toucha le front, la poitrine et les pieds, en disant : « Ahmosis Abana de Nékheb, je te nomme gouverneur du nome de Nékhen et te confère le titre de prince erpa-ha, à toi et à tes fils, pour l'éternité. Sois heureux dans la faveur de ton seigneur. »

Prenant Abana par les épaules, il l'embrassa sur les deux joues. Pour une fois, celui-ci parut à court de mots.

« Mais, Majesté, je n'ai pas encore de fils, balbutia-t-il. Je n'ai pas… est-ce que…

– Je te décerne également l'Or de la Vaillance une seconde fois, coupa Ahmosis. Tu es un homme courageux, prince. Prends l'adjoint de ton choix. Tu m'enverras chaque mois des rapports sur l'état de mon nome. »

Abana le regarda en clignant les yeux.

« Ma femme Idout est princesse ? demanda-t-il. Je suis prince ? » Il commençait à se remettre de sa stupeur, et ses yeux pétillaient. « Tu me fais un immense honneur, Majesté ! Je ne te décevrai pas ! Je suis comblé ! Je baigne dans la lumière de ta magnificence divine ! Mais que va devenir mon *Gloire-dans-Mennéfer* ? conclut-il d'un air consterné. Dois-je en abandonner le commandement ?

– Certainement pas. J'ai besoin de toi dans le Nord. Tu vas d'ailleurs regagner Nékheb avec tes navires, rassembler tes hommes et repartir aussitôt pour Het-Ouaret. L'adjoint que tu te choisiras s'occupera du nome en ton absence. Tu peux disposer. »

Abana prit les deux mains d'Ahmosis et y appuya les lèvres avec ferveur.

« Merci, grand dieu, merci ! » murmura-t-il.

Il s'éloigna à reculons en multipliant les saluts, puis, dès qu'il fut sur le chemin, se mit à courir et à sauter de joie.

« Un choix sage en dépit de son jeune âge, remarqua Ankhmahor. Il est très capable et entièrement sûr. »

Ahmosis hocha la tête. « En dépit de son jeune âge », pensa-t-il tristement. Tu ne me vois plus comme un jeune homme, n'est-ce pas, Ankhmahor ? Tu ne m'imagines pas sauter de joie avec l'enthousiasme et l'optimisme de mon âge. Eh bien, moi non plus.

Une heure plus tard, ses troupes et lui avaient quitté Esna. Ce soir-là, on chanta et rit beaucoup autour des feux de camp. Alors qu'Ahmosis admirait le rose délicat du ciel, sur lequel les dunes occidentales se découpaient avec une netteté croissante, il se rendit compte qu'en ordonnant à Abana de retourner sur-le-champ dans le Nord, lui-même avait inconsciemment pris la décision de ne pas s'attarder à Oueset.

Depuis que l'amiral était venu lui annoncer la tentative d'évasion manquée d'Apopi, la forteresse sétiou ne quittait plus ses pensées, et il savait maintenant qu'il serait incapable d'attendre patiemment chez lui jusqu'à la naissance de son enfant, dont deux mois le séparaient encore. Cette perspective lui était insupportable, non seulement parce qu'il craignait l'événement en lui-même, mais aussi parce qu'il avait l'intuition que la situation allait enfin changer dans le Delta. Aucun présage, aucun rêve, ne le lui avait annoncé, mais, depuis des années, la résistance obstinée de la ville d'Apopi lui était une douleur permanente, l'incommodait comme la lame cassée d'un poignard logée dans son ventre. Or cette gêne avait cédé la place à des moments d'anxiété intense, d'autant plus troublants qu'ils étaient sans motif. S'il redoutait la réaction de sa femme, il craignait encore plus l'inaction.

Ahmosis s'apprêtait à se coucher lorsqu'il entendit le qui-vive d'un garde. Un instant plus tard, le visage de Mérérouka émergeait de l'obscurité.

«Mon travail à Pi-Hathor et Esna est terminé, Majesté, déclara-t-il après qu'Ahmosis l'eut salué. Je ferai parvenir un rapport à la reine Ahmès-Néfertari. Puis-je t'être utile à autre chose?

– Je suis content que tu sois venu, dit Ahmosis. Envoie un messager prévenir ma mère et ma grand-mère qu'elles peuvent rentrer à Oueset quand elles le souhaitent, pourvu que ce soit avant deux mois. J'ai nommé Abana gouverneur du nome de Nékhen, continua-t-il. Tu serais peut-être précieux à son adjoint, mais c'est à la reine d'en décider. Je te suis reconnaissant de tes services, Mérérouka. La reine te paie-t-elle assez?»

Même dans la pénombre, Ahmosis vit que l'espion ne savait trop comment interpréter sa question.

«Oui, Majesté, répondit-il finalement. La reine est généreuse, et j'ai mes ânes.»

L'affection sincère qu'il semblait porter à ses bêtes le rendait sympathique à Ahmosis.

«Bien, dit-il. Abana retourne dans le Sud. Accompagne-le jusqu'à Nékheb... et n'oublie pas de lui donner son titre, Mérérouka. Il est prince, désormais.»

Étrange qu'un paysan se révèle honnête, alors que des princes sont morts pour leur perfidie, pensa-t-il en s'enroulant dans sa couverture. Un éleveur d'ânes espion, et un espion honnête... Il rit doucement et ferma les yeux.

Le lendemain soir, las et couvert de poussière, il était à Oueset. Ses hommes rompirent les rangs et se dirigèrent vers leur caserne, tandis que lui-même se rendait aussitôt aux bains. Héqaib venait à peine de le sécher et lui attachait un pagne propre autour de la taille lorsque Ahmès-Néfertari entra.

«J'ai vu Ankhmahor traverser le jardin, dit-elle. Je suis si heureuse que tu sois de retour! Tu as faim? Ahmosis-onkh et moi n'avons pas encore mangé.»

Elle portait une longue robe vaporeuse où brillaient des fils d'argent, et un mince serre-tête, également en argent, retenait ses longs cheveux ondulés. Elle n'a jamais été aussi belle, pensa Ahmosis avec désespoir. Je ne peux pas lui dire que je pars. Je ne peux supporter de voir ce sourire s'effacer de ses lèvres, cette lumière s'éteindre dans ses yeux. Il s'assit sur un des bancs alignés contre le mur pour permettre à Héqaib de lui mettre ses sandales.

«C'était une expédition sans difficulté, déclara-t-il. Nous n'avons plus rien à craindre d'Esna ni de Pi-Hathor. Ahmosis Abana est désormais prince, et je lui ai confié le gouvernorat du nome de Nékhen.

– Une décision hâtive qui ne te ressemble pas, mon époux! fit Ahmès-Néfertari en haussant les sourcils. Il a bien de la chance d'avoir gagné ta confiance aussi rapidement.»

Y avait-il une critique indirecte dans sa remarque? Ahmosis lui jeta un rapide regard, mais elle continuait à lui sourire avec chaleur. Il se leva et lui prit le bras.

«Je meurs de faim, dit-il. Il est encore tôt. Si nous mangions dans le jardin? Ensuite, il faudra que j'aille dicter quelques lettres.»

Ahmès-Néfertari ne lui posa pas de questions. Je lui ai promis que je serais ici pour la naissance de l'enfant, pensa Ahmosis avec un intense sentiment de culpabilité. Elle en est si heureuse qu'elle ne m'interroge ni sur le déroulement de l'expédition ni sur les affaires que j'ai à régler avec Ipi. M'avoir auprès d'elle est tout ce qui lui importe.

La honte le rendit plein de sollicitude. Dans le jardin, il l'aida à s'asseoir sur les coussins, lui mit un manteau sur les épaules, prit les plats qu'apportait Ouni pour la servir lui-même. Il chassa les quelques mouches paresseuses qui se posaient sur son cou et, à plusieurs reprises, gourmanda Ahmosis-onkh, qui se penchait trop brusquement sur elle afin de prendre un plat. Ahmès-Néfertari se laissa faire, remarquant simplement :

« Tu devrais partir plus souvent, si l'absence te rend aussi aimant à ton retour ! »

C'était l'occasion pour Ahmosis de lui apprendre sa décision, mais sa langue lui refusa tout service.

Lorsque Ahmosis-onkh alla s'asseoir au bord du bassin, où les poissons montaient à la surface happer les moustiques qui voletaient entre les fleurs de lotus, Ahmès-Néfertari lui prit soudain la main et la pressa sur son ventre. Avec un mélange de répugnance, de pitié, d'amour et de crainte, Ahmosis sentit son enfant donner de vigoureux coups de pied contre sa paume.

« Il n'y en a plus pour longtemps, murmura-t-elle, en lui embrassant l'oreille. Un fils, cette fois, tu ne crois pas ? Ou, mieux encore, une fille ! »

Il fut incapable de répondre. Le cœur serré de douleur, il la prit dans ses bras.

Plus tard, il appela Ipi, à qui il dicta le document anoblissant Abana ainsi que des lettres annonçant son retour imminent à ses commandants du Nord. Khabekhnet en personne irait les leur délivrer. Ahmosis fit également avertir Hor-Aha, Touri et Ankhmahor qu'ils se tiennent prêts à se mettre en route le surlendemain. Il se rendit ensuite dans les appartements d'Ahmès-Néfertari. Des bouquets de tamaris rose, de bleuets, de coquelicots, de pâquerettes délicates embaumaient sa chambre, et les lampes, qui brûlaient une huile parfumée, chargeaient l'air d'une atmosphère sensuelle. Étendue dans son lit, Ahmès-Néfertari lui ouvrit les bras et, en dépit de son embarras, Ahmosis sentit ses sens s'émouvoir.

« Je ne veux pas te faire de mal ni faire courir un risque au bébé », dit-il, alors même qu'il cédait à l'invite de son regard et de son corps, que laissait deviner le lin arachnéen de son vêtement.

« Le mois prochain, peut-être, murmura-t-elle, mais ce soir, oublions la colère, mon tendre frère. Nous nous aimons et nous avons besoin l'un de l'autre, que peut-il y avoir de plus important ? »

Het-Ouaret est plus importante, pensa-t-il en la prenant dans ses bras. Tuer Apopi est plus important. Amon me vienne en aide ! Comment te faire comprendre que, bien que mon cœur et mon esprit soient pleins de toi, la victoire sur le Sétiou passe en priorité, m'obsède encore plus que toi ? Il ferma les yeux et pressa son visage entre ses seins gonflés, comme si en s'enfouissant dans sa douceur, il pouvait devenir invisible au monde.

«Rien, mentit-il, ne sachant pas si elle l'entendait ou non, et ne s'en souciant plus. Rien du tout, ma chérie.»

L'orage éclata le lendemain après-midi. Khabekhnet était parti pour le Nord; les Medjaï ainsi que les divisions d'Amon et de Rê fourbissaient leurs armes, comptaient leurs flèches, huilaient leurs courroies de cuir. Akhtoy préparait les bagages d'Ahmosis. Ses lit, tente, fauteuil pliant, tapis et tabernacle de voyage étaient déjà à bord du navire qui l'emmènerait. Après avoir été réveillé par l'hymne de louange, le souverain avait assisté à la réunion matinale habituelle avec Ahmès-Néfertari, puis était allé en sa compagnie inspecter les dernières transformations du vieux palais. La jeune femme n'avait quitté sa chambre qu'au moment de la réunion, et était manifestement trop préoccupée pour remarquer l'activité inhabituelle qui régnait dans la maison et près du fleuve. Après le déjeuner, que les époux prirent ensemble, elle se retira dans ses appartements pour s'y reposer.

Ahmosis, lui, se rendit dans son bureau, ayant encore à régler de nombreux détails. Il venait de recommander à un scribe adjoint de guetter les lettres envoyées par Ahhotep et Tétishéri, quand sa femme entra sans s'être fait annoncer. Elle était très pâle, et Ahmosis lut aussitôt dans son regard la condamnation de sa lâcheté.

«Sors!» jeta-t-elle au scribe, qui détala sans attendre son reste. Ahmès-Néfertari referma avec violence la porte derrière lui. «Tu m'as menti!» Sa voix vibrait d'une telle rage qu'Ahmosis faillit reculer d'un pas.

«Je n'ai pas menti, commença-t-il d'un ton raisonnable. Avant qu'Abana ne vienne nous raconter l'évasion manquée d'Apopi, je comptais vraiment rester près de toi jusqu'à la naissance de l'enfant. Mais son récit a tout changé.

– Ce n'est pourtant pas ce que tu m'as laissée croire, coupa-t-elle d'un ton glacial. "Je serai là pour la fête du couronnement d'Horus, le premier jour de tybi." N'est-ce pas ce que tu m'as dit, il y a quelques jours à peine? Mais tu parlais peut-être à Apopi, ou en l'air.»

Il leva la main, cherchant désespérément comment arrêter l'avalanche de reproches qu'il savait mérités, comment la réduire au silence.

«Tu as raison, Ahmès-Néfertari, et je suis désolé, mais essaie de comprendre pourquoi...

– Pourquoi quoi? Pourquoi tu m'as prise pour une imbécile? Pourquoi tout le monde sauf moi savait que tu repartais demain et n'osait pas me le dire? Pourquoi tu n'as pas eu le courage, sans parler de la compassion, de m'annoncer ton départ? Ce qui me fait le plus mal, ce n'est pas que tu partes, c'est que tu m'aies menti!» cria-t-elle. Elle s'avança maladroitement, soutenant son ventre d'un bras, et s'appuya sur le dossier d'un fauteuil. «Ahmosis-onkh a fait irruption dans ma chambre pour me demander s'il pouvait t'accompagner, poursuivit-elle avec fureur. C'est comme cela que je l'ai appris! Tu m'as fait l'amour, hier, et, même dans mon lit, tu as vomi des mensonges!»

Ahmosis fit un pas vers elle, mais elle eut un mouvement de recul.

«Je sais ce qu'il y a, dit-elle d'une voix rauque. Mes bébés sont faibles; ils meurent. Tu ne veux pas voir l'être débile que j'expulserai de mon ventre, et tu te moques que j'aie peur, que je sois terrifiée, que j'aie besoin de ta présence. Tu veux une autre épouse.»

Horrifié, il la regarda fixement, conscient qu'elle avait deviné son angoisse la plus profonde, mais sans comprendre qu'il l'aimait totalement, absolument, et que seul l'intérêt direct de la dynastie le pousserait à prendre une autre femme. Rien de ce que je pourrais dire n'endiguerait sa douleur, pensa-t-il. Tout est ma faute.

«J'ai été lâche, c'est vrai, reconnut-il. J'ai craint de t'annoncer qu'il me fallait partir dans le Nord sur-le-champ. Laisse-moi essayer de t'expliquer...

– "Expliquer" est un mot si froid, si détestablement raisonnable, dit-elle avec amertume. Non, Ahmosis, ne m'insulte pas avec tes explications. Les phrases de l'esprit ne peuvent toucher le scorpion qui me pique le cœur.»

Il lui aurait tout confié alors : la prédiction du voyant, le sentiment terrible qu'il avait d'une fatalité, son désir irrépressible de la fuir parce qu'il ne pouvait la protéger de ce qui allait arriver, l'intuition qu'il lui fallait retourner à Het-Ouaret le plus vite possible de peur que tout ne soit perdu... Mais le tumulte de ses pensées était tel qu'il ne put dire un mot. Ahmès-Néfertari lâcha le dossier du fauteuil et se tourna vers la porte.

«Je ne veux pas te revoir avant ton départ, dit-elle. Je me moque qu'Het-Ouaret tombe ou non, et tu ne devrais pas non plus t'en soucier avant la naissance de notre enfant. Seth t'emporte, Ahmosis Taâ ! Ne t'attends pas à recevoir de lettres de moi pendant ton absence. Je serai trop occupée pour en dicter.»

Tremblant de tout son corps mais la tête haute, elle quitta la pièce, et Ahmosis la suivit des yeux, le cœur serré. Quand la porte se referma, il l'appela, soudain délivré de son mutisme, mais elle ne revint pas. «Tu es reine désormais, Ahmès-Néfertari, dit-il dans le silence assourdissant de la pièce. Tu as gouverné en mon absence, et tu comprends sûrement qu'il y a ce que nous étions, ce que nous aimerions être, et ce que nous sommes aujourd'hui, c'est-à-dire des divinités portant le poids d'un pays sur les épaules.» Mais ses mots se désagrégèrent dans le rayon de soleil qui tombait sur la table, et se mêlèrent aux particules de poussière qui flottaient dans l'air. Tu n'as pas blessé la divinité mais la femme, espèce d'idiot ! se dit-il. Et ce ne sont pas des prières et des prosternations qui te rendront sa faveur.

Il avait espéré qu'après avoir donné libre cours à sa colère, elle lui aurait suffisamment pardonné pour venir assister à son départ, le lendemain, et lui donner sa bénédiction ; mais il eut beau attendre, user de différents prétextes pour retarder le moment de monter à bord de son navire, Ahmès-Néfertari ne se montra pas. Ahmosis-onkh l'étreignit avec force.

«Je me suis exercé à l'épée et au tir à l'arc, dit-il quand Ahmosis le souleva de terre pour l'embrasser. Tu es certain de ne pas avoir besoin de moi, Majesté mon père ?

– Bien sûr que j'ai besoin de toi, répondit Ahmosis, une boule dans la gorge. Mais ta mère a encore plus besoin de ta présence. Tiens-lui un peu compagnie quand tes leçons t'en laissent le temps, Ahmosis-onkh.» Il jeta un regard à Pashé, qui acquiesça de la tête. «Propose-lui des parties de zénet, bavarde avec elle. Elle va se sentir seule jusqu'à ce que ton petit frère ou ta petite sœur naisse.

– Elle est devenue très grognon, marmonna l'enfant. Mais je t'obéirai, grand dieu. Puisque je suis le Faucon-dans-le-nid, je te remplacerai et je la réconforterai.»

Il n'y avait plus grand-chose à dire, aucun autre membre de la famille à saluer. Accompagné par la psalmodie d'Amonmosé et les claquoirs des danseurs du temple, Ahmosis monta finalement la passerelle, suivi par Ankhmahor et les gardes. Les servants défirent les amarres, le capitaine cria un ordre au pilote, et les rameurs se courbèrent sur leurs rames. Derrière le navire du souverain venaient les autres embarcations, où avaient pris place son personnel et ses officiers supérieurs Hor-Aha, Touri, Idou, Kagemni, Khnoumhotep et Khaemhet. Les Medjaï et les soldats des deux divisions, qui devaient marcher en lisière du désert, s'étaient déjà mis en route sous le commandement d'officiers subalternes.

Abana a sans doute déjà quitté Nékheb avec ses navires, se dit Ahmosis. Il n'en conservera pas moins deux ou trois jours de retard sur moi. Même en faisant escale à Khmounou pour embarquer Ramosé, j'arriverai devant Het-Ouaret avant mon amiral. Cela n'a pas grande importance. En dépit de mon impatience, je ne dois pas m'attendre à trouver beaucoup de changements dans le Nord. La perspective de revoir Ramosé l'avait réjoui un instant, mais en regardant la petite silhouette d'Ahmosis-onkh, perdue au milieu d'une foule d'adultes, la culpabilité l'étreignit de nouveau. Il parcourut la maison et le domaine d'un œil anxieux, espérant que sa femme s'y montrerait au dernier moment. En vain… Rien ne dérangea les ombres que le soleil du matin jetait sur le jardin et les allées. Ahmès-Néfertari avait tenu parole.

Lorsque le navire passa devant la grande ouverture béante qui donnait sur la cour du vieux palais, Ahmosis vit Sébek-nakht et ses architectes s'incliner dans sa direction. La troupe des paysans était déjà au travail, et le bourdonnement animé de leurs conversations parvenait jusqu'à lui. Bientôt, cependant, la maison et le palais s'éloignèrent; il ne vit plus que les palmiers, qui dressaient haut leurs frondaisons au-dessus de la végétation luxuriante du printemps, et, au milieu d'eux, le toit du temple d'Amon. Oueset était à peu près invisible, mais on entendait sa rumeur, et une foule dense circulait sur la route du fleuve.

«La rénovation du palais sera bientôt achevée, remarqua Ankhmahor, qui vint s'appuyer à la lisse, près de lui. Tu souhaiteras sans doute t'y installer à ton retour du Nord.

– Sans doute», répondit Ahmosis à contrecœur.

Un détour du fleuve venait de lui cacher sa maison, et il n'avait plus envie de penser à Oueset.

12

Ahmosis ne revit les murs d'Het-Ouaret qu'au milieu de tybi. Les vents avaient été capricieux et, sans souffler constamment du nord comme ils le feraient en été, suffisamment irréguliers pour ralentir la progression des navires en dépit d'un courant encore fort. Le souverain s'était également arrêté à Khmounou plus longtemps qu'il n'en avait eu l'intention. Il était resté deux jours chez Ramosé, le temps de recevoir le maire et divers dignitaires, et de s'entretenir avec son ami des réformes en cours dans la ville. Ramosé semblait heureux d'habiter de nouveau le domaine agréable qui avait appartenu à son père jusqu'à sa trahison, mais Ahmosis s'y sentit hanté par un passé que lui remettait en mémoire chaque coin de la grande demeure. Dans son enfance, il avait souvent rendu visite à Téti, le cousin de sa mère, et à sa femme Néfer-Sakharou. Séqénenrê et Ahhotep venaient en effet à Khmounou à chacune des fêtes de Thot, qui y avait son temple. Bien que Téti fût un homme très souriant, toujours prêt à distribuer des confiseries aux enfants, Ahmosis avait toujours eu un peu peur de lui et de son épouse richement parée. À présent, naturellement, il savait pourquoi : sous son extérieur affable, Téti était un homme retors et fourbe ; il l'avait payé de sa vie.

Le troisième jour, après avoir donné des instructions de dernière minute à son adjoint, Ramosé avait embarqué sur le navire d'Ahmosis. Le souverain avait reçu des nouvelles de ses divisions, qui n'étaient plus qu'à une journée de marche. Pahéri et Ahmosis Abana progressaient eux aussi à bonne allure. Tout ce qu'il me reste maintenant à espérer, c'est que ces maudites portes s'ouvrent, pensa

Ahmosis avec ironie. Peut-être devrais-je prier Shou de souffler dessus ! Imaginer le dieu de l'air, les joues gonflées et les yeux exorbités, essayant de venir à bout des défenses d'Het-Ouaret le fit rire.

« Tu es heureux, Ahmosis, remarqua Ramosé en lui souriant. C'est bon d'être de nouveau sur le fleuve, n'est-ce pas ? »

Ahmosis repoussa l'image de sa femme, qui menaçait de s'interposer entre lui et le spectacle des eaux scintillantes du Nil

« Oui », répondit-il ; puis, tendant soudain le bras : « Regarde, Ramosé ! Là ! Ce crocodile qui se glisse entre les fourrés de papyrus. Un bon présage, tu ne penses pas ? »

Le mot « présage » le fit immédiatement taire et, alors que les marins accouraient pour voir la bête en poussant des exclamations excitées, il pivota et alla s'enfermer dans sa cabine.

À Het-Ouaret, Akhtoy fit dresser la tente du souverain près de la branche principale du Nil, à l'endroit précis où elle se trouvait l'année précédente. Pendant que l'on débarquait ses affaires et que son cuisinier s'installait, Ahmosis demanda à Ankhmahor de le conduire en char le plus près possible de la ville. Là, il mit pied à terre et contempla longuement les remparts familiers. Il avait envoyé Khabekhnet inviter ses généraux à venir dîner en sa compagnie, le soir même. La nouvelle de son retour s'était rapidement répandue parmi les divisions qui assiégeaient toujours la ville : Ahmosis s'en rendait compte à la rumeur qui montait de l'immense camp de tentes installé dans la plaine. Het-Ouaret, en revanche, semblait entièrement silencieuse.

« N'as-tu pas l'impression que quelque chose a changé depuis notre départ ? » demanda finalement le souverain.

Ankhmahor hésita.

« C'est une étrange question, sire, répondit-il. Je ne vois rien de différent, et pourtant tu as raison : on a le sentiment qu'Het-Ouaret est sur le point de s'effondrer, que les fondations de ses murs se désagrègent, invisiblement, silencieusement. Il y a une sorte de tension dans l'air. Je pensais que ce n'était qu'un effet de mon imagination.

– J'ai cette impression depuis qu'Abana m'a raconté la tentative d'évasion d'Apopi, dit Ahmosis. Le Sétiou a renoncé à combattre, Ankhmahor. Il veut retourner chez ses frères du Retenou et cherche frénétiquement un moyen de le faire sans avoir à capituler personnellement. Quelque chose va se passer.

– Het-Ouaret semble morte, remarqua le prince. Pas la moindre fumée, aucun bruit… » Il se tourna vers Ahmosis. « Serait-il possible que les habitants aient tous péri ?

– Non. La population a été décimée par la maladie et par la famine, cela ne fait aucun doute, mais nous n'avons pas encore vu de vautours tourner au-dessus de ces satanés murs. »

Une petite averse tomba vers le soir, grêlant le sol et faisant danser l'eau du fleuve, mais quand les généraux arrivèrent pour le dîner, elle avait cessé, et quelques pâles étoiles brillaient dans le bleu lavé du ciel. Enveloppé dans un chaud manteau de laine, Ahmosis était assis au bout de la longue table installée devant sa tente. Ramosé avait pris place à sa droite ; Ankhmahor et les gardes se tenaient derrière lui. Akhtoy et sa troupe de serviteurs attendaient, prêts à servir des mets simples de printemps : laitues, concombres, oignons frais, radis, ail, fromage, pain, et de la viande de gazelle apportée un peu plus tôt par des soldats chasseurs. Il n'y aurait pas de fruits frais avant quelques mois, mais l'on proposerait aux convives des dattes et des figues sèches au miel.

Les uns après les autres, les généraux d'Ahmosis arrivèrent en char et mirent pied à terre. Le souverain les saluait, recevait leurs hommages et les invitait à s'asseoir. Leurs visages lui rappelaient avec force la bataille de l'année précédente, et c'était un souvenir qui lui apportait un profond contentement. En attendant les retardataires, ils bavardèrent entre eux à voix basse en buvant le vin que leur versaient les serviteurs. La lumière des lampes faisait étinceler les anneaux d'or, les pièces de jaspe ou les perles de turquoise qui pendaient à leurs oreilles. Certains portaient des manteaux, comme Ahmosis, mais d'autres étaient torse nu. Leur peau brune luisait d'huile, et les muscles de leurs larges épaules jouaient au moindre de leur mouvement.

Cette atmosphère virile fit à Ahmosis l'effet d'un plongeon dans une eau glacée. C'était tonifiant et revigorant. Les hommes qui le servaient à Oueset, ses ministres et ses fonctionnaires, étaient des hommes intelligents à la conversation intéressante et stimulante, mais leur virilité était d'une autre sorte, étouffée par les complexités d'une vie de cour de plus en plus sophistiquée. Je préfère la vie d'ici, se dit Ahmosis au moment où Hor-Aha, le dernier invité, s'inclinait et prenait place sur un tabouret. Ces stratèges n'ont pas d'objectifs inavoués, ils n'attachent pas une attention maniaque à des détails finalement dépourvus d'importance. Un jour sans doute, il me faudra consacrer toute mon énergie à l'administration d'un pays en paix mais, en attendant, ma tâche ici est bien plus exaltante. Il s'agit du salut de l'Égypte ! Faisant signe à Akhtoy de commencer à servir, il sourit à ses convives.

«Je suis heureux d'être de nouveau parmi vous, dit-il. Pendant que nous mangeons, vous me ferez un rapport sur vos divisions respectives. J'espère que tous les soldats ont bénéficié d'une permission, que leur santé est bonne et qu'ils sont impatients de reprendre du service.

– "Impatients" n'est pas le mot que j'aurais choisi pour décrire leur état d'esprit, Majesté, déclara Baqet. "Résignés" conviendrait mieux. Nos victoires de l'an dernier les avaient encouragés, et ils s'attendaient à une chute rapide de la ville… Elle ne s'est pas produite.» Il s'interrompit un instant pour tendre sa coupe de vin à un serviteur. «Je ne veux pas dire qu'il y ait la moindre velléité de mutinerie parmi les hommes. Ils ont fait l'exercice et se sont entraînés au maniement des armes avec une bonne volonté admirable. Mais autour des feux de camp, ce ne sont plus les bavardages habituels de soldats que l'on entend. Ils discutent de la hauteur des murs, de leur probable épaisseur, de la résistance des portes, etc. Tout le monde y va de son plan pour ouvrir une brèche dans les murailles. Bien que nous ayons maintenant l'armée la mieux entraînée du monde, nous ne sommes pas plus près de notre but que ne l'était Kamosé.»

Un murmure d'assentiment courut autour de la table.

«Mes hommes suggèrent de lancer des traits enflammés dans Het-Ouaret à partir des remparts de la forteresse du nord, indiqua Khéty. Mais ce n'est pas un incendie qui ouvrira les portes.

– Je sais, coupa Ahmosis d'un ton ferme. Néanmoins, tu te trompes quand tu dis que nous n'avons fait aucun progrès depuis l'époque de mon frère, Baqet. J'ai reçu des nouvelles des divisions du Delta oriental. Nous contrôlons désormais toute cette région. La route d'Horus est à nous, et l'ennemi a évacué les forts qui composent les Murs du Prince. Des Sétiou, il ne reste plus en Égypte que ceux-là, dit-il en désignant la masse sombre d'Het-Ouaret. La victoire ne peut nous échapper ; il nous suffit d'un peu de patience.

– Une qualité que nous autres, Égyptiens, avons en abondance », remarqua Kagemni, provoquant les rires de l'assemblée.

Ahmosis frappa sur la table pour obtenir le silence.

« Demain devraient arriver les Medjaï, les divisions d'Amon et de Rê ainsi que les navires de Pahéri et du prince Abana, déclara-t-il. Je suis certain que ce siège tire à sa fin. Cela dit, je ne veux pas passer la soirée à écouter de vaines spéculations ou des stratagèmes extravagants. Je veux savoir comment se portent mes soldats. Commence, Khéty, parle-moi de la division d'Horus. »

Ils mangèrent en silence tandis que, à tour de rôle, chacun d'eux se levait et racontait à Ahmosis ce qui s'était passé en son absence. À ses pieds, Ipi écrivait, notant toutes les doléances. Il y en avait peu : un manque temporaire de pagnes neufs pour la division d'Osiris du général Méryrênéfer ; une cargaison de bière – destinée à la division de Montou – qui s'était égarée.

« La nourriture est rationnée en ce moment, conclut Sébek-khou. La crue a été bonne, et les semailles vont bientôt commencer. Néanmoins, comme Sa Majesté le sait, l'approvisionnement de milliers de soldats est une tâche très lourde pour les scribes du Ravitaillement. Bien que les récoltes de l'été dernier aient été abondantes, tu ne peux continuer à envoyer la majeure partie des céréales de l'Égypte dans le Nord. Nos troupes ont nettoyé le Delta, tu l'as dit, mais de nombreux villages sont encore désorganisés. Il faudra du temps avant que les paysans ne se sentent suffisamment en sécurité pour s'occuper de leurs champs et de leurs vergers. Nous ne pouvons rien attendre d'eux avant l'année prochaine… et je prie les dieux que nous ne soyons plus ici à ce moment-là ! » termina-t-il en frissonnant.

Une fois leurs rapports faits et leurs assiettes vidées, les hommes burent et bavardèrent joyeusement. Ahmosis écouta avec contentement le brouhaha des conversations mais sans y prendre part. Tandis qu'il réfléchissait paresseusement au problème de l'approvisionnement des troupes, des pensées à demi formées se succédaient dans son esprit, mêlées aux sensations que lui apportait la nuit. L'air humide du Delta était frais, presque froid, et de fines bandes de nuages voilaient les étoiles. Ankhmahor se tenait derrière lui, si près qu'Ahmosis avait l'impression de sentir la chaleur de son corps. En se tournant légèrement sur son siège, il voyait les parois de sa tente, éclairées de l'intérieur, et le tronc du sycomore sous lequel elle était plantée. En dépit de mon impatience, je suis en paix, pensa-t-il. Je regretterai les semaines que j'ai passées ici, à monter la garde devant cette ville obstinée. Il se leva et, aussitôt, tous les convives se turent.

«Je vais me coucher, dit-il. Veillez aussi longtemps que vous le souhaitez. Occupe-toi des sentinelles, Ankhmahor.»

Mais les officiers ne restèrent pas; ils souhaitèrent bonne nuit à leur souverain et se dispersèrent dans l'obscurité. Les serviteurs commencèrent à débarrasser, et Akhtoy suivit Ahmosis dans sa tente.

«La ville va tomber», déclara-t-il de but en blanc.

Surpris, Ahmosis se tourna vers lui. L'intendant était en train de verser de l'huile parfumée dans une bassine d'eau.

«Pourquoi dis-tu cela?» demanda Ahmosis.

Akhtoy reboucha le vase et claqua les doigts à l'intention d'Héqaib. Le serviteur se mit aussitôt en devoir de dévêtir Ahmosis pour le laver.

«Hier, sur le navire, j'ai rêvé que tu tuais une oie, expliqua Akhtoy. C'est un présage très favorable, Majesté.

– En effet, acquiesça Ahmosis. Je tuerai donc mes ennemis. Ton rêve était-il précis?

– Je voyais le moindre détail, et dans les couleurs les plus vives, assura l'intendant. Essore ce linge, Héqaib. Tu es en train de tremper le tapis.»

Pahéri et Abana arrivèrent le lendemain dans la matinée, et, après quelques mots de bienvenue, Ahmosis leur ordonna de concentrer leurs navires à l'ouest de la ville, de façon à surveiller la porte des Civils, la porte Royale au nord, et celle du Commerce.

«Sa Majesté aura-t-elle besoin de son navire amiral? demanda Abana d'un ton plein d'espoir.

– Non, répondit Ahmosis. Amarre le *Gloire-dans-Mennéfer* ici, au sud, afin que je puisse embarquer rapidement en cas de besoin. Mais choisis un endroit d'où tu pourras diriger l'ensemble de la flotte.»

Pahéri lui jeta un regard perçant.

«Sa Majesté s'attend-elle à un nouvel affrontement avec les Sétiou ?»

Ahmosis poussa un soupir.

«Je ne sais pas à quoi je m'attends, reconnut-il. Une grande nervosité règne dans le camp ; tout le monde fait des rêves, a des intuitions, jure que tout a changé, alors qu'en apparence rien n'a bougé. Quelque chose me dit en tout cas que nous devons nous tenir prêts. Tes marins peuvent quand même dormir à terre, Pahéri. Je doute que nous ayons quoi que ce soit à craindre dans l'immédiat !»

Dans la soirée, les Medjaï et les divisions d'Amon et de Rê arrivèrent dans le camp. Par l'entremise de Khabekhnet, Ahmosis fit savoir à Hor-Aha que, dès le lendemain, il devrait embarquer ses hommes à bord de cinq navires et patrouiller à l'est de la ville, en se concentrant sur la porte de la route d'Horus, la seule qui se trouvât de ce côté-là d'Het-Ouaret. Le fleuve avait regagné son lit mais ne baisserait pas davantage avant un bon mois. Toutes les portes de la forteresse ouvraient sur l'étroite plaine qui séparait ses murs de l'eau. L'année précédente, les appontements avaient été détruits. Il était donc impossible de s'enfuir de la ville sans une embarcation, mais Ahmosis ne voulait prendre aucun risque

Il plaça ses troupes à peu près comme lors des précédents combats. Les divisions d'Amon et de Rê occupèrent l'ouest ; celle de Thot, commandée par le général Baqet, enveloppa le côté sud de la ville. Quant à la division de Montou, il l'envoya surveiller le nord-ouest, où le canal séparait la ville d'Het-Ouaret de la forteresse septentrionale, désormais occupée par les Égyptiens. Vingt mille hommes, non compris la flotte et les Medjaï, encerclaient désormais Het-Ouaret. Ahmosis gardait la division d'Osiris en réserve.

Il savait que le sentiment qu'il avait d'un dénouement imminent était probablement illusoire, qu'il naissait de la force de son désir, mais les soldats semblaient partager son attente. L'optimisme régnait dans le camp, causé par le retour du roi et de ses deux divisions, et alimenté par toutes sortes de rumeurs. On disait que le souverain avait trouvé un passage secret, qu'il avait l'intention d'abattre les murs, qu'un voyant d'Amon lui avait appris une formule magique qui enflammerait Het-Ouaret et la transformerait en une énorme boule de feu. Les chefs des Cinquante rapportèrent ces bruits aux commandants des Cent, qui les signalèrent à leur tour aux porte-enseigne, et Ahmosis fut finalement informé que toute son armée attendait en retenant son souffle qu'il accomplisse un miracle.

Il en rit, sachant que les paysans, même devenus d'excellents soldats, restaient crédules, et que les prochains commérages intéressants leur feraient oublier ces histoires extravagantes. Il partageait cependant leur agitation. Cette nuit-là, il dormit mal, souvent réveillé par des rêves dont il ne parvenait pas à se souvenir.

Le lendemain ne valut guère mieux. Fatigué et nerveux, il parvint à dicter une lettre à Ahmès-Néfertari et une autre à Ahmosis-onkh, puis il inspecta rapidement la charrerie avant de revenir près de sa tente, où il marcha de long en large au bord du fleuve, se baigna, mangea sans appétit et décida finalement de passer le temps en s'entraînant au tir à l'arc. Il lança un défi à Ankhmahor et Horkhouef en mettant en jeu un bracelet en or, et gagna.

Il fut heureux de voir le soleil se coucher. Assis dans sa tente, il bavarda avec Akhtoy tandis qu'au-dehors Khabekhnet et ses hérauts jouaient aux osselets autour d'un feu de camp. Décidé à ne pas être pris par surprise, quitte à paraître ridicule, Ahmosis les avait réunis pour les avoir sous la main au cas où il aurait à transmettre des ordres urgents à ses généraux. Akhtoy était aussi tendu que lui. L'air était lourd, comme si une nouvelle averse se préparait. Ahmosis avait un mal de tête sourd mais persistant, et sa cicatrice le démangeait.

Peu après le coucher du soleil, l'intendant alluma les lampes et sortit le jeu de zénet. Ahmosis n'avait pas vraiment envie de jouer, mais boire ou sortir marcher ne lui disait pas davantage. Pendant deux heures, son intendant et lui tâchèrent donc de se concentrer sur leur partie. Le jeu avait une signification cosmique, même lorsqu'on y jouait pour passer paresseusement le temps. Les maisons sur lesquelles tombait le cône ou la bobine d'un joueur pouvaient renforcer la chance de la journée ou attirer un sort contraire, si bien qu'Ahmosis craignait presque de jeter les baguettes qui décidaient de ses déplacements. Dehors, on entendait les sentinelles marcher de long en large; à l'intérieur, le petit brasero allumé par Akhtoy crépitait; le claquement régulier des baguettes de zénet était le seul autre bruit qui troublât le silence profond de la nuit.

Ahmosis venait de faire un nombre qui lui permettait d'ôter sa dernière pièce du jeu et lui donnait la victoire, quand quelqu'un arriva au pas de course, répondit d'une voix haletante au qui-vive de la sentinelle, et pénétra dans la tente. Il resta un instant penché en avant, les mains sur les genoux, trop essoufflé pour parler.

«Pardonne-moi, sire, mais il n'y avait pas de char attelé, et j'ai dû courir jusqu'ici.»

Ahmosis avait vu que les plumes d'Amon ornaient le bracelet de bronze porté par l'officier.

«Que dit le général Touri ? demanda-t-il, serrant si fort le dernier cône doré du jeu qu'il lui entrait dans la paume.

– Il se passe quelque chose sur les murs de la ville, répondit l'officier. Des hommes y apparaissent, peu nombreux, mais la nuit est sombre et l'on ne voit pas bien. Ils ne portent pas de torches.»

Akhtoy sortait déjà de leur coffre le ceinturon, l'arc et le carquois du souverain. Ahmosis enfila ses sandales à la hâte.

«Va dire au prince Mékhou de faire atteler tous les chars, ordonna-t-il à l'officier. Tu en prendras un pour rejoindre le général Touri. J'arrive.»

L'homme salua et sortit aussitôt.

«Peut-être ton rêve était-il vraiment prémonitoire, Akhtoy, dit Ahmosis en bouclant son ceinturon d'une main tremblante. Ouvre le tabernacle et prie Amon qu'Het-Ouaret soit perdue.»

Dehors, il regarda le ciel. Les gardes formaient les rangs, et Ankhmahor s'approcha aussitôt du souverain.

«C'est la nouvelle lune, dit Ahmosis d'un ton anxieux. Comment nous battre dans cette obscurité ?

– Si cela nous est difficile, cela le sera tout autant pour les Sétiou, remarqua le prince. Mais je ne crois pas que nous ayons à craindre une bataille, sire. Même Apopi n'est pas si stupide.

– Maintenant qu'il n'a plus Pédjédkhou pour décider à sa place, qui sait ? Tu commandes les troupes de choc, Ankhmahor. Va t'occuper de tes hommes, et envoie-moi ton fils.»

Brûlant d'impatience, Ahmosis attendit Mékhou et son char, réprimant l'envie qu'il avait de courir vers Het-Ouaret. Des cris retentissaient dans la nuit, les ordres des officiers qui réveillaient leurs hommes. À quelques pas, le fleuve, d'un noir d'obsidienne, luisait faiblement à la lueur des étoiles. Ahmosis dispersa ses hérauts en leur ordonnant d'aller s'informer de la situation auprès de chaque général. Lorsque son char arriva enfin, il fit signe à Khabekhnet de monter derrière lui.

«Conduis-moi aussi près de la ville que tu le peux!» cria-t-il à Mékhou.

Le rempart sud-ouest de la forteresse n'était pas loin, mais il sembla à Ahmosis que le trajet durait une éternité. Dès que Mékhou arrêta les chevaux, il sauta à terre, suivi par son héraut. Devant eux, sombre et paisible, coulait le large canal qui contournait l'est de la ville et, sur leur gauche, le bras principal du Nil allait se perdre dans la nuit.

Ahmosis scruta les murs, maudissant l'obscurité. Il n'y avait rien à voir. Aucune silhouette ne se découpait sur le ciel. La ville semblait dormir. À sa droite, en revanche, le long du canal, une intense activité régnait : les soldats de Baqet formaient les rangs, et Tchanni, le commandant des troupes de choc de la division, s'avança vers Ahmosis.

«Doit-on installer les ponts, Majesté?» demanda-t-il après avoir salué.

C'était une question sensée. Les troupes de choc marchaient toujours les premières au combat, et Tchanni devait être prêt. Après un instant de réflexion, cependant, Ahmosis secoua négativement la tête.

«Non, pas encore, dit-il. Je dois attendre d'avoir des nouvelles du général Touri avant de prendre une décision. C'est à l'ouest de la ville, là où se trouve sa division, que l'on a aperçu des hommes sur les remparts. Je t'enverrai une estafette, Tchanni.»

L'homme s'était à peine éloigné qu'Horkhouef, pâle et tendu, émergea de l'obscurité à la tête de ses gardes. Il avait l'épée à la main.

Les instants passèrent, interminables. Les yeux d'Ahmosis s'habituaient à l'obscurité, mais il n'y avait pas grand-chose à voir. La nuit était calme et sans vent. Un des chevaux hennit doucement, et le bronze de son harnais tinta.

Puis, brusquement, un énorme grondement s'éleva, la clameur surexcitée de milliers de voix. Horkhouef poussa un cri. Ahmosis ne bougea pas, bien que son cœur battît follement. Il se tourna vers l'ouest, tâchant désespérément d'apercevoir quelque chose, mais ce fut de l'est que vint finalement la nouvelle. Il entendit la voix du héraut avant même de le voir :

«La porte sud s'ouvre! hurlait-il. La porte sud, Majesté!»

Je ne rêve pas, se dit Ahmosis. J'ai gagné! Je le sens au plus profond de moi-même. Het-Ouaret est enfin mienne!

«Va trouver le général Baqet, ordonna-t-il avec calme. Que l'on installe les ponts, et que Tchanni fasse immédiatement franchir le canal à ses troupes.»

L'homme partait à peine qu'un char arrivait à tombeau ouvert. Un autre héraut en descendit d'un bond.

«La ville s'est rendue, sire, annonça-t-il avec exaltation. Des hommes ont crié qu'ils capitulaient, et la porte ouest s'est ouverte. Les généraux Touri et Kagemni ont donné l'ordre d'installer les ponts.

– Bien. Qu'ils envoient leurs troupes de choc sur l'autre rive dès qu'ils le pourront.

– Le général Sébek-khou a dépêché une estafette au général Touri, poursuivit le héraut. Au nord aussi, la porte Royale est grande ouverte.

– Alors, on peut supposer qu'il en va de même pour celles de la route d'Horus et du Commerce», dit Ahmosis. Il avait envie de prendre Horkhouef dans ses bras, de le soulever de terre et de l'embrasser avec vigueur. «Rends-toi dans la forteresse du nord, ordonna-t-il au héraut. Dis au général Khéty que sa division ne doit la quitter sous aucun prétexte. Qu'il garde les portes fermées. Je ne veux pas risquer une attaque-surprise d'Apopi. Si j'ai besoin de ses hommes, je le ferai prévenir.»

L'homme repartit. Horkhouef effleura le bras d'Ahmosis avec respect.

«Félicitations, grand Horus. Tu l'as emporté.»

Il y avait tant d'émerveillement dans sa voix qu'Ahmosis éclata de rire.

«C'est presque incroyable après tout ce temps, n'est-ce pas? Mais nous ne sommes pas encore à l'intérieur de ces maudits murs, Horkhouef. Il est trop tôt pour les félicitations. Viens, dit-il en se dirigeant vers son char. Nous allons rejoindre le général Baqet. Je veux voir nos soldats s'engouffrer dans la ville par la porte sud-est.»

Mékhou longea le canal et dut bientôt ralentir, car, devant eux, les cinq mille hommes de la division de Thot attendaient de passer sur l'autre rive. Répondant aux cris d'avertissement de Khabekhnet, ils s'écartèrent devant le char d'Ahmosis mais, bien avant d'arriver au pont – fait de planches solides attachées ensemble –, le souverain avait compris que quelque chose n'allait pas. Tchanni et ses troupes de choc n'avaient pas bougé. Baqet se trouvait avec eux. Il salua Ahmosis et lui montra l'autre rive.

« Que devons-nous faire, Majesté ? » murmura-t-il.

Les habitants d'Het-Ouaret sortaient à flots de la ville. Ils obstruaient la porte, une masse dense d'hommes et de femmes qui s'écoulait comme une huile noire, s'étalait entre les murs et le canal, encombrait déjà tout l'espace, tandis que d'autres continuaient à arriver derrière eux. Hormis les pleurs des bébés et quelques sanglots de femmes, ils étaient presque totalement silencieux.

Deux pensées vinrent presque simultanément à l'esprit d'Ahmosis : que ses hommes seraient obligés de pousser les gens à l'eau pour se frayer un chemin à travers cette foule compacte, et qu'il était incapable d'ordonner que l'on tuât ces êtres misérables.

« Apopi le fait exprès, dit-il, le visage sombre. Il se sert de son peuple pour nous empêcher d'occuper rapidement la ville, et peut-être pour m'inspirer de la pitié à leur égard. Eh bien, c'est réussi ! Regarde-les, Baqet ! On dirait des cadavres ambulants ! Je ne pense pas qu'ils constituent une menace quelconque. Et toi ?

– Moi non plus, répondit le général. Il ne semble pas y avoir de soldats parmi eux, mais je suppose que certains dissimulent des armes sous leurs vêtements. On y voit très mal. »

Ahmosis continuait à regarder l'exode pathétique des habitants. La foule s'étendait à présent plus loin que ne portait son regard, à droite et à gauche de la porte, une foule vacillante, trébuchante, qui lui rappelait des peintures représentant les victimes de la famine, les années où la crue du Nil était insuffisante. Et c'est précisément ce qu'ils sont, se dit-il. Mais ce n'est pas le Nil, c'est mon siège qui les a affamés.

« Ordonne que les troupes leur ouvrent un passage, et laisse-les partir, dit-il à Baqet. Maât ne permet pas que l'on massacre des gens déjà à moitié morts de faim et de maladie. Ils ne peuvent nous faire aucun mal. Poste des hommes munis de torches de chaque côté du pont ; ils examineront ceux qui traversent et arrêteront tous ceux qui portent des armes. »

Baqet transmit ses ordres à un officier, qui les cria à son tour à ses hommes. Les soldats massés près de l'eau commencèrent à former deux haies, mais leur mouvement fut mal interprété par les habitants d'Het-Ouaret, qui furent pris de panique.

« Pitié ! hurla une voix. Pitié, hommes d'Égypte ! Épargnez-nous ! Nous ne sommes rien. »

Ils refluèrent vers la porte, où ils se heurtèrent à ceux qui sortaient toujours en masse de la ville. Baqet monta d'un bond sur le char d'Ahmosis.

« Nous ne vous ferons rien ! hurla-t-il, assez fort pour couvrir leurs cris de terreur. Le roi a ordonné qu'on vous laisse quitter la ville sans vous inquiéter. Traversez ! Traversez ! »

Il continua à crier jusqu'à ce que leur panique s'apaise. Avec hésitation, un homme plus hardi que les autres s'engagea sur le pont. Brusquement silencieuse, la foule le suivit des yeux. Quand elle le vit marcher librement entre les haies de soldats, elle lui emboîta le pas et traversa bientôt le fleuve en rangs serrés, la tête baissée, risquant de temps à autre un œil vers les soldats impassibles. La plupart étaient à pied mais, de temps à autre, tirées par des hommes, on voyait apparaître des charrettes où avaient pris place les citadins trop vieux ou trop malades pour marcher. Les Égyptiens leur jetaient à peine un regard, craignant les maladies tapies sous les manteaux qui les enveloppaient, et déjà certains que, même si ces manteaux dissimulaient aussi des armes, il n'y avait plus un seul homme en état de se battre. Baqet rejoignit Ahmosis.

« Ils doivent avoir mangé tous leurs ânes, remarqua-t-il. C'est un terrible spectacle, sire. Que vas-tu faire d'eux ? »

Ahmosis haussa les épaules, les yeux fixés sur le fleuve humain qui disparaissait dans la nuit.

« Je ne sais pas, répondit-il. Il est impossible aux scribes du Ravitaillement de les nourrir tous. Ils devront se débrouiller par eux-mêmes.

– Ils essaieront peut-être de rentrer au Retenou.

– Pour la plupart d'entre eux, c'est un pays étranger, répondit Ahmosis. Seul le sang de leurs ancêtres les lie à ce pays. Franchement, Baqet, je me moque de ce qu'ils feront. Dès que ce flot d'affamés tarira, fais traverser le pont à ta division et franchis ces portes ! »

Appelant d'un geste Horkhouef et Khabekhnet, il se dirigea vers son char, soulagé de ne plus voir le triste défilé des réfugiés. Son escorte et lui allèrent prendre position à l'embranchement du fleuve et du canal. Les hérauts qui vinrent le trouver lui firent tous le même récit : bien que les portes fussent ouvertes et les ponts en place, le flot compact des habitants qui fuyaient Het-Ouaret empêchait l'armée d'entrer dans la ville. Ahmosis les renvoya porter à ses officiers l'ordre de laisser partir la population avant de tenter quoi que ce fût.

Une question le taraudait : quelle était la véritable motivation d'Apopi ? S'était-il imaginé priver un roi sanguinaire de l'occasion d'un massacre ? Mais Ahmosis aurait tout aussi bien pu tailler les habitants en pièces à l'extérieur de la ville. Peut-être le souverain sétiou avait-il voulu diminuer sa victoire en lui abandonnant une ville vide. À moins qu'il ne fût mort et que ses fils n'eussent ordonné la capitulation de la ville dans un accès de désespoir.

Akhtoy et ses aides apportèrent du pain, du fromage et des fruits secs qu'Ahmosis et sa garde mangèrent debout. Ils avaient à peine fini ce repas frugal qu'un officier portant les insignes de la division d'Osiris s'approcha et salua.

« Les réfugiés se répandent dans le camp, sire. Ils ramassent tout ce qu'ils trouvent à manger. Notre scribe du Ravitaillement craint qu'ils ne s'en prennent aux réserves de céréales.

– Dis au général Méryrênéfer d'envoyer un détachement les garder, déclara Ahmosis. Qu'il charge aussi des soldats de faire circuler les fuyards. Il ne faut pas qu'ils traînent dans le camp et volent tentes, vêtements ou armes. Ceux qui s'y risqueraient doivent être abattus. »

Il se demanda si certains d'entre eux étaient assez forts ou rusés pour tenter de voler un navire à la faveur de la confusion. Après tout, le pont installé devant la porte ouest les conduirait directement aux navires d'Abana, amarrés le long du canal. Oh ! je suis stupide, se dit-il avec impatience. Ces épouvantails ne font pas le poids contre des matelots armés.

Une heure plus tard, alors que la rumeur des fuyards commençait à décroître, Ramosé rejoignit Ahmosis. Après s'être incliné, il se tourna vers la ville, les bras étroitement croisés sur la poitrine.

«J'ai traversé le pont et suis parvenu à faire le tour de la ville, dit-il. J'ai mis longtemps. Toutes les portes crachent leur ordure. J'ai interrogé les citadins en espérant entendre qu'Apopi était mort, mais on m'a assuré qu'il vit et qu'il est enfermé dans son palais. Je reverrai Tani, cette nuit, j'en ai la certitude.»

Avec un sursaut, Ahmosis se rendit compte qu'il avait totalement oublié sa sœur.

«Le temps a passé depuis que Kamosé t'a envoyé à Het-Ouaret afin d'y duper Apopi, commença-t-il avec précaution. Rappelle-toi combien tu as souffert lorsque l'usurpateur t'a permis de rencontrer ma sœur, et que tu as découvert qu'elle l'avait épousé. Elle t'accueillera peut-être sans joie. Il se peut même qu'elle soit morte. Maladie et famine ont ravagé la ville.»

Ramosé se tourna vers lui. Ses dents avaient l'éclat de l'ivoire dans l'obscurité.

«S'il y a une justice sous la Plume de Maât, elle sera en vie et Apopi sera mort», siffla-t-il.

Ahmosis avait vu son ami abattu, il l'avait vu furieux, mais il ne s'était jamais douté qu'il nourrît une haine aussi corrosive.

«Tu l'aimes encore ?» murmura-t-il.

Ramosé détourna le regard. «Je n'en sais rien, répondit-il sèchement. Mais elle est mienne de droit. Notre contrat de fiançailles se trouve dans les archives de Séqénenrê, à Oueset. Elle sera à moi, advienne que pourra.»

Que je t'aie accordé un titre et nommé gouverneur du nome d'Oun ne te suffit donc pas ? pensa Ahmosis avec tristesse. Bien que tu sois le maître de Khmounou, que tu habites de nouveau le domaine de ta famille, que tu jouisses de ma faveur et de ma confiance, il semble que le seul dédommagement que tu souhaites vraiment soit la réanimation d'un cadavre.

«Aucun de nous ne peut retourner dans le passé, dit-il à voix haute. Je voudrais que mon père me soit rendu ; je voudrais que Kamosé soit près de moi, avec sa rudesse et son intégrité inébranlable ; j'aimerais que ma fille soit en vie et heureuse. Nous avons tous souffert, Ramosé.

– Hent-ta-Hent, Kamosé et Séqénenrê sont morts, répliqua celui-ci. Tani vit. Cela fait toute la différence.»

Mais non, mon cher Ramosé, eut envie de répondre Ahmosis. La Tani que tu connaissais est bel et bien morte. L'océan du temps a englouti la jeune fille que tu aimais, et tu ne la retrouveras jamais. Sagement, il garda le silence.

Le souverain ne s'attendait pas que la situation évolue avant l'aube mais, peu après que Ramosé l'eut quitté pour aller s'asseoir au bord de l'eau, un héraut arriva.

«Le général Baqet s'apprête à traverser le pont, sire, déclara-t-il. Il souhaite savoir si tu te joindras à lui.

– Tout de suite, répondit Ahmosis. Les gardes, Horkhouef! Khabekhnet! Va chercher le prince Ramosé. Prépare tes chevaux, Mékhou!»

Il bondit dans le char, dissimulant l'excitation mêlée de crainte qu'il éprouvait. Ramosé et le premier héraut revinrent au pas de course et montèrent derrière lui.

Devant le pont, Baqet attendait, entouré de sa propre garde et de vingt soldats munis de torches. Il salua Ahmosis avec gravité, mais celui-ci vit son excitation reflétée dans ses yeux.

«Tchanni et les troupes de choc ainsi que trois commandants des Cent avec leurs hommes sont déjà entrés dans la ville, sire, annonça le général. Le porte-enseigne les a accompagnés.

– Conduis les chevaux par la bride, Mékhou, sinon ils refuseront de traverser ce pont», dit Ahmosis.

Un peu nerveux, les chevaux obéirent néanmoins aux exhortations caressantes du prince, et le souverain fut bientôt devant les imposants battants de cèdre cloutés de bronze de la porte des Civils. Au-delà, une avenue taillée dans la largeur impressionnante des murs montait en pente douce et se perdait dans la nuit.

«C'est par là que je suis entré la dernière fois, remarqua Ramosé avec émotion. Cette avenue devient rapidement plus étroite et croise la route qui conduit au palais.»

Sans répondre, Ahmosis tapota l'épaule de Mékhou, et le char pénétra dans Het-Ouaret.

Les porteurs de torches les précédaient, de façon à éclairer leur route et, à la lumière de leurs flammes, Ahmosis vit les trous noirs des petites pièces creusées dans la muraille pour abriter les gardiens de la porte. Au-delà, comme l'avait dit Ramosé, l'avenue se rétrécissait presque aussitôt, au point de devenir tout juste assez large pour un char. Des habitations la bordaient, des maisons de boue grise serrées les unes contre les autres dans un désordre suffocant. Des ruelles y débouchaient à intervalles réguliers, presque trop étroites pour laisser passer un âne, ouvrant des bouches ténébreuses dont la lueur des torches ne pouvait pénétrer la gorge.

Le silence était sinistre. Aucun bêlement, aucun aboiement, aucun son humain, ne le rompait. Le piétinement des soldats et le roulement sourd du char sur la terre battue semblaient presque trop bruyants à Ahmosis, qui avait l'impression de profaner un cimetière. En remarquant des ossements éparpillés çà et là, il pensa d'abord avec un frisson de dégoût qu'ils étaient humains. Sébek-nakht ne leur avait-il pas raconté que, faute de place, les Sétiou étaient obligés d'enterrer leurs morts sous le sol de leurs maisons ? L'espace d'un instant, Ahmosis eut la vision de citoyens affamés déterrant et dévorant leurs parents fraîchement enterrés, puis il vit la peau desséchée d'une chèvre adhérant encore à ce qui était manifestement sa colonne vertébrale, et comprit qu'il s'agissait seulement d'os d'animaux. Rats, chiens, chèvres, chats... tout avait été dévoré. Il regarda les terrasses pour y chercher trace des céréales et des légumes qu'on y avait fait pousser, mais n'y découvrit pas l'ombre d'une tige.

« Quelle puanteur, sire ! marmonna Khabekhnet. La mort et la maladie ! »

En se retournant, Ahmosis vit que son héraut se bouchait le nez avec un coin de son pagne. Het-Ouaret puait, en effet, une odeur presque insupportable d'excréments, de corps en putréfaction et de détritus.

Au chaos et à l'entassement du quartier populaire succédèrent bientôt des murs d'enceinte, séparés par des ruelles légèrement plus larges et par quelques sycomores dont les branches, presque dépouillées de feuilles, pendaient tristement au-dessus de puits béants. Par les portes percées dans ces murs, et dont beaucoup étaient ouvertes, Ahmosis découvrit de petits jardins, qui avaient dû être beaux, mais où plus rien ne poussait. Dans certains, la terre avait été entièrement retournée, pour enterrer les cadavres, supposa-t-il.

« C'était là qu'habitaient les riches, remarqua Ramosé, qui marchait maintenant à côté du char. Il ne reste plus rien, Ahmosis.

Même eux ont dévoré jusqu'à leur herbe. Oh, par les dieux, regarde ça ! »

Il désignait une sorte de chapelle, un simple petit pilier de granit supportant la statue d'un des dieux barbares des Sétiou – Anat à en juger par ses seins grossièrement sculptés. L'ensemble penchait et menaçait de tomber dans une grande fosse qui s'étendait jusqu'à la route. Une odeur presque insoutenable s'en échappait et, tandis que Mékhou la contournait avec précaution, Ahmosis aperçut des bras et des jambes blanchâtres, à peine recouverts de terre. Réprimant son envie de vomir, il fixa son regard sur les flancs bruns de ses chevaux.

« Ils sont tous morts ou en fuite, murmura Ramosé. Je redoute ce que nous allons trouver dans le palais, sire. »

Moi aussi, pensa Ahmosis, mais tant qu'Apopi y sera tapi comme une araignée au centre de sa toile détruite, ma joie l'emportera sur mon appréhension.

Un léger vent rafraîchit l'air, et il le respira avec bonheur. Le silence se faisait moins lourd, lui aussi, car l'on commençait à entendre les soldats égyptiens entrés par les autres portes de la ville. Au carrefour dont avait parlé Ramosé, ils tombèrent sur les troupes de plusieurs divisions, et Mékhou arrêta ses chevaux. Les généraux Touri et Kagemni s'étaient rejoints. Ils saluèrent Ahmosis et s'avancèrent aussitôt vers lui.

« Quel endroit abominable ! s'exclama Touri. Ils étaient si nombreux à être entassés là-dedans que cela devait puer même avant la maladie et le siège. Comment pouvaient-ils vivre de la sorte ?

– Ils ne sont pas comme nous, déclara Kagemni. En mangeant les rats, c'étaient leurs congénères qu'ils mangeaient. Tout est fini, Majesté, dit-il en adressant à Ahmosis un de ses rares sourires. L'Égypte est à nouveau une.

– Avez-vous rencontré des soldats sétiou ? » demanda Ahmosis.

Tout en leur parlant, il regardait le temple de Soutekh, dont le pylône se dressait un peu plus loin, à côté de l'enceinte qui, au dire de Ramosé, entourait une caserne. Touri suivit la direction de son regard.

« Le temple semble avoir été occupé par les malades, dit-il. Ses cours et ses salles sont encore pleines de leurs détritus : paillasses, bols, ossements d'animaux, pilons de médecins. Il y reste même quelques corps en décomposition. Quant à des soldats, nous n'en avons trouvé aucun. La caserne est vide. Peut-être sont-ils tous morts dans la bataille de l'an dernier. Nos hommes sont déçus, conclut-il en éclatant de rire. Ils ont l'impression que ce n'est pas une vraie victoire !

– Tiens-les à l'écart du temple ! recommanda Ahmosis. Il y flotte peut-être encore des miasmes. Tu posteras des sentinelles à l'entrée pour plus de sécurité. Envoie tes hommes parcourir la ville pour voir s'il y reste qui que ce soit, mais qu'ils soient prudents : je ne veux pas de maladie dans mon armée. » Désignant du menton le palais, dont on apercevait les murs derrière la caserne, il ajouta : « Je serai là-bas. Tu viendras m'y faire ton rapport. Que tes troupes patrouillent elles aussi dans ces rues misérables, Baqet. »

Oh ! Amon, toi le Grand parmi les Grands, fais qu'Apopi soit en vie et m'attende, pria-t-il quand ses généraux se furent éloignés. Fais que l'on se souvienne de cette nuit dans l'histoire de l'Égypte !

Ils arrivèrent vite à la haute porte en cèdre du palais. Ramosé marchait les bras croisés et la tête baissée. Khabekhnet sauta à bas du char et, avec Ankhmahor et la moitié des gardes, courut en avant des chevaux. Ahmosis ne pensait pas avoir besoin de leur protection. Il n'y avait plus de danger. Het-Ouaret se mourait. Seul son cœur malade palpitait encore faiblement quelque part dans le dédale de couloirs et de cours décrits par Ramosé. Ahmosis jeta un coup d'œil à son ami mais ne put distinguer ses traits dans l'obscurité. Il regarda le ciel. Il n'avait aucune idée du temps qui s'était écoulé depuis qu'on lui avait annoncé l'ouverture des portes, mais rien encore n'annonçait l'aube. Les étoiles scintillaient avec le même éclat dans leur écrin de velours noir. Par l'entrée du palais, Ahmosis voyait des torches danser comme des flammes échappées d'un feu. Descendant du char, il suivit ses hommes à l'intérieur du mur d'enceinte.

L'espace dans lequel il pénétra fourmillait de ses soldats. Devant lui, au centre de l'allée imposante qui menait à la masse sombre du palais, on avait planté l'enseigne de la division de Montou et, à côté, le drapeau royal, dont le bleu semblait d'encre, et le blanc grisâtre. Des statues étranges, presque toutes barbues et cornues, bordaient l'allée. Elles tenaient des bâtons ou des emblèmes inconnus d'Ahmosis, et leurs visages solennels paraissaient grimaçants dans la lumière vacillante des torches. À droite et à gauche s'étendaient apparemment de grands jardins. Un léger parfum d'arbres fruitiers en fleurs parvenait en effet à Ahmosis, et il entendait un froissement de feuilles. Le sol n'était en revanche qu'un tapis d'herbes mortes, montrant par endroits une terre pelée. Même Apopi manquait d'eau pour arroser ses pelouses et ses précieux parterres de fleurs, pensa Ahmosis.

Sébek-khou s'avançait vers lui avec Tchanni, qui tenait une torche. Tous deux s'inclinèrent, le sourire aux lèvres.

« Ma division est entrée par la porte Royale, Majesté, dit le général. Elle est tout près, de l'autre côté de l'ancienne fortification de la citadelle et du verger d'Apopi. J'ai été étonné de ne rencontrer aucune résistance. Je m'attendais que les derniers soldats d'Apopi défendent le palais, mais nous n'avons trouvé que quelques courtisans. »

Ahmosis se sentit brusquement accablé.

« Apopi n'est pas ici ? »

Le sourire de Sébek-khou s'effaça. « Non, sire, à moins qu'il ne se cache. J'ai parcouru le bâtiment, mais il est vaste et labyrinthique. Mes hommes et moi ne l'occupons que depuis peu. Cela dit, son vizir t'attend. Je l'ai fait enfermer dans une petite pièce. Il voulait que votre rencontre ait lieu dans la salle de réception, mais il m'aurait fallu beaucoup de soldats pour l'y surveiller. Je crains d'avoir fait insulte à sa dignité.

– Que Seth emporte sa dignité ! » s'exclama Ahmosis, rendu furieux par la déception.

Allons-nous être frustrés de notre vengeance, Kamosé ? pensait-il. Le désespoir, les tueries, l'incertitude, nos souffrances et celles des citoyens de cette ville maudite, est-ce que tout cela aura été vain ? Si Apopi s'est enfui, je me couvrirai la tête de poussière et hurlerai comme un chien blessé.

« Conduis-moi à ce vizir », ordonna-t-il sèchement.

Il se sentait brusquement épuisé. L'excitation l'avait soutenu jusque-là mais, à présent, il avait envie de rebrousser chemin, de franchir à nouveau ces portes qui n'avaient pas tenu leurs promesses et d'aller se coucher dans sa tente, entre des draps propres. Het-Ouaret n'était que des ruines vides.

Encadré de Khabekhnet et de Ramosé, suivi de ses gardes, il emboîta le pas à son général, passant entre ces statues étranges qui lui donnaient la chair de poule. Devant eux se dressaient les rangées de hautes colonnes qui marquaient l'entrée principale du palais.

Aucune lumière ne brillait à l'intérieur; l'obscurité y était même plus profonde qu'au-dehors. Sébek-khou ne s'en approcha pas. Il prit à gauche, tourna le coin du palais et s'arrêta devant une petite porte. Ramosé poussa une exclamation.

«Je suis déjà venu ici, dit-il. C'est dans cette pièce que l'on m'a conduit.

– Entre m'annoncer, Khabekhnet», ordonna Ahmosis.

Sébek-khou ouvrit la porte et s'effaça devant le héraut.

«Prosternez-vous devant Ouatch-Képérou, fils du Soleil, Horus, l'Horus d'Or, Celui des Deux Maîtresses, Celui qui appartient au Jonc et à l'Abeille.»

Khabekhnet avait ajouté de sa propre initiative les deux titres qu'Ahmosis s'était refusé à prendre lors de son couronnement parce qu'il n'était pas encore roi de Haute et Basse-Égypte. En les entendant prononcer par la voix forte et impérieuse du héraut, le souverain sentit sa gorge se serrer.

Quand il franchit le seuil, la lumière des bougies, douce et diffuse, lui fit cligner les yeux. Il se trouvait dans une pièce agréable, meublée de chaises basses, et d'une table élégante où brûlaient de grosses bougies. Des coussins aux couleurs vives et aux motifs compliqués étaient éparpillés sur le sol. Trois hautes lampes d'albâtre et un tabernacle doré occupaient les coins de la pièce. Les murs étaient ocre, et une frise de volutes noires courait juste sous le plafond.

Un homme était prosterné sur le tapis, front contre terre; il tenait à la main un bâton bleu et blanc. Ahmosis l'étudia un instant en silence.

«Relève-toi, dit-il enfin. Et donne-moi ce bâton.»

Le Sétiou obéit avec une certaine difficulté. C'était un homme d'âge mûr au visage ridé, qui avait le nez aussi crochu que celui d'un faucon, des cheveux noirs coupés très court et une barbe tressée. Il portait une longue robe blanche serrée à la taille par une ceinture en argent. Les yeux fixés sur Ahmosis, il s'avança et lui tendit son bâton. Avec sauvagerie, celui-ci le brisa sur son genou et en jeta les morceaux à l'autre bout de la pièce.

«Qui es-tu?» demanda-t-il.

L'homme s'éclaircit la voix.

«Je suis Perémouah, vizir et gardien du sceau royal, dit-il avec calme. Il est de mon devoir de te présenter la capitulation officielle de la ville d'Het-Ouaret au nom de mon seigneur, Sa Majesté le roi Aouserrê Apopi.

– Et où est "Sa Majesté" ? » lança Ahmosis.

L'homme rougit.

« Il a quitté la ville pour aller rejoindre ses frères du Retenou. Je suis habilité à te rendre le sceau royal, signe qu'il reconnaît que l'Égypte est désormais tienne.

– Elle l'a toujours été, répondit machinalement Ahmosis. Mais quand Apopi est-il parti ? Comment a-t-il pu s'échapper, alors que mes soldats encerclent Het-Ouaret depuis des mois ? »

Le regard du vizir se voila. Il baissa les yeux et garda le silence. La réponse apparut brutalement à Ahmosis, qui se tourna vers Khabekhnet.

« Prends mon char et va immédiatement trouver le prince Abana, ordonna-t-il. Il devrait être près de la porte Royale. Je veux que vous arrêtiez toutes les charrettes qui n'ont pas encore disparu. Fouillez-les et fouillez leurs occupants, quel que soit leur état. Depuis quand ? hurla-t-il à Perémouah, alors que le héraut se ruait hors de la pièce. Et où comptait-il aller au Retenou ?

– Mes instructions se limitaient à t'apprendre le départ de Sa Majesté et à te remettre le sceau. Je regrette.

– Vraiment ? » tonna Ahmosis, dont la colère était davantage provoquée par la frustration que par l'attitude de Perémouah. « Eh bien, donne-moi ce sceau ! »

Le vizir sortit un petit cylindre d'argile d'un sac pendu à sa ceinture, le tendit à Ahmosis en s'inclinant. Le souverain le contempla un instant, effleurant du pouce le nom et les titres d'Apopi qui y étaient gravés, conscient de tenir dans sa main le dernier symbole du pouvoir sétiou en Égypte. Puis, le jetant à terre, il l'écrasa sous son talon.

« Ainsi prend fin le règne d'Apopi, dit-il en éparpillant les débris du pied. Tu resteras enfermé ici jusqu'à ce que j'aie trouvé quelqu'un qui sache où se trouve Apopi, Perémouah. Ensuite, tu pourras quitter l'Égypte.

– Mais... je ne vais pas mourir, M... ajesté ? bégaya le vizir, stupéfait.

– Ne sois pas ridicule ! grogna Ahmosis. Tu n'es ni un soldat ni un traître, et je ne suis pas un démon. Reste dans ce trou puant ou rentre au Retenou, je m'en moque. À présent, je veux voir les autres courtisans. Où sont-ils ?»

Sébek-khou lança un ordre aux gardiens du vizir et indiqua une seconde porte.

«Je les ai fait conduire dans les appartements d'Apopi, dit-il. Ce sont surtout des femmes», ajouta-t-il en jetant un regard oblique à Ahmosis.

Celui-ci oublia instantanément Perémouah. Sébek-khou sait que Tani se trouve peut-être parmi elles, se dit-il avec anxiété. Il ne l'a jamais vue, mais tout le monde connaît la tragédie de ma famille. Que ferai-je si elle aussi s'est enfuie ?

Accompagné des gardes et de Ramosé, il suivit son général et fut bientôt perdu dans un interminable dédale de couloirs étroits et de salles sonores. Sébek-khou et plusieurs des gardes portaient des bougies qui éclairaient d'une lumière tremblotante leur petit groupe mais, au-delà de leurs halos, l'obscurité était totale. Ahmosis avait l'impression que les milliers de personnes qui s'étaient entassées dans le palais avaient laissé dans ces pièces vides quelque chose d'elles-mêmes, qu'elles y faisaient courir un murmure terrifié. Malgré un sens de l'orientation presque infaillible, Sébek-khou hésitait souvent devant la bouche noire d'un couloir. À intervalles réguliers, à côté de portes closes, il y avait sur les murs des supports destinés à recevoir des torches – tous vides. Ils traversèrent plusieurs cours minuscules, dont les fontaines étaient muettes, et le pavement jonché d'objets abandonnés. Ahmosis levait alors les yeux vers le ciel et trouvait un réconfort dans le carré d'étoiles argentées qui scintillaient au-dessus de sa tête.

Finalement, une lumière brilla au bout d'un étroit couloir, et ils parvinrent devant une imposante porte à double battant gardée par deux soldats, qui se mirent au garde-à-vous et leur ouvrirent. Ahmosis s'avança. Des visages inquiets se tournèrent aussitôt dans sa direction, et il lui suffit d'un rapide coup d'œil pour savoir qu'Apopi n'était pas dans la pièce. Malgré les affirmations du vizir, il avait espéré, peu raisonnablement, que le souverain sétiou s'était déguisé et ne s'était pas encore mêlé au flot des fuyards. Les quatre ou cinq hommes présents avaient à peu près son âge, mais aucun ne lui ressemblait. Les jeunes courtisans se sont sans doute enfuis avec les gens du peuple, pensa Ahmosis. Ceux-là sont plus vieux. Avec l'âge, la prudence et la peur de l'inconnu augmentent. Tani n'est pas non plus parmi eux.

Il prit le temps d'examiner l'immense salle. Lorsqu'ils n'étaient pas tapissés de nattes aux couleurs et aux motifs semblables à ceux des coussins qu'il avait vus dans la première pièce, les murs étaient décorés de peintures représentant des montagnes coiffées de blanc et baignées par un océan peuplé d'animaux marins inconnus. Il y avait deux autres portes, peintes l'une et l'autre : sur celle de gauche, un énorme taureau aux cornes dorées et aux naseaux dilatés regardait Ahmosis d'un air furieux; sur celle de droite, Baal-Yam, le dieu marin des Sétiou, émergeait d'une eau écumeuse, le torse nu et la barbe tressée. Des lampes éteintes en forme de coquillage étaient posées çà et là. Les pieds sculptés des fauteuils représentaient des filles aux seins nus et aux cheveux bouclés, vêtues de courtes jupes plissées; leurs dossiers étaient décorés de dauphins d'ivoire, animaux qui ornaient aussi les nombreuses coupes de vin posées sur les tables basses. L'étrangeté de ce décor mit Ahmosis mal à l'aise. Acheter aux Keftiou des objets exotiques, passe encore, pensa-t-il. Ils ont beaucoup de jolies choses. Mais il n'y a rien d'égyptien dans cette pièce, rien qui prouve que nos conquérants aient ressenti autre chose que du désintérêt pour notre art ou nos dieux.

Il se tourna à contrecœur vers le groupe silencieux des courtisans, dont la peur était palpable. Les femmes n'étaient ni maquillées ni coiffées; leurs longues jupes de laine étaient froissées. Des manteaux s'entassaient sur le tapis, à côté d'un brasero éteint. Il faisait chaud dans la pièce, et il y flottait une légère odeur de sueur et de parfums.

«Êtes-vous tous ivres?» demanda Ahmosis.

Un homme se détacha du groupe.

«Nous nous sommes employés à finir les réserves de vin de notre seigneur, mais sans réussir à oublier le désastre qui nous entoure, répondit-il simplement. Qui es-tu?»

La question prit Ahmosis au dépourvu. Il se rendit compte qu'il avait quitté sa tente si précipitamment qu'il ne portait aucun insigne. Même sa coiffure de lin était des plus ordinaires. Sébek-khou répondit à sa place.

«Tu t'adresses à Sa Majesté Ouatch-Képérou Ahmosis, aboya-t-il. Rends-lui hommage.»

L'homme s'inclina, visiblement désorienté, et ses compagnons l'imitèrent maladroitement.

«Pardonne-moi, Majesté. Je suis Semken, le maire d'Het-Ouaret. Je n'ai pas pu abandonner ma ville.

– Tu vas droit au fait, je vois, commenta Ahmosis. Dis-moi alors où est parti Apopi.

– Je jure que je l'ignore, sire. Je ne suis qu'un maire, pas un courtisan. Le vizir Perémouah m'a convoqué il y a trois jours pour m'ordonner de préparer mes concitoyens à l'évacuation qui a eu lieu ce soir. Le moment venu, bien que j'aie fait partir toute ma famille, j'ai été incapable de la suivre, et je suis venu ici. Peut-être le vizir pourrait-il te renseigner?

– Il le pourrait, mais il refuse de le faire. L'un d'entre vous sait-il où est allé Apopi?» demanda-t-il d'une voix forte.

Personne ne souffla mot. Puis, brusquement, une exclamation retentit, et une jeune femme s'avança. Elle montrait Ramosé du doigt.

«Je te connais! s'écria-t-elle. Nous nous sommes vus ici, dans les bains du palais. Tu te lavais près de moi, et un garde te surveillait. Il ne voulait pas que je te parle parce que tu étais le prisonnier d'Apopi. Tu m'as interrogée sur une certaine princesse Tani. Tu t'appelles... tu t'appelles...» Elle claqua les doigts avec exaspération, puis, d'un seul coup, son visage s'éclaira. «Ramosé!»

Ahmosis se tourna vers son ami. Il dévisageait la jeune femme en fronçant les sourcils.

«Oui, dit-il avec lenteur. Et tu es Hat-Anat, la fille d'un scribe adjoint du chef du bétail d'Apopi. Je me souviens de toi, à présent.» Un petit sourire voleta sur ses lèvres. «Je dois te présenter mes excuses pour ne pas avoir répondu à l'invitation que tu m'avais faite, ce jour-là.

– Elle tient toujours, repartit la jeune femme en lui rendant son sourire. À moins que tu n'aies trouvé ta princesse, bien entendu.

– Je l'ai trouvée mais perdue de nouveau, dit doucement Ramosé.

– Où est ton père? intervint Ahmosis d'un ton brusque.

– Ici, de même que ma mère, répondit la jeune femme. Depuis le début du siège, il lui est impossible d'exercer ses fonctions.» Elle jeta à Ahmosis un regard pénétrant. «On dit que tu as massacré tout le bétail du Delta, comme l'avait fait ton frère, et que tu vas tous nous tuer. Ça n'est pas vrai, n'est-ce pas ?

– Non, répondit Ahmosis. Je compte en revanche brûler ce palais. Je vous conseille donc d'abandonner vos jarres de vin, de rassembler les affaires que vous pourrez emporter et de partir sans attendre. Mes hommes ne vous inquiéteront pas.

– Et où irons-nous, Majesté ? demanda Hat-Anat. Je suis égyptienne. Mon grand-père était sétiou, c'est vrai, mais je suis née ici, à Het-Ouaret, et mon père aussi. Je n'ai jamais connu que le Delta ! »

Ahmosis soupira intérieurement. Nous avons fait une sale guerre, Kamosé, pensa-t-il avec tristesse. Mais quelle guerre civile ne l'est pas ? Dans notre combat pour la liberté, nous avons été contraints de frapper innocents et coupables sans distinction. Tu n'es qu'une victime de plus, Hat-Anat.

« Je regrette, mais cela ne me concerne pas, dit-il à voix haute. Si ton père a encore de la famille hors des frontières de l'Égypte, allez la rejoindre. Ce qui est certain, c'est que vous devez quitter ce palais. Tous ! » Voyant qu'Hat-Anat allait encore protester, il l'arrêta d'un geste. « Non ! tonna-t-il. J'ai dit ! »

Il se tourna vers Ramosé, qui regardait toujours la jeune femme, une expression indéchiffrable sur le visage.

« La veux-tu, Ramosé ? demanda-t-il, pris d'une inspiration.

– La vouloir ? répéta celui-ci en sursautant. Pour quoi faire ? »

Ahmosis n'insista pas.

« Pour rien, dit-il avec lassitude. Allons-y, Sébek-khou. »

Il s'était attendu qu'un concert de plaintes salue son départ, mais les courtisans gardèrent un silence résigné. À peine son escorte et lui étaient-ils au bout du couloir qu'ils virent approcher le commandant des troupes de choc de Sébek-khou. Le visage de l'officier s'éclaira en les reconnaissant.

« Je suis content de t'avoir trouvé, sire, dit-il en s'inclinant. Je suppose que tu viens de parler aux courtisans d'Apopi. Une femme a insisté pour rester dans ses appartements et ne pas se mêler à eux. Comme elle m'a affirmé être une reine, j'ai hésité à user de contrainte. Elle a demandé que l'on te conduise à elle. »

Son ton indiquait clairement qu'il était indigné de tant d'insolence. Le cœur battant, Ahmosis jeta un rapide regard à Ramosé.

« Guide-nous, ordonna-t-il au commandant. Ankhmahor ! Accompagne Sébek-khou avec les gardes. Tâchez de trouver la salle du trône. Elle devrait être près de l'entrée principale. Vous ferez porter dans ma tente le trône d'Horus ainsi que le coffret contenant les insignes royaux. Qu'ils soient gardés comme il convient. Viens, Ramosé ! »

C'était Tani qui l'attendait. Il fallait que ce fût elle, et il voulait que cette rencontre se passât en privé. Je ne sais même pas si j'ai envie de la revoir, pensa-t-il. Que puis-je lui dire ? Comment combler par de simples mots le fossé qui s'est creusé entre nous ? J'ignore même si je l'aime encore, ou si je la méprise.

« Elle est donc encore en vie ! » murmura Ramosé, et il y avait tant d'émerveillement et d'espoir dans sa voix qu'Ahmosis eut honte de ses doutes. Il adressa un signe de tête brusque à l'officier.

« Allons-y », dit-il.

13

Situés tout près de ceux d'Apopi, les appartements des femmes n'étaient pas loin, de sorte qu'Ahmosis se retrouva devant une porte imposante bien avant d'y être préparé. Les sentinelles, qui bavardaient, appuyées contre le mur, se mirent au garde-à-vous en le voyant, et ouvrirent la porte à deux battants. Avec l'impression d'avoir les pieds pris dans la boue du Nil, Ahmosis se força à avancer. Ramosé le suivit, et la porte se referma derrière eux.

La première chose qui frappa le souverain, ce fut la lumière douce que répandaient dans la pièce deux lampes d'albâtre posées sur de hauts pieds dorés. Il se trouvait dans une chambre charmante au sol recouvert de tapis moelleux, meublée de fauteuils en cèdre incrustés d'argent, et d'une table basse en ébène dont le plateau présentait les carrés d'ivoire du jeu de chien et chacal. Un petit tabernacle délicat se dressait dans un coin.

« Tu as de l'huile ! » s'exclama Ahmosis.

La femme debout au milieu de la pièce ne sourit pas. Elle était enveloppée dans un épais manteau de laine fait de pièces rouges, bleues et blanches, et portait de courtes bottes en cuir. Un serre-tête en or retenait ses longs cheveux noirs, des bijoux en lapis ornaient ses oreilles et ses poignets, et des bagues scintillaient à chacun des doigts de ses mains tremblantes. Yeux soulignés de khôl, paupières poudrées d'or, lèvres rougies de henné, elle était maquillée avec soin et avait eu assez de dignité pour ne pas chercher refuge dans le vin. Ahmosis la contemplait, la bouche si sèche qu'il ne pouvait déglutir, le cœur battant si fort qu'il se sentait au bord de l'évanouissement.

« Naturellement », répondit-elle, et c'était bien la voix de Tani, juste un peu plus grave, un peu plus décidée, un peu plus raffinée, que celle dont Ahmosis se souvenait. « Et j'ai aussi de quoi alimenter mon brasero, poursuivit-elle. Être reine a ses avantages, Ahmosis, surtout pendant un siège. C'est bon de te revoir. »

Il fut incapable de répondre. Cette femme, qui était à la fois sa sœur et une parfaite étrangère, qui le regardait avec tant de calme, le rendait muet. Il restait là, stupidement immobile, silencieux, quand il vit ses immenses yeux de gazelle devenir soudain liquides.

« Comme c'est bon de te revoir ! » répéta-t-elle en s'élançant vers lui.

Ses bras s'ouvrirent et, l'instant d'après, il la serrait contre lui, sentait sa joue contre son cou, ses larmes chaudes sur sa peau.

« Tani, balbutia-t-il. Tani ! Tu as grandi ! Je t'ai à peine reconnue ! Comme tu es devenue belle ! »

Elle l'étreignait, riant et pleurant en même temps, bégayant des paroles inintelligibles, mais l'émotion étouffait toujours Ahmosis qui ne pouvait dire un mot. Ils restèrent longtemps enlacés, et lorsqu'ils se séparèrent enfin, Tani se tourna vers Ramosé.

« Et toi, Ramosé ! Tu as survécu ! Après ton départ d'Het-Ouaret, plus personne ne m'a donné de tes nouvelles. J'ai fini par me dire que Kéthuna t'avait mis en première ligne, et que tu avais péri. »

Il lui prit les mains et les porta à ses lèvres.

« Apopi comptait bien que je meure, mais je ne lui ai pas fait ce plaisir, répondit-il d'une voix voilée. C'est Kéthuna qui a succombé.

– J'en suis ravie. Raconte-moi tout, Ahmosis, continua-t-elle en se tournant de nouveau vers son frère. Comment va mère ? Grand-mère vit-elle toujours ? Et Kamosé ? Est-ce qu'il est ici, dans le palais, ou au bord du fleuve avec les troupes ? »

Elle ne sait rien, se dit Ahmosis tandis qu'elle le conduisait à un fauteuil. Nous, nous savions au moins qu'elle vivait et qu'elle était même traitée avec considération, mais ne pouvoir compter que sur son imagination, cela a dû être terrible ! Après avoir invité Ramosé à prendre place à côté d'eux, Tani s'assit en face de son frère et n'eut plus d'yeux que pour lui.

« Ainsi, Kamosé est désormais l'Horus d'Or, le champion de Maât, dit-elle d'une voix étranglée. Il a vaincu. Personne à Het-Ouaret ne le croyait possible. »

Ahmosis retrouva alors la parole et, tandis qu'elle le regardait avec une attention qui se teinta bientôt d'horreur, il lui raconta la révolte des princes, le meurtre de Kamosé, l'agression qui l'avait laissé blessé et sans connaissance, la mort de la fille qu'il avait eue d'Ahmès-Néfertari. Il ne parla pas de ses campagnes, du siège, ni de la défaite de Pédjédkhou, car Tani en était informée, même si elle avait vécu ces événements dans le camp ennemi. Lorsqu'il se tut, elle était recroquevillée sur son siège, accablée par ce qu'il lui avait appris.

« Ce sont les princes qui ont ourdi ce sinistre complot, Apopi n'y est pour rien ! s'exclama-t-elle. Il aurait encouragé une insurrection, mais pas un meurtre ! Oh ! Kamosé, mon frère bien-aimé !

– Et pourquoi pas ? fit Ahmosis d'un ton sec. C'est lui qui a ordonné l'agression qui a laissé notre père à demi paralysé et quasiment muet. Pourquoi se serait-il arrêté là ? »

Tani se redressa. Son visage s'était empourpré. Elle frappa doucement dans ses mains, et une servante apparut.

« Hèqet ! s'exclama Ahmosis. Tu es donc toujours au service de ma sœur ?

– Oui, répondit aussitôt la jeune femme. Et j'espère que tu réussiras à la convaincre de rentrer à Oueset, maintenant. Ma famille et le désert me manquent. »

Elle ne sait rien non plus, pensa Ahmosis avec un fugitif sentiment d'impuissance. Tani et elle ont vécu dans une bulle, alors qu'au-dehors toute l'Égypte changeait.

« Bien sûr qu'elle va rentrer ! intervint Ramosé d'une voix forte. Het-Ouaret est prise. Tani n'est plus une otage. Elle est libre. »

Mais Tani secouait la tête, les yeux brillants de larmes.

« Apporte-nous du vin et des coupes, Hèqet, ordonna-t-elle. Il devrait en rester une cruche près de mon lit. Non, Ramosé, je ne rentrerai pas, reprit-elle d'un air malheureux. J'ai fait une promesse à mon mari.

– Que veux-tu dire ? Quelle promesse ? L'usurpateur s'est enfui, Tani. Tu n'as plus qu'à faire emballer tes affaires par Hèqet, à embarquer sur un navire et à partir pour Oueset ou, mieux encore, pour Khmounou, où nous signerons enfin notre contrat de mariage ! »

Les poings serrés sur les genoux, plié en deux comme s'il souffrait, il parlait avec de plus en plus de véhémence. Ahmosis l'arrêta d'un geste.

« Qu'y a-t-il, Tani ? demanda-t-il avec brusquerie.

– Il voulait que je l'accompagne, murmura-t-elle, les lèvres tremblantes. Sa première épouse Ouazet, ses fils, ses autres femmes... tous sont partis. Mais je l'ai supplié de me laisser rester ici pour pouvoir revoir mes frères. Il a cédé en me faisant jurer sur Amon que je ne vous révélerai pas l'endroit où il se trouve. Quant à un mariage... » Elle se tourna vers Ramosé, si émue qu'elle avait du mal à articuler. « Je suis déjà mariée. J'ai un mari. Nous avons signé un contrat. »

Ramosé se leva d'un bond et vint se poster devant elle, les mains sur les hanches. Lui aussi tremblait, mais Ahmosis eut aussitôt l'intuition que la colère qui le consumait ne devait rien à l'amour et tout à la frustration.

« Tu n'as aucune obligation envers cet homme ! hurla-t-il. Il a disloqué ta famille ! Il a fait de toi une prisonnière, ici, à Het-Ouaret ! Il t'a séduite afin d'infliger à Kamosé la pire souffrance qui soit ! Aucune des lois de Maât ne te lie à lui ! C'est à moi que tu appartiens ! »

Le visage dans les mains, Tani se mit à se balancer d'avant en arrière.

« Je suis sa femme ! dit-elle dans un sanglot. Il est mon mari ! Il s'est conduit honorablement avec moi. Je ne peux pas l'abandonner maintenant qu'il a tout perdu ! » Horrifié, Ahmosis posa une main sur son épaule. Elle se calma aussitôt et regarda Ramosé en face. « Je ne peux pas t'épouser, Ramosé, dit-elle en trébuchant sur les mots. Il ne m'a pas forcée à signer ce contrat. J'y ai apposé mon nom et mon titre de mon plein gré. »

Un long moment, le jeune homme scruta son visage, puis il dit d'un ton morne :

« Tu l'aimes. Je n'arrive pas à y croire, mais tu aimes cette abomination. Puisqu'il en est ainsi, sois maudite, reine Tautha. Vous êtes faits l'un pour l'autre. »

Il pivota sur les talons et sortit en claquant la porte. Tani prit une inspiration tremblante. Hèqet, qui avait assisté à la scène, abasourdie, s'avança avec les coupes et le vin. Quand elle l'eut servie, Tani but à longs traits, étreignant à deux mains le pied de sa coupe. Ahmosis n'avait pas fait un mouvement.

« Est-ce vrai ? demanda-t-il d'une voix sans timbre.

– Oui, dit-elle. Oh ! pardonne-moi, Ahmosis, et essaie de comprendre ! J'étais à peine plus qu'une enfant quand je suis arrivée à Het-Ouaret. Ma famille me manquait, j'adorais Ramosé, j'étais terrifiée, seule, et quand j'ai appris que Kamosé s'était révolté, j'ai eu la conviction qu'Apopi allait m'exécuter en représailles. Je me trompais... » Elle but une autre gorgée de vin, puis posa la coupe sur une table basse. « Il s'est montré bon et généreux. Il me parlait, m'offrait des présents, me disait qu'il admirait le courage des Taâ bien que leur trahison l'obligeât à les combattre. Il a fait preuve d'une immense patience... » Elle essuya ses joues mouillées de larmes, puis fixa ses mains, incapable de regarder Ahmosis. « Je ne suis pas tombée amoureuse de lui comme de Ramosé, poursuivit-elle à voix basse. Cet amour-là était intense, passionné, et, comme souvent les premières amours, il est mort en me laissant au cœur une petite souffrance qui m'étreint encore aujourd'hui. Mon amour pour Apopi a grandi progressivement, c'est un sentiment solide et durable, Ahmosis. Je ne cherche pas à lui trouver d'excuse.

– Nous nous attendions à retrouver l'enfant qui nous avait quittés, dit Ahmosis. C'était cruel et irréaliste. Nous t'avons à la fois aimée et haïe depuis que nous avons appris que tu avais épousé notre ennemi, mais je comprends maintenant que tu ne méritais pas notre haine. Tu as réussi à faire mieux que simplement survivre dans cette ville, et c'est quelque chose dont je suis fier. » Elle se tourna vers lui, et il prit son visage entre ses mains. « Ramosé ne le sait pas encore, mais il ne t'aime plus vraiment, continua-t-il. Il s'est accroché à cet amour afin de survivre aux terribles épreuves qu'il a dû endurer. À présent, pour la première fois depuis que père l'a accepté pour futur gendre, peut-être va-t-il enfin se sentir libre. Et tu es libre, toi aussi. Tu peux rentrer à Oueset.

– Non ! dit-elle avec force, en s'écartant. Non, Ahmosis. Je ne veux pas revoir Oueset. Je veux rejoindre mon mari.

– Où est-il ?

– Je t'ai déjà dit que j'avais juré de me taire.

– Il faut que je le trouve, Tani, tu le comprends sûrement ! Je ne peux pas courir le risque qu'il lève une nouvelle armée et revienne conquérir le Delta. Je ne dormirai pas tranquille tant qu'il parcourra librement le Retenou. »

Le visage de sa sœur prit une expression têtue, une expression qu'il lui connaissait bien, et qui lui fit éprouver un sentiment de perte presque insupportable.

«Comment réagirais-tu si Ahmès-Néfertari se conduisait de la sorte ? demanda Tani. En manquant à sa parole ?

– Mais tu ne vois donc pas que c'est une trahison, Tani ? Apopi est un ennemi de l'Égypte. Si tu l'aides, même indirectement, par ton silence, tu te rends coupable de trahison.

– Eh bien, alors, tu vas devoir m'exécuter, dit-elle avec détermination. Car je ne lui ai pas seulement donné ma parole, j'ai juré sur Amon, et c'est un serment que je ne peux rompre sans m'exposer à une pesée défavorable de mon ka dans la Salle du Jugement. Tu feras de moi ce que tu voudras, conclut-elle avec un fier mouvement du menton.

– Tu l'aimes donc à ce point ?» dit-il après l'avoir dévisagée un instant. Puis, comme elle gardait le silence : «Je ne peux te laisser partir seule pour le Retenou. Encore qu'il me soit possible de te faire suivre, je suppose. Comme tu ne peux pas non plus rester dans le palais, je vais te conduire dans ma tente et t'y faire garder. Car tu t'enfuirais, n'est-ce pas ?»

Elle pinça les lèvres et baissa la tête. Ahmosis réfléchit un instant, puis se tourna vers la servante.

«Rassemble les affaires de ta maîtresse, Hèqet. J'enverrai quelqu'un les emporter jusqu'à mon camp. Viens avec moi, Tani.»

Sans dire un mot, elle alla prendre son manteau, le jeta sur ses épaules et lui emboîta le pas.

À la porte, Ahmosis se fit accompagner des deux sentinelles et, guidés par Tani, ils traversèrent le palais désert. Silencieuse, marchant sans bruit dans ses bottes de cuir, la jeune femme s'avançait avec assurance dans les couloirs sombres et tortueux, frôlant le mur de la main. Les yeux fixés sur les glands colorés de son manteau, Ahmosis se demandait ce qu'elle pensait.

Ils finirent par voir de la lumière devant eux et, un instant plus tard, Tani se rangea contre le mur. Sébek-khou, Ankhmahor et les gardes approchaient, éclairés par la lumière dure d'une torche. Ankhmahor portait un coffre. Le général s'inclina et déclara aussitôt :

« Le trône d'Horus a disparu, sire, de même que les insignes royaux. Jusqu'à présent, nos recherches ont été infructueuses.

– Vous ne les trouverez pas, intervint Tani. Mon mari les a emportés, cachés dans une charrette. C'est une petite vengeance, je crois.

– Une petite vengeance ! s'exclama Ahmosis. Le trône du dieu, et les symboles de son pouvoir et de sa miséricorde ? Au nom d'Amon, Tani, à quoi penses-tu ? » Se forçant au calme, il reprit à l'adresse de ses compagnons : « Général, prince, voici ma sœur la reine Tautha, épouse d'Apopi. » Leurs yeux s'écarquillèrent, puis, voyant apparaître sur leurs visages l'expression de compassion qu'il redoutait, il se sentit profondément sali. « Qu'as-tu dans ce coffret, Ankhmahor ? demanda-t-il, les dents serrées.

– Il se trouvait sur l'estrade, dans la grande salle de réception, dit le prince en le lui tendant. Là où se dressait le trône d'Horus, je suppose. »

Le coffret contenait une coiffure amidonnée bleu foncé, couverte de petits disques dorés, et ornée de deux rubans, également bleus. Ahmosis la regarda à la lumière de la torche. Un bandeau d'or encoché en formait le bord.

« Qu'est-ce que c'est ? demanda Ahmosis.

– Une couronne sétiou, répondit Tani. Apopi la portait souvent. Il te l'a laissée en signe d'hommage. C'est une façon de reconnaître ta victoire. »

Ahmosis rejeta aussitôt la coiffure dans le coffret. Il avait envie de la déchirer et de la fouler aux pieds, comme il l'avait fait avec le sceau d'Apopi, mais il savait qu'il devait conserver ce qui lui restait de sang-froid, sous peine d'être submergé par un désir irrépressible de meurtre.

« Ce n'est pas un hommage mais une insulte, gronda-t-il. Il prend l'hédjet, le deshret, l'héka et le nékhakha, les possessions les plus sacrées de l'Égypte, et il les remplace par une abomination sétiou. Je suppose que cette encoche lui servait à ajouter l'uraeus sacré à sa coiffure mais, naturellement, comme il fait partie de la Double Couronne, il ne l'a pas laissé. Emporte ça dans ma tente, ordonna-t-il à Ankhmahor en lui rendant le coffret. Et accompagnes-y aussi la reine Tautha. Fais-la garder par tes hommes. Elle ne doit pas quitter ma tente. Tu diras à Akhtoy de lui installer un lit. »

Tani posa une main hésitante sur son bras, mais il la repoussa.

«Je trouverai Apopi, dussé-je y consacrer le restant de mes jours, dit-il avec amertume. Il faut que ce voleur me rende ce qu'il m'a pris.»

Ankhmahor s'inclina et se tourna vers Tani. Interprétant correctement son regard, elle se mit en marche avant qu'il ait pu la toucher. Les gardes et le prince lui emboîtèrent le pas et disparurent avec elle dans l'obscurité.

«Nous sommes à côté de la salle du trône, sire, dit Sébek-khou. Viens t'y reposer un instant.»

Il me semble que je n'ai jamais dormi et que je ne dormirai jamais plus, pensa Ahmosis en suivant son général. Comment une aussi grande victoire peut-elle s'accompagner d'autant de douleur ?

Lorsqu'il pénétra dans la salle du trône, quelques soldats allaient et venaient, une bougie à la main ; très haut au-dessus de leurs têtes, le plafond invisible répercutait leurs voix. Le regard d'Ahmosis se porta aussitôt vers l'estrade nue, derrière laquelle une rangée de colonnes laissait voir un ciel nocturne où les étoiles commençaient à pâlir. Il alla s'asseoir sur les marches.

«Quelle nuit, sire ! commenta Sébek-khou. Je n'arrive pas encore à croire que le siège a pris fin.

– J'espérais que tout serait terminé, ce soir, murmura Ahmosis. Ce n'est pas le cas, Sébek-khou. Vais-je être contraint d'organiser une nouvelle campagne et d'envahir le Retenou pour mettre un terme à cette malheureuse histoire ? Que souhaite Amon ? J'aimerais le savoir.»

Il entendit le vacarme avant d'en connaître la cause. Des voix fortes, surexcitées, retentirent dans le couloir, puis un groupe d'hommes fit irruption dans la pièce, torches en main. Abana s'avança à grandes enjambées vers Ahmosis. L'anneau de Pédjédkhou brillait sur son torse, au bout d'une chaîne en argent. Derrière lui venaient son cousin Zaa et des marins. Ils entouraient un homme et trois femmes aux mains liées, dont la plus jeune, visiblement terrifiée, haletait et sanglotait.

«J'ai des nouvelles, sire ! cria Abana de l'autre bout de la salle. Ces Sétiou sont mes prisonniers !»

Ahmosis se rappela avoir ordonné que l'on arrêtât tous les Sétiou se trouvant encore dans le voisinage de la ville, mais il vit immédiatement que l'homme à la barbe négligée et à l'expression morose qu'on lui amenait n'était pas Apopi. Les yeux d'Abana pétillaient à la lumière des torches.

«Raconte, dit Ahmosis.

– Tu m'avais envoyé chercher, commença Abana. Et j'avais reçu les instructions que ton premier héraut transmettait à tous les officiers. J'en ai déduit que tu n'avais pas trouvé Apopi dans le palais. Avant de pouvoir me rendre auprès de toi, cependant, il m'a fallu régler une affaire assez compliquée. Mes hommes dormaient à terre, comme tu les y avais gracieusement autorisés, et il n'y avait que deux sentinelles à bord de chaque navire. Nous ne nous attendions pas à l'ouverture soudaine des portes ni à l'exode qui a suivi. Je dois avouer que, pour une fois, mes hommes et moi avons été pris par surprise.» Il s'interrompit un instant, l'air faussement penaud. «Le *Septentrion*, que commande le capitaine Qar, était amarré presque en face de la porte Royale, et je n'en étais pas très loin moi-même. Nous dormions tous les deux sur la rive nord du fleuve. Lorsque je me suis réveillé, la première vague de fuyards avait traversé le pont de la division de Montou, et se répandait de notre côté, là où étaient installées les passerelles des navires.

– Tu as manqué ta vocation, amiral, intervint Ahmosis, amusé malgré lui. Tu aurais dû être conteur de village.

– Tu m'offenses, sire, répondit Abana d'un ton léger. Il est nécessaire que je plante le décor. Puis-je continuer ?

– Puisqu'il le faut, fit Ahmosis en souriant.

– La foule était si nombreuse que ni Qar, ni moi, ni aucun de nos capitaines n'a d'abord pu voir ce qui se passait. Tu avais ordonné que l'on n'inquiète pas les Sétiou. Ils ne paraissaient pas s'intéresser aux navires et se dispersaient dans les champs et les vergers. Quand leurs rangs se sont clairsemés, Qar s'est toutefois rendu compte que le *Septentrion* avait disparu.» Ahmosis se redressa, soudain tout oreilles. «Les corps des deux sentinelles avaient flotté jusqu'à la rive, et il n'y avait plus trace du navire. Qar n'y est pour rien, insista Abana. La confusion était totale, et il faisait très noir. J'ai tout de suite compris ce qui s'était passé. Apopi, accompagné de ses gardes et peut-être de sa famille, s'était déguisé en paysan, était monté à bord du *Septentrion* et s'était éclipsé à la rame en profitant de l'exode qu'il avait lui-même organisé. C'était un plan culotté, conclut-il d'un ton sincèrement admiratif.

– Si c'est bien ce qui s'est passé. »

Ahmosis s'était levé. Il n'éprouvait plus la moindre fatigue.

« Oh ! cela ne fait aucun doute, assura Abana avec fierté. Après avoir reçu tes instructions, Zaa et moi avons capturé ces quatre individus suspects. Il m'a suffi d'un coup d'œil à leurs mains et à leur peau blanche pour savoir qu'ils n'étaient pas plus paysans que moi... sans compter qu'ils mentaient très mal. Celui-là... » Il tira son prisonnier par la corde qui lui liait les poignets. « Celui-là a essayé de se faire passer pour un marchand, alors qu'il avait encore des traces de henné sur les paumes. Zaa et moi les avons emmenés sur le *Gloire-dans-Mennéfer*. Nous avons mis la petite mignonne la tête en bas et l'avons fait passer par-dessus la lisse. Zaa la tenait par une jambe et moi par l'autre. C'était un beau spectacle ! Avant même qu'elle cesse de hurler, que sa mère et sa sœur cessent de nous supplier de ne pas la noyer, son père nous avait tout raconté. » Il s'inclina profondément. « J'ai l'honneur de présenter à Sa Majesté Yamousa, premier héraut d'Apopi. Son maître est parti pour la ville-forteresse de Sharouhen, au Retenou, avec sa première épouse Ouazet, son premier scribe Ykou-Didi, ses fils Apopi et Kypenpen, et d'autres personnes de sang royal. Je pense malheureusement qu'il est trop tard pour les rattraper. Ils ont dû descendre directement jusqu'à la Grande Verte, puis longer la côte vers l'est. Sharouhen n'est pas très loin à l'intérieur des terres, je crois. »

Ahmosis le prit dans ses bras et l'étreignit.

« Décidément, tu m'étonneras et me raviras toujours, Abana. Bien joué ! Je sais maintenant ce que je dois faire. »

Les hommes qui gardaient la salle s'étaient rapprochés du groupe rassemblé au pied de l'estrade, et avaient écouté le récit d'Abana avec une attention profonde. Lorsque Ahmosis étreignit son amiral, un murmure d'approbation courut parmi eux. Abana tomba à genoux.

« Il n'est pas de plus grand privilège pour un de tes sujets que d'être touché par toi, sire ! s'exclama-t-il. Tu me fais un immense honneur !

– Relève-toi, dit Ahmosis, qui observait les quatre prisonniers. Je t'ai déjà donné assez d'or pour que tu sois assuré de manger des lentilles jusqu'à la fin de tes jours. Aimerais-tu garder ces Sétiou ? »

Yamousa poussa une exclamation, et sa femme éclata en sanglots.

« Silence ! tonna Ahmosis. Le mot “esclave” n’existait pas dans notre langue avant que vos ancêtres ne l’y introduisent ! Abana ? »

L’amiral avait un air dubitatif.

« Les courtisans ne valent rien pour les travaux manuels, sire, et confier des responsabilités à des étrangers ne me semble pas une bonne idée. Mais on pourrait sans doute former les deux filles aux travaux domestiques. Quant à Yamousa, bien qu’il soit un héraut, il sera peut-être possible de lui apprendre à seconder mon chef des céréales lorsqu’on rentrera les récoltes dans les greniers. » Insensible à l’agitation des Sétiou, il leur lança d’un ton méprisant : « Oh ! ne vous en faites pas. Nous qui vivons sous le manteau de Maât ne sommes pas cruels. Nous traitons bien nos serviteurs. Merci, Majesté, j’accepte. »

Il claqua les doigts, et ses hommes emmenèrent les prisonniers. La femme pleurait toujours.

« Quand partons-nous pour Sharouhen ? demanda alors Abana.

– Dès que nous le pourrons, répondit Ahmosis. Tu as toute ma reconnaissance, prince. Tu peux disposer. » Il se tourna vers Sébek-khou. « Je veux que tu mettes le feu au palais dès que tu te seras assuré qu’il est vide, déclara-t-il. Meubles, tentures, lits, tout doit brûler. J’interdis le pillage : pas une coupe d’argent ne doit quitter cette enceinte. Lorsque tout sera parti en fumée, tu feras raser ce qui reste. Seul le mur nord, qui a été bâti par mon ancêtre l’Osiris Sésostris, doit être épargné.

– Et la ville ? » demanda Sébek-khou.

Ahmosis hésita un instant. Il aurait aimé ordonner sa destruction, mais elle aurait demandé beaucoup trop de temps et d’efforts.

« Ce tas de taudis puants mériterait d’être anéanti, déclara-t-il. Néanmoins, étant donné sa situation dans le Delta, à proximité de la Grande Verte, la ville a son intérêt. Je vais réfléchir à son repeuplement. En revanche, je tiens à ce que ses murailles et celles de la forteresse nord soient abattues. Ta division et celle de Khéty s’en chargeront. Dix mille hommes devraient suffire à cette tâche. »

Il quitta la salle du trône avec les gardes restants et, guidé par un des officiers de Sébek-khou, sortit du palais. La nuit pâlissait peu à peu. Ahmosis prit une profonde inspiration. L’air sentait le renfermé, et il n’y avait pas le moindre souffle de vent. Rê ne respirait pas encore, bien que le moment de sa naissance approchât.

Renvoyant l'officier, à qui il ordonna de faire libérer le maire Semken, Ahmosis traversa rapidement les jardins desséchés d'Apopi et franchit la porte d'enceinte du palais, devant laquelle il retrouva Touri et Mékhou.

« Je veux voir le soleil se lever ici, au centre d'Het-Ouaret, dit-il. Ce ne sera pas long, l'aube approche. Marchons un peu, Touri. L'air est frais. »

Ils firent les cent pas le long du mur. La tête baissée, soufflant doucement, les chevaux attendaient patiemment. Mékhou s'assit sur le plancher du char, les rênes jetées sur l'épaule.

Touri glissa soudain sur un obstacle et se baissa pour savoir ce que c'était. Constatant qu'il s'agissait d'une amulette, grande à peu près comme sa main, il l'épousseta et, quand il l'eut examinée plus attentivement, une expression de dégoût se peignit sur son visage.

« Regarde ça, Majesté ! » dit-il en la tendant à Ahmosis.

À première vue, on croyait avoir affaire à l'œuvre d'un artiste sans talent : un personnage accroupi à la tête trop grosse, au torse trop court, difforme, et dont le bas du corps était représenté à l'envers. En y regardant de plus près, Ahmosis s'aperçut toutefois qu'il y avait en réalité deux personnages. Celui du haut avait de grands yeux bridés sans pupilles, un nez mince et une bouche ricanante : des traits indéniablement sétiou. Il avait la tête légèrement baissée, ce qui lui donnait un air de jubilation mauvaise. Sa tête s'ornait d'une coiffure à côtes, surmontée d'un serpent grossièrement imité. Sous les pans de la coiffure, deux bras tendus, terminés par des mains osseuses et griffues, agrippaient le second personnage, agenouillé devant le premier dans une position pénible.

« Regarde les pieds », dit Touri avec brusquerie.

Ahmosis obéit, sans savoir ce qu'il était censé voir. Perplexe, il jeta un coup d'œil à son ami.

« La jambe de l'Égyptien a été brisée, expliqua Touri. On voit la plante d'un de ses pieds, comme il est normal dans cette position, mais l'autre est à plat, il ne présente pas de cambrure. L'homme a été torturé. Cette petite sculpture est un concentré de haine. »

Malgré son envie de la jeter loin de lui, Ahmosis la garda pourtant dans la main.

« Cet objet a été moulé, remarqua-t-il. Il doit y en avoir des dizaines, des centaines, éparpillés dans Het-Ouaret. Tu as raison,

Touri, cela n'exprime pas seulement du mépris pour nous, mais la haine la plus profonde.»

Il serrait l'amulette comme si son poing fermé pouvait le protéger de ses miasmes. Au même moment, une légère brise lui caressa la joue. Il leva la tête. À l'est, l'horizon entier était maintenant teinté d'écarlate et, sous ses yeux, Rê apparut au bord du monde. Pour la première fois depuis bien des hentis, il s'élevait, triomphant, au-dessus d'une Égypte libre et unifiée. Ahmosis le contempla, les joues mouillées de larmes qu'il ne sentait pas, la main crispée sur le symbole de tout ce qu'il avait gagné.

Tani était profondément endormie lorsqu'il regagna sa tente. Les coffres contenant ses affaires étaient soigneusement empilés contre une paroi. Hèqet, assoupie elle aussi, était étendue sur une natte, à côté du lit de sa maîtresse. Ahmosis avait faim, mais il avait surtout besoin de repos. Après avoir demandé à Akhtoy de le réveiller à midi, il se déshabilla rapidement, se coucha et sombra presque aussitôt dans le sommeil. Quand son intendant le réveilla, il s'aperçut qu'il tenait toujours l'amulette sétiou. Akhtoy la lui prit, fit la grimace en voyant ce qu'elle représentait et la jeta dans le coffret à bijoux du souverain.

«Ta sœur se promène au bord de l'eau en compagnie d'Hèqet et d'un garde, dit-il en réponse à la question d'Ahmosis. Elle n'a presque rien mangé, sire. Elle a paru aussi contente de me revoir que je l'étais.» Il hésita, une expression pleine d'embarras sur le visage. «Pardonne-moi, Majesté, mais comment dois-je m'adresser à elle, et de quelle façon doit-elle être servie? Un camp militaire n'est pas un endroit pour une princesse.»

Ahmosis s'était assis et regardait le contenu du plateau qu'Akhtoy avait posé devant lui. Dans un coin de la tente, Héqaib attendait près d'une cuvette d'eau fumante, un rasoir dans une main et une serviette de lin sur le bras.

Ahmosis poussa un soupir.

«Je sais, dit-il. J'aimerais l'envoyer à Oueset, mais je crains qu'elle ne refuse. Tu dois l'appeler reine Tautha, Akhtoy, et lui témoigner la déférence due à son titre. Je suppose que je dois la considérer comme ma prisonnière, poursuivit-il, l'air sombre. Va demander une tente d'officier au scribe du Ravitaillement de la division de Touri, et installes-y ma sœur. Ensuite, tu m'enverras Ipi et Khabekhnet. Et empêche-la d'entrer avant que je sois lavé et rasé ! »

Il but et mangea avec plaisir, se laissa raser le visage et le crâne par Héqaib, savourant chaque instant de sa libération. Car c'était bien cela : une libération. La découverte de l'horrible petite amulette n'avait fait que le renforcer dans sa détermination de poursuivre Apopi, mais cette campagne-là ne ressemblerait en rien au siège d'Het-Ouaret. Il laisserait derrière lui une Égypte nettoyée des derniers restes de l'occupation étrangère. Le Retenou avait déversé des flots ininterrompus de soldats dans le Delta au cours des années écoulées. Ses princes s'étaient affaiblis afin de consolider le pouvoir vacillant d'Apopi. Ahmosis pensait atteindre Sharouhen sans rencontrer beaucoup d'opposition. Il était temps d'envoyer des éclaireurs en reconnaissance.

Héqaib venait d'attacher les sandales de son maître et rangeait sa table de toilette, quand Tani revint. Elle entra dans la tente avec hésitation, presque timidement, enveloppée dans son manteau bigarré, le teint avivé par l'air frais du matin. Quand Ahmosis l'invita à s'asseoir, elle prit place sur le bord d'un tabouret et le regarda avec une certaine méfiance. Ahmosis éprouvait de l'irritation à son égard et s'en voulait de ce sentiment. C'était sa sœur – son sang –, sacrifiée par Kamosé et qui lui était enfin rendue. Alors qu'il aurait dû déborder de joie, il n'avait que l'envie de la punir. Peut-être parce que imaginer Apopi capable de bonté ou de clémence lui déplaisait. Il voulait abattre un monstre, pas tuer un homme.

« Akhtoy n'a absolument pas changé, dit Tani. Il est allé me chercher une tente.

– Oui.

– Il n'est pas vraiment nécessaire de me faire surveiller en permanence, Ahmosis. Même si je voulais m'enfuir, Hèqet et moi n'irions pas bien loin toutes seules, tu ne crois pas ? »

Il la dévisagea avec attention.

« Je n'en sais rien, répondit-il. Je ne te connais plus, Tani. Tu es peut-être tout à fait capable de marcher jusqu'à Sharouhen. C'est ce que tu désires, n'est-ce pas ?

– Oui, plus que tout au monde ! Ne m'envoie pas à Oueset, Ahmosis, je t'en prie ! Si tu le fais, je m'enfuirai à la première occasion. Mon foyer, c'est Apopi. Il a besoin de moi.

– Épargne-moi ce discours, coupa-t-il avec brusquerie. Apopi a près du double de mon âge, et tu as trois ans de moins que moi. Je comprends qu'il ait eu envie de t'avoir dans son lit, mais ne m'insulte pas en prétendant avoir de l'affection pour lui. »

Le visage de Tani se contracta.

« C'est pourtant le cas ! s'exclama-t-elle. Oh ! et puis, à quoi bon ? Enchaîne-moi et renvoie-moi chez ma mère, dont le pardon et la douceur me brûleront comme les charbons ardents d'un brasero ; chez ma grand-mère, qui ne prendra pas la peine de dissimuler son mépris ; chez ma sœur, qui est désormais reine, elle aussi, et ne manquera pas une occasion de me rappeler qu'il vaut mieux être souveraine d'Égypte qu'épouse d'un chef de tribu en fuite ! »

Mal à l'aise, Ahmosis dut s'avouer qu'elle avait sans doute raison. Son mariage sétiou est une souillure qui lui interdira de jamais retrouver véritablement une place en Égypte, se dit-il. Que pourrait-elle être d'autre à la cour d'Oueset qu'un objet de curiosité ?

« Tu ne peux accompagner une armée en marche, dit-il. Nous n'avons pas de litière. Tu ne supporterais pas de passer des heures debout sur un char.

– Mais je pourrais y rester assise, dit-elle d'un ton plein d'espoir. Je pourrais me blottir à tes pieds, derrière ton aurige ! Les armées progressent lentement, Ahmosis. M'emmèneras-tu ?

– Je compte les tuer, lui et ses fils, répondit-il. Sa descendance doit être exterminée afin que plus aucune menace ne pèse sur l'Égypte. Aucune supplication ne me fléchira lorsque je serai face à lui, Tani. Les intérêts en jeu sont bien trop importants.

– Je sais. Je ne veux pas penser à cela pour le moment. M'emmèneras-tu, Ahmosis ? En souvenir de l'amour qui nous liait autrefois ?

– Nous t'aimons toujours, Tani », dit-il. Mais il mentait, et elle le savait. « C'est entendu, je t'emmènerai à Sharouhen. Puisses-tu prendre plaisir à ce voyage. »

Au grand soulagement d'Ahmosis, l'arrivée d'Ipi et de Khabekhnet mit fin à leur conversation. Il aurait préféré que Tani ne fût pas là pendant qu'il leur donnait ses instructions, mais il pouvait difficilement lui demander d'aller attendre à l'extérieur de la tente.

« Je vais te dicter des ordres que Khabekhnet ira transmettre, dit-il au scribe, qui, déjà assis en tailleur sur le sol, préparait sa palette.

Les éclaireurs des divisions d'Amon, de Rê, de Ptah, de Thot et d'Osiris doivent partir immédiatement pour Sharouhen. Ils emprunteront la route d'Horus et prendront contact avec les généraux Iyméri et Néferséchemptah, dont les divisions demeureront dans le Delta. De là, ils gagneront les Murs du Prince et entreront dans le Retenou. Comme je les suivrai de près, je souhaite avoir leurs rapports le plus rapidement possible. Établis six copies de ce document, Ipi, une pour chaque éclaireur et une pour les archives. Quant à toi, Khabekhnet, lorsque tu les auras remises à leurs destinataires, tu enverras des hérauts répandre la nouvelle de la chute d'Het-Ouaret dans tout le pays. L'un d'eux devra se rendre directement à Oueset avec la lettre que je dicterai à Ipi dès qu'il sera prêt. C'est compris ?» Khabekhnet acquiesça de la tête. «Préviens aussi le général Hor-Aha et le prince Abana que dix navires avec leurs effectifs de Medjaï devront descendre le fleuve jusqu'à la Grande Verte afin que Sharouhen ne puisse recevoir de renfort de la mer. Voilà une mission que mon amiral devrait trouver stimulante. C'est tout.»

Lorsque les deux hommes eurent quitté la tente, Tani sortit de son silence.

«Cinq divisions, dit-elle. Vingt-cinq mille hommes. Crois-tu pouvoir prendre Sharouhen avec aussi peu de soldats, Ahmosis ?

– Le Retenou est épuisé, je ne m'attends pas à rencontrer de résistance en chemin, riposta-t-il avec irritation. En cas de nécessité, je pourrai toujours appeler en renfort les deux divisions du Delta oriental. Elles seront tout près. Je...» Il s'interrompit brusquement, se disant qu'il était en train de discuter de sa stratégie avec une ennemie. Que se passerait-il si Tani échappait à sa surveillance ? Courrait-elle prévenir son mari que l'armée égyptienne était en route ? Irait-elle jusqu'à la trahison active ? Elle le regardait avec attention, attendant qu'il poursuive, mais son expression était franche, son visage aussi ouvert qu'autrefois ; Tani avait toujours été incapable de dissimuler ses pensées.

«Je n'ai pas d'autre plan pour l'instant, termina-t-il d'un ton embarrassé. Les éclaireurs me décriront Sharouhen.

– C'est une forteresse puissante, déclara-t-elle de façon inattendue. Une ville ceinte de murailles, comme Het-Ouaret, mais protégée à l'ouest par la mer. C'est Pédjédkhou qui me l'a dit. Elle ne sera pas facile à conquérir, Ahmosis.»

Il eut aussitôt honte de ses soupçons.

« Elle tombera pourtant ! » dit-il avec force, tâchant de dissimuler sa gêne.

Des voix se firent entendre au-dehors et, presque aussitôt, le rabat de la tente fut soulevé. Ahmosis s'attendait à voir apparaître Ankhmahor, mais ce fut Ramosé qui entra. Il s'inclina avec respect devant le frère et la sœur – chose qu'il oubliait souvent de faire et qu'Ahmosis lui pardonnait volontiers. Manifestement, quelque chose d'important le préoccupait.

« J'aimerais te parler en privé, sire », déclara-t-il sans regarder Tani.

La jeune femme se leva aussitôt et jeta son lourd manteau sur ses épaules.

« Je vais voir si ma tente est prête », dit-elle.

En passant près de Ramosé, elle ralentit le pas, mais il garda les yeux rivés sur Ahmosis, et Tani sortit en poussant un soupir presque inaudible.

« Assieds-toi, dit Ahmosis. Je regrette la mort de tous tes espoirs, Ramosé. Tu dois avoir l'impression que ton âme a été plongée dans un bain d'acide. »

Ramosé s'installa sur le tabouret abandonné par Tani. Sans profiter de l'occasion que lui offrait Ahmosis de se confier, il déclara :

« Tu vas marcher sur Sharouhen dans moins d'une semaine, n'est-ce pas ?

– En effet.

– Dans ce cas, j'ai une requête, ou plutôt une prière, à te présenter. » Il passa la main dans ses cheveux. « J'espère que, lorsque tu l'auras entendue, tu ne me jugeras pas déloyal ou inconstant à l'égard de Tani. Les dieux savent que, pendant des années, j'ai porté l'amour que j'avais pour elle comme on porte un enfant. Aujourd'hui, cet enfant est mort-né, et je suis las du passé à en mourir, même si une partie de moi ne cessera jamais d'aimer Tani. » Il se frotta les paupières, et Ahmosis se rendit compte qu'il était épuisé. « Pardonne-moi, poursuivit-il. J'ai passé la plus grande partie de la nuit à réfléchir et, ce matin, je me suis rendu dans le palais. Les feux ont été allumés. Il commence à brûler. »

Ahmosis attendit. Ramosé resta un instant silencieux, puis, fronçant les sourcils, il reprit, avec un geste résigné : « Je te demande de me laisser rentrer à Khmounou. Si Tani s'était réfugiée à Sharouhen avec Apopi, j'aurais souhaité t'accompagner, mais, étant donné les circonstances, c'est inutile. Je ne suis pas un de tes généraux, je ne t'accompagne qu'en qualité d'ami. Tu n'as plus besoin de moi. J'aimerais retourner à mes tâches de gouverneur. »

Le cœur d'Ahmosis se serra.

« Tu m'as aidé à supporter la perte de Kamosé, dit-il avec lenteur. Souvent même, tu l'as remplacé. Mais si tu souhaites rentrer chez toi, tu as mon autorisation… et ma bénédiction. »

L'expression de Ramosé demeura sombre.

« Il y a autre chose, dit-il. J'aimerais emmener Hat-Anat et ses parents. »

Il fallut un instant à Ahmosis pour se souvenir de la jeune fille hardie qu'il avait vue dans les appartements d'Apopi. En même temps que son visage, deux autres lui apparurent alors avec une terrible précision : ceux de Téti et de Néfer-Sakharou, les parents de Ramosé, exécutés pour trahison parce qu'ils avaient été les instruments des Sétiou. Ahmosis pensa à toutes les souffrances qu'avait endurées le jeune homme à cause de Kamosé et de lui-même. La décision de Tani avait-elle été la goutte d'eau qui avait fait déborder le vase ? Voilà un test pour toi, roi d'Égypte, lui murmura une voix. Vas-tu vivre les pieds continuellement enfoncés dans la boue de la méfiance, ou vas-tu choisir ce moment pour t'en délivrer ?

« Pour quelle raison ? demanda-t-il. Parce que tu souhaites davantage de serviteurs pour ton domaine ? Que comptes-tu faire de Sénéhat ?

– Hat-Anat me plaît, répondit Ramosé d'un ton décidé. Elle est de bonne naissance et pleine de fougue. Elle me rappelle un peu Tani, ou ce qu'aurait été Tani si le sort ne nous avait pas été si cruel. Hat-Anat fera une bonne épouse de gouverneur… et je serai un bon gouverneur, Ahmosis. Quant à Sénéhat, j'ai beaucoup d'affection pour elle. Elle a été une servante zélée, et une compagne de lit pleine de douceur au moment où j'avais le plus grand besoin de réconfort. Si elle souhaite venir à Khmounou, elle n'y occupera pas une position subalterne. Je lui trouverai un mari honnête. »

Il avait parlé en regardant Ahmosis droit dans les yeux. Tu es loin d'être un imbécile, n'est-ce pas ? pensa celui-ci. Tu as perçu ma réticence.

« Rentre chez toi, mon ami, dit-il avec chaleur. Emmène cette fille et apprends-lui combien elle a de la chance d'avoir un Égyptien pour époux. Tu vas énormément me manquer. »

Ce discours lui avait coûté. Je ne veux pas que tu partes ! avait-il envie de hurler. Je ne veux pas que tout change entre nous, que ces temps difficiles altèrent les liens qui nous unissaient, comme ils m'ont éloigné d'Ahmès-Néfertari.

« Merci, Ahmosis, dit Ramosé avec une dignité touchante. Je te suis reconnaissant de la faveur que tu m'as toujours témoignée. Puisse Thot continuer à t'accorder la sagesse. Quant à moi, je continuerai à t'aimer et à te servir. »

La tente sembla plus petite et plus sombre quand il l'eut quittée. Je hais les changements, se dit Ahmosis. Un comble si l'on pense que j'ai passé une grande partie de ma courte vie à me battre pour changer les choses. Mais il y a une différence entre les changements que l'on opère soi-même, et ceux qui vous sont imposés de l'extérieur et que l'on doit subir. Je te souhaite d'être heureux, Ramosé. Il est grand temps que les dieux te sourient. Vis en paix.

Peu après, Ipi entra et s'apprêta à prendre sous la dictée la lettre qu'Ahmosis voulait envoyer à Ahmès-Néfertari. Le souverain chercha ses mots, envahi par le sentiment intense de son absence. Elle ne lui avait pas donné signe de vie depuis son départ. Ipi lissa le papyrus avec son énergie et son savoir-faire coutumiers, puis, le pinceau levé, il attendit patiemment. Finalement, Ahmosis s'éclaircit la voix et commença :

« À la reine d'Égypte, au second prophète d'Amon, salut. Ma chère Ahmès-Néfertari, tu apprendras certainement avec joie qu'Het-Ouaret est désormais en ma possession et que, en ce moment même, on rase ses murailles. Néanmoins, Apopi s'est enfui, et tu comprendras certainement que je dois le poursuivre afin de garantir la sécurité future de ce pays. Il se passera donc encore du temps avant que je puisse t'embrasser et m'assurer de ta bonne santé. Notre enfant va bientôt naître. Pardonne-moi de te laisser parcourir seule ce chemin, une fois encore. Je sais ta colère et ta solitude, et je t'implore de ne pas me condamner, car je t'aime sincèrement. Il faut maintenant que je te parle de Tani… »

Sa voix lui semblait aiguë, et ses propos creux. Il mourut soudain d'envie de boire une coupe de vin.

14

Une semaine entière s'écoula avant qu'Ahmosis et ses cinq divisions quittent les environs d'Het-Ouaret pour se mettre en marche vers l'est. Au cours de cette semaine, des détachements de soldats avaient commencé à démolir les épaisses murailles du palais, dont l'intérieur n'était plus qu'un tas de décombres fumants. Quelques civils revenaient dans la ville, remplis d'appréhension, mais décidés à dormir sous leurs propres toits après avoir erré sans but de part et d'autre du fleuve. Ahmosis autorisa ces retours. Il s'agissait pour l'essentiel de pauvres gens qui n'avaient nulle part où aller et ne constituaient pas une menace pour les soldats qui démantelaient la forteresse. Ahmosis n'avait pas de nourriture à leur offrir, mais le Delta leur était désormais accessible, et ils pouvaient y ramasser des plantes ou tâcher de chasser les animaux qu'on y trouvait à cette époque de l'année.

Les semailles ne se dérouleraient que le mois suivant, mais les eaux du fleuve avaient baissé, et les plaines inondables étaient déjà presque sèches. La route d'Horus s'allongeait vers l'est, décrivant de grandes courbes autour des lacs et des étangs permanents. Le moral des troupes était excellent. Lances sur l'épaule, haches et épées battant leurs cuisses, ils marchaient sous les arbres en chantant. Le char d'Ahmosis roulait en tête de la colonne qui sinuait derrière lui, et dont la queue se perdait dans le brouillard froid de l'aube. Il était précédé d'Ankhmahor et des troupes de choc d'Amon, et immédiatement suivi par Mékhou, qui conduisait le char où avaient pris place Tani et Hèqet.

Ce premier jour, ils ne parcoururent que quarante kilomètres, moins qu'Ahmosis ne l'aurait souhaité, mais la route était encore molle par endroits, et ses troupes avaient besoin de se remettre en jambes après leur long séjour devant Het-Ouaret.

Dès le deuxième soir, la végétation luxuriante du Delta commença à s'éclaircir. Ils firent halte au bord de la mer des Roseaux, une vaste zone marécageuse grouillant d'oiseaux et de grenouilles, où des nuages de moustiques et de moucherons s'abattirent voracement sur l'armée et la tourmentèrent jusqu'au matin. La Route passait en son centre. Si elle était assez sèche en été pour permettre le passage des chars, à cette époque de l'année, il fallait attendre que le soleil eût cuit et durci la couche de boue qui la couvrait. Ahmosis ordonna à tous les auriges de marcher à côté de leurs véhicules, et Tani descendit du sien, elle aussi. La veille, elle avait rejoint Ahmosis et ses généraux autour des feux de camp, mais elle était restée silencieuse, le menton sur les genoux, entièrement enveloppée dans son manteau coloré. Elle semblait satisfaite, et Ahmosis la laissait tranquille.

Au quatrième jour de marche, il commença à sentir la mer. Les soldats avaient quitté avec soulagement les épais fourrés de roseaux pour une région désertique et accidentée, laissant également derrière eux les odeurs de végétation et d'humidité. L'air plus sec qui remplissait à présent leurs poumons avait une forte senteur marine, apportée par un vent d'ouest soutenu. Ahmosis, qui n'avait jamais vu la Grande Verte, essaya d'analyser ce que son nez respirait avec autant de plaisir que de répugnance. Il renonça : cela ne ressemblait à rien de ce qu'il connaissait. Le vent déposait en revanche sur ces lèvres une couche de sel qui le brûlait.

Aux environs de midi, il avait aperçu une partie des Murs du Prince, cette succession de petits forts bâtis par ses ancêtres pour défendre la frontière nord-est de l'Égypte. Ils s'étiraient du nord au sud, de la Grande Verte au désert. Les sentinelles postées sur leurs murs et les porte-enseigne de ses divisions avaient échangé des salutations, mais Ahmosis ne s'était pas arrêté. Il avait cependant eu le temps de noter que plusieurs des forts étaient en mauvais état. Pourquoi les Sétiou se seraient-ils souciés de les réparer, en effet ? Aucun envahisseur ne les menaçait de ce côté-là. Leurs seuls véritables ennemis se trouvaient dans le sud, en Égypte même.

Cette nuit-là, le vent ne faiblit pas, et des rafales de pluie glacée s'abattirent sur le camp. Les hommes se serrèrent autour de leurs feux, enveloppés dans leurs manteaux et leurs couvertures, trop transis pour trouver le sommeil. Seule Tani semblait à l'aise. Couchée à l'abri du char sur son petit tapis, elle était protégée par son lourd manteau sétiou au tissage serré, alors que la laine égyptienne, beaucoup plus légère, n'empêchait pas les milliers de soldats d'Ahmosis de trembler de froid. Transi lui aussi, le souverain se rendit compte qu'en franchissant les Murs du Prince, il avait quitté la sécurité de l'Égypte. Pluie et chute de la température, c'est un accueil approprié de la part d'une région que j'ai toujours haïe et redoutée, se dit-il en écoutant tousser les sentinelles trempées. Les maux de l'Égypte sont presque toujours venus de l'est. Des dieux bienfaisants répandent chaleur et faveurs sur mon pays, mais se désintéressent des autres. Ici, le froid et les ténèbres règnent.

Au matin, toutefois, le temps s'était éclairci, bien que le gris-bleu du ciel renforçât l'impression de froid. Les hommes levèrent le camp en silence, jetant leurs couvertures mouillées sur leurs épaules pour les faire sécher. Ahmosis regarda avec inquiétude la piste qui s'allongeait devant lui. Menait-elle à Sharouhen ou allait-elle se perdre dans le désert ? Il décida de la suivre tant que le soleil était encore bas dans le ciel, et de s'arrêter ensuite pour attendre ses éclaireurs. Penser qu'il fourvoyait peut-être vingt-cinq mille hommes n'avait rien d'agréable, mais quelques heures de marche les réchaufferaient et leur redonneraient le moral.

Il venait d'ordonner une halte, et les soldats mangeaient leurs pains et leurs oignons, assis dans le sable, quand son avant-garde aperçut un point mouvant à l'horizon. Ahmosis se fit aussitôt conduire à l'avant des troupes de choc, qui s'étaient relevées et ramassaient leurs armes. La main en visière sur les yeux, il scruta l'horizon. Le point se transforma bientôt en un groupe de six hommes, qui avançait dans leur direction. Ahmosis envoya un des gardes chercher de la nourriture et de la bière. Le temps qu'il revienne, les six éclaireurs essuyaient leur front mouillé de sueur, et deux soldats tendaient un abri au-dessus d'Ahmosis. Un vent frais et coupant soufflait toujours, mais le soleil était éblouissant.

Convoqués par Khabekhnet, les généraux Touri, Kagemni, Akhtihotep, Baqet et Méryrênéfer vinrent écouter le rapport des éclaireurs. En les écoutant bavarder ensemble, Ahmosis regretta soudain l'absence d'Hor-Aha. Celui-ci avait naturellement accompagné ses Medjaï, qui avaient embarqué sur les navires d'Abana et quitté Het-Ouaret le même jour que les divisions. Peu de mes conseils de guerre se sont déroulés sans lui, se dit Ahmosis. Il parlait peu et toujours à propos. Sa peau noire et ses tresses me manquent. Peut-être lui donnerai-je son domaine dans le Delta, finalement. D'un geste de la main, il imposa silence à ses généraux. Les éclaireurs avaient fini leur repas et attendaient son autorisation pour faire leur rapport. Ce fut celui de la division d'Amon qui prit la parole.

« Tu es à trois ou quatre jours de Sharouhen, sire. Cette piste y conduit tout droit. Jusqu'à présent, elle allait plein est mais, demain, elle obliquera vers le nord et traversera une vaste région de dunes. La progression y est difficile, et il fait très froid la nuit. À environ trois kilomètres de Sharouhen, les dunes cèdent la place au même genre de terrain rocailleux qu'ici ; elles reprennent à trois kilomètres à l'ouest de la forteresse, du côté de la mer, et s'étendent sur les seize kilomètres qui séparent la forteresse de la Grande Verte. Il est tout à fait possible d'encercler entièrement Sharouhen, mais elle est de la taille d'Het-Ouaret, et bâtie en pierre. »

Un murmure de consternation courut parmi les généraux, et Ahmosis sentit l'accablement le gagner. De la pierre ! À moins d'une intervention divine, un nouveau siège l'attendait, et il serait long. Les habitants de Sharouhen n'avaient pas encore enduré de privations, ils étaient bien nourris et en bonne santé.

« Une large route relie la ville à la mer, poursuivit l'éclaireur. Seize kilomètres à travers les dunes, mais elle est empruntée par les nombreux marchands qui approvisionnent Sharouhen. Des ânes sont à leur disposition dans le village qui se trouve sur la côte, et devant la porte occidentale de la forteresse. Nous avons décidé de voler un de ces animaux et d'aller jusqu'à la Grande Verte. Tu nous avais laissé entendre que le prince Abana tâcherait d'empêcher l'arrivée de renforts par la mer. Nous n'avons vu que le village misérable dont j'ai déjà parlé, cinq ou six embarcations keftiou et… le *Septentrion.* » Il sourit en voyant l'expression d'Ahmosis. « Oui, il ne fait plus aucun doute qu'Apopi se trouve dans la forteresse, conclut-il.

– Et les portes ? demanda Ahmosis.

– Il y en a quatre. Elles ressemblent à celles d'Het-Ouaret : du cèdre très épais renforcé par du bronze. De nombreux soldats patrouillent sur les remparts.

– À l'extérieur aussi ?

– Il nous a semblé que, étant donné son isolement et son invincibilité, Sharouhen n'avait pas besoin d'avoir de troupes à l'extérieur de ses murs. Nous n'avons d'ailleurs rencontré que peu de gens pendant notre voyage, et il s'agissait surtout de femmes, d'enfants et de vieillards. Nous avons questionné certains d'entre eux. Ils appartenaient à la tribu de barbares qui occupe le sud de la côte. Apparemment, une autre tribu occupe le nord, et d'autres encore les hautes montagnes qui s'élèvent à l'est et que tu apercevras bientôt dans le lointain. Ces tribus des montagnes se battent entre elles. Elles n'ont pas répondu à l'appel à l'aide que leur ont lancé les frères d'Apopi. Je crois comme toi que le Retenou n'a quasiment plus d'hommes aptes au combat. Nous les avons tous tués dans le Delta. »

Des rires saluèrent sa remarque mais s'éteignirent aussitôt. Les généraux d'Ahmosis pensaient eux aussi aux murs de pierre et aux portes imposantes de Sharouhen.

« Merci de votre rapport, dit le souverain. Vous vous êtes parfaitement acquittés de votre mission. Vous pouvez regagner vos divisions. »

Après le départ des éclaireurs, un silence lourd régna quelques instants. Puis Kagemni résuma l'opinion générale.

« Ce qui nous attend, c'est un nouveau siège, dans un pays que nous ne connaissons pas, loin de nos sources d'approvisionnement, dit-il d'un ton accablé. Des troupes devront patrouiller en permanence sur cette piste afin que nous ne risquions pas d'être coupés de l'Égypte. Cela en vaut-il la peine, sire ? Pourquoi ne pas simplement renforcer les Murs du Prince, en faire une barrière infranchissable et nous retirer derrière elle ?

– Après tout, l'Égypte est désormais unifiée, renchérit Méryrênéfer. Apopi est retourné dans le pays de ses ancêtres. Het-Ouaret t'appartient. Notre longue lutte est terminée. »

Ahmosis se surprit à regarder Tani. Assise à l'écart sur un petit monticule, elle leur tournait le dos à tous. Hèqet tenait un parasol au-dessus de sa tête. Pourquoi ne pas rentrer ? se dit-il pensivement. Je pourrais faire escorter Tani à Sharouhen, rebrousser chemin avec l'armée et abandonner Apopi au destin qui lui est fixé. Mais il y a ses fils…

« Il semblerait raisonnable de suivre vos conseils, dit-il avec lenteur. Mais je dois penser à l'avenir. Si je rentre en Égypte, je laisse derrière moi et l'homme qui a régné sur ce pays, et ses héritiers, des prétendants que les étrangers pourraient utiliser lors d'une nouvelle tentative d'invasion. Si je veux assurer un règne paisible à mon successeur, je dois au moins faire en sorte que personne d'autre ne puisse revendiquer le trône d'Égypte dans les années à venir.

– Mais une ville de pierre, Majesté ! s'écria Baqet. Nous sommes totalement impuissants contre Sharouhen ! Un long siège est inévitable et, cette fois, en plus de surveiller les portes, il nous faudra défendre nos troupes contre les tribus environnantes et contre d'éventuelles attaques par la mer ! En avons-nous encore le courage ?

– Les soldats garderont le moral, si on les autorise à retourner régulièrement dans leurs villages, répondit Ahmosis. Crois-moi, Baqet, je le fais vraiment à contrecœur, mais je dois aller jusqu'au bout. C'est tout. Préparez-vous à vous remettre en marche. »

Sans enthousiasme, ils se levèrent et quittèrent la protection du dais, qui fut instantanément démonté.

Ahmosis envoya un soldat avertir Tani de leur départ imminent. Il était irrité et déprimé. Nous avons laissé échapper deux fois l'occasion de capturer Apopi et de mettre un terme à cette interminable guerre, pensa-t-il en se dirigeant vers son char. Nous sommes donc forcés de continuer, et je me fais l'effet d'une âme condamnée à nager pour l'éternité dans le lac de l'au-delà, alors que Kamosé et mon père, eux, ont gagné leurs batailles et voyagent sur la Barque céleste. Puisse Amon me donner le courage de regarder Sharouhen sans désespérer !

Le lendemain, comme l'éclaireur l'avait annoncé, la piste obliqua vers le nord, et ils pénétrèrent dans une zone de dunes mouvantes dont le vent, incessant, ébouriffait la crête. Pendant trois jours, les soldats marchèrent la tête baissée. Sifflant sans trêve à leurs oreilles, le sable s'insinuait dans leurs narines et dans leur bouche, grinçaient sous leurs dents, bloquaient les roues des chars. Loin à l'est, Ahmosis crut apercevoir une mince ligne verte au pied des hautes montagnes dont avait parlé l'éclaireur. Il n'était guère étonnant que les Sétiou aient si désespérément cherché à obtenir l'autorisation de faire paître leurs troupeaux dans les terres fertiles du Delta, des hentis auparavant, et Ahmosis en fit la réflexion à Mésehti.

«La pitié et la générosité ont conduit tes ancêtres à commettre une erreur, Majesté, répondit le prince. C'était une décision conforme à la Maât, mais qui s'est révélée désastreuse pour l'Égypte.»

Le souverain approuva en silence.

La nuit, le vent perdait de sa force, mais le froid perturbait le sommeil des soldats et blanchissait leurs couvertures de gel. Si nous devons rester ici jusqu'au printemps prochain, il faudra que je trouve des vêtements plus chauds à mes hommes, se dit Ahmosis, une nuit où il grelottait auprès d'un feu mourant. Des tuniques en laine, peut-être, et davantage de couvertures. Oh ! Amon, m'accompagnes-tu dans cet endroit maudit, si loin de ton temple, de ton grand-prêtre Amonmosé et de ton second prophète Ahmès-Néfertari ? Il avait eu l'intention de prier, mais l'image de sa femme s'imposa à son esprit, et les paroles de louange et de supplication moururent sur ses lèvres. Il s'abandonna à un demi-sommeil agité.

Le quatrième jour, juste après midi, soit huit jours après leur départ d'Het-Ouaret, ils arrivèrent en vue de Sharouhen. À une huitaine de kilomètres, la forteresse se dressait devant eux, pareille à un bloc de pierre qui aurait été détaché des montagnes orientales, poli et enfoncé dans la terre par une main géante. Son aspect était intimidant. Ils s'en approchèrent avec prudence, soulagés d'avoir laissé les dunes derrière eux, regardant la masse imposante de la forteresse vibrer dans la brume de chaleur de l'après-midi.

Ahmosis arrêta ses hommes hors de portée des archers qui pourraient apparaître sur les remparts, et déploya aussitôt ses divisions. Quatre d'entre elles devaient encercler la forteresse, et la cinquième les protéger de toute attaque de l'extérieur. La plaine n'offrait aucun abri. Quelques buissons d'épineux rabougris s'accrochant avec ténacité à la vie, de robustes plantes du désert qui donneraient des fleurs fugaces pendant les pluies d'hiver : un endroit bien inhospitalier pour un siège.

Ahmosis fit dresser sa tente à côté de celle de Touri. Partout où se portaient ses regards les abris blancs de ses hommes poussaient comme des champignons sur le sol pierreux. Les chars allaient et venaient ; les officiers criaient ; on déchargeait les chariots de ravitaillement. Puis, soudain, une immense clameur monta de la ville, couvrant le vacarme de ces préparatifs. Ahmosis vit des hommes courir sur les remparts, les montrer du doigt, hurler, mais, si leur surprise était manifeste, il n'y avait pas trace de terreur dans leurs voix. Ils savent qu'ils n'ont rien à redouter dans l'immédiat, pensa le souverain avec abattement. Nos épées ne peuvent les atteindre. Pas encore. Pas avant qu'ils ne meurent de faim. Et Sharouhen est assez vaste pour contenir de nombreux jardins et de nombreux puits. Il n'y en a pas à l'extérieur. Cette forteresse va me vaincre, j'en ai le pressentiment. Il se tourna vers Khabekhnet, qui attendait près de lui.

« Dépêche un messager sur la côte, ordonna-t-il. Qu'il prenne un char. Je veux savoir si l'amiral est arrivé, et ce qu'il a fait jusqu'à présent. Si tout se passe bien, qu'Hor-Aha et lui viennent me rejoindre avec les Medjaï. Préviens également les généraux que nous tiendrons conseil, ce soir. »

Khabekhnet s'inclina et s'éloigna, s'arrêtant en chemin pour saluer Tani, qui se dirigeait vers son frère.

« Tu as demandé à Akhtoy de faire dresser ma tente à côté de la tienne, dit-elle sans préambule. Mais je ne vais pas en avoir besoin, Ahmosis, je veux me rendre immédiatement dans Sharouhen. »

Son expression était pleine de défi. Il la regarda pensivement, se demandant s'il était sage de la garder auprès de lui pendant les discussions qu'il allait avoir avec ses généraux.

« J'aimerais demander officiellement à Apopi de se rendre avant de te laisser partir, répondit-il. Je le ferai demain matin. Je te prie de supporter ma compagnie deux jours encore, Tani.

– Pardonne-moi, dit-elle en se radoucissant. Je suis déchirée entre l'amour que j'ai pour mon époux et la fidélité que je te dois. Je resterai. C'est un endroit bien peu accueillant, n'est-ce pas ?

– En effet. Il n'est pas trop tard pour changer d'avis, Tani ! plaida-t-il sans beaucoup d'espoir. À quoi peux-tu t'attendre, sinon à vivre au milieu d'étrangers, ici ou dans des endroits du même genre ? Et si ton mari meurt, tu ne seras plus rien. Ne t'arrive-t-il jamais de regretter ta chambre d'Oueset, le bassin aux nénuphars et les hippopotames, la voix de ta mère et le désert au coucher du soleil ?

– Si, dit-elle avec calme. Cela ne change rien, Ahmosis. Si ma tente est prête, je vais aller m'y reposer. »

Au crépuscule, le souverain réunit son conseil dans sa propre tente afin d'échapper à la fraîcheur du soir. Les hommes étaient calmes en dépit de leur nombre. Ils parlaient à voix basse, sans enthousiasme, en buvant leur vin à petites gorgées. Abana était venu avec six capitaines keftiou, qui, coiffés de cuir, le regard méfiant, reniflaient le vent de leur mince nez aquilin, assis en tailleur autour de l'amiral.

Sur les remparts de Sharouhen, la clameur s'était tue, mais les habitants de la ville s'y pressaient toujours, observant avec curiosité l'armée égyptienne. Ahmosis avait interdit aux Medjaï de tirer sur eux. Il était inutile de tuer qui que ce fût.

« J'ai beaucoup réfléchi à notre situation, commença-t-il, imposant aussitôt le silence à tous. Je n'ai pas besoin de vous dire qu'elle est intenable. Je ne parle pas du siège, naturellement – nous sommes devenus des experts en la matière –, mais de l'approvisionnement en eau et en nourriture de nos vingt-cinq mille hommes. »

Personne ne fit un mouvement, et personne ne sourit de sa plaisanterie.

« Cet après-midi, j'ai fait installer des relais sur la piste que nous avons prise afin de pouvoir communiquer rapidement avec le Delta. La distance est en revanche trop grande pour que nous nous fassions apporter eau et nourriture. Je pourrais envoyer une expédition dans les montagnes, où il y a forcément des sources et des torrents, mais je répugne à faire appel aux tribus qui y habitent. Elles n'ont apporté aucune aide à Apopi lorsqu'il était en Égypte. Je suppose qu'elles ne se soucieront pas davantage de nous aider et, même si elles y consentaient, notre approvisionnement dépendrait alors de leur bonne volonté et de ce que nous serions prêts à payer. Je ne peux courir le risque de mettre mon armée à la merci de gardiens de chèvres du Retenou. » Il pivota sur son siège et se tourna vers les Keftiou.

« Savez-vous que votre roi a conclu des traités avec ma cour d'Oueset ? » demanda-t-il.

Ils acquiescèrent de la tête, et l'un d'eux se leva.

« Nous sommes au courant, sire. Des échanges de marchandises ont déjà eu lieu entre le Keftiou et Oueset. Le commerce entre nos deux pays a toujours été pacifique et profitable, et tu me pardonneras de te dire que, pourvu que nous puissions mettre dans nos cales le lin et le papyrus d'Égypte, peu nous importe qui occupe le trône d'Horus. Puisque les Sétiou ne sont plus maîtres du Delta, nous sommes disposés à vous aider dans la mesure de nos possibilités.

– Vous avez six navires ancrés au large de la côte, déclara Ahmosis.

– Oui. Nous avons déchargé des jarres d'huile pour Sharouhen, et nous nous apprêtions à rentrer chez nous.

– Ce sont de grands vaisseaux, faits pour la navigation en mer, sire, intervint Abana. Nous n'avons rien qui y ressemble. Ils seraient parfaits. »

Il avait manifestement deviné les pensées d'Ahmosis. Celui-ci lui adressa un sourire en coin, puis reporta son attention sur les Keftiou.

« Si vous acceptez de faire la navette entre le Delta et Sharouhen pour apporter à mon armée de la nourriture et, surtout, de l'eau, vous recevrez de l'or en paiement, dit-il. Sans compter que cela vous vaudra de la part de l'Égypte une bonne volonté à laquelle le Keftiou pourrait faire appel plus tard. »

Le capitaine hésita. Il ajusta la large ceinture tissée qui lui ceignait la taille, arrangea son pagne à motifs blanc et noir, puis finalement croisa les bras.

« Le Keftiou continue à commercer avec le Retenou, sire, commença-t-il avec précaution. Ce pays nous fournit du bois de cèdre et d'autres marchandises qui nous sont précieuses. Si mes capitaines et moi t'aidons, il risque de cesser tout échange avec nous.

– Je n'ai rien contre le Retenou, assura Ahmosis avec force. J'ai combattu les soldats de ses princes parce qu'ils avaient été envoyés en Égypte, dans le Delta, afin de soutenir Apopi. Si je suis ici, c'est parce que je veux ce même Apopi, et non parce que je projette d'envahir le Retenou. Dès qu'il me sera livré, je rentrerai chez moi. Nous n'irons pas plus loin que Sharouhen. »

Le capitaine paraissait encore sceptique. Ses compatriotes contemplaient fixement le tapis.

« Il faut que je prévienne le marchand qui m'emploie afin qu'il en réfère à notre roi, dit-il. Je ne veux pas courir le risque de compromettre nos relations avec le Retenou ou avec l'Égypte. »

Il était manifestement tourmenté.

« Eh bien, soit, préviens-le, dit Ahmosis. Et s'il te donne son autorisation, réclame davantage de navires. Six ne suffiront pas. Je vais dicter une lettre à ton roi pour lui demander son assistance. Mais en attendant sa réponse, consentiras-tu à collaborer avec le prince Abana et à nous apporter de l'eau ? Contre de l'or ? »

Le capitaine céda.

« Entendu, dit-il en se rasseyant.

– Merci. Si vous voulez bien accompagner le commandant de mes gardes, qui se trouve devant la tente, il vous fera servir à manger. Mon amiral et ses matelots veilleront ensuite à ce que vous regagniez vos navires en toute sécurité. »

Abana se leva aussitôt et, pendant que les Keftiou sortaient, il s'approcha d'Ahmosis.

« Leurs navires sont intéressants, sire, dit-il à voix basse. Mes capitaines et moi allons apprendre beaucoup sur leur construction et la façon de les manœuvrer. Nous aurons besoin de ce genre d'embarcations plus tard, si nous voulons développer le commerce égyptien.

– Traite-les avec courtoisie, Abana, répondit Ahmosis sur le même ton. Loue leurs qualités de marins. Arrange-toi pour que nos hommes se mêlent aux leurs. Je suis certain que le roi du Keftiou jugera sage de nous aider mais, en attendant, j'ai besoin de cette eau !

– Je comprends parfaitement, sire, dit Abana en s'inclinant. Compte sur moi pour que, dès demain matin, ils fassent voile vers le Delta, escortés par le *Gloire-dans-Mennéfer*. Nous devrions être de retour dans six jours. Je dirai à Pahéri de faire partir d'autres navires pour le Delta d'ici trois jours. De la sorte, nous assurerons un approvisionnement en eau constant, même s'il est réduit. »

Il sortit, et les hommes restants se regardèrent.

« Un coup de maître, sire, approuva le général Akhtihotep. À long terme, le Keftiou a plus à perdre en refusant de nous aider qu'en choisissant de se ranger du côté du Retenou. Et maintenant, quelle stratégie allons-nous adopter concernant Sharouhen ? »

Personne ne lui répondit.

Ahmosis dormit bien, cette nuit-là, en dépit de la discussion stérile dans laquelle ses généraux et lui s'étaient enlisés. Mettre le siège devant la ville et protéger l'armée ne posait pas de difficulté. Emporter Sharouhen était en revanche impossible, si bien qu'après avoir échafaudé pendant des heures des plans de plus en plus fantaisistes, ils s'étaient séparés. Hor-Aha avait été le seul à proposer un plan applicable : profiter du moment où Tani entrerait dans la forteresse pour tenter de s'engouffrer à sa suite. L'idée était valable, même si les chances de réussite étaient faibles, et le refus d'Ahmosis avait déçu le Medjaï.

« Ma sœur passerait pour un traître aux yeux de son mari, avait objecté le souverain. Apopi et le chef de Sharouhen penseraient qu'elle a manqué à l'honneur. Si impatient que je sois de mettre un terme à cette guerre interminable, je ne jouerai pas ce mauvais tour à Tani.

– C'est tout à ton honneur, sire, avait remarqué Iyméri. Mais notre principal objectif devrait être de prendre la ville, pas de préserver la réputation de ta sœur. »

Un murmure d'approbation teinté d'appréhension avait couru parmi les généraux. Ils s'attendaient à une explosion de colère de la part de leur roi.

« Je te suis reconnaissant de ta franchise, général, avait répondu Ahmosis avec calme. Lorsque nous avons commencé à mettre cette armée sur pied, je crois vous avoir promis que vous pourriez vous exprimer librement. Cela dit, ma décision est prise... sans compter que Tani elle-même comprendrait ce que nous tramons et refuserait de s'approcher de la porte.

– Tu as sans doute raison, avait dit Baqet avec une grimace. Ta sœur a beau être la reine Tautha, elle n'en demeure pas moins une Taâ, dotée elle aussi de cet indomptable sens moral qui nous a tous poussés à nous battre pour libérer l'Égypte. Cette détermination viendra peut-être à bout de l'obstination de Sharouhen. Des choses plus étranges arrivent quand on a la volonté des dieux avec soi. »

Ahmosis s'était dit que leur désapprobation muette lui resterait sur le cœur et l'empêcherait de trouver le repos. C'était en effet la première fois qu'un désaccord l'opposait à ses compagnons d'armes. En y réfléchissant, il se rendit cependant compte qu'outre le révérer comme leur roi, ils avaient aussi de l'affection pour lui en tant qu'homme. Réconforté par cette pensée, il glissa paisiblement dans le sommeil.

Le lendemain matin, il fit un peu moins froid que les jours précédents. Il n'y avait pas eu de gelée blanche, le ciel avait une couleur engageante, et le soleil dispensait une chaleur bienvenue. Pendant qu'on l'habillait, Ahmosis apprit qu'un héraut était parti avec un des capitaines étrangers remettre au souverain du Keftiou la lettre qu'il avait dictée la veille. Les autres, accompagnés par Abana et son navire amiral, s'étaient mis en route pour le Delta. Maintenant qu'elles étaient installées dans un camp permanent, les troupes avaient retrouvé le moral, et les Medjaï, parfaitement remis du mal de mer qui les avait tourmentés pendant toute leur traversée, s'entraînaient au tir à l'arc avec force cris et éclats de rire derrière la division d'Amon.

Un siège entraîne la création d'une sorte de ville. Si l'on n'y rencontre ni femmes ni enfants, si les tentes remplacent les maisons de brique crue et les magasins, tout le reste y est : rues, greniers, chapelles, odeurs de cuisine, braiements d'âne… Lorsqu'il sortit de sa tente, Ahmosis ne vit ni Tani ni son garde, bien que le rabat de la tente fût relevé. Il en éprouva un sentiment de soulagement mêlé de culpabilité. Après avoir salué Ankhmahor et les gardes, il demanda que l'on envoie chercher Khabekhnet et son char, et se tourna vers Sharouhen. Une fois encore, des curieux étaient massés sur les remparts, des femmes et des hommes dont on ne pouvait distinguer le visage, mais dont les gestes et la vivacité des conversations indiquaient une grande excitation.

« À en juger par leur vacarme, on pourrait croire qu'ils fêtent quelque chose, remarqua Ankhmahor. Je ne serais pas étonné de les voir nous lancer des fleurs.

– À mon avis, ils choisiraient autre chose que des fleurs. Il y a de l'arrogance dans leur attitude. Ils savent leur ville imprenable. Eh bien, nous allons tâcher de les faire douter de leur invincibilité. » Il s'adressa à Khabekhnet, qui venait d'arriver. « Tu vas m'accompagner et crier à chaque porte le message suivant : "Au commandant du fort de Sharouhen, le salut d'Ouatch-Képérou Ahmosis, fils du Soleil, Horus d'Or, Celui qui appartient au Jonc et à l'Abeille. Moi, roi d'Égypte, jure par le Divin Amon que si tu me livres le Sétiou Apopi ainsi que sa famille, le trône d'Horus, et les insignes royaux qu'il a honteusement volés, les habitants de ta ville seront épargnés. Si tu refuses, je passerai hommes, femmes et enfants au fil de l'épée. Tu as jusqu'à demain matin pour me donner ta réponse." Répète, Khabekhnet. »

Quand le héraut eut obéi, il reprit :

« Parfait. Rassemble les gardes, Ankhmahor, et prends le drapeau royal planté devant ma tente. Voici Mésehti et mon char. La porte sud est la plus proche, nous allons commencer par elle. »

Il avait veillé à ce qu'Héqaib le vête le plus somptueusement possible : les fils d'or qui tissaient son pagne et sa coiffure de lin bleue et blanche étincelaient au soleil ; la turquoise, le jaspe et le lapis-lazuli sacré chatoyaient sur le pectoral massif de Kamosé, dont il avait fait changer le cartouche ; des pierres de lune et des cornalines montées en bagues ornaient ses mains rougies de henné ; et des bracelets en or décorés de scarabées de lapis encerclaient ses poignets et ses bras. Il prit place dans le char avec Khabekhnet et Ankhmahor. Dès qu'il en donna l'ordre, Mésehti fit claquer les rênes.

« Il est dangereux d'approcher trop près des portes, sire, déclara Ankhmahor. Tu vas être à portée de tir des archers.

– Je sais, répondit Ahmosis en élevant la voix pour couvrir le vent qui sifflait à leurs oreilles. Mais c'est un risque que je dois courir. Si je ne me montre pas, l'ultimatum de Khabekhnet ne sera pas pris au sérieux, et je passerai pour un lâche. »

Ils eurent vite franchi le kilomètre de sable et de pierres qui séparait le camp du fort. Sur leur passage, les soldats s'arrêtaient pour se prosterner devant ce personnage éblouissant qui filait comme l'éclair, et dont le drapeau claquait au vent. Ahmosis les remarquait à peine. Toute son attention était concentrée sur les imposants remparts de pierre qui se dressaient devant lui.

La foule hétéroclite qui s'y pressait se mit à hurler quand elle le vit approcher, une clameur qui ne faiblit pas lorsque Mésehti arrêta ses chevaux devant la haute porte de la forteresse. Ahmosis attendit avec calme, la tête levée. Le silence se fit peu à peu. Prenant une profonde inspiration, Khabekhnet délivra alors son message :

« Au commandant du fort de Sharouhen, le salut d'Ouatch-Képérou… »

Sa voix de héraut résonna, fort et clair, dans l'air limpide du matin. Il fut écouté dans le plus parfait silence mais, dès que son auditoire comprit qu'il avait fini, insultes et railleries fusèrent.

« Rentrez en Égypte, lie du Nil !

– Mourez d'ennui, rats du désert !

– Baal-Rechef vous hait, assassins ! »

Sur l'ordre bref d'Ahmosis, Mésehti lança les chevaux en direction de la porte est, distante de plusieurs centaines de mètres.

« Sale vermine ! gronda Khabekhnet. J'espère que nos soldats les ont entendus. Comme cela, ils seront plus que disposés à leur trancher la gorge quand nous ouvrirons enfin une brèche dans leurs défenses. »

Pareil accès de colère ne ressemblait guère au premier héraut. Ahmosis bouillait de rage, lui aussi, mais il serra les dents et regarda devant lui, le visage sombre.

Il était midi quand ils parvinrent enfin devant la quatrième porte, après avoir essuyé les mêmes railleries devant les portes est et nord. Les gardes, qui avaient couru à côté du char, étaient hors d'haleine et trempés de sueur. Ahmosis lui-même était épuisé, et Khabekhnet essaya discrètement sa voix avant de lever la tête et de faire son ultime déclaration. Derrière le char, la piste menant à la côte s'étirait, blanche et déserte. Le soleil, à son zénith, aveugla Ahmosis quand il leva à son tour les yeux vers le haut des remparts.

En plissant les yeux, il vit que trois hommes seulement s'y trouvaient. Le visage aquilin, barbus, ils étaient coiffés de bandeaux de tissus ornés de glands, et portaient d'épaisses et longues tuniques frangées, aux motifs géométriques colorés. Tous trois tenaient des lances, et celui du milieu avait une immense hache posée à ses pieds.

Quand Khabekhnet se tut, Ahmosis attendit une réponse de ces sentinelles immobiles, un signe qu'elles avaient entendu et compris son message, mais elles continuèrent à les regarder avec une apparente indifférence et, pour éviter de se sentir ridicule, il donna le signal du départ. Les chevaux reprirent le chemin du camp.

« Je me demande qui étaient ces trois hommes, remarqua Ankhmahor lorsqu'ils arrivèrent devant la tente d'Ahmosis. Les gardes personnels du commandant, peut-être. »

Il descendit du char, suivi par Ahmosis, à qui le soleil et le vent avaient donné mal à la tête.

« J'ai eu l'impression que l'homme du milieu était le commandant en personne, déclara le souverain. On l'a averti que nous faisions le tour de la ville, et il est monté sur le rempart pour entendre notre déclaration de ses propres oreilles. C'était pure fanfaronnade de notre part, Ankhmahor, mais il fallait le faire. »

Le prince replanta le drapeau à sa place, s'inclina et s'éloigna. Après avoir renvoyé Mésehti et Khabekhnet, Ahmosis pénétra dans sa tente.

« J'ai un violent mal de tête, dit-il à Akhtoy en se laissant tomber sur son lit. Va me chercher du pavot chez le médecin. »

Il s'étendit, les yeux fermés, et appuya les doigts sur ses tempes douloureuses. À l'extérieur, Ankhmahor libérait certains des gardes et donnait aux autres leurs instructions pour l'après-midi. Ahmosis écouta sa voix familière tout en attendant avec impatience le retour de son intendant.

C'est à toi que je dois cette douleur, Apopi, pensa-t-il. C'est toi qui as guidé l'assassin qui a tué Kamosé et m'a laissé avec ce démon dans le crâne. J'assiégerai Sharouhen jusqu'à ce que tu te rendes, dussé-je y consacrer le restant de mes jours.

Akhtoy revint avec Héqaib, et les deux hommes aidèrent le souverain à se redresser. Après lui avoir fait boire avec précaution le liquide laiteux, l'intendant le recoucha, et son serviteur lui passa un linge mouillé sur le corps.

« Où est Tani ? demanda Ahmosis d'une voix déjà somnolente.

– Sa Majesté est allée voir la Grande Verte avec Hèqet et ses gardes, répondit Akhtoy.

– Elle m'évite », remarqua Ahmosis, déjà presque endormi.

Il n'entendit pas la réponse de son intendant.

Quand il se réveilla, au coucher du soleil, son mal de tête n'était plus qu'une douleur sourde. Après avoir mangé un peu, il dormit de nouveau. Il n'avait rien de particulier à faire, ni ordre à donner ni changement à opérer dans le déploiement de son armée. Le lendemain matin, Akhtoy lui dit que Tani était passée prendre de ses nouvelles. Ahmosis se félicita que son sommeil lui eût épargné de la voir. Il se sentait mal à l'aise en sa présence, et n'avait plus envie de dissimuler sa colère, de voir le regard de sa sœur se détourner chaque fois qu'il prononçait autre chose qu'une remarque anodine. Le pavot lui avait laissé une vague nausée. Il refusa de manger mais but un peu de bière, puis, après s'être fait habiller comme la veille par Héqaib, quitta sa tente.

Accroupis sur le sol, Khabekhnet et Ankhmahor discutaient avec animation. Mésehti, lui, était assis dans son char, les jambes ballantes, le visage offert à la brise du matin. Tous trois se levèrent en le voyant.

« Nous allons nous poster devant la porte sud et y rester jusqu'à ce que Rê soit à la verticale ou que Sharouhen consente à nous répondre », dit-il en faisant signe à Khabekhnet de monter dans le char avec lui.

De nouveau, ils roulèrent vers la forteresse et s'arrêtèrent tout près de la porte. Cette fois, le rempart était désert. Ahmosis supposa que l'on avait ordonné aux habitants de ne pas se montrer. Non par souci de leur épargner leurs injures, mais pour leur faire paraître plus long chacun des instants qu'ils passeraient à attendre dans la chaleur et le silence. Ils ne nous répondront pas avant l'après-midi, se dit-il. Quelqu'un nous observe, une sentinelle qui va noter chaque goutte de sueur, chaque mouvement, chaque soupir, jusqu'à ce que son commandant daigne apparaître. Il s'appuya contre la coquille du char et ferma les yeux, imaginant délibérément qu'il était assis sur le débarcadère d'Oueset devant un fleuve rapide et frais, et que l'esquif sur lequel il allait pêcher dans sa jeunesse se balançait sur l'eau, attaché à son poteau.

Comme il l'avait pensé, le soleil parcourut la moitié de sa course avant qu'un mouvement se fasse enfin sur le rempart, au-dessus de la porte. Toute conversation avait cessé depuis longtemps entre Ahmosis et ses hommes, qui devaient employer toute leur énergie à rester droits et immobiles. Ahmosis était dans un état second quand Khabekhnet se pencha vers lui et murmura :

« Ils sont là, sire. »

Ahmosis leva la tête. Les trois hommes de la veille se penchaient par-dessus le rebord de pierre du rempart. Cette fois, celui du milieu avait une longue plume d'oiseau fichée dans son bandeau. Quant à celui de droite, il porta à ses lèvres un cor dont il tira un son strident. La fatigue d'Ahmosis s'envola.

« Ahmosis Taâ, soi-disant roi d'Égypte, commença l'homme du milieu. Je suis le *hik-khase* de cette forteresse. C'est moi qui fais la loi, ici. Tu as l'insolence de demander la reddition d'Aouserrê Apopi, le souverain d'Égypte que tu as chassé de son pays comme le chien du désert que tu es. Il est ici sous ma protection, et il le restera. Je ris de ta suffisance et me moque de tes menaces de bravache. Remmène tes soldats de pacotille dans le taudis d'où tu viens. Sharouhen ne s'ouvrira jamais à des gens de ta sorte. »

Il disparut aussi vite qu'il était apparu, et Ahmosis n'eut plus sous les yeux que la pierre du mur.

« Il n'a même pas pris la peine de nous dire son nom, sire, dit Ankhmahor, la voix étranglée par l'indignation. Nous sommes assurément dans un pays sans Maât pour que le seigneur d'une ville, fût-elle ennemie, traite un autre seigneur de façon aussi grossière. »

Il fut interrompu par le cri de Khabekhnet, que quelque chose venait de frapper sur le côté de la tête. Au même instant, des dizaines d'hommes apparurent sur le rempart en hurlant et se mirent à les bombarder de projectiles. Mésehti ramassa l'un deux, tombé dans le char, et poussa une exclamation de dégoût.

« C'est du crottin d'âne ! Ils nous lancent des excréments d'animaux, sire ! »

Tirant sur les rênes avec brusquerie, il fit faire volte-face à ses chevaux. Plusieurs gardes montèrent d'un bond dans le véhicule pour protéger Ahmosis et, suivis d'Ankhmahor et du reste de ses hommes, ils s'éloignèrent en toute hâte de la foule déchaînée.

Une fois de retour dans le camp, Ahmosis ordonna à Mésehti de l'attendre, puis, ramassant une poignée d'excréments, il se dirigea vers la petite tente de Tani et s'y engouffra. Vêtue d'une robe ample, les cheveux dénoués, sa sœur se tenait près de son lit, s'apprêtant manifestement à faire sa sieste. Ahmosis alla droit à elle et lui mit la matière nauséabonde sous le nez.

« Ce sont des excréments d'âne, ramassés dans les rues de Sharouhen et dont l'on m'a bombardé alors que j'attendais la réponse à mon ultimatum ! cracha-t-il. Voilà l'insulte qu'ont imaginée ton remarquable époux et son frère sétiou ! Voilà les brutes que tu as préférées à ta propre famille, et à Ramosé, un homme honorable qui t'aimait ! » Il jeta le crottin à ses pieds. « Fais emballer tes affaires par Hèqet et quitte ce camp sur-le-champ ! Mésehti te conduira à la porte de Sharouhen. Je ne veux plus te voir, Tani. Ta présence est un affront pour tous les Égyptiens qui se trouvent ici. »

Son accès de fureur laissa sa sœur pâle et tremblante. Des larmes roulèrent sur ses joues, mais Ahmosis était trop courroucé pour se soucier de savoir si elle avait peur de lui ou honte de la conduite des alliés de son époux.

«Je suis vraiment navrée, Ahmosis...», bégaya-t-elle, mais les lamentations d'Hèqet l'interrompirent.

«Je ne veux pas aller chez les Sétiou, sire! Je veux rentrer à Oueset! Aie pitié de moi, être divin! s'écria-t-elle en se jetant aux pieds d'Ahmosis, le visage ruisselant de larmes. Je ne suis pas une esclave. J'ai été fidèle à ta famille, même dans l'enceinte puante d'Het-Ouaret. Laisse-moi partir, je t'en supplie!»

Ahmosis ne laissa pas à sa sœur le temps d'intervenir.

«Je ne contraindrais pas le plus misérable des chiens bâtards rôdant sur les quais d'Oueset à entrer dans cet endroit maudit», dit-il. C'était insulter délibérément Tani, qui poussa un gémissement étouffé. «Range les affaires de ta maîtresse, poursuivit-il. Ensuite, tu seras libre. Tu pourras monter à bord du prochain navire en partance pour le Delta. Quant à toi, Tani, je ne crois pas avoir envie de t'embrasser avant ton départ.

– Je t'en prie, Ahmosis... en souvenir de notre jeunesse...» Elle pleurait ouvertement, à présent, trempant de larmes le devant de sa robe. «Nous ne devons pas nous quitter de cette façon. Si tu me chasses sans me donner ta bénédiction, je marcherai sans protection sous le regard des dieux étrangers. Tu pourrais le regretter plus tard.»

Ahmosis pivota sur les talons, le cœur si plein de douleur, de colère et de tristesse qu'il lui semblait près d'éclater.

«La seule chose que je regrette, c'est que Ramosé ne t'ait pas étranglée lorsqu'il a vu ce que tu étais devenue», jeta-t-il avant de sortir.

Il n'assista pas à son départ. Après avoir donné ses ordres à Mésehti, il s'enferma dans sa tente. Ses yeux le brûlaient et, bien qu'il se fût lavé les mains, il avait l'impression que la puanteur des excréments collait toujours à sa peau et souillait l'air qu'il respirait. Assis sur une chaise, il entendit le char de Mésehti emmener sa sœur. Il était toujours dans la même position quand le prince revint l'informer que la porte s'était ouverte, et qu'un petit détachement de soldats était venu prendre les affaires de Tani et l'escorter à l'intérieur de la forteresse.

La soirée fut chaude, et Ahmosis dînait devant sa tente, profitant de la douceur inhabituelle de la température, quand il vit arriver Ipi, un rouleau à la main.

« Une lettre d'Oueset, sire, dit le scribe en s'inclinant. J'ai rencontré le héraut qui l'apportait. Il est allé se reposer et se présentera plus tard pour prendre ta réponse. »

Ahmosis repoussa son assiette.

« Lis-la-moi, ordonna-t-il.

– Elle est de ton estimée mère, dit le scribe quand il l'eut décachetée. "Salut à toi, Ahmosis, seigneur de toute vie. Sache que le douzième jour de méchir, ta femme a donné naissance à une fille. Ahmès-Néfertari s'est bien rétablie, mais la petite est maigre. Elle vomit le lait de sa nourrice et pleure beaucoup. Je lui ai fait donner du lait de chèvre qu'elle semble garder un peu plus longtemps, mais le médecin n'est pas très optimiste. Le nom que lui ont choisi les astrologues n'est pas bon, lui non plus. J'ai attendu qu'ils se soient prononcés pour t'écrire. J'espérais également qu'Ahmès-Néfertari te donnerait elle-même de ses nouvelles, mais elle refuse de communiquer avec toi. Depuis que Tétishéri et moi sommes revenues de Djeb, elle est très mélancolique, et je crains aussi pour sa santé.

"Les astrologues ont tenu à ce que la petite reçoive le nom de Sat-Kamosé. Ahmès-Néfertari a accepté leur décision avec une apathie qui ne lui ressemble pas. Ta grand-mère et moi, en revanche, avons été furieuses. Nous les avons renvoyés au temple en leur ordonnant de refaire l'horoscope, et j'ai interrogé le grand prêtre Amonmosé sur leur compétence. Cela n'a hélas rien changé. Ces astrologues sont des prêtres savants et expérimentés ; ils ont refait l'horoscope de l'enfant, mais ont refusé de lui chercher un autre nom. Tu seras sans doute aussi accablé que moi par ces nouvelles. Si c'est le cas, je t'engage à rentrer à Oueset. Ta dernière lettre nous a appris que tu avais entrepris un nouveau siège. Il devrait donc t'être possible de confier l'armée à tes généraux pendant quelque temps. Si tu ne peux quitter Sharouhen pour ta fille, tu devrais peut-être le faire pour ta femme." » Ipi releva la tête. « C'est tout, sire, dit-il. Mis à part les titres et la signature de la reine, naturellement. »

Sous son masque poli de bon serviteur, Ahmosis devina de la compassion et de l'inquiétude.

«Merci, Ipi, parvint-il à dire. Je dicterai la réponse demain.»

Le scribe ramassa sa palette et s'éloigna. Les jambes soudain molles, Ahmosis fit les quelques pas qui le séparaient de sa tente. Une fois à l'intérieur, il resta longtemps immobile, le regard fixé sur la lampe d'albâtre allumée par Héqaib. Oh ! dieux, pensait-il. Pauvre enfant, pauvre Ahmès-Néfertari ! Le voyant m'avait prévenu, il avait vu la mort, mais j'espérais que, cette fois, les dieux nous épargneraient. Sat-Kamosé ! Les deux mots résonnaient dans son esprit et dans son cœur comme un chant funèbre. Le nom d'un homme assassiné, et celui de la déesse qui se tenait à l'entrée de l'au-delà et versait l'eau de la purification aux défunts. Elle était condamnée avant même de naître, se dit-il. Destinée à Osiris dès le ventre de sa mère. Et Ahmès-Néfertari ?

Avec des gestes raides, il ouvrit le tabernacle d'Amon et se prosterna devant la délicate statue dorée de son protecteur, mais pour s'apercevoir qu'il était incapable de prier. Il était trop bouleversé. Les critiques que contenait la lettre d'Ahhotep ne lui avaient pas échappé, et il était vrai que sa présence à Sharouhen n'était pas indispensable. Selon toute vraisemblance, le siège serait long, et l'on n'avait pas besoin de lui pour mener les opérations de routine. S'il y avait le moindre changement, les hérauts l'en informeraient. Son cœur lui murmurait en revanche que sa place était auprès d'Ahmès-Néfertari. Il fallait qu'il soit à son côté quand leur enfant mourrait. S'il ne voulait pas la perdre à tout jamais, il ne devait pas lui faire défaut une fois encore. Quand Ahmosis parvint enfin à prier son dieu, il l'implora de s'interposer entre Sat-Kamosé et la Salle du Jugement, de la laisser vivre au moins jusqu'à ce qu'il ait pu la prendre dans ses bras.

Appelant ensuite Akhtoy, il lui ordonna de préparer ses coffres. Puis il fit prévenir Mésehti, Ankhmahor, Ipi et Khabekhnet qu'ils partiraient avec lui pour Oueset le lendemain à l'aube. Quant au héraut qui avait apporté la lettre d'Ahhotep, il fut envoyé sur-le-champ dans le Delta pour avertir Pahéri d'avoir à tenir prêts un navire rapide, et deux fois le nombre habituel de rameurs. Lorsque Akhtoy eut refermé son dernier coffre, Ahmosis se coucha dans sa tente vide, en proie à un sentiment d'angoisse et d'urgence qui ne cessait de s'intensifier.

Le lendemain, avant que le soleil fût levé, il était debout et habillé. Tandis que l'on chargeait ses affaires dans les chariots qui transporteraient également ses serviteurs, il se fit conduire dans le camp de la division d'Amon par Mésehti. Les soldats étaient déjà à l'exercice : ils marchaient en rang, lances sur l'épaule, et les ordres de leurs officiers sonnaient clairs dans l'air vif du matin. Touri les observait d'un œil critique, debout sur une petite estrade installée sur le terrain de manœuvres. Dès qu'il aperçut Ahmosis, il en descendit et le salua.

« Majesté ! s'exclama-t-il. Je ne m'attendais pas à te voir, aujourd'hui ! Es-tu venu passer la division en revue ?

– Non, répondit Ahmosis. J'ai appris que ma fille était née mais qu'elle se mourait. Je dois rentrer à Oueset.

– Oh ! Ahmosis, je suis navré. Tu diras à Ahmès-Néfertari qu'elle a toute ma sympathie... »

Touri parlait avec son cœur. Il connaissait la famille depuis longtemps. Ahmosis lui adressa un sourire bref.

« C'est toi qui commandes ma division la plus importante, dit-il. Tu me remplaceras en mon absence. Je t'autorise à prendre toutes les décisions nécessaires pour assurer l'efficacité et le bien-être de l'armée. Le problème de l'approvisionnement en eau est réglé. Consulte souvent Abana. Accorde aux Keftiou ce qu'ils demandent dans la limite du raisonnable. Je compte sur tes rapports, même si je ne m'attends pas qu'il se passe grand-chose en mon absence. Envoie des soldats chasser au pied des montagnes. Autant les occuper à nous ravitailler en viande fraîche. Veille toutefois à ce qu'ils se tiennent à l'écart des tribus. Je ne voudrais pas voir s'ouvrir un nouveau front sur notre flanc oriental. » Il prit une profonde inspiration. « Je reviendrai dès que possible, Touri, mais pas avant d'être certain qu'Ahmès-Néfertari n'a plus besoin de moi.

– Je comprends. Comment voyageras-tu ?

– En char jusqu'à Het-Ouaret, puis en bateau. J'aurais peut-être gagné du temps en embarquant sur un des transporteurs d'eau de la Grande Verte, mais je souhaite inspecter les relais que j'ai mis en place entre Sharouhen et l'Égypte. Tiens conseil une fois par semaine avec les autres généraux, Touri. Le moral d'une armée de siège peut se dégrader très rapidement. C'est tout, je pense... à moins que tu n'aies une question. »

Sur une impulsion, il serra son ami dans ses bras. Celui-ci lui rendit son étreinte avec naturel, puis lui baisa la main.

« Que la plante de tes pieds soit ferme, Majesté, dit-il. Ne t'inquiète pas pour Sharouhen. Salue ta mère de ma part. »

Tout avait été dit, mais Ahmosis répugnait soudain à partir. Un long moment, il parcourut du regard ses troupes impeccablement rangées. Tu serais fier de voir quels soldats sont devenus ces anciens paysans, Kamosé, pensa-t-il. Puis, remontant enfin dans son char, il donna l'ordre du départ et entama le long voyage qui devait le ramener en Égypte.

15

Ahmosis mit huit jours pour atteindre Het-Ouaret, s'assurant en chemin du bon fonctionnement des relais de messagers dont il avait ordonné la mise en place. Il prit le temps de s'entretenir avec les généraux Iyméri et Néferséchemptah, dont les troupes formaient la garnison des Murs du Prince et patrouillaient dans le Delta oriental. Il constata avec plaisir que, partout, la paix et l'ordre revenaient; autour des villages, les champs étaient ensemencés, et les vergers entretenus. À Het-Ouaret même, une activité trépidante régnait. Les remparts des deux forteresses ressemblaient déjà aux ruines de quelque monument antique, bien que leur démolition fût loin d'être achevée. Du palais, il ne restait guère qu'une immense étendue de terre brûlée et rougeâtre, quelques arbres noircis et le mur construit par Sésostris, l'ancêtre d'Ahmosis, qui se dressait désormais, majestueux et inutile, entre le bâtiment disparu et la route menant à la porte Royale.

Bien que de nombreux habitants de la ville fussent revenus, la majorité des maisons de brique crue était occupée par les soldats de la division de Montou. Il en allait de même dans la forteresse nord, où les hommes de Khéty s'étaient installés dans les logements abandonnés. Ahmosis nota à nouveau la position stratégique de la ville, aussi bien pour les échanges commerciaux qu'en qualité de base militaire, dans l'éventualité de nouvelles incursions militaires au Retenou. Je ferai bâtir un palais fortifié sur l'emplacement de l'ancien, décida-t-il. Oueset demeurera naturellement ma capitale et le centre du pouvoir administratif en Égypte, mais Het-Ouaret sera mon bastion du nord.

Trois navires attendaient, prêts à emmener son escorte et lui dans le sud. Accompagné d'Ankhmahor, d'Ipi et de Khabekhnet, Ahmosis monta à bord du *Septentrion*, l'ancien bâtiment d'Abana, où il salua le capitaine Qar. Puis il s'accouda à la lisse, partagé entre l'appréhension et le soulagement. Il s'était entretenu avec Pahéri et Baba Abana, qui s'occupaient de coordonner les convois d'eau destinés aux troupes de Sharouhen ; il avait également passé rapidement en revue ses officiers de division et de marine ; il ne lui restait plus qu'à attendre que Qar donne l'ordre d'appareiller.

Grâce aux deux équipes de rameurs qui se relayaient nuit et jour, le voyage jusqu'à Oueset, qui prenait habituellement un bon mois, ne dura qu'une quinzaine de jours. Khmounou se trouvait à peu près à mi-parcours, et Ahmosis fut tenté d'y faire escale. Ramosé lui manquait, et il était curieux de voir Hat-Anat, la jeune Sétiou, dans la vieille demeure de Téti. Le sentiment qu'il avait de ne pas devoir perdre un instant l'emporta cependant, et il résista à la tentation.

Ce fut par une belle matinée de fin de printemps que le *Septentrion* aborda la longue courbe du fleuve qui annonçait l'arrivée à Oueset. Avec un mélange d'émotion et de malaise, Ahmosis vit apparaître l'entassement familier des maisons de sa ville de l'autre côté du chemin bordé de palmiers et de sycomores, qui longeait le fleuve. Le temple d'Amon dressa bientôt son pylône beige au-dessus des arbres qui l'ombrageaient. Puis ce furent le débarcadère et la masse grise du vieux palais, entouré de sa nouvelle enceinte. Un peu plus loin, des sentinelles gardaient la porte fermée du jardin. Qar lança une série d'ordres. Aussitôt, les avirons furent matés, et le *Septentrion* glissa gracieusement vers ses poteaux d'amarrage. Les marins soulevèrent la passerelle. Ahmosis était chez lui.

Les deux soldats postés devant la porte s'étaient redressés en voyant le drapeau royal qui claquait au mât du *Septentrion*. Ils avaient d'abord observé les trois embarcations avec une attention méfiante, mais quand elles furent suffisamment proches, leur expression s'éclaira.

« C'est Sa Majesté ! s'exclama l'un d'eux. Le drapeau ne mentait pas ! »

Ils posèrent leurs lances et coururent aider à l'installation de la passerelle. Derrière eux, la porte s'entrebâilla. Des visages apparurent, puis les deux battants s'ouvrirent en grand. Ankhmahor et ses gardes descendirent la passerelle, suivis par Ahmosis. Le souverain ne donna aucun ordre et pénétra aussitôt dans le jardin, où les gardes se déployèrent en éventail autour de lui. Il y fut accueilli par le parfum des fleurs et de l'herbe humide, par les formes familières que dessinait sur la pelouse scintillante l'ombre matinale de la maison. Un peu plus loin, les fleurs bleues et blanches des lotus se balançaient presque imperceptiblement sur la surface miroitante du bassin.

Sous un dais installé près de son bord, deux personnes étaient assises côte à côte au milieu d'un entassement de papyrus. Le bruit leur fit lever la tête et, l'instant d'après, Ahmosis-onkh s'élançait en courant dans l'allée. À mi-parcours, il ralentit et, au prix d'un visible effort sur lui-même, se mit à marcher d'un pas digne. Arrivé à la hauteur d'Ahmosis, il s'arrêta et s'inclina profondément.

« Je suis très heureux de ton arrivée inattendue, mon père, déclara-t-il.

– Et moi, de te revoir, mon petit Faucon-dans-le-nid, répondit Ahmosis, en arrangeant la mèche de jeunesse de l'enfant qui, tressée et luisante, reposait sur son épaule. Tu es peut-être trop grand maintenant pour que je puisse te prendre dans mes bras ?

– Non, pas du tout », dit Ahmosis-onkh avec gravité. Puis un sourire illumina son visage, et il se jeta au cou d'Ahmosis.

Celui-ci le serra un instant contre lui, puis le reposa à terre.

« Nous savons que l'imposteur s'est enfui dans une forteresse appelée Sharouhen, déclara l'enfant. L'as-tu capturé, sire ? »

Ahmosis regarda son petit visage sérieux. Il avait changé en son absence. Ses yeux étaient plus grands, son menton plus large, ses joues moins rondes. Il sort de l'enfance, pensa Ahmosis, le cœur gonflé d'amour et de fierté. Ce sera bientôt un beau jeune homme.

« Pashé et moi avons étudié le pays du Retenou, disait Ahmosis-onkh. Juste après Sharouhen, il y a des prairies, des forêts, des montagnes qui se mettent parfois à trembler, et des sauterelles qui mangent les récoltes. Ça a l'air d'un endroit horrible. Tu as vu les montagnes trembler, père ?

– Non. Ces choses-là se produisent plus au nord-est. Et non, je n'ai pas encore capturé Apopi. Sharouhen est une forteresse puissamment défendue, mon fils. Elle ne tombera pas avant longtemps.

Je suis venu voir ta mère et ta nouvelle petite sœur, expliqua-t-il en lui prenant le menton. Retourne auprès de ton précepteur, à présent. Nous parlerons plus tard.

– Elle est très malade, murmura Ahmosis-onkh. Mère pense qu'elle est maudite. »

Elle ou le bébé ? se demanda Ahmosis. Ahmosis-onkh s'inclina de nouveau et alla rejoindre Pashé, qui s'était levé et suivait leur conversation avec anxiété. Ahmosis le salua avant de poursuivre son chemin.

Le capitaine des gardes de la maison royale l'attendait devant l'entrée.

« Sois le bienvenu, Majesté, déclara-t-il. Si j'avais été prévenu de ton arrivée, j'aurais fait dégager la route du fleuve et posté davantage d'hommes près du débarcadère. Je vais avertir le reste de la maison de ta présence.

– Merci, Emkhou, répondit Ahmosis, en dissimulant son impatience. J'aimerais voir la reine sur-le-champ. Sais-tu où elle se trouve ?

– Après les audiences du matin, Sa Majesté passe la plus grande partie de ses journées dans la chambre d'enfants. Je… nous… je suis très content que tu sois de retour, sire.

– Je comprends. Veille à ce que l'on ne nous dérange pas, Emkhou. »

Il traversa rapidement la maison, surprenant les domestiques, qui avaient à peine le temps de le reconnaître et de se prosterner avant qu'il ne les dépasse. Suivi par leurs murmures, il arriva dans les appartements des femmes. Les yeux écarquillés par l'étonnement, Ouni quitta le siège qu'il occupait devant la porte d'Ahmès-Néfertari.

« Je suis infiniment soulagé de te voir, sire, dit-il, alors que son visage reprenait déjà son expression polie habituelle. J'espérais que la lettre de ta mère te ferait revenir.

– Exagérait-elle ? demanda Ahmosis.

– Pas le moins du monde. La princesse s'affaiblit de jour en jour, et la reine est désespérée. Elle a continué à remplir ses tâches officielles avec l'aide de Khounès, mais elle est au bord de l'effondrement. Ses enfants lui ont causé bien des souffrances. »

Il n'y avait pas trace de réprobation dans le ton de l'intendant. Comme Akhtoy, Ouni connaissait l'esprit et le cœur de ses maîtres mieux qu'ils ne le connaissaient eux-mêmes.

« Elle est là ?

– Sa Majesté a fait enlever la porte séparant sa chambre à coucher de celle des enfants, expliqua Ouni. Elle ne permet plus à quiconque de s'occuper de la princesse, ce qui signifie qu'elle se réveille chaque fois que l'enfant pleure… et elle pleure beaucoup. J'ai tenté de raisonner Sa Majesté, mais sans succès.

– J'y vais, dit Ahmosis. Inutile de m'annoncer. D'ici une heure environ, tu nous apporteras du vin et de quoi manger. »

Ahmès-Néfertari n'était ni dans sa petite salle de réception ni dans la chambre à coucher. Ahmosis traversa ces deux pièces sans bruit. Il l'entendait chanter doucement, d'une voix si tendre et si angoissée qu'il s'immobilisa un instant, hésitant à la surprendre dans son intimité. Puis il s'approcha de la porte et la vit penchée au-dessus d'un panier, posé sur un lit haut. Il n'y avait qu'elle dans la pièce, et celle-ci ne contenait pas d'autre meuble qu'une chaise.

Ahmès-Néfertari dut sentir sa présence, car elle cessa brusquement de chanter et leva les yeux, sans sembler d'abord le reconnaître. Elle avait le visage pâle, les paupières gonflées, les yeux marqués de cernes d'un violet si foncé qu'on eût dit des taches d'encre. Sa robe ample masquait les contours de son corps, mais Ahmosis fut frappé par ses clavicules saillantes et par la maigreur de ses bras. Dieux ! pensa-t-il, le cœur débordant d'amour et d'appréhension. Elle aussi est mourante ! Ahmès-Néfertari se redressa lentement, le regard toujours rivé sur lui.

« Ahmosis ! » murmura-t-elle d'une voix étranglée.

Puis, brusquement, elle courut vers lui et se mit à le frapper de ses poings en criant son nom. Il parvint à l'enlacer et la tint dans ses bras, sans éviter ses coups, jusqu'à ce que, soudain, elle se laisse aller contre lui en sanglotant.

« Je t'ai haï, j'étais furieuse contre toi, tu m'as laissée seule, balbutia-t-elle d'une voix entrecoupée, le griffant de ses ongles, pressant contre son torse un front brûlant de fièvre. C'est insupportable, je n'en peux plus… »

Il resserra son étreinte et la berça doucement, consterné par sa fragilité, effrayé de la voir perdre tout contrôle sur elle-même.

Longtemps ils restèrent ainsi, dans les bras l'un de l'autre, puis quand il sentit que sa douleur et sa fureur s'apaisaient, que ses sanglots s'espaçaient, il l'écarta doucement.

« Chaque matin, je me compose un visage pour les intendants et les ministres, dit-elle. Je n'ai jamais rien eu à affronter d'aussi difficile. Je crois que je deviens folle, Ahmosis. Que fais-tu ici ? »

Il y avait encore une note d'hystérie dans sa voix. Ahmosis sécha son visage trempé de larmes et baisa sa bouche.

« Mère m'a envoyé une lettre, ma chérie. J'ai éprouvé tant d'inquiétude et de remords en la lisant que j'ai compris que je devais rentrer. Montre-moi ma fille, maintenant. »

Presque avec timidité, Ahmès-Néfertari le prit par la main et le conduisit vers le lit. Il était étonné que le bruit n'ait pas réveillé Sat-Kamosé. N'importe quel bébé en bonne santé se serait mis à hurler depuis longtemps. Il lui suffit toutefois de se pencher sur le panier d'osier pour comprendre que la petite princesse était bien trop faible pour avoir ce genre de réaction.

Elle était étendue sur le dos, les bras le long du corps, les yeux mi-clos. Ahmosis souleva le drap qui la couvrait et réprima un sursaut de pitié en découvrant son petit corps squelettique, où côtes et bassin saillaient.

« On dirait qu'elle meurt de faim, murmura-t-il.

– C'est le cas, répondit Ahmès-Néfertari. Elle boit avidement son lait, mais aussitôt après elle le vomit, se recroqueville et pleure. Oh ! Ahmosis, ses souffrances me déchirent le cœur ! Si je pouvais faire quoi que ce soit, y compris donner mon sang, je le ferais ! Les médecins sont impuissants. J'en ai consulté quatre. Notre médecin royal veut lui administrer du pavot, mais j'ai refusé. Cela risque d'aggraver son état. Je ne sais pas quoi faire ! »

Ahmosis prit l'enfant dans ses bras. Elle était plus légère que le pectoral qu'il portait autour du cou. Sat-Kamosé tourna la tête vers lui en poussant un gémissement et, à l'instant même où ses cheveux soyeux frôlèrent sa poitrine, il tomba amoureux d'elle. S'asseyant sur la chaise, il se mit à la bercer doucement. Le poing du bébé, gros comme une fleur en bouton, se déploya contre son torse et, devant cette acceptation immédiate, les larmes lui montèrent aux yeux, à lui aussi. Mais il sentait trembler Ahmès-Néfertari, qui s'était assise sur le sol, près de lui, la tête pressée contre sa cuisse, et il n'osa pas ajouter sa souffrance toute neuve à la sienne.

« Pardonne-moi mes paroles dures et mon silence, murmura-t-elle. J'ai été cruelle envers toi, et je le regrette.

– Non, c'est moi qui me suis conduit comme un rustre insensible. Je t'aime, mon épouse, et j'aime ma fille. »

Ils restèrent quelque temps ainsi et, tandis qu'Ahmès-Néfertari trouvait force et réconfort à son contact, Ahmosis cherchait vainement les limites de la nouvelle et étrange passion qui venait de naître en lui. Il ne quittait pas des yeux le visage de l'enfant. Le cœur serré, il remarqua qu'elle avait le menton d'Ahmès-Néfertari, une façon de plisser la bouche qui rappelait Séqénenrê, des oreilles identiques aux siennes, mais il observa surtout avec consternation sa pâleur, la teinte grisâtre de sa peau, les minuscules plis creusés sur ses tempes par les pleurs. Il avait envie de poser ses lèvres sur les siennes pour lui insuffler sa vigueur, de la presser contre lui pour lui communiquer la vie qui battait si régulièrement dans ses veines. Je suis le roi, pensait-il avec angoisse. Je suis le Fils du Soleil, l'incarnation d'Amon en Égypte. Toutes les tiges de blé dans les champs, tous les bœufs qui s'abreuvent au bord du Nil, tous les paysans, les soldats, les nobles, n'existent que pour m'obéir. Je suis pourtant incapable d'ordonner à mon enfant de guérir.

« Remets-la dans son panier, Ahmosis, dit finalement Ahmès-Néfertari. Elle dort. »

Avec un sursaut, Ahmosis se rendit compte que les paupières de Sat-Kamosé étaient en effet closes. Se levant avec précaution, il la déposa doucement dans son lit. Elle émit de petits bruits de succion mais ne se réveilla pas. Après l'avoir couverte, Ahmosis retourna auprès de sa femme.

« J'ai ordonné à Ouni de nous apporter un repas, dit-il. Tu vas manger et boire, puis te rendre aux bains. Je resterai ici jusqu'à ton retour. » Voyant la consternation se peindre sur son visage, il lui prit tendrement les mains. « Il faut que je parle au médecin royal et à mère, mais je reviendrai ensuite, assura-t-il. Je compte faire transporter mon lit ici. Nous la veillerons ensemble, Ahmès-Néfertari, et c'est moi qui m'occuperai dorénavant des audiences du matin. »

Elle se mit de nouveau à pleurer, mais c'étaient à présent des larmes de soulagement et de gratitude.

« Je ne t'ai même pas interrogé sur Sharouhen, commença-t-elle.

– Aujourd'hui, Sharouhen n'est qu'un mirage, coupa-t-il. Seules Sat-Kamosé et toi comptez. »

On frappa à la porte, et Ouni entra, suivi de Sénéhat et d'Héqaib. Les plats qu'ils apportaient dégageaient une odeur appétissante. Cette fois, ce fut Ahmosis qui conduisit Ahmès-Néfertari dans la salle de réception et la fit asseoir à table.

« Regarde, ma chérie, dit-il en lui servant une coupe de vin. De la salade fraîche, sûrement une des premières de la saison, et une soupe de lentilles qui sent la coriandre, du bœuf rôti au poivre, du pain d'orge aux graines de sésame... Nous ne devons pas en laisser une seule bouchée ! »

Tout en poussant les plats vers elle, il fit signe aux trois serviteurs de se retirer. Quand la porte se fut refermée, il prit place à côté d'elle.

« Mange, Majesté, je te l'ordonne, dit-il d'un ton sévère. Sinon je te fais jeter dans la prison de Kamosé. »

Elle récompensa son effort d'un pâle sourire et, à son grand soulagement, mordit dans une pousse d'oignon.

« Merci, mon époux, murmura-t-elle. Je crois que j'ai un peu faim, aujourd'hui. Iras-tu chercher Sat-Kamosé si elle se réveille ? »

Ahmosis acquiesça de la tête. Le coude sur la table et le menton dans la paume de la main, il la regarda manger avec satisfaction mais, bien avant qu'elle n'ait fini son repas, des pleurs se firent entendre dans la chambre d'enfant. Faisant signe à Ahmès-Néfertari de ne pas bouger, il alla s'occuper de sa fille. Il avait l'impression de marcher à son exécution.

Lorsque Ahmès-Néfertari revint des bains, Ahmosis la laissa pour se rendre dans le bureau de son père. Trouvant Akhtoy et Ipi devant la porte des appartements de sa femme, il envoya le premier chercher le médecin royal, et le second avertir Ahhotep qu'il lui rendrait bientôt visite. Une fois dans la pièce qu'il considérait toujours comme celle de Séqénenrê, il se sentit plus calme. Il lui semblait qu'il y flottait encore un peu de la sérénité de son père, et il pensa à lui avec nostalgie. Il ne paraissait jamais inquiet ni agité, se dit-il. Il tenait toujours des propos réfléchis et se conduisait toujours avec dignité, même après que l'agression de Mersou l'eut laissé paralysé et diminué. Rien ne transparaissait des tourments intérieurs qui l'agitaient peut-être. Puisse Amon me donner la même élégance et la même maîtrise de moi-même, et le courage de supporter aussi bien le désespoir de ma femme que mon propre chagrin.

Quand le médecin entra, un peu plus tard, Ahmosis avait retrouvé son équilibre. L'homme avait l'air presque aussi épuisé qu'Ahmès-Néfertari. Il attendit, le visage impassible.

« Le cas de ma petite fille est désespéré, n'est-ce pas ? demanda Ahmosis sans préambule.

– Oui, sire, répondit franchement le médecin. Je regrette. La princesse ne garde ni le lait de sa mère ni celui de sa nourrice, ni le lait de chèvre que j'ai fini par recommander. Je dois avouer à ma grande honte que j'ignore pourquoi.

– La reine m'a dit que tu voulais donner du pavot au bébé et qu'elle avait refusé, déclara Ahmosis après un instant de réflexion.

– La princesse meurt de faim, dit l'homme en haussant les épaules. C'est une mort lente et douloureuse. Le pavot ne prolongerait pas ses jours, mais il la soulagerait et lui éviterait d'être consciente.

– Pourquoi crois-tu que la reine a refusé cette aide à une enfant dont la souffrance mine sa propre existence ?

– Je l'ignore, sire, dit le médecin, le regard rivé au sol.

– Tu as sûrement une idée ! jeta Ahmosis d'un ton brusque. Tu es mon médecin. Tu es un homme sage et expérimenté. Réponds !

– Ce n'est pas une certitude, dit l'homme à contrecœur, mais il me semble qu'en refusant le pavot à la princesse, Sa Majesté se punit de quelque chose. Elle souhaite boire jusqu'à la lie la souffrance de sa fille à titre d'expiation. Tu es peut-être mieux placé que moi pour en comprendre la raison, sire. »

Ahmosis le regarda, les sourcils froncés. Une expiation, se dit-il. Bien sûr ! Ma pauvre Ahmès-Néfertari ! Elle se reproche ses enfants morts et sa fille mourante. Elle redoute que je ne la rejette en raison de ce qu'elle considère comme un échec, et la culpabilité la dévore.

« Peut-être, en effet, répondit-il d'un air songeur. Prépare ton pavot et attends-moi devant la porte de la reine, un peu plus tard dans l'après-midi. Tu peux disposer. »

J'ai l'impression d'être de retour depuis une semaine entière, alors que quelques heures à peine se sont écoulées, pensa-t-il en se dirigeant vers les appartements de sa mère. Pourtant, je ne crois pas que je serai aussi impatient de repartir que la dernière fois, et je ne crains pas non plus l'ennui qui me tourmentait alors. Sat-Kamosé a conquis mon cœur et, grâce à elle, je trouve un sentiment de complétude à être ici. Je n'aurai pas ma fille longtemps. Je suis résigné à la perdre, bien que je découvre à peine la joie de l'aimer. J'accepte l'amertume avec le miel, car elle me révèle des dimensions de moi-même auxquelles j'étais entièrement aveugle. Quels changements Hent-ta-Hent aurait-elle produits en moi si j'avais été auprès d'elle au moment de sa mort ?

Il lui vint confusément à l'esprit que ses récentes et pénibles entrevues avec Tani n'étaient peut-être pas étrangères au fait qu'il eût immédiatement reconnu ce que sa fille avait de précieux. La détermination inébranlable, incompréhensible, de sa sœur lui en avait plus appris sur l'imprévisibilité de l'existence que ses aventures militaires. Il était plongé dans ces réflexions quand, le voyant approcher, l'intendant de sa mère le salua et lui ouvrit la porte.

Ahmosis eut la désagréable surprise de découvrir que sa grand-mère était également là, assise dans un fauteuil, les pieds posés sur un tabouret. Il dissimula sa contrariété, mais alors qu'il se penchait pour embrasser ses doigts ornés de bagues en pensant y avoir parfaitement réussi, Tétishéri marmonna :

« Tu ne t'attendais pas à me trouver ici, n'est-ce pas, Majesté ? Il y a très longtemps que nous ne nous sommes vus et, quand j'ai appris que tu devais rendre visite à Ahhotep, j'ai accouru. »

Son ton contenait un reproche implicite : tu aurais au moins pu envoyer quelqu'un me transmettre tes salutations, si tu n'avais pas l'intention de venir me voir, disait-il. Ahmosis réprima de son mieux l'irritation mêlée de culpabilité que ne manquaient jamais de provoquer chez lui les critiques inexprimées de Tétishéri.

« Tu as l'air en forme, grand-mère, murmura-t-il en se forçant à soutenir son regard, toujours aussi vif et pénétrant, bien qu'elle approchât les soixante-dix ans.

– Mon dos me fait souffrir, et je dors mal, répondit-elle. À part cela, je suis en bonne santé. Je regrette que les circonstances t'aient forcé à rentrer, Ahmosis. Tu ne peux vraiment rien pour Sat-Kamosé. Quant à Ahmès-Néfertari… » Elle eut un haussement d'épaules éloquent. « Ta femme s'est malheureusement effondrée. J'ai beaucoup d'affection pour elle, mais elle a toujours manqué d'énergie. Petite fille, un rien l'effrayait, et ce qu'il faut à ce bébé, ce sont les soins d'une femme forte et calme. Sa nourrice était admirable sous ce rapport, dommage qu'Ahmès-Néfertari l'ait renvoyée. »

Ahmosis luttait contre son énervement. En dépit de sa langue acérée, Tétishéri aimait véritablement sa petite-fille, même si elle avait d'elle une image presque entièrement faite des souvenirs auxquels elle s'accrochait.

« Je n'ai pas été forcé de rentrer, dit-il avec calme. Je suis venu soutenir mon épouse, et voir ma fille avant qu'elle meure. Aucune femme, si exceptionnelle soit-elle, ne peut traverser de pareilles épreuves sans s'effondrer. À part toi, naturellement. Rien ne te brise jamais. »

Le sarcasme n'échappa pas à Tétishéri mais, au lieu de riposter, elle dit, de façon inattendue :

« Le meurtre de Kamosé m'a brisée. La mort de ton père au combat a failli le faire. Mes paroles sont parfois cruelles, Ahmosis, et je m'en excuse. Tout cela est si irritant... »

Elle se tut, et Ahmosis, soulagé, put se tourner vers sa mère. Chez Ahhotep, au moins, il retrouvait un peu de Séqénenrê : elle agissait de façon raisonnable et avec compétence, faisait preuve d'intuition dans ses décisions et ses déclarations. Il lui prit la main et pressa sa joue contre la sienne en lui souriant.

« Merci pour ta lettre, dit-il simplement.

– Je savais que tu viendrais, répondit-elle en lui rendant son sourire. La situation était épouvantable, ici. Ahmès-Néfertari refusait de me laisser les rênes du gouvernement parce que c'était à elle que tu avais confié la conduite du pays. Elle en faisait un point d'honneur. Si tu avais tardé à venir, je crois qu'elle se serait effectivement effondrée. Il n'était pas en mon pouvoir de lui donner des ordres. » Elle indiqua le vin de grenade et les gâteaux shat posés sur la table. « Maintenant, assieds-toi et parle-nous de Tani, poursuivit-elle. Ta dernière lettre avait beau être laconique, elle en disait long. »

Le cœur d'Ahmosis se serra. Il avait appréhendé ce moment, bien qu'il le sût inévitable. Versant le liquide scintillant dans une coupe, il en but une gorgée avant de prendre place à contrecœur dans un fauteuil. Si désespérément qu'il cherchât, il ne trouva aucun moyen d'atténuer le coup qui s'était déjà abattu sur Ahhotep, aucun petit mensonge capable de panser une plaie déjà saignante. Il raconta donc sans périphrase le refus de Tani de lui révéler où se trouvait Apopi, son refus de rentrer à Oueset, son désir obstiné de rejoindre son mari dans Sharouhen. Il ne leur répéta toutefois pas ce que, avec un peu trop de clairvoyance, sa sœur lui avait dit de l'accueil que lui réserveraient les membres de sa famille. Ahhotep l'écouta sans faire un mouvement ni une remarque. Lorsqu'il se tut, ce fut Tétishéri qui exprima son écœurement.

« La personne que tu décris n'a plus rien à voir avec la jeune fille qui est partie si courageusement d'Oueset avec Apopi ! grogna-t-elle. Elle s'est laissé corrompre par les Sétiou. La petite lâche ! Remercions les dieux que son père ne soit plus en vie ! Il l'aurait fouettée et expédiée à Oueset attachée à la paroi de sa cabine ! Nous ne prononcerons plus son nom. Parle-nous de Sharouhen et du siège, à présent. C'est bien plus intéressant. »

En dépit de son ton furieux, Ahmosis remarqua qu'elle enfouissait les mains dans les plis de sa robe pour dissimuler leur tremblement. Plein de pitié pour elle, il se mit aussitôt à raconter la fuite d'Apopi, l'incendie du palais, les Sétiou capturés par Abana, et la façon dont celui-ci les avait fait parler. Il tâcha de rendre son récit vivant et fut récompensé par les rires et les exclamations de Tétishéri.

« Ah ! s'écria-t-elle finalement en frappant le bras de son fauteuil. Nous le tenons enfin, ce rejeton de Soutekh ! Sharouhen tombera, et tu pourras lui couper la tête ! Ce n'est qu'une question de temps. Bien joué, Majesté ! »

Il s'abstint de lui gâcher son plaisir en lui rappelant que Sharouhen était imprenable. Vidant sa coupe, il se leva et salua les deux femmes.

« Les audiences du matin mises à part, je passerai tout mon temps dans les appartements d'Ahmès-Néfertari, dit-il. Occupez-vous d'Ahmosis-onkh, je vous en prie. Va-t-il toujours jouer avec les briquetiers ?

– Les briquetiers sont partis, Ahmosis, dit Tétishéri. Le vieux palais ne demande plus qu'à être blanchi à la chaux et décoré. Même les jardins sont terminés, bien qu'ils soient encore trop fraîchement plantés pour être beaux. Le feras-tu bénir bientôt ? »

Je rêve de ce moment depuis le jour où Kamosé et moi nous sommes embarqués pour le Nord afin de reconquérir l'Égypte, pensa tristement Ahmosis. À présent qu'il est arrivé, Sat-Kamosé occupe toutes mes pensées, et je n'éprouve aucune exaltation, aucun sentiment de triomphe. Le destin en a décidé autrement.

« Je ne sais pas, répondit-il. Peut-être. »

Il s'apprêtait à sortir quand la voix de sa mère l'arrêta.

« Elle va bien ? demanda-t-elle.

– Oui, et elle est plus belle que jamais », dit-il sans se retourner.

Il frappa à la porte. Karès lui ouvrit aussitôt et, le cœur lourd, Ahmosis quitta la pièce.

Le médecin royal et Ouni l'attendaient devant les appartements d'Ahmès-Néfertari. Ils entrèrent ensemble. La jeune femme avait dû faire les cent pas dans sa salle de réception, son bébé dans les bras, en guettant avec anxiété le retour d'Ahmosis, car dès qu'elle le vit, son visage s'éclaira et elle courut presque vers lui. Puis, remarquant le flacon et la cuiller que tenait le médecin, elle s'arrêta net.

« Non », dit-elle.

Ahmosis posa une main ferme sur son épaule.

« Si tu dois accuser quelqu'un de la faiblesse de tes enfants, accuse les dieux plutôt que toi, dit-il à voix basse. Je ne te condamne pas. Tu ne le sais donc pas ? Comment peux-tu croire que ces morts, si horribles soient-elles, puissent entamer l'amour que j'ai pour toi ? Nous ne faisons qu'un, ma sœur. Nous avons surmonté bien des épreuves qui menaçaient notre unité, nous nous sommes affrontés, mais il y a entre nous un lien qui ne peut être rompu. » Il lui prit doucement Sat-Kamosé des bras. « Tu te sers des souffrances de cette enfant pour te torturer, et c'est égoïste de ta part. Nous devons nous efforcer de la soulager et de lui faciliter le passage qui la mettra en présence d'Osiris.

– Elle vomira », protesta faiblement Ahmès-Néfertari.

Elle était devenue très pâle en l'écoutant, et il semblait à Ahmosis que quelque chose avait changé dans son regard. C'était bien peu, mais il avait pourtant la conviction que la bataille de sa santé mentale était gagnée. Faisant signe au médecin, il replia les linges qui enveloppaient l'enfant. Sat-Kamosé le regardait. Il sentait son souffle rapide sur ses doigts. Sa tête, posée au creux de son bras, semblait avoir encore grossi. C'est une illusion due à l'amaigrissement de son petit corps, pensa Ahmosis avec un sentiment de compassion qui le transperça comme un coup d'épée. Ta toute-puissante main droite a beaucoup donné, ô Amon, mais tu reprends de la gauche.

Le médecin s'approcha avec une petite cuiller pleine d'un liquide laiteux. Il l'introduisit délicatement entre les lèvres desséchées du bébé. Sat-Kamosé fronça son nez minuscule, avala convulsivement, toussa faiblement, puis se mit à pleurer. Ahmosis la berça en lui chantant une chanson à demi oubliée de son enfance, tandis que toutes les personnes présentes dans la pièce attendaient que l'enfant vomît le pavot. Mais elle n'en fit rien. Très vite, ses paupières se fermèrent. Ahmosis sentit son corps se détendre, et elle s'endormit.

« Je viendrai deux fois dans la journée et une fois la nuit pour lui administrer le pavot, dit le médecin. Un *ro* à chaque prise, pas davantage. »

Il s'inclina et sortit à reculons. Ahmosis tendit Sat-Kamosé à Ahmès-Néfertari, qui l'emmena dans la chambre d'enfants.

« Tu apporteras tous nos repas ici, dit-il à Ouni dès qu'elle eut quitté la pièce. Tâche qu'ils soient joliment présentés et appétissants, de façon à tenter la reine. Nous prendrons de la bière plutôt que du vin ; c'est une boisson plus nourrissante. Ne laisse entrer personne d'autre qu'Akhtoy, Ipi et Khabekhnet, et seulement pour des affaires importantes.

– Je comprends, dit Ouni en souriant. J'admire ta sagesse, sire. »

Ma sagesse ? se dit tristement Ahmosis quand il fut parti. Ce n'est pas de la sagesse, mais la peur la plus abjecte, mon brave intendant. Que deviendrais-je sans Ahmès-Néfertari ? Je serais comme une voile qu'aucun vent ne gonfle.

Les semaines suivantes se déroulèrent selon un emploi du temps rigide, dicté par les besoins de Sat-Kamosé, et elles prirent les sombres couleurs de la mort. Tous les matins, Ahmosis se levait aux accents de l'hymne de louange, que l'on chantait de nouveau depuis son retour. Il allait ensuite aux bains se faire laver, raser et masser, passait quelques instants dans ses appartements pour y être maquillé et habillé, puis, accompagné d'Ipi et de Khounès, se rendait dans la grande salle de réception où il s'occupait des affaires du jour, toujours nombreuses.

En revenant dans les appartements d'Ahmès-Néfertari, il y trouvait le médecin royal et, ensemble, ils administraient à l'enfant le grand présent des dieux qui avait le pouvoir d'effacer la douleur et de donner l'inconscience. Son goût amer faisait toujours pleurer Sat-Kamosé, et il lui arrivait d'avoir des haut-le-cœur. Au fil des jours, cependant, son estomac devint trop faible pour expulser le pavot. Encouragé, le médecin essaya à nouveau de lui donner du lait de chèvre, mais elle ne le garda pas. Elle était presque continuellement dans les bras de sa mère ou dans ceux d'Ahmosis. Marchant de long en large dans les pièces qui étaient devenues tout son univers, portant dans ses bras son fardeau d'une légèreté de plume, Ahmosis eut plus d'une fois la certitude que sa fille était déjà morte, tant son petit corps était inerte, et sa respiration imperceptible.

Les premiers temps, lorsqu'il revenait des audiences, sa femme n'avait pas touché au repas apporté par Ouni. Il la trouvait assise près de son lit, Sat-Kamosé sur les genoux. Une fois le médecin parti, il devait user de mille cajoleries pour lui faire avaler une bouchée de nourriture, parfois deux. Elle mangeait avec indifférence, les paupières gonflées, le dos voûté, et à deux reprises, rejetant avec violence ce que son enfant ne pouvait absorber, elle avait vomi elle aussi. Peu à peu, cependant, son appétit s'améliora, et Ahmosis eut enfin le plaisir de trouver les plats vides en entrant dans ses appartements.

Sur son insistance, Ahmès-Néfertari se soumit à l'examen du médecin, dont les conclusions furent encourageantes.

« Elle a un peu grossi, le jaune de l'oukhédou a presque disparu de ses yeux, et son haleine n'empeste plus, dit-il. Je ne lui prescrirai aucun médicament. Tout ce dont elle a besoin, c'est de nourriture saine et de repos. Est-ce qu'elle dort bien ? »

Ahmosis lui assura que oui. Au début, elle ne dormait que par à-coups, et il avait tâché d'apaiser son agitation en lui faisant la lecture ou en jouant avec elle à des jeux de damier. Mais, progressivement, elle s'était mise à dormir plus longtemps, plus profondément, au point qu'une nuit elle ne s'était même pas réveillée lorsque le médecin était entré pour donner son ro de pavot à Sat-Kamosé.

Trouvant lui-même difficilement le sommeil, Ahmosis passait de longues heures à contempler sa femme. Il redécouvrait avec bonheur les lignes harmonieuses de son corps, ses cheveux noirs qui bouclaient sur ses tempes larges, la teinte bleutée de ses paupières délicates, ses cils épais qu'un rêve faisait frémir, le nez aquilin de leur père, les lèvres pleines de leur mère. La flamme régulière de la lampe jetait des ombres caressantes sur sa gorge, accentuait le sillon brun séparant ses seins et donnait à ses épaules le luisant de l'huile. Ce n'était pas du désir qu'il éprouvait. Leurs journées étaient trop chargées d'angoisse pour quelque chose d'aussi élémentaire. Dans ces moments-là, il débordait de tendresse et avait une conscience aiguë de ce que sa femme, sa bien-aimée, avait d'unique. Cela lui donnait la patience et le dévouement dont il avait besoin pour s'occuper d'elle et de sa fille pendant l'épreuve qu'ils traversaient.

Un jour, juste après minuit, alors que le médecin était passé et qu'Ahmès-Néfertari s'était endormie, il quitta les appartements des femmes et se rendit seul au temple. La lune, aux trois quarts pleine, baignait le jardin d'une lumière paisible. Un peu étourdi par sa longue réclusion, Ahmosis s'arrêta un instant pour respirer l'air tiède de la nuit. Il gagna ensuite la porte du débarcadère, où il refusa l'escorte que lui proposaient les sentinelles, et prit la route du fleuve, un ruban grisâtre qui disparaissait plus loin entre les troncs noirs des palmiers.

Oueset, qui était maintenant presque une ville, s'étendait, silencieuse, derrière les arbustes et les petits champs qu'il longeait sur sa gauche. À l'exception de quelques chiens errants, ses rues étaient vides, et seules quelques rares lumières brillaient dans les maisons de brique crue. Une légère rumeur s'en élevait pourtant, la pulsation de toutes les vies, humaines et animales, qui composaient son existence. Très loin dans le désert, une hyène aboya, et les dunes invisibles répercutèrent son cri. J'aime cet endroit, se dit Ahmosis. C'est lui qui m'a fait ce que je suis. J'ai beau être roi d'Égypte, je suis avant tout un enfant d'Oueset, et je le resterai jusqu'à la fin de mes jours.

L'avant-cour du temple était déserte. Ahmosis la traversa rapidement. La cour intérieure, couverte d'imposantes dalles de pierre, était plongée dans l'obscurité. Un qui-vive retentit, et une sentinelle sortit de l'ombre, mais, reconnaissant le souverain, l'homme murmura une excuse et disparut. Après avoir ôté ses sandales, Ahmosis s'approcha du sanctuaire. La porte en était naturellement fermée et scellée, mais c'était sans importance. Un léger parfum d'encens flottait dans l'air, mêlé à une odeur de poussière et de fleurs flétries.

Ahmosis s'agenouilla, puis se prosterna, les bras tendus, le visage contre le sol. Les yeux clos, il pria pour Sat-Kamosé, pour Ahmès-Néfertari et pour lui, s'adressant à son dieu avec une facilité et une sérénité qu'il n'avait pas connues depuis longtemps. Au bout de quelque temps, il perçut un mouvement derrière lui. Il ne se redressa pas. Quelqu'un se prosterna à côté de lui et se mit lui aussi à prier. Ahmosis reconnut avec plaisir la voix d'Amonmosé. Lorsqu'il eut dit à son dieu tout ce qu'il souhaitait lui dire, il se releva. Le grand prêtre l'imita.

« Je savais que tu étais de retour, sire, déclara-t-il. Ta mère envoie régulièrement Youf m'informer des affaires de ta maison. La reine m'a demandé de lui trouver un remplaçant qui accomplisse à sa place ses devoirs de second prophète jusqu'à la guérison ou la mort de la petite princesse. Je l'ai fait. Apparemment, elle non plus ne va pas très bien. »

Ahmosis s'émerveilla du sens du devoir de son épouse. Si un lac de feu avait englouti l'Égypte, la perspective de ne pas assumer ses responsabilités l'aurait tout de même tourmentée.

« J'ai toujours apprécié ton tact, Amonmosé, répondit-il. Un poids écrasant accable Ahmès-Néfertari, mais elle se remet lentement. Je suis content de te revoir. Pour le moment, je n'accomplis mes devoirs envers Amon que dans mon cœur, et je ne m'en excuse pas. »

Quoique le visage d'Amonmosé ne fût guère qu'un ovale indistinct, Ahmosis distinguait son expression sombre.

« Bien sûr que non, dit le grand prêtre. Je n'ai aucun réconfort à t'offrir, sire, sinon cette prédiction du voyant : Sharouhen tombera, et tu captureras Apopi.

– Cela ne change rien à ma détresse actuelle, mais je ne mets pas en doute les dons du voyant. Après tout, il avait prédit la tragédie actuelle.

– Il n'est que l'instrument des dieux, répondit Amonmosé. Présente mes respects au second prophète, je t'en prie.

– Je n'y manquerai pas. Et merci de m'avoir tenu compagnie, ce soir. »

L'avant-cour était un rectangle grisâtre. Ahmosis alla reprendre ses sandales et rentra chez lui.

Sat-Kamosé mourut la nuit du trente pharmouthi. Le médecin royal était passé faire sa visite habituelle. Après avoir dormi quelques heures, Ahmès-Néfertari s'était réveillée et était venue s'asseoir sur le lit d'Ahmosis.

« J'ai fait un mauvais rêve, dit-elle d'un ton d'excuse. Je ne me le rappelle plus, mais je n'arriverai plus à me rendormir. Il faut que je tienne ma fille dans mes bras, Ahmosis. »

Il savait que cela ne réveillerait pas Sat-Kamosé. Elle n'était qu'à peine consciente la plupart du temps, et ne gémissait même plus lorsqu'on la soulevait. Il repoussa son drap et se leva.

« Je vais te l'amener, dit-il. Installe-toi confortablement dans mon lit. Tu veux de l'eau ? »

Comme elle acquiesçait, il lui versa à boire avant de quitter la pièce.

« Tu as été merveilleux avec moi, dit-elle impulsivement. Je n'en méritais pas autant. Je t'aime tellement, Ahmosis. Pardonne-moi pour tout.

– Tout ? répéta-t-il en souriant. Je ne vois vraiment pas ce que ce “tout” peut être. Je vais chercher Sat-Kamosé. »

Ahmosis alla dans la chambre d'enfants, mais alors qu'il se penchait sur le panier du bébé, il se figea. Il avait souvent eu l'occasion de contempler la mort au cours des années écoulées, et elle imprimait sur le visage des soldats une marque qui ne trompait pas, même lorsqu'il était intact de toute blessure. Si serein qu'il fût, on savait au premier coup d'œil que le ka s'était envolé et que l'on n'avait plus devant soi qu'une coquille vide.

Les yeux mi-clos du bébé brillaient, mais seulement parce qu'ils reflétaient la lumière de la lampe. Sa bouche était entrouverte, ses côtes minuscules ne se soulevaient plus. Ahmosis la prit dans ses bras et la serra contre lui. Son corps était encore vaguement tiède, mais c'était une chaleur empruntée, la chaleur d'un objet inanimé laissé au soleil, et non celle produite par la faible étincelle de vie qui s'était éteinte en elle. Se mordant les lèvres au sang pour arrêter les larmes qui lui piquaient les yeux, Ahmosis emporta Sat-Kamosé dans la chambre à coucher.

Quand elle vit son visage, Ahmès-Néfertari poussa un cri, et tendit les bras. Ahmosis y déposa le petit cadavre avec respect, puis s'assit près d'elle et l'enlaça. Ils n'échangèrent pas une parole.

Serrés l'un contre l'autre, ils pleurèrent ensemble, tandis que la nuit s'approfondissait autour d'eux et que le corps de leur enfant devenait de plus en plus froid.

Ahmosis porta lui-même Sat-Kamosé à la Maison des Morts. Il l'enveloppa dans un drap de lin, ordonna à Ouni de faire avancer sa litière et traversa les couloirs silencieux de la maison. Dehors, il remarqua que la lune pâlissait, que le vent s'était levé et agitait le sommet des palmiers, que quelque chose d'invisible, insecte ou grenouille, bougeait dans l'herbe à ses pieds. Le monde n'a pas changé, pensa-t-il. Aucune chute d'étoiles ne marque ton départ, ma chérie. Les arbres ne s'arrêtent pas de bruire pour murmurer ton nom. Le fleuve ne nous éclabousse pas d'une pluie de larmes. Nous avons beau dresser la carte du ciel, nous servir des arbres et du fleuve, cultiver la terre et domestiquer les animaux, ils n'ont qu'indifférence pour la souffrance humaine.

La litière arriva, portée par quatre serviteurs somnolents. Après leur avoir indiqué sa destination, Ahmosis monta et tira les rideaux. La Maison des Morts, qui jouxtait le temple d'Amon, n'était pas très loin. À l'intérieur de la litière, il découvrit le visage de sa fille et baisa ses lèvres molles, mais c'était son âme qu'il souhaitait embrasser, l'essence de tout ce qu'elle aurait pu devenir, et il finit par l'envelopper de nouveau dans son linceul avec un sentiment de frustration.

Les porteurs le déposèrent à bonne distance de l'entrée bien gardée de la Maison des Morts. Ahmosis ne protesta pas, car il comprenait leur répugnance. Serrant Sat-Kamosé dans ses bras, il s'avança jusqu'aux sentinelles et demanda à voir un prêtre-sem. Tandis que l'un des deux hommes disparaissait dans le bâtiment, l'autre lui barrait le passage de sa lance. C'était un geste de pure forme, encore qu'il fût parfaitement capable d'user de la force pour empêcher quiconque d'entrer. Aucun être sain d'esprit ne se serait toutefois risqué à pénétrer dans ce lieu. Un air malsain s'en échappait, chargé d'odeurs non identifiables qui faisaient frissonner Ahmosis.

Il perçut un mouvement dans l'ombre, et un homme apparut, qui s'inclina sans franchir le seuil de pierre.

« Que veux-tu de nous, sire ? demanda-t-il.

– Je vous apporte ma fille, la princesse Sat-Kamosé, répondit Ahmosis d'une voix tremblante, en tendant son petit fardeau.

– Nous sommes désolés d'apprendre sa mort. Pose-la par terre et écarte-toi. »

Le moment de la séparation était venu. Avec un gémissement, Ahmosis pressa son visage contre le linge qui enveloppait sa fille. Des larmes brûlantes coulèrent sur son visage. Il se rappela subitement l'enterrement d'Hent-ta-Hent, le peu d'émotion qu'il avait éprouvé alors, son absence de chagrin réel, son manque de compassion pour la mère de l'enfant. Et soudain, comme une Inondation longtemps retardée, un flot d'amour et de tristesse le submergea, un sentiment différent de sa souffrance actuelle, rendu plus profond par le passage du temps, peut-être, et dont la force le suffoquait. Le prêtre-sem attendait, le visage impassible. Finalement, Ahmosis fit ce qu'on lui demandait et déposa doucement Sat-Kamosé sur le sol. L'homme alla aussitôt la prendre, puis regagna sa place de l'autre côté du seuil.

« Ma robe ne t'a pas touché, mais mon souffle ou les émanations de mon corps t'ont peut-être rendu impur, dit-il. Va te purifier dans le lac sacré. »

S'inclinant de nouveau, il disparut, et Ahmosis retourna à sa litière. Il se sentait aussi abandonné que les cadavres desséchés et éviscérés qui tiendraient bientôt compagnie à sa fille.

Il se fit conduire au lac d'Amon. Là, après s'être dévêtu, il se plongea entièrement dans l'eau fraîche, la laissant pénétrer sa bouche, son nez et ses oreilles. Puis, après s'être rapidement rhabillé, il remonta dans la litière. Je suis lavé de la corruption de sa mort, pensa-t-il, mais mon âme portera à jamais les cicatrices de sa courte vie. Puissent les dieux te recevoir avec joie, ma petite innocente !

À son retour, il constata que la nouvelle de la mort de Sat-Kamosé s'était déjà répandue dans la maison. En dépit de l'heure tardive, quelques serviteurs rôdaient dans les couloirs. Ils le saluèrent au passage, pleins d'affliction, mais il était trop accablé pour remarquer leur compassion. Lorsqu'il referma enfin derrière lui la porte des appartements d'Ahmès-Néfertari, elle était assise par terre, le front sur les genoux.

« C'est fait, dit-il d'une voix monocorde, en l'aidant à se relever.

– Dors près de moi, cette nuit, implora-t-elle. J'ai besoin de ta chaleur, Ahmosis. J'ai si froid ! »

En guise de réponse, il souleva le drap, et elle s'étendit. Soudain épuisé, il s'allongea à son côté sans prendre la peine de se dévêtir. Ahmès-Néfertari l'enlaça aussitôt. Aucun son ne nous parviendra de la chambre d'enfants, cette nuit, pensa-t-il. Et une pointe de soulagement se mêla à sa tristesse.

Le lendemain, Ahmosis se réinstalla dans ses propres appartements, et les soixante-dix jours de deuil commencèrent. Il continua à s'occuper des affaires du gouvernement, s'entretint des progrès d'Ahmosis-onkh avec Pashé, et s'arrangea pour consacrer quotidiennement quelques heures à l'enfant. En fin d'après-midi, il rejoignait souvent sa mère et Tétishéri dans le jardin. Il n'y avait ni musique ni banquet.

Il s'était attendu qu'Ahmès-Néfertari souffre à nouveau de dépression et d'insomnie – et, de fait, une partie de lui-même regrettait les heures intenses qu'ils avaient vécues ensemble –, mais elle vaquait calmement à ses occupations et, selon son intendant, mangeait et dormait bien. Ahmosis la voyait peu. Elle ne l'évitait pas ; ils se rencontraient souvent dans la maison, et il l'emmena un soir faire une petite promenade en barque au coucher du soleil. Elle était paisible et souriante, mais un peu distante, et quelque chose conseillait à Ahmosis de la laisser tranquille.

Il recevait régulièrement des rapports de Sharouhen. Ils étaient tous à peu près identiques : l'armée était solidement implantée autour de la ville ; les hommes étaient en bonne santé ; Abana assurait un approvisionnement en eau maigre mais suffisant ; aucune escarmouche n'avait eu lieu avec les tribus des montagnes ; et Sharouhen semblait entièrement indifférente à leur présence. Ahmosis soupirait chaque fois qu'Ipi décachetait un nouveau rapport, et poussait une exclamation écœurée chaque fois que le scribe achevait sa lecture. Il faudra l'intervention des dieux pour que ces portes s'ouvrent, se disait-il avec accablement. Amonmosé m'a communiqué la prédiction du voyant, mais celui-ci a négligé de préciser la date de ma victoire. Elle surviendra peut-être lorsque j'aurai soixante ans et qu'Apopi sera mort de vieillesse. Les voyants m'agacent. Ils parlent par énigmes et comptent quand même qu'on les paie. Se rappelant la prophétie de l'homme concernant sa fille, encore à naître, Ahmosis imposa silence à ses pensées sacrilèges.

Son attention se tourna enfin vers le vieux palais. Il n'avait pas voulu y pénétrer avant d'être capable de revivre les nombreux souvenirs et les émotions que ses murs rugueux et ses salles sonores avaient suscités en lui. Sa gloire passée lui avait inspiré des rêves mélancoliques ; ses fantômes avaient fait frissonner de peur Kamosé et lui, quand, enfants, ils s'y glissaient en pleine nuit ; à la terrasse croulante où son père avait été attaqué était associé un poids écrasant de colère et de perte. Souvent, pendant les longues semaines du deuil de sa fille, il s'arrêta dans le jardin pour contempler le bâtiment, que plus aucun mur ne séparait désormais de la maison. J'en suis le propriétaire légitime, se disait-il. C'est la demeure d'un roi et, en m'y installant, je rétablirai la loi de Maât en Égypte. Il ne se décida pourtant qu'un matin où il vit Ahmosis-onkh surgir de son enceinte et courir en riant vers le bassin, poursuivi par un Pashé souriant.

Ahmosis envoya chercher le prince Sébek-nakht et l'attendit dans l'ombre d'une des imposantes colonnes de l'entrée qui, maintenant parfaitement droites, se dressaient vers un ciel d'été d'un bleu éblouissant.

« Certains des murs intérieurs ont été blanchis à la chaux, sire, expliqua le prince en le précédant dans le palais. Naturellement, nous ne pourrons reprendre les travaux qu'après les funérailles de la princesse. Je suis content de ce que j'ai accompli. J'espère que cela aura aussi ton approbation. »

Sans répondre, Ahmosis parcourut les salles immenses et sombres aux sols polis ; effleura de la main les murs lisses qui répercutaient le bruit de ses pas ; s'arrêta dans les flaques de lumière qui tombaient des fenêtres percées très haut au-dessus de sa tête, et se retrouva finalement sur la terrasse avec, devant lui, Oueset et sa forêt de palmiers, le Nil scintillant et ses rives sablonneuses. Il entendit un cri et regarda au-dessous de lui. Ahmosis-onkh l'avait vu et lui faisait de grands signes, un enfant jouet au milieu d'un jardin minuscule. Déjà, Ahmosis n'avait plus la même conception des proportions. Il agita la main.

« J'ai obéi à tes instructions, disait Sébek-nakht. J'ai fait installer des portes aux deux extrémités de l'escalier étroit qui conduit à la terrasse des appartements des femmes. Ses marches n'ont été ni réparées ni même nettoyées. Souhaites-tu visiter les nouveaux bureaux administratifs ? Ils sont terminés. »

Son ton exprimait une fierté compréhensible. Ahmosis secoua la tête.

« Je suis impressionné par ton travail, prince, déclara-t-il. Le palais a conservé son air imposant d'autrefois, et en même temps il est plus léger, plus grand ; le neuf y est en harmonie avec l'ancien. Je suis incapable d'exprimer ce que je veux dire, conclut-il avec un geste d'impuissance. Mais je suis ravi.

– C'est la demeure d'un dieu, et elle sera un cadre digne de tous tes descendants, assura le prince en souriant. Le palais d'Apopi à Het-Ouaret n'était qu'une misérable bicoque en comparaison. La reine a engagé les meilleurs artistes du Sud pour décorer ses colonnes et ses murs. Elle a également commandé des carreaux de lapis-lazuli pour le sol de la salle du trône, et des feuilles d'or pour ses murs. Selon Sa Majesté, il y a suffisamment d'argent et d'or dans le trésor royal pour plaquer la porte du débarcadère d'électrum, comme tu le désires. La splendeur du soleil la fera resplendir, et elle aveuglera tous les pilotes qui voudront la dépasser.

– Ahmès-Néfertari s'est occupée de tout cela ? demanda Ahmosis avec étonnement.

– Elle avait donné ses ordres avant la naissance de la princesse, répondit Sébek-nakht. La reine a mis beaucoup d'elle-même dans cet édifice, sire. Aucune décision n'a été prise sans elle. Sa mère et elle se sont même entretenues de la disposition des pelouses et des parterres de fleurs avec les jardiniers, et elles ont fait venir des sculpteurs de Souénet pour les fontaines. »

Ahmosis ne fit pas de commentaire, de peur de trahir l'émotion qui lui étreignait le cœur. Je me fais honte, pensa-t-il. Pendant que j'assiégeais Het-Ouaret ou que je marchais sur Sharouhen, je n'avais qu'indifférence pour les lettres d'Oueset. Je leur accordais à peine un regard. Ma femme, ma famille, signifiaient moins pour moi qu'une soirée passée à boire et à bavarder avec mes généraux autour d'un feu de camp. Pardonne-moi, Amon. Il hocha la tête et, la gorge serrée, redescendit dans la cour baignée de soleil.

Le onzième jour d'épiphi, deux mois et demi après qu'Ahmosis eut porté Sat-Kamosé à la Maison des Morts, le personnel du temple et toute la cour accompagnèrent la petite fille sur la rive occidentale, où son cercueil fut déposé à côté de celui d'Hent-ta-Hent. Ahmosis ne put s'empêcher de comparer les deux enterrements. En apparence, il n'y avait pas de différence. Les femmes portaient le bleu du deuil, se couvraient la tête de poussière et se lamentaient. Tirant le traîneau où reposait Sat-Kamosé, les deux bœufs roux de la tradition s'étaient avancés lentement vers les tombes en soulevant un nuage de poussière. Amonmosé avait manié le *pesesh-kef* et le *netjéri* pour ouvrir la bouche de la petite fille et redonner vie à ses cinq sens. L'encens était monté en vibrant dans l'air chaud, et les danseuses avaient tournoyé.

Cette fois, cependant, chaque son, chaque mouvement, chaque mot du rituel, me fait souffrir, pensa Ahmosis. À l'enterrement d'Hent-ta-Hent, je suis resté d'une dureté de pierre. Aujourd'hui, toute joie m'a quitté, j'ai le cœur brisé en pensant à elles deux, et tout cela à cause d'un petit être qui tenait dans mes deux paumes ouvertes.

Pendant le banquet funèbre, il vit Ahmosis-onkh se diriger vers la tombe de Kamosé, où Béhek montait toujours la garde. Le chien se leva avec difficulté pour saluer l'enfant, qui caressa sa tête grise. Béhek se fait vieux, pensa Ahmosis. Un jour, les prêtres qui s'occupent des tombeaux viendront faire des offrandes et le trouveront mort. Il faut que je les prévienne qu'ils devront alors l'embaumer et l'enterrer près de son maître. Sa fidélité mérite d'être récompensée.

Ahmès-Néfertari n'avait pas prononcé une parole pendant les rites funèbres. Par moments, ses larmes avaient coulé, et Ahmosis l'avait alors serrée contre lui, mais pour l'essentiel elle était restée immobile, les yeux fixés au sol. Ahmosis ne s'inquiétait plus pour sa santé mentale ou physique. Il savait, parce qu'il le partageait avec elle, qu'il n'y avait pas de désespoir dans son chagrin, mais il sentait aussi qu'elle réfléchissait intensément, profondément.

À leur retour, Ahmosis fut sensible au changement d'atmosphère aussitôt qu'ils posèrent le pied sur le débarcadère. C'était toujours ainsi après un enterrement. Lorsque la période de deuil commençait, un poids oppressant s'abattait sur tous, poids dont ils étaient soulagés comme par enchantement dès que les barques revenaient de la rive occidentale. Alors qu'Ahmès-Néfertari et lui se dirigeaient vers l'entrée de la maison en se tenant par le bras, elle s'arrêta brusquement et l'obligea à attendre qu'Ahhotep, Tétishéri et Ahmosis-onkh les eussent dépassés.

« J'ai quelque chose à te dire, Majesté, déclara-t-elle alors d'une voix rapide. Il y a toujours eu un fond de lâcheté dans mon caractère. Quand j'étais plus jeune, tout ou presque me faisait peur : un présage menaçant, une piqûre d'épine, une parole dure. Je m'attendais en permanence à être frappée par les dieux. Quand la guerre a commencé, j'ai dû affronter de véritables dangers et oublier mes fantômes. Je n'y ai guère réussi. Il a fallu que Kamosé soit assassiné et que tu sois blessé pour que je trouve en moi une étincelle de courage et d'audace. Cela m'a libérée mais, à la mort d'Hent-ta-Hent, toutes mes anciennes terreurs sont revenues. » Elle croisa les bras sur sa poitrine comme si elle avait froid. « Elles m'ont submergée, et je n'ai pas lutté. Pendant que je portais Sat-Kamosé, les eaux ténébreuses de l'apitoiement sur soi et de la pusillanimité s'étaient déjà refermées au-dessus de ma tête et, quand elle est née, j'étais si malade qu'il m'était impossible de manger, de dormir ou de marcher sans éprouver de haine contre toi et contre moi-même. »

Ahmosis voulut la prendre dans ses bras, mais elle s'écarta.

« Non, laisse-moi finir. Rien de tout cela n'était ta faute. Et puis tu es rentré, tu t'es montré tendre et aimant, tu t'es occupé d'elle, de nous deux… et j'ai commencé à avoir honte. » Des larmes coulaient sur son visage, mais elle souriait. « J'ai retrouvé mon courage, Ahmosis. Nous avons perdu nos filles, mais nous aurons d'autres enfants, et je n'aurai plus jamais peur. Je ne refuserai pas la vie. Viendras-tu me faire l'amour, ce soir ? Il y a si longtemps… »

Étonné et profondément ému, Ahmosis la serra contre lui.

« Tout n'est pas ta faute, ma tendre sœur, dit-il d'une voix voilée. Je me suis montré d'un égoïsme impardonnable. Je viendrai ce soir, bien sûr. Rien ne pourrait me faire plus plaisir. »

Ahmosis crut d'abord que ses propos étaient le résultat de l'extrême tension des funérailles, mais Ahmès-Néfertari demeura gaie et affectueuse, et, les jours passant, il en vint à penser qu'elle avait définitivement triomphé des flammes de la culpabilité qui l'avaient brûlée. Ils n'avaient jamais été plus proches l'un de l'autre, faisaient l'amour avec bonheur tous les soirs, donnaient audience ensemble, regardaient Ahmosis-onkh apprendre à nager et présidaient les banquets de plus en plus importants donnés en l'honneur des dignitaires étrangers, des ambassadeurs, et des marchands fortunés qui commençaient à affluer à Oueset, comme des mineurs découvrant un filon d'or dans une grotte jusque-là ignorée.

Ahmosis aurait été entièrement satisfait s'il n'y avait eu Sharouhen. Chaque fois qu'un héraut lui remettait une lettre de ses généraux, il s'enfermait dans le bureau de son père jusqu'à ce que son irritation se dissipe. Sharouhen représentait une tâche inachevée, un cocon monstrueux à la frontière de l'Égypte, et, dans ce cocon, Apopi était une tumeur qu'il convenait d'extirper et d'anéantir. Ahmosis savait qu'il devrait bientôt quitter Oueset, une fois encore.

Il attendit la fin des célébrations du Nouvel An et le commencement de l'Inondation pour en discuter avec sa femme. Les moissons avaient été abondantes. Dans tout le pays, fonctionnaires et gouverneurs envoyaient des présents au roi en lui indiquant que l'Égypte avait retrouvé la fertilité et la paix. Le trésor se remplissait. L'or arrivait avec régularité. Ahmosis jugea le moment bien choisi pour partir. En son absence, Ahmès-Néfertari gouvernerait avec son efficacité habituelle. Il choisit un soir où, n'ayant pas eu d'invités, ils s'attardaient près du bassin, partageant une dernière coupe de vin avant de se retirer dans leurs appartements. La chaleur avait été intense, ce jour-là, et ils s'étaient baignés dans le fleuve au coucher du soleil. À présent, ils regardaient la nuit envahir doucement le jardin. Perchée sur un tabouret, Ahmès-Néfertari faisait coiffer ses cheveux mouillés par Sénéhat tandis que, étendu à ses pieds, Ahmosis suivait distraitement du doigt le contour de ses chevilles délicates. Rassemblant son courage, il s'apprêtait à parler, quand elle le devança.

« J'ai une bonne nouvelle à t'annoncer, dit-elle. Je suis enceinte. Le bébé naîtra au printemps, à la fin de pharmouthi. Tu es content ? »

Il leva les yeux. Elle le regardait en souriant.

« Bien sûr que je suis content, répondit-il en dissimulant sa consternation. Tu en es certaine ?

– Parfaitement certaine. Et parfaitement heureuse, ajouta-t-elle, en le chatouillant du bout du pied. Je suis déjà allée demander une prédiction au voyant. Il a dit que je pouvais compter sur un garçon vigoureux, qui vivra de longues années. »

Mentait-il ? se demanda Ahmosis, qui eut aussitôt honte de ses pensées.

« Oh ! tu le mérites, Ahmès-Néfertari, dit-il en posant un baiser sur ses lèvres. Nous le méritons tous les deux. »

Elle congédia Sénéhat et, avec des gestes rapides et sûrs, se mit à tresser elle-même sa chevelure.

« J'ai une faveur à te demander, Ahmosis, dit-elle sans le regarder. Tu es libre de refuser.

– Je n'ai pas envie de te refuser quoi que ce soit, protesta-t-il. De quoi s'agit-il ? »

Elle évitait toujours son regard.

« Je veux que tu restes auprès de moi jusqu'à la naissance du bébé. Ce n'est pas que j'aie peur, mais j'ai besoin de ta présence. Resteras-tu ? »

Ses mains se figèrent sur sa tresse, et elle attendit, parfaitement immobile, en proie à une tension si palpable qu'Ahmosis comprit que tout ce qui comptait pour elle dépendait de sa réponse. Il ne s'agissait pas d'un test. Ahmès-Néfertari n'avait pas froidement décidé de mettre sa fidélité à l'épreuve. C'était son bien-être futur qu'elle mettait en jeu en cet instant, et elle avait choisi le moment parfait pour le faire. Ahmès-Néfertari savait pertinemment que les troupes d'Ahmosis n'avaient pas, et n'auraient peut-être jamais, besoin de lui à Sharouhen. Sa présence n'était pas non plus indispensable à Oueset, où les rouages du gouvernement continueraient à tourner sans lui, pourvu qu'un suppléant soit prêt à intervenir en cas de besoin. Elle seule avait véritablement besoin de lui, et elle lui demandait si ce besoin était aussi vital pour lui qu'il l'était pour elle. Se mettant à genoux, il prit ses deux mains dans les siennes. Dans la lumière déclinante du soir, ses yeux noirs étaient immenses. Il lui sourit.

« Je resterai, bien sûr », dit-il.

16

L'année suivante, au mois de pharmouthi, Ahmès-Néfertari donna naissance à un garçon vigoureux et plein de santé. Sa grossesse s'était déroulée normalement. Les fantômes du doute et de la peur qui l'avaient assaillie pendant qu'elle portait Sat-Kamosé s'étaient manifestés de temps à autre, mais elle avait lutté contre eux et, avec l'aide d'Ahmosis, en était venue à bout. Lui-même s'était résolument installé dans la routine de la vie de cour et, s'il s'en satisfit d'abord au prix d'un effort de volonté, il finit par lire les rouleaux qui lui parvenaient de Sharouhen en se félicitant que la situation y demeurât inchangée. Il était heureux avec sa femme, heureux de la prospérité croissante de l'Égypte, et si un sentiment fugitif d'insatisfaction le réveillait parfois la nuit, c'était parce que le vieux palais attendait toujours le trône d'Horus et les insignes royaux.

Ahmès-Néfertari et lui passaient une partie de leurs matinées à parcourir les salles et les couloirs majestueux de l'édifice qui serait à la fois leur demeure et le sanctuaire de l'Incarnation divine. La salle du trône était maintenant carrelée de lapis-lazuli et, sur ses murs, enfin couverts de feuilles d'or, on voyait un roi géant, coiffé de la Double Couronne, abattre une hache sur ses ennemis, tandis qu'une Ahmès-Néfertari plus petite agrippait son talon d'une main et élevait un ankh de l'autre. Des artistes s'affairaient dans toutes les pièces, couvrant les colonnes de treilles de vigne, les plafonds d'oiseaux et d'étoiles, les couloirs de fleuves et de bassins où flottaient les fleurs de lotus et nageaient les poissons.

Ahmosis fut ravi quand le premier trésorier Néferpéret lui annonça qu'il y avait désormais assez d'or et d'argent dans le trésor pour commencer la fabrication des portes d'électrum, et que les orfèvres étaient prêts à lui présenter différents modèles. Les échanges commerciaux prenaient de l'ampleur. Du pays d'Ouaouat venaient or, ivoire, ébène, plumes d'autruche et peaux d'animaux exotiques ; du Tjéhénou, des bœufs ; du Keftiou, des rhytons d'or et d'argent, des aiguières, des bols, du bronze, des épées et des poignards de cérémonie, des teintures, des poteries aussi fines que des coquilles d'œuf, décorées de poulpes, de dauphins et d'oursins, et, naturellement, le précieux pavot. L'Égypte n'avait en revanche pas accès au cèdre du Retenou, ni aux chevaux de ces tribus de l'est avec lesquelles avaient traité les Sétiou. Ahmosis se demandait si ces échanges-là reprendraient jamais, mais sans s'appesantir sur la question. Les dieux ne lui avaient pas ménagé leurs faveurs, et il veillait à leur en être reconnaissant.

Lorsque Amonmosé se déplaça personnellement pour venir apprendre à Ahmès-Néfertari que les astrologues avaient choisi le nom d'« Amenhotep » pour son fils, elle fut au comble de la joie.

« Amon-est-satisfait ! s'exclama-t-elle, en frottant son nez contre celui du bébé. Quel nom merveilleux ! Cela signifie sûrement que le dieu va cesser de nous mettre à l'épreuve, tu ne crois pas, Ahmosis ? Il est satisfait de ce que nous avons fait pour lui ! »

Ahmosis contempla Amenhotep, qui gazouillait, souriait et agitait ses bras dodus.

« Vu la façon dont il mange et les coups de pied qu'il donne, ils auraient dû l'appeler Taureau-puissant-d'Oueset, plaisanta-t-il.

– Le voyant lui a prédit un avenir glorieux, sire, intervint Amonmosé. Une vie longue et paisible.

– Je suis si heureuse, murmura Ahmès-Néfertari. Si heureuse ! Le prince Amenhotep. Ce sera un grand guerrier et un excellent gouverneur, comme son père.

– Et il sera brave et obstiné comme sa mère, renchérit Ahmosis en l'embrassant sur la joue. Lorsque tu auras fini d'admirer ton œuvre, viens te promener sur le fleuve avec moi. La soirée est fraîche et douce, et j'ai besoin d'attention, moi aussi. »

Il resta à Oueset trois mois encore afin de s'assurer de la bonne santé d'Ahmès-Néfertari et de son enfant. On était entré dans la saison de shemou, et la chaleur était suffocante. Pachons et payni s'écoulèrent, puis vint épiphi, le mois où, dans toute l'Égypte, les paysans moissonnaient et battaient le blé, où les vignerons piétinaient dans les cuves un raisin mûr à éclater.

Ahmosis se rendit dans les appartements de sa femme et, ne l'y trouvant pas, monta sur la terrasse. Ahmès-Néfertari était étendue sur une natte, en compagnie de Sénéhat. La tête appuyée sur un coussin, elle contemplait les étoiles qui embrasaient le ciel d'été. Il s'assit près d'elle, et Sénéhat lui apporta aussitôt à boire.

« Il a fait une chaleur insupportable dans la maison, aujourd'hui, murmura Ahmès-Néfertari. Il est temps de commencer à dormir dehors. Même l'air qui entrait par les colonnes de la salle de réception, ce soir, pendant le banquet, semblait trop chaud. Comme c'est beau, ici, Ahmosis ! »

Il approuva de la tête, parcourant lentement du regard les lignes de son corps nu. Pour éviter que les insectes attirés par la flamme ne la dérangent, l'unique lampe avait été placée loin d'elle, et sa lumière dorée éclairait ses genoux et ses hanches satinés, le léger renflement de son ventre, le galbe de ses seins, laissant le reste dans l'ombre. Elle était belle, et elle lui appartenait. Il sentit sa main se poser sur la sienne.

« Je sais pourquoi tu es ici, mon cher Ahmosis, dit-elle. Tu veux repartir dans le Nord, n'est-ce pas ? »

Surpris de son intuition, il se pencha pour voir son visage. Elle lui souriait avec mélancolie.

« Je ne le veux pas, Ahmès-Néfertari, mais tu as deviné juste. Il faut que je reparte. Il est temps.

– Je sais, dit-elle en s'asseyant. Tu vas terriblement me manquer. Nous avons passé une année merveilleuse, n'est-ce pas ? Et tu ne seras pas là lorsque Amenhotep fera ses premiers pas, lorsqu'il prononcera ses premiers mots… C'est dommage. »

Il n'y avait aucun reproche dans son ton, seulement du regret.

« Ahmosis-onkh l'appelle Ahmosis-onkh-ta-sherit, poursuivit-elle en riant. Il s'assied près de son panier et lui dit de se dépêcher de grandir pour qu'ils puissent tirer à l'arc et lire des histoires ensemble. Il se sentait seul, je crois.

– Sans doute. "Ahmosis-onkh le Jeune". C'est charmant. Mais je compte bien ne rien manquer des progrès d'Amenhotep. Je ne vais à Sharouhen que pour disperser l'armée et ramener les divisions d'Oueset dans leur caserne.

– Ahmosis ! s'exclama-t-elle, stupéfaite. Tu renoncerais au siège ? Tu laisserais Apopi en liberté ? Mais pourquoi ?

– Parce que Sharouhen est imprenable. Les habitants ont les produits de leurs jardins et l'eau de leurs puits. Je suppose qu'à la longue quelque chose finirait par se produire. La population pourrait devenir trop importante, par exemple, ou être ravagée par une épidémie, mais ce sont là des événements imprévisibles. Les Keftiou n'approvisionneront pas éternellement mes troupes en eau, et je ne peux pas non plus attendre de mes soldats qu'ils meurent de vieillesse, d'inactivité et de frustration. » Il haussa les épaules. « Je casernerai une division dans les forts qui constituent les Murs du Prince, à la frontière de l'Égypte. Quant aux autres, je les répartirai dans différentes villes – dans le Delta, à Iounou, à Mennéfer, peut-être à Khmounou – de façon que les hommes puissent être renvoyés chez eux à tour de rôle tout en restant disponibles en cas de besoin. Les divisions d'Amon et de Rê reviendront avec moi et s'installeront dans leur nouvelle caserne avec leurs femmes et leurs familles.

– Mais que fais-tu d'Apopi ? insista Ahmès-Néfertari. Pour Kamosé et toi, il était le symbole de l'oppression. Le laisser en vie, c'est laisser votre tâche inachevée. Et puis, il y a ses fils. S'ils survivent, ils prétendront au trône d'Égypte.

– Je sais, répondit-il avec calme. J'ai passé ces dernières semaines à tourner le problème dans tous les sens. Il n'y a pas d'autre solution, Ahmès-Néfertari. Je ne vois aucun moyen d'arracher Apopi et ses fils à ces murs de pierre. Je laisserai des éclaireurs dans la région, et les divisions stationnées à Iounou et à Mennéfer pourront marcher rapidement sur Sharouhen si une occasion se présente, mais je ne vais pas gâcher ma vie à attendre dans une tente que quelque chose se passe. Je veux être ici, avec les enfants et toi, avec mes ministres et mes chefs ; je veux m'occuper de l'Égypte et la regarder s'épanouir. »

Il congédia Sénéhat et s'étendit, attirant Ahmès-Néfertari dans ses bras.

« Je ferai fabriquer un autre trône, de nouveaux insignes royaux, et je tâcherai d'oublier mon échec final, reprit-il. J'ai décidé qu'en échange de tout ce qui m'est précieux, le prix valait la peine d'être payé. »

Elle demeura longtemps silencieuse, et il pensait qu'elle s'était endormie quand elle déclara :

« C'est la volonté des dieux qui détermine notre destin. Rends-toi au temple avant de partir. Sacrifie un taureau à Amon et prie que notre vengeance soit enfin complète. Il ne t'abandonnera pas maintenant, à l'ultime moment, Ahmosis. N'oublie pas que je suis son second prophète. J'ai le sentiment que la guerre n'est pas encore finie.

– Je respecte tes intuitions, dit Ahmosis, sans beaucoup de conviction. Je ferai ce que tu souhaites, Ahmès-Néfertari, même si je n'ai pas ta confiance. Et maintenant, à toi de faire ce que je veux. Embrasse-moi ! C'est peut-être la dernière fois que nous faisons l'amour sur la terrasse de cette maison. Emménage dans le palais quand je serai parti, et fais installer la porte d'électrum afin qu'elle resplendisse de tous ses feux à mon retour. »

Ahmès-Néfertari se souleva sur un coude et appuya ses lèvres sur les siennes. J'ai raison de me résigner à cette petite défaite, pensa-t-il en l'enlaçant. C'est une question de priorité. Il savait cependant que, jusqu'à la fin de ses jours, il conserverait dans l'âme une pointe d'amertume.

Accompagné d'Akhtoy, d'Héqaib, d'Ipi, de Khabekhnet, d'Ankhmahor et des gardes, Ahmosis partit le douzième jour d'épiphi, le lendemain du jour anniversaire de l'enterrement de Sat-Kamosé. La veille, Ahmès-Néfertari et lui étaient allés déposer des offrandes de fleurs, d'huile, de fruits et de pain devant sa tombe. La main dans la main, sous un soleil impitoyable, ils avaient écouté Amonmosé réciter les prières du souvenir et intercéder pour le ka de la petite fille. Ahmosis n'avait pas éprouvé de tristesse, seulement un immense amour pour le nouveau-né qui avait fait fondre son cœur, et dont la courte vie avait permis à Ahmès-Néfertari et à lui de se réconcilier.

Ensuite, après avoir pris congé d'Ahhotep et de Tétishéri, il avait emmené Ahmosis-onkh en char dans le désert pour lui donner sa première leçon de conduite, puis s'était rendu au temple afin d'y accomplir le sacrifice promis à sa femme. Quand le sang du taureau coula dans le récipient sacré, il s'efforça de prier avec ferveur pour une victoire définitive, mais ne réussit pas à se concentrer. Fais ce que tu veux, roi de tous les dieux, dit-il finalement à son protecteur. Tu nous a conduits de l'occupation à la liberté en nous infligeant de grandes souffrances. Si au dernier moment tu choisis d'épargner notre ennemi, c'est ton droit suprême.

Il passa la soirée avec Ahmès-Néfertari et discuta avec elle des affaires du royaume, dont elle aurait la charge en son absence. Puis, après être allé embrasser son fils endormi, il se retira dans ses appartements. Alors qu'il attendait le sommeil, il s'aperçut qu'Oueset commençait déjà à lui manquer, signe qu'il s'était entièrement fait à l'idée de laisser Sharouhen à son isolement.

Il dormit profondément et sans rêve jusqu'à ce qu'Akhtoy le réveille, deux heures avant l'aube.

«Les navires sont prêts, sire, dit-il. De l'eau chaude t'attend aux bains. Selon ton souhait, Ouni ne réveillera pas ton épouse. Désires-tu manger tout de suite?»

Ahmosis se redressa. L'air était épais et lourd dans la pièce, et il avait vaguement mal à la tête.

«Je mangerai au lever du soleil, sur le navire, répondit-il. Je vais aller me laver. Khabekhnet a-t-il envoyé un héraut prévenir les généraux de mon arrivée?

– Oui. Le grand prêtre t'attend près du débarcadère pour verser sous tes pas le sang et le lait purificateurs.

– Ah bon? Mais pourquoi? Je ne m'embarque pas pour une nouvelle expédition, ni pour un voyage officiel.

– La reine Tétishéri l'a ordonné, répondit Akhtoy. Elle s'est fait conduire au temple, hier, juste après la sieste. Elle aussi t'attend, d'ailleurs.»

Ahmosis échangea un regard résigné avec son serviteur.

«Très bien, dit-il. Donne-moi ce pagne, Akhtoy, que j'aille aux bains. Moi qui voulais partir discrètement!...»

Amonmosé et sa grand-mère l'attendaient patiemment. La nuit était encore noire, et Isis, la servante de Tétishéri, tenait une lampe. La vieille dame était enveloppée dans un manteau, comme au plus fort de l'hiver. Ahmosis s'avança vers elle d'un pas hésitant, ne sachant à quoi s'attendre. Il ne lui avait rien dit de son intention d'abandonner le siège de Sharouhen, de peur d'essuyer une avalanche de reproches, mais peut-être l'avait-elle tout de même appris et s'apprêtait-elle à le couvrir d'imprécations. Lorsqu'il arriva près d'elle, toutefois, elle l'étreignit avec force.

«Pendant ma sieste, hier, j'ai rêvé que tu tuais une oie, déclara-t-elle sans préambule. Tu tenais cet animal fermement sous ton bras, et tu avais sa tête dans la main. Tu plongeais d'abord ton couteau dans sa poitrine, puis tu lui tranchais le cou. Du sang giclait sur ton torse et coulait sur tes jambes. Un sang rouge épais, Ahmosis, et l'oiseau avait des plumes d'un blanc éclatant.» Elle tourna vers lui un visage solennel. «Je jure que, à ce moment-là, j'ignorais que tu partais dans le Nord disperser l'armée. Je ne l'ai compris que plus tard, quand Ahmosis-onkh m'a dit que tu avais promis de revenir très vite.» Ses yeux brillaient de triomphe. «Un rêve comme celui-là est rare, et son interprétation ne fait aucun doute : tu tueras ton ennemi.

– Je suis impressionné, Tétishéri, dit-il aussi gentiment qu'il le put. Akhtoy a fait un rêve semblable, juste avant que les portes d'Het-Ouaret s'ouvrent. Cependant, si tu me le racontes pour me convaincre de rester devant Sharouhen, tu perds ton temps. Je vais lever le siège. Ma décision est prise.»

Il se raidit, s'attendant à essuyer une tempête de protestations, mais Tétishéri se contenta de hocher la tête.

«Tu es le roi, dit-elle de façon totalement inattendue. Tes décisions sont conformes à la Maât. Tu as néanmoins sacrifié un taureau dans l'espoir qu'Amon t'accorderait cette dernière victoire, il me semble ?

– En effet, mais…

– Amonmosé a apporté du lait mêlé au sang de ton offrande, coupa-t-elle d'un ton impérieux. Cela sanctifiera ton départ et guidera tes pas jusqu'à Apopi. Tout ce que je te demande, c'est de rester une semaine devant Sharouhen. Une semaine. Feras-tu cela pour moi ?

– Il faudra plus d'une semaine à l'armée pour plier bagage et se mettre en marche, répondit Ahmosis. Mais oui, grand-mère, je peux te le promettre.

– Merci.»

C'était dit avec une telle humilité qu'il en fut désarmé. La soulevant de terre, il planta un baiser sur sa joue parcheminée. Sans rien perdre de sa dignité, elle fit signe au grand prêtre de commencer le rituel. Celui-ci se mit aussitôt à chanter et, précédant Ahmosis, répandit sous ses pieds le liquide rose, qui ruissela sur les marches du débarcadère et alla se diluer dans l'eau noire du fleuve.

«Pars, maintenant! enjoignit Tétishéri d'un ton pressant. Les navires des serviteurs ont déjà remonté leurs passerelles. Je prierai pour toi tous les jours. Ne lave pas tes sandales. Porte la bénédiction du dieu sur toi jusqu'au Retenou.

– Prends soin de mes fils, réussit à dire Ahmosis.

– Ne crains rien», répondit-elle en souriant.

Le sang et le lait n'étaient pas poisseux, car les dalles étaient fraîches. Ahmosis sentit néanmoins le liquide s'insinuer sous la plante de ses pieds lorsqu'il descendit les marches. Dès qu'il fut à bord, il salua de la main Amonmosé et sa grand-mère. Elle ne lui rendit pas son salut. Elle serrait de nouveau étroitement son manteau autour d'elle et, pour une fois, en contemplant ses cheveux gris épars sur ses épaules, les traits impérieux de son visage adoucis par la lumière incertaine de la lampe, Ahmosis éprouva une affection sans réserve à son égard.

Les cordages furent jetés à l'eau. Qar lança un ordre au pilote, et les rameurs plongèrent leurs avirons dans l'eau. Lourdement, le *Septentrion* s'éloigna de la rive. Avant que son domaine ne disparût à sa vue, Ahmosis vit Tétishéri se diriger d'un pas digne vers la maison endormie.

Le voyage se déroula sans incident. S'il ne se pressa pas, Ahmosis ne s'arrêta pas non plus à Khmounou pour y voir Ramosé. Il arriva à Het-Ouaret à la fin de la première semaine de mésorè, après avoir passé de longues heures sur le pont de son navire à regarder les paysans moissonner dans les champs. Dans le Delta, les villageois s'affairaient aussi : c'était le temps des vendanges et de la cueillette des fruits. Ahmosis était profondément heureux de la nouvelle harmonie que connaissait son pays bien-aimé. Partout on sentait l'espoir et l'abondance, une confiance neuve dans la sécurité qu'il installait en Égypte. Que Sharouhen tombe ou non, les hentis de domination étrangère disparaissaient rapidement des esprits et des souvenirs de ses sujets. Mais ni moi ni mes descendants n'oublierons, se promit-il. Je veillerai à ce que tous les futurs roi d'Égypte se rappellent cette époque, de façon que l'Égypte ne devienne plus jamais la proie d'hommes rapaces qui-vivent-sans-Rê.

À Het-Ouaret, la nouvelle de son arrivée l'avait précédé, et Mésehti l'attendait avec son char. Après s'être entretenu quelques heures avec Khéty et Sébek-khou au sujet de la ville et de la démolition de ses murs, toujours en cours, Ahmosis prit la route d'Horus avec son escorte. Il n'avait pas vu Abana. L'amiral faisait voile vers le Retenou sur l'un des navires chargés d'approvisionner l'armée en l'eau. Ahmosis le retrouverait donc devant Sharouhen.

À cette période de l'été, les plaines inondables étaient sèches et dures. Même la mer des Roseaux avait perdu de sa taille. Ahmosis progressa avec rapidité. Dans l'un des forts des Murs du Prince, il passa une bonne soirée avec les généraux Iyméri et Néferséchemptah, qui lui apprirent que les Murs seraient bientôt totalement réparés et pourvus des garnisons adéquates. En buvant leur bière et en mangeant leur pain grossier, Ahmosis se dit qu'il était agréable de se retrouver parmi des soldats, mais moins que d'être assis auprès d'Ahmès-Néfertari et de leur fils dans le jardin de sa maison, de bavarder avec sa femme après une longue journée torride. Sa famille lui manquait déjà.

Huit jours plus tard, le porte-enseigne Idou et un détachement des soldats d'Amon vinrent à sa rencontre et, entouré par les gardes, Ahmosis pénétra dans l'enceinte du camp. Il aurait pu le quitter la veille. C'étaient les mêmes rangées ordonnées de tentes, la même odeur de viande rôtie, les mêmes allées et venues de soldats, les mêmes chars d'officier aux roues étincelantes. Loin sur sa droite, à l'orée du désert, un nuage de poussière lui apprit que des troupes étaient à l'exercice.

Tandis qu'Akhtoy s'occupait de faire installer sa tente, et que Khabekhnet allait convoquer les généraux, Ahmosis se fit conduire à proximité de la forteresse. J'avais gardé une image exacte du camp, pensa-t-il, mais je me représentais Sharouhen plus petite, peut-être parce que je désirais si désespérément la conquérir. En réalité, elle est plus imposante que jamais, et ses murs sont plus hauts et plus impressionnants que dans mon souvenir. Fais-je bien de renoncer à ma vengeance ? Je me demande si mes généraux approuveront.

Ils se réunirent en fin d'après-midi dans l'ombre de sa tente. Il faisait chaud, et les hommes acceptèrent avec plaisir l'eau et la bière qu'Akhtoy leur servit. Les observant avec attention, Ahmosis leur trouva un air abattu. Bien qu'apparemment heureux de son retour, ils bavardaient peu et riaient encore moins. Après les avoir salués, Ahmosis les pria de lui faire leur rapport.

Ce fut Kagemni qui commença. Il avait le front plissé et luisant de sueur sous sa coiffure de lin rouge, et de la poussière collait à son visage.

«La ville ne nous a transmis aucun message, Majesté. On nous regarde de temps à autre du haut des remparts, mais, dans l'ensemble, on nous ignore. Il nous faudrait davantage d'eau. La chaleur est terrible, en été, et le vent, qui venait auparavant de la mer, souffle maintenant du nord, ce qui soulève le sable du désert et rend les hommes irritables. Ils n'ont pas la possibilité de se baigner pour soulager leur inconfort.

– Nous avons pris l'initiative de les envoyer à tour de rôle au bord de la mer afin qu'ils puissent se détendre et se laver dans la Grande Verte, intervint Akhtihotep. Mais beaucoup ont peur des vagues. La nourriture ne pose aucun problème. Le général Hor-Aha a transformé ses Medjaï en chasseurs. Ils parcourent les montagnes et rapportent régulièrement du gibier.

– Les maladies des yeux ont augmenté, déclara Baqet. Les médecins ont envoyé chercher des onguents à Het-Ouaret. C'est dû à la luminosité du désert et à la poussière. Il n'y a aucun abri, ici, rien de vert.

– Les Medjaï sont satisfaits de leur sort, dit Hor-Aha. Mais le reste des troupes se plaint quotidiennement à ses officiers. De plus, ce doit être la saison des sauterelles. Mes hommes en ont vu de gros essaims dans la mince bande de terre fertile qui s'étend au pied des montagnes. Ils n'en ont pas peur, mais on aperçoit ces nuages noirs du camp, et cela inspire des craintes superstitieuses aux autres soldats. Ils y voient un présage de désastre.»

Ahmosis observa son ami. Il était le seul qui semblait avoir profité de son séjour dans cet endroit perdu : sa peau noire avait l'éclat de la santé, ses yeux brillaient, et ses cheveux, qui avaient repoussé, luisaient sur ses larges épaules. À la différence des autres, il ne transpirait pas. Ahmosis frappa sur la table.

« J'ai décidé de renoncer au siège, déclara-t-il. Ce que vous venez de me dire ne fait que me conforter dans ma décision. Il est temps de reconnaître notre défaite, et de nous retirer derrière les Murs du Prince. Aucun Égyptien n'aime rester trop longtemps éloigné de son pays. » Personne n'émit d'objection, et Ahmosis sentit qu'ils étaient soulagés. « Je vois que vous êtes d'accord, poursuivit-il. Vous pouvez donc informer vos officiers que nous nous mettrons en route dans une semaine. Je vous indiquerai plus tard l'affectation des différentes divisions. À présent, je vous invite à dîner en ma compagnie. Je suis heureux d'être de retour parmi vous. »

Après leur départ, il n'eut pas envie de rentrer dans sa tente. La lumière baissait et, avec elle, la chaleur. Le vent, en revanche, soufflait toujours par rafales, plaquant son pagne contre ses cuisses et faisant voleter les pans de sa coiffure. Accompagné d'Akhtoy, il se dirigea vers la forteresse, attiré par l'inflexibilité rude de ses pierres, par l'impression de totale indifférence qu'elle donnait. Il essaya vainement d'imaginer ses portes ouvertes, les allées et venues des habitants et des charrettes sur la route menant à la mer, les cris des enfants et les bavardages des femmes. Bien que trop réelle, trop solide, pour être un mirage, Sharouhen avait quelque chose d'un rêve. Je ne verrai jamais ce qui se cache derrière ces murs, se dit-il. Quelque part à l'intérieur, Apopi et Tani mangent et dorment, marchent et bavardent, mais je n'arrive à me représenter que deux statues raides et immobiles, qui ne respirent ni ne clignent les yeux. Tout en sachant que ses remparts de pierre étouffent tout bruit, je n'arrive pas à me débarrasser de l'idée absurde que Sharouhen est peuplée de créatures sans vie.

Trois jours de suite, il se leva de bonne heure, se fit conduire aussi près que possible de la ville et passa la matinée à contempler la porte sud, assis à l'ombre d'un dais. Il n'avait aucune tâche à accomplir. Malgré la vague d'enthousiasme qui avait parcouru le camp à l'annonce de sa décision, Ahmosis ne pouvait s'empêcher de regretter ce repli. Il se rappelait l'arrogance railleuse du commandant de la place, qui n'avait même pas daigné donner son nom. J'aurais aimé rabattre son orgueil, pensa-t-il. Qu'est-il d'autre que le maître de sa ville, et pourtant, moi, le roi d'Égypte, je vais filer comme un chien battu sous son regard méprisant.

Le quatrième jour, alors qu'il était assis à sa place habituelle et que la mince étoffe du dais claquait au vent, un homme apparut soudain sur le rempart. Ankhmahor poussa une exclamation, imité par les gardes. Ahmosis se leva, se rappelant brutalement le rêve de sa grand-mère et la promesse qu'il lui avait faite de rester une semaine devant Sharouhen. L'homme emboucha un cor et souffla.

« Égyptiens ! cria-t-il. La reine Tautha désire s'entretenir avec son frère ! Laissez-la le rejoindre. Elle sera sans armes. »

Mille idées se bousculèrent dans l'esprit d'Ahmosis, mais il pensa avant tout que la porte allait s'ouvrir. Ses soldats pouvaient-ils en profiter pour passer à l'attaque ? Non, le temps manquait pour les rassembler. Dans ce cas, pouvait-il tenter une entrée avec les seuls gardes ? L'homme n'avait pas attendu qu'on lui réponde. Il avait disparu aussi vite qu'il était apparu. Déjà, la porte s'entrouvrait, une petite silhouette s'avançait. C'était Tani, sans escorte, une femme solitaire traversant l'étendue brûlante qui la séparait de lui. Le vent agitait les glands de sa robe et faisait voleter ses cheveux.

« Mésehti ! Le char ! » cria Ahmosis.

Les gardes regardaient Tani, eux aussi, la main sur la garde de leur épée. Ils s'attendent peut-être qu'elle se jette sur moi, un poignard à la main, pensa stupidement Ahmosis. Puis sa sœur fut devant lui, les yeux plissés à cause de l'éclat du soleil, les mains ouvertes.

« Je n'ai pas d'arme, dit-elle à Ankhmahor d'un ton légèrement sarcastique. Bonjour, Ahmosis. Il faut que je te parle, immédiatement et en privé. C'est possible ? »

En guise de réponse, il indiqua le char. Elle y monta, et il l'imita. Répondant au claquement de langue de Mésehti, les chevaux partirent au galop en direction de la tente. Ahmosis n'avait pas encore prononcé une parole.

Une fois arrivés, il renvoya Akhtoy et se tourna vers sa sœur.

« M'apportes-tu la capitulation de Sharouhen ? demanda-t-il sans grand espoir.

– Bien sûr que non ! » s'exclama-t-elle avec brusquerie avant d'ajouter, avec plus de douceur : « Je suis heureuse de te revoir, Ahmosis. »

Il refusa de se laisser attendrir.

« Que veux-tu ? En aurais-tu assez des Sétiou ? Si tu es venue m'implorer de t'envoyer à Oueset, j'accepte avec plaisir, Tani. »

Elle se mordit la lèvre et détourna le regard.

«J'ai besoin de ton aide, murmura-t-elle. Mon mari est très malade. Il lui faut du pavot pour soulager sa douleur, et nous n'en avons pas. Sharouhen en recevait du Keftiou, mais le siège a coupé les approvisionnements. Puis-je m'asseoir ?» Il acquiesça de la tête, et elle s'effondra dans un fauteuil. «Je sais combien tu le hais, reprit-elle. Je te supplie cependant d'avoir pitié d'un être humain qui souffre.

– Il est malade ? répéta Ahmosis avec étonnement. Apopi ? Qu'a-t-il ?

– L'escalier de la maison où nous habitons est très raide, expliqua-t-elle. Il a trébuché sur quelque chose en le descendant, sur un caillou peut-être. Les gardes l'ont rattrapé en bas, mais il était trop tard. Il s'était cassé la jambe.

– Une jambe cassée ? Mais…

– Il avait trois vilaines fractures, interrompit-elle. Des éclats d'os sortaient de la chair. Il hurlait. Oh ! Ahmosis, c'était terrible. Il a continué à crier pendant qu'on le transportait jusqu'à son lit. Quand son médecin a essayé de remettre les os en place, il s'est évanoui. C'était il y a trois jours. Depuis, l'oukhédou a commencé à se répandre. Laver sa jambe et l'enduire de baume n'a servi à rien. Elle a enflé, et les plaies suintent. On peut à peine le toucher sans qu'il hurle de douleur. Ce matin, je l'ai laissé trempé de sueur, et agité de frissons comme en plein hiver.» Son visage se contracta, et elle fondit en larmes. «Son médecin est un incapable ! s'écria-t-elle. Il meurt, et dans des souffrances que tu ne peux imaginer ! Je t'en prie, donne-moi du pavot !»

Prenant une serviette de lin sur la table, elle s'en tamponna les yeux, les épaules secouées de sanglots. Ahmosis la regardait. Il n'était pas indifférent à sa détresse, mais la nouvelle l'emplissait d'une joie malveillante qui le faisait presque sourire. Apopi était à l'agonie, et il ne mourait pas rapidement, d'une flèche dans la poitrine ou d'un coup d'épée, mais lentement, dans d'intenses souffrances. Ahmosis n'aurait pu rêver une vengeance plus totale. Amon avait vu que Sharouhen était imprenable, et sa main était allée frapper Apopi à l'intérieur de ses murs. Le dieu avait récompensé la confiance et la persévérance de ses serviteurs. Il avait exaucé leurs prières et envoyé un rêve à Tétishéri pour les en avertir. Par cet acte de vengeance divine, le dieu avait définitivement apposé son sceau puissant sur l'Égypte, et la Maât était enfin rétablie. Qu'il souffre, pensa Ahmosis avec sauvagerie. Que la main d'Amon se resserre sur lui et qu'il boive le vin amer de l'angoisse jusqu'à la lie .

Mais une autre idée s'insinua alors dans son esprit, et il fit un pas vers sa sœur.

«Non, dit-il avec fermeté. Je ne te donnerai pas de pavot. Peu m'importe qu'Apopi meure dans d'atroces souffrances ou anesthésié par cette drogue : il me suffit qu'il disparaisse. Néanmoins, si tu l'amènes ici, et si tu me fais également apporter le trône d'Horus et les insignes royaux, il pourra avoir tout le pavot dont il a besoin.»

Elle releva la tête avec brusquerie, le sang se retira d'un coup de son visage.

«Ahmosis ! s'exclama-t-elle. Tu n'as donc aucune pitié ?

– Aucune, répondit-il en s'asseyant près d'elle. À cause de cet homme, père est devenu un invalide ; à cause de lui, Kamosé a été assassiné. Il voulait envoyer grand-mère dans un harem pour vieilles femmes, marier Ahmès-Néfertari à un homme du peuple, envoyer Kamosé à Silè, une forteresse de la frontière. Il m'avait condamné à finir mes jours dans le pays de Koush, à combattre les tribus qui refusaient de se soumettre à sa loi. Si Kamosé n'avait pas rassemblé son courage et décidé de se révolter, notre famille aurait été non seulement séparée, mais humiliée. Voilà l'homme pour qui tu plaides, conclut-il en croisant les bras. Non, ma compassion ne va pas jusque-là. Je t'ai donné le choix : repars les mains vides, ou amène-le-moi avec les objets sacrés qu'il a volés. Jusqu'où va ta propre compassion ?»

Elle jeta le linge trempé qu'elle étreignait et se leva. Des sanglots la secouaient encore, mais elle était de nouveau maîtresse d'elle-même.

«Je ne suis pas ici pour marchander ! jeta-t-elle. J'étais venue implorer la pitié d'un frère. Mais il n'a plus de cœur, il s'est transformé en démon !

– Crois ce qu'il te plaira, répondit Ahmosis avec froideur. Je me moque d'Apopi, et ne me soucie que très peu de ton sort.

– Tu le tuerais dès qu'il apparaîtrait !

– Ne dis pas de bêtises. À moins que tu n'aies menti, il est déjà mourant. Tu as ma parole que mon médecin s'occupera de lui, si je récupère mon trône et ma couronne. Eh bien, que décides-tu ? »

Elle se dirigea d'un pas incertain vers la sortie, et il la suivit des yeux.

« Jamais je n'aurais imaginé que tu puisses devenir aussi cruel, Taureau puissant de Maât, murmura-t-elle d'une voix étranglée. Je vais te l'amener, bien sûr. Seul un criminel endurci pourrait supporter de le regarder souffrir sans rien faire, et je l'aime. Sa famille te maudira, et je te maudis, moi aussi.

– Qu'il vienne sur-le-champ ! » lança Ahmosis alors qu'elle écartait le rabat de la tente.

Il sortit aussitôt et la vit courir vers la ville, les cheveux au vent, sa robe traînant dans la poussière.

« Que Mésehti la prenne dans son char et l'emmène jusqu'à la porte, ordonna-t-il à Ankhmahor. Ensuite, tu iras trouver Touri. Qu'il rassemble cinquante hommes et attende devant la porte sud. Elle va ressortir avec Apopi. Touri les escortera jusqu'à ma tente.

– Comment es-tu parvenu à ce résultat, sire ? demanda Ankhmahor, les yeux brillants.

– Tu vas bientôt le comprendre », répondit Ahmosis.

Un sentiment de culpabilité l'étreignit fugitivement, lui donnant la nausée, mais il redressa les épaules, et le malaise s'estompa. Je regrette, Tani, pensa-t-il. Il n'est pas vrai que je n'ai plus d'affection pour toi, mais je ne pouvais pas laisser passer cette occasion. Tu comptes moins que les symboles de la stabilité de l'Égypte. Il appela Akhtoy.

« Fais dresser une tente près de la mienne et va chercher mon médecin, ordonna-t-il. Tu diras aussi à Héqaib d'apporter une cruche de vin. La journée promet d'être très longue. »

Étendu sur son lit, une coupe de vin en équilibre sur le torse, Ahmosis écouta les serviteurs monter l'autre tente, et y transporter lit, table et chaises. Il avait ouvert son tabernacle et s'était prosterné devant son dieu pour le remercier. Il avait aussi prié que Tani ne rencontre pas d'obstacles. Que se passerait-il si les fils d'Apopi élevaient des objections, ou si la première épouse Ouazet s'accrochait à son mari en refusant de le laisser partir ? Le cœur battant, il sentait qu'il approchait du point culminant de sa destinée. Le dieu avait agi. La suite dépendait du roi.

Le soir tombait quand il entendit enfin les bruits qu'il attendait : des voix excitées, le roulement d'un char et le piétinement d'un détachement de soldats. Il se précipita hors de sa tente. On posait à terre deux litières aux rideaux tirés, et Touri renvoyait ses hommes. Tani descendit du char de Mésehti, qui partit aussitôt vers les écuries. Sans regarder son frère, la jeune femme fit signe à quelques gardes d'approcher, puis ouvrit les rideaux de la première litière. Aussitôt, une odeur de chair en putréfaction se répandit dans l'air. Les gardes blêmirent lorsqu'ils se penchèrent pour soulever l'homme gémissant étendu sur une paillasse. Tani, elle, resta impassible. Ahmosis aussi.

Le médecin et son assistant attendaient dans la tente. Après avoir déposé Apopi avec précaution sur le lit, les gardes se retirèrent. Le médecin retira le drap taché qui couvrait le blessé, et Ahmosis ne put retenir une exclamation. Apopi ne portait qu'un pagne, déjà souillé d'excréments. Une de ses jambes était agitée de tremblements irrépressibles, l'autre n'était qu'un magma de chair purulente. Des vers rampaient et se tortillaient sur les morceaux d'os qui dépassaient des plaies suppurantes. Dans l'espace clos de la tente, la puanteur était devenue oppressante. Seul le médecin ne semblait pas affecté.

« Va chercher un récipient, ordonna-t-il à son assistant. Il faut commencer par enlever ces parasites. Pendant que je m'en occupe, tu iras chercher de l'eau chaude pour le laver. Sa mort n'est qu'une question d'heures, Majesté, poursuivit-il à l'adresse de Tani. Nous ne pouvons rien contre les fractures de ce genre. Même des médecins égyptiens auraient été impuissants à le sauver. Tout ce que je peux lui apporter, c'est la bénédiction de l'inconscience. »

Elle acquiesça de la tête, les traits déformés par le chagrin.

Ahmosis s'avança plus près, essayant de retrouver l'Apopi qu'il connaissait dans le mourant qu'il avait sous les yeux. L'homme dont il gardait le souvenir gravé dans la mémoire était plus grand que la moyenne, avec des épaules larges et de longues jambes élégantes. Long lui aussi, presque trop mince, son cou soutenait une tête fort peu égyptienne, aux pommettes hautes, au menton pointu et aux yeux marron rapprochés. Sa bouche, incurvée vers le bas, lui donnait l'air maussade. À présent, Apopi avait le visage luisant de sueur, les yeux caves, la bouche déformée par un rictus de douleur; il ne ressemblait plus en rien au roi paré de bijoux et vêtu de lin tissé d'or qui, assis sur le trône d'Horus, avait jugé et condamné les Taâ. Il n'était plus qu'un être humain réduit à l'état d'animal blessé.

Apopi ouvrit brusquement les yeux. Sa respiration était haletante, et chaque expiration se terminait par une plainte, mais il cherchait manifestement à parler. Lentement, ses yeux se fixèrent sur Ahmosis. En dépit de sa répugnance, celui-ci se pencha vers lui.

« Ahmosis Taâ, murmura le Sétiou. Je me doutais peu, le jour où je vous ai réunis devant moi à Oueset, des forces d'amertume et d'obstination que je libérais en vous condamnant. J'ai payé cher mon aveuglement.

– Mon père et mon frère aussi, répliqua Ahmosis. De même que beaucoup d'Égyptiens. Cette guerre a été meurtrière et cruelle, Aouserrê Apopi.

– Tu es roi, à présent. J'ai sous-estimé et votre fierté et votre ténacité. Mes dieux m'ont abandonné. Ils me laissent mourir dans ta tente comme une bête indésirable. Alors que j'ai fui pour me réfugier à Sharouhen, me voici de nouveau en Égypte. En Égypte ! »

Il poussa une série de plaintes, et ses yeux se révulsèrent.

« S'il peut l'avaler, donnez-lui ce pavot », ordonna Ahmosis, en se redressant.

L'assistant attendait derrière lui, un récipient à la main. Ahmosis s'écarta. Il doutait que son estomac résiste au spectacle du ramassage des asticots. Retenant sa respiration, il sortit de la tente.

Touri et ses soldats entouraient toujours la seconde litière. Respirant à pleins poumons l'air tiède et pur, le souverain s'en approcha et, d'un signe de tête, ordonna que l'on ouvrît les rideaux. Les derniers rayons du soleil couchant éclairèrent le trône d'Horus, dont l'or s'enflamma. Un murmure de stupéfaction courut parmi les soldats. Certains tombèrent à genoux.

« Sortez-le de là ! » ordonna Ahmosis.

Quelques hommes soulevèrent le trône avec précaution, le posèrent sur le sol et s'en écartèrent aussitôt. Il y avait deux coffres sur le siège. Ahmosis hésita un instant, puis, rassemblant son courage, souleva le couvercle du premier. La Double Couronne apparut : le deshret rouge et l'hédjet conique de la Haute-Égypte, blanc et lisse.

«C'est le pschent!» s'exclama Touri avec un respect mêlé d'effroi.

Ahmosis ne put répondre, il était trop ému. Avec des mains aimantes, il ouvrit le second coffre : cerclés d'or et de lapis, baignés par la lumière écarlate de Rê, l'héka et le nékhakha reposaient dans leur écrin. À peine capable d'en croire ses yeux, Ahmosis les effleura avec vénération.

«Le Sceptre de la Miséricorde et le Fouet de la Justice, murmura-t-il. Je te remercie de ces présents, ô Amon, bien que je les doive à la souffrance et à la mort. J'espère être toujours digne d'eux, et garder toujours présent à l'esprit que si je suis ton Incarnation, je ne suis moi-même qu'un serviteur de Maât.»

Il ne s'assit pas sur le trône, la tentation ne l'en effleura même pas. Ce n'était ni le moment ni le lieu, et le siège lui-même semblait le lui interdire. Il en dévora en revanche chaque détail des yeux : les ailes de turquoise et de lapis-lazuli que les deux déesses, Isis et Neith, déployaient sur les côtés du fauteuil pour protéger le roi; les lions rugissants sur la tête desquels reposeraient ses mains; l'or incrusté de jaspe et de cornaline du dossier, où figuraient le bâton d'éternité et le tabouret de richesse, entourés d'une guirlande d'ankhs; et, au revers de ce même dossier, l'œil puissant d'Horus.

«Touri, appela-t-il, la voix étranglée par l'émotion. Fais-les emballer et emporter à Oueset. Veille à ce qu'ils soient correctement escortés. Tu m'avertiras quand tout sera prêt. Je dicterai une lettre à la reine.»

Ahmosis pensa à l'aura de pouvoir et de splendeur qui se dégagerait du trône lorsqu'il serait installé sur son estrade majestueuse, dans l'imposante pièce du nouveau palais où d'innombrables lampes feraient scintiller l'or des murs et les veines de pyrite du sol de lapis-lazuli. Il n'arrivait pas encore à croire pleinement que tous les symboles de la royauté étaient là, devant lui, dans ce désert étranger, si éblouissants que leur cadre misérable disparaissait. Il les contempla longuement, répugnant à quitter le champ invisible de leur influence, et il trébucha quand il s'en détourna enfin pour gagner sa tente.

Soudain affamé, il demanda à Akhtoy de lui apporter à manger. Il venait de finir son repas lorsque le médecin se fit annoncer et entra, apportant avec lui une faible odeur de pourriture.

« Le malade a perdu connaissance, annonça-t-il. Je ne pense pas qu'il se réveille. Je n'ai pas pu l'aider, sire. Je regrette.

– Reste tout de même auprès de lui, et sois prêt à lui administrer du pavot si par hasard il reprenait conscience. J'ai promis à la reine Tautha que l'on s'occuperait de lui jusqu'à sa mort.

– Je doute qu'il passe la nuit, déclara le médecin. Il se décompose avant même que son ka n'ait quitté son corps. Il n'a pas l'air robuste, mais il a une grande volonté de vivre.

– Ce qui est étrange si l'on considère qu'il a tout perdu, remarqua Ahmosis. Merci, tu peux disposer. Envoie-moi la reine. »

Tani se fit attendre. Héqaib avait allumé la lampe, déshabillé son maître pour l'aider à enfiler une tunique sans manches, et pris son poste à l'extérieur de la tente. Quand sa sœur entra, Ahmosis dissimula le sentiment d'inquiétude qu'elle lui inspirait. Les lèvres pâles, de profonds cernes sous les yeux, elle avait l'air épuisé.

« Viens t'asseoir, dit-il. Tu as besoin de sommeil, Tani. As-tu faim ? Laisse-moi te servir un peu de vin. »

Elle prit avec indifférence la coupe qu'il lui tendait et en regarda fixement le contenu, comme si elle se demandait ce que c'était.

« Le médecin m'a dit qu'il mourrait avant l'aube, dit-elle d'une voix sans timbre. Je suis désespérée, Ahmosis. Sans lui, je ne suis plus rien. Les Sétiou me considèrent comme une étrangère, et les Égyptiens comme une femme qui a renoncé à ses droits. Apopi m'aimait et me protégeait. Que vais-je faire, maintenant ? »

Ahmosis l'observa avec attention. Elle n'avait pas l'habitude de s'apitoyer sur son sort.

« Que souhaites-tu faire ? demanda-t-il. Je pensais que tu ramènerais le corps dans Sharouhen et rejoindrais sa famille. »

Elle releva brusquement la tête.

« Le ramener dans Sharouhen ? répéta-t-elle, comme s'il avait prononcé une insanité. Mais Apopi doit avoir les funérailles d'un souverain égyptien, Ahmosis !

– Quoi ? » Il reposa sa coupe sur la table avec une telle violence que le vin lui éclaboussa la main. « Vas-tu ajouter le blasphème à la trahison, Tani ? Non seulement cet homme est un usurpateur, mais il est sétiou. C'est un étranger. Que son peuple l'enterre selon ses rites, en l'incinérant ou en lui creusant une tombe. Qu'est-ce qui t'arrive, Tani ? Tu as perdu l'esprit ? »

Il avait parlé comme si Apopi était déjà mort, et le visage de Tani se durcit.

« Tu n'as pas le choix, dit-elle avec calme. Si tu lui refuses des funérailles royales, tu jetteras le doute sur ta propre divinité.

– Explique-moi cela ! » dit-il en s'essuyant la main d'un geste rageur. Si le chagrin lui a empoisonné l'esprit, elle bénéficiera de la protection spéciale des dieux, pensa-t-il. Folle, sa personne sera sacrée, et je pourrai la ramener à Oueset. Tout le monde aura pitié d'elle. On se dira que c'est d'avoir vécu aussi longtemps parmi les Sétiou qui l'a déséquilibrée. Oh ! Tani, comme j'aimerais te voir assise au bord du bassin, les pieds dans l'eau, en train de rire avec Ahmosis-onkh !

Avant de répondre, la jeune femme but une petite gorgée de vin, et Ahmosis remarqua que sa main tremblait.

« Eh bien, tu es roi par droit de succession, n'est-ce pas ? » Il acquiesça. « Et moi, je suis une princesse royale. C'est par le sang des femmes, et non par celui des hommes, que se transmet la divinité, Ahmosis. Tu as épousé Ahmès-Néfertari, qui est elle aussi une princesse royale. Tu devais le faire pour accéder à la divinité. Apopi m'a épousée et est devenu de ce fait un véritable roi égyptien. »

Bouillonnant de rage, Ahmosis serra les poings.

« Comment oses-tu dire qu'Apopi avait le moindre droit au trône d'Égypte ! hurla-t-il. Amon devrait t'ôter la parole dans l'instant ! Toutes les épreuves qu'a subies notre famille ne signifient donc rien pour toi ? Quand donc ton âme égyptienne t'a-t-elle abandonnée, remplie de honte, pour laisser la place à un ka sétiou ?

– Il n'avait aucun droit avant de m'épouser, dit Tani avec force, sans se laisser impressionner par son explosion de colère. Mais dès que j'ai signé notre contrat de mariage, il est devenu un souverain légitime d'Égypte. Si tu lui refuses les honneurs qui lui sont dus, tu jetteras le doute sur ta propre légitimité. »

Ahmosis se rejeta en arrière, glacé tout à coup.

« Espèce de garce, murmura-t-il. Je vois la logique de ton argument, mais elle est retorse, perverse. »

Son visage se contracta mais elle ne pleura pas.

« Je ferai tout pour empêcher que son ka ne soit anéanti, dit-elle avec passion. C'est un homme bien, Ahmosis, un homme bon. Si les Sétiou l'enterrent, nos dieux ne le reconnaîtront pas, et cette idée m'est insupportable ! Je veux qu'il aille dans les champs d'Osiris et y passe l'éternité en paix, assis sous le sycomore. Je suis prête à tout pour cela ! »

Il ne put s'empêcher de l'admirer. Elle est peut-être sétiou, mais le sang de sa grand-mère coule encore dans ses veines, pensa-t-il. Et elle a raison : jeter Apopi sur un tas d'ordures serait nier sa royauté et ma divinité. La peste t'étouffe, Tani !

« Il ne peut pas être embaumé, dit-il d'un ton cassant. Il n'y a ici ni Maison des Morts ni prêtres-sem, et nous n'avons pas assez de natron. Vu qu'il est déjà en train de pourrir, sa décomposition va être instantanée. »

Sentant la victoire, elle répondit aussitôt : « Il pourrait être transporté rapidement à Het-Ouaret dans un cercueil rempli de sable. Il y a une Maison des Morts dans la ville, elle servait aux Égyptiens qui y habitaient. Les prêtres-sem sont encore là, j'en suis sûre ! Ils seraient certainement en mesure de faire quelque chose, et je pourrais ensuite l'enterrer avec ses ancêtres, dans la tombe qui se trouve à l'extérieur d'Het-Ouaret. »

Le côté ironique de la situation n'échappa pas à Ahmosis. La mine sombre, il remplit sa coupe.

« Supposons que j'accepte ce… cette mascarade, dit-il. Il est hors de question que sa famille l'accompagne. Je ne veux plus de princes sétiou en Égypte. »

Tani tourna sa coupe entre ses mains, puis la tint devant sa poitrine comme un bouclier.

« Qu'ils restent à Sharouhen, dit-elle. Cela m'est égal. Seul Apopi m'importe. Sa famille ne m'a jamais vraiment acceptée. Sa première épouse était jalouse, et ses fils me traitaient avec un mépris à peine dissimulé. Maintenant que je me suis abaissée à mendier ton aide, ils m'ont définitivement rejetée. Ils voulaient qu'Apopi meure en guerrier.

– Les guerriers ne meurent pas en tombant dans un escalier, remarqua Ahmosis avec ironie. Mes félicitations, Tani. Tu as apparemment réussi à t'attirer le mépris et des Égyptiens et des Sétiou. Ce n'est pas un mince exploit !

– Tu es cruel, Ahmosis, murmura-t-elle en s'empourprant. Me méprises-tu, toi aussi ? »

Il céda un instant à la pitié. «Non, dit-il avec plus de douceur. Tu as cessé d'avoir la fierté de ton sang et de ton héritage et, à cause de cela, je ne peux plus avoir de respect pour toi. Néanmoins, tu es toujours ma sœur, j'éprouve toujours pour toi l'affection qu'un membre d'une famille a pour un autre.

– Mince consolation, fit-elle. Mais je suppose que cela doit me suffire.

– Te suffire ! jeta-t-il, sa compassion envolée. C'est beaucoup si l'on considère l'abîme d'égoïsme et de stupidité dans lequel tu es tombée ! À présent, parle-moi des fils d'Apopi. J'ai besoin d'être renseigné sur leur compte.»

La jeune femme fut aussitôt sur ses gardes.

«Il a eu beaucoup de fils de ses concubines, mais deux seulement de ses épouses légitimes : Apopi le Jeune et Kypenpen. Kypenpen ressemble beaucoup à son père, il est doux et intelligent. Apopi le Jeune, en revanche, est arrogant, grossier et impulsif. Avant que mon mari ne fasse cette chute, il le harcelait continuellement pour qu'il affronte ton armée, pour qu'il tente une sortie et te combatte. C'était une idée ridicule, et Apopi le savait, mais il ne pouvait faire taire son fils. Je n'aime pas Apopi le Jeune, et il me hait parce que je suis ta sœur.

– Pourquoi l'idée était-elle ridicule ?» demanda Ahmosis.

Quelque chose dans son ton alerta Tani, et elle garda le silence, les yeux rivés sur le bout de ses sandales.

«Laisse-moi deviner, poursuivit son frère. Est-ce parce que Sharouhen est essentiellement peuplée de civils et n'est défendue que par une petite garnison ? Le Retenou dans son ensemble manque terriblement de soldats. Mon armée a tué la plupart d'entre eux lorsqu'ils se sont aventurés dans le Delta. C'est bien cela ?»

Elle continua à contempler ses pieds sans répondre. Ahmosis se rassit et croisa les jambes.

«Regarde-moi !» dit-il d'un ton sec. Tani obéit à contrecœur. «J'accepte que ton mari ait des funérailles royales, déclara-t-il. D'ici une heure, un cercueil de sable attendra devant sa tente. Dès qu'Apopi expirera, tu partiras avec lui à Het-Ouaret. Je dicterai un papyrus t'autorisant à te rendre à la Maison des Morts, à observer un deuil officiel de soixante-dix jours et à faire accomplir les rites funèbres par le grand prêtre que tu pourras trouver. Ensuite, je te condamne au bannissement. Tu ne devras jamais revenir en Égypte sous peine de mort. Je donnerai des instructions à Abana pour que tu sois conduite au Keftiou avec suffisamment d'or pour te permettre d'y vivre confortablement. Remarie-toi si tu le souhaites. En contrepartie, je veux savoir combien de soldats il y a dans Sharouhen. »

Tani l'avait écouté sans faire un mouvement, respirant à peine.

« Et si je refuse ? » murmura-t-elle en le dévisageant avec intensité.

Il haussa les épaules. « Je ferai brûler le corps de ton mari, et je te ferai emprisonner à Oueset pour trahison.

– Ahmosis ! s'exclama-t-elle. Tu n'oserais pas !

– Si, dit-il avec froideur. Décide-toi vite, Tani. Le temps passe.

– Quel choix ! s'exclama-t-elle avec amertume. Condamner le ka de mon époux à l'anéantissement ou trahir mon bienfaiteur, le commandant de Sharouhen, et partir en exil. Comme c'est miséricordieux de ta part, fils du Soleil, défenseur de Maât ! Comme c'est généreux ! Une fois de plus, tu retournes le fer dans une plaie déjà insupportablement douloureuse. Très bien ! » Elle se leva, arrangeant sa robe avec des gestes pleins de grâce et de dignité. « La garnison de Sharouhen ne compte que cinq mille hommes. Ils sont bien armés mais peu disciplinés. Ils ne sont absolument pas de taille à se mesurer avec tes soldats, raison pour laquelle Apopi refusait d'écouter les idées insensées de son fils. Ils ne tenteront pas de sortie, Ahmosis. Leur commandant s'y opposera.

– Qui commande dans Sharouhen ? Lui ou le frère à qui il a donné asile ?

– Il se soumettra à l'autorité d'Apopi le Jeune, reconnut Tani. À présent, laisse-moi retourner au chevet de mon mari. J'espère que nous ne nous reverrons plus. »

Elle quitta la tente sans se retourner.

Je refuse d'éprouver de la honte, se dit Ahmosis. J'ai fait ce que j'avais à faire, et je me suis montré plus clément envers elle que ne l'auraient été bien des hommes dans ma situation. Peut-être comprendra-t-elle un jour que mes choix étaient aussi restreints et terribles que les siens, et me pardonnera-t-elle. Allant jusqu'à l'entrée de la tente, il appela Khabekhnet, qui s'avança aussitôt.

« Je veux que l'on apporte immédiatement un cercueil plein de sable devant la tente d'Apopi, ordonna-t-il. Demande au scribe du

Ravitaillement de s'en charger. Préviens le général Touri que, en plus du trône, il escortera la reine Tautha et le cadavre de son époux jusqu'au Delta. Tu m'enverras également Ipi, et le prince Abana s'il est de retour. »

Le scribe arriva presque aussitôt, et prépara sa palette. Ahmosis lui dicta une lettre à Ahmès-Néfertari. Il ne pouvait annoncer à sa femme que le trône d'Horus était désormais en sa possession sans lui apprendre le rôle joué par Tani, mais il le fit avec autant de tact que possible. Penser à sa femme et à son beau petit garçon l'apaisa, et il était d'une humeur plus sereine lorsqu'il passa aux instructions destinées au général Sébek-khou.

Lorsqu'il eut terminé, Abana attendait devant sa tente et, priant Ipi de rester pour prendre note de leur conversation, il fit entrer l'amiral. Celui-ci s'inclina et s'assit sur le siège qu'Ahmosis lui indiquait. Les semaines qu'il avait passées en mer avaient creusé quelques rides sur son visage, et noirci un peu plus sa peau brune, mais il respirait la santé et une vitalité masculine qui faisaient plaisir à voir.

« Les navires affectés au transport de l'eau cesseront leur rotation dans trois jours, déclara Ahmosis. À leur dernier voyage, je veux que tu remplisses tous les tonneaux disponibles. L'armée rentre en Égypte.

– C'est ce que j'ai entendu dire. » Abana étendit les jambes et jeta à son roi un regard pénétrant. « Mais l'armée n'aura pas besoin de toute cette eau simplement pour regagner le Delta. Sa Majesté a une idée derrière la tête.

– En effet, répondit Ahmosis en souriant. J'ai appris que la garnison de Sharouhen comptait très peu d'hommes, et qu'elle était commandée par un jeune homme très arrogant et très irréfléchi. Trois de mes cinq divisions vont rentrer en Égypte, la quatrième restera bien en vue devant Sharouhen, et la dernière se dissimulera à quelques kilomètres de la forteresse, dans les dunes de l'ouest. J'aimerais que tu te transformes quelque temps en soldat d'infanterie, prince.

– Je suis à tes ordres, sire. Tu vas essayer d'attirer ce jeune homme stupide à l'extérieur des murs et, quand tu y seras parvenu, appeler la deuxième division en renfort et l'écraser. Nous allons donc mettre Sharouhen à sac, bien qu'Apopi soit quasiment mort ?

– C'est toi qui vas le faire sortir de sa forteresse, dit Ahmosis. Tu t'y connais en impudence, prince. Tous les jours, tu paraderas devant les murs en criant des insultes. Tôt ou tard, les portes s'ouvriront.

– Combien d'hommes compte la garnison ? demanda Abana, l'air songeur. Et qui suis-je censé narguer ?

– Il y a cinq mille soldats dans Sharouhen, et l'homme qui ne résistera pas à tes provocations est le fils aîné d'Apopi, Apopi le Jeune. »

L'amiral le regarda, les yeux plissés.

« Tu ne peux pas te permettre de les laisser en vie, n'est-ce pas, sire ? Apopi agonise, mais ses fils sont toujours là, et ils menacent tout ce que tu as accompli. Lorsque j'aurai remporté la bataille, dois-je les exécuter ?

– Je n'ai pas le choix, répondit Ahmosis. Les soldats pourront piller Sharouhen ; ils le méritent. En revanche, je ne veux pas que l'on tue un seul des habitants de la ville. Seuls Apopi le Jeune et son frère Kypenpen doivent être identifiés et mis à mort. Ne touche pas aux enfants des concubines d'Apopi. Ils ne peuvent revendiquer aucun droit sur le trône d'Égypte. Tu m'as bien compris ?

– Parfaitement, assura Abana.

– Encore une chose, poursuivit Ahmosis. Après les funérailles d'Apopi, ma sœur doit embarquer pour le Keftiou. Je lui ai donné la permission d'enterrer son mari à Het-Ouaret, mais ensuite elle doit quitter l'Égypte. Tu as fait la connaissance de nombreux commerçants keftiou. Veille à ce que sa traversée se passe bien. Je lui remettrai une lettre pour le souverain de l'île. »

Il voyait que l'amiral réfléchissait furieusement. Je n'ai pas besoin de lui expliquer quoi que ce soit, pensa-t-il avec soulagement. Abana est assez intelligent pour arriver à ses propres conclusions concernant la source de mes informations et la façon dont je les ai obtenues.

« Elle observera les soixante-dix jours de deuil, conclut-il. D'ici là, tu auras certainement triomphé de Sharouhen. Lorsque tu regagneras le Delta, emmène les serviteurs d'Apopi que tu auras trouvés dans la ville. Ils tiendront compagnie à Tani pendant son voyage et formeront le noyau de sa nouvelle maison lorsqu'elle arrivera.

– Keftiou et Sétiou se sont toujours respectés, dit Abana en se levant. Tu peux compter sur moi, Majesté. Je ferai de mon mieux.

– Bien. Dans ce cas, tu peux te retirer. »

Ahmosis alla se coucher de bonne heure mais ne put trouver le sommeil. Bien qu'aucun bruit ne lui parvînt de la tente voisine, il ne pouvait en détacher ses pensées, et son esprit lui représentait les ombres grotesques du médecin et de sa sœur, penchés sur le corps en décomposition d'Apopi. Lorsque son imagination lui montra une troisième ombre, longue et sinistre, il se leva, prit un manteau et se glissa dans la tente du mourant.

Le médecin somnolait sur une chaise, et Tani était endormie sur un tabouret, un bras en travers de la poitrine de son mari, la tête posée près de la sienne. Le sommeil avait effacé toute trace de fatigue et de tristesse de son visage et, dans la faible lumière de la lampe, Ahmosis eut l'impression de revoir la jeune fille sans tache qu'elle avait été. Il eut envie d'aller écarter la mèche de cheveux embroussaillés qui lui tombait sur le front, de lui murmurer des paroles de réconfort, mais il se contenta de s'asseoir en tailleur à l'entrée de la tente et de la regarder.

Bien que le souverain n'eût fait quasiment aucun bruit, le médecin se réveilla. Il se leva en bâillant et s'inclina.

« Sa respiration est devenue imperceptible et très irrégulière, dit-il à voix basse. Ce n'est plus une question d'heures mais d'instants. »

Ahmosis hocha la tête et, posant un doigt sur ses lèvres, lui fit signe de se rasseoir. Un peu plus tard, le cri de Tani le fit sursauter. Elle avait renversé le tabouret et serrait Apopi dans ses bras en pleurant. S'apercevant qu'il s'était endormi, pelotonné sur le sol de la tente, Ahmosis se releva, un peu hébété. Le médecin rangeait ses flacons et ses cuillers.

« Permets-moi de me retirer, sire, dit-il. La nuit a été longue. Je veillerai à faire brûler les draps du malade, demain matin. »

Ahmosis le congédia d'un geste et se tourna vers Tani dans l'intention de lui adresser quelques mots de réconfort, mais, au dernier moment, il hésita. Elle se lamentait, les yeux clos, tout entière à sa douleur. Rien de ce que je pourrais dire ou faire ne serait sincère, pensa-t-il. Je suis heureux de la mort d'Apopi, et prétendre quoi que ce soit d'autre serait un mensonge. Il se glissa hors de la tente aussi silencieusement qu'il y était entré.

Il fit prévenir Touri de se tenir prêt à partir, mais donna à Tani le temps de se laisser aller à toute la violence de son chagrin avant d'ordonner que le corps d'Apopi soit enfermé dans le cercueil rempli de sable. Quand la jeune femme sortit enfin de sa tente, les yeux gonflés mais secs, la caisse de bois avait été chargée sur une charrette tirée par des bœufs, le trône et les insignes royaux sur une autre, et Mékhou attendait dans son char. Touri et son escorte étaient là, eux aussi, le visage grave dans la lueur dansante des torches. Ahmosis s'avança vers sa sœur, mais elle l'ignora et monta dans le char sans lui adresser un regard. Au signal d'Ahmosis, Touri lança un ordre, les soldats se mirent en rangs, et le cortège s'ébranla. Le souverain le suivit des yeux jusqu'à ce que la flamme des torches devînt imperceptible.

« Va te coucher, Akhtoy, dit-il alors. Je n'aurai pas besoin de toi avant le lever du soleil. »

Il se mit à marcher. Trébuchant parfois sur les inégalités du sol, il traversa les rangées ordonnées des tentes, dépassa les écuries, les réserves de céréales. Lorsqu'il parvint aux limites du camp, des sentinelles l'interpellèrent. Il leur répondit et continua à marcher, en dépit de leurs regards curieux. Quand il se rendit compte qu'il ne voyait ni n'entendait plus son armée, il s'arrêta enfin. Un croissant de lune, pâle et déformé, se couchait à l'ouest, sur la mer. Le ciel fourmillait d'étoiles scintillantes et, tout autour de lui, le désert s'étendait, paisible et immobile. Il n'y avait pas le moindre souffle d'air.

Distinguant la forme vague d'un rocher, Ahmosis alla s'y asseoir et posa son front sur ses genoux. C'est fini, pensa-t-il. C'est vraiment fini. Quelque chose se dénoua en lui, et il fondit brusquement en larmes, des larmes qui montaient du plus profond de son âme, d'un endroit depuis longtemps gelé, et qui ne cessèrent de couler que lorsque le dernier morceau de glace se fut disloqué, eut fondu et été emporté.

17

L'aube pointait lorsque Ahmosis regagna sa tente. Avant de se laver ou de manger, il fit appeler Khabekhnet.

« Je veux qu'à midi, en milieu d'après-midi et au coucher du soleil, quatre hérauts aillent annoncer la mort d'Apopi devant chacun des murs de la ville, ordonna-t-il. Voici ce qu'ils diront : "Cette nuit, Aouserrê Apopi a rejoint ses dieux." Inutile de prononcer des paroles offensantes. Nous devons respecter le chagrin de sa famille. »

Il vit Khabekhnet le dévisager avec étonnement avant de baisser les yeux, et comprit que son visage devait encore porter la trace de ses pleurs. Eh bien, tant pis, se dit-il, alors qu'Héqaib entrait avec une cuvette d'eau chaude parfumée et un flacon d'huile. Que mon peuple voie qu'un roi peut être assez humain pour verser des larmes tout en conservant sur eux l'autorité absolue d'un dieu. Le serviteur lui ôta sa tunique froissée et commença à le laver. Savourant le contact de l'eau, rafraîchissante et purifiante, Ahmosis se dit que ses larmes l'avaient purifié, elles aussi, en débarrassant son cœur et son esprit de tout ce qu'y avaient accumulé invisiblement des années de tension et de douleur.

Le souverain passa la matinée à circuler dans le camp. Déjà informés de leur prochain départ, les soldats l'acclamaient au passage. L'après-midi, il réunit ses généraux et leur exposa son plan, en insistant sur le rôle d'Abana.

« Les divisions d'Amon et de Rê m'accompagneront à Oueset, déclara-t-il. Celle de Ptah sera temporairement dispersée. Attends que nous soyons rentrés en Égypte pour l'apprendre à tes hommes, Akhtihotep. Je ne voudrais pas qu'ils fassent le chemin en titubant !

Toi, Baqet, tu resteras ici avec la division de Thot, et toi, Méryrênéfer, tu feindras de partir, mais pour déployer ensuite tes hommes derrière les dunes. Une fois Sharouhen tombée, ta division sera casernée à Khmounou, Baqet. Je vais demander à Ramosé d'y faire construire des baraquements pour les soldats et leurs familles. Une des divisions se trouvant encore dans le Delta sera également dispersée, mais pourra être immédiatement rappelée en cas de besoin. L'autre continuera à surveiller la route d'Horus et à défendre les Murs du Prince. Sébek-khou restera de façon permanente à Het-Ouaret, et Khéty emmènera sa division à Mennéfer, sa nouvelle ville de garnison. De la sorte, l'Égypte bénéficiera d'une protection militaire. Avez-vous des questions, ou des objections ?

– Que vont devenir les Medjaï, sire ? demanda Hor-Aha d'un ton irrité. Ils servent fidèlement les Taâ depuis l'époque de ton père. Vas-tu les renvoyer dans le néant du pays d'Ouaouat ? »

Ahmosis lui jeta un regard moqueur.

« Tu crains le néant d'Ouaouat, général ? Ne t'inquiète pas. Les Medjaï ont leur village sur la rive ouest d'Oueset. Ils ne seront pas oubliés, et leurs services seront récompensés. Vous le serez tous, ajouta-t-il en élevant la voix. Sans vous, le soleil se lèverait sur une Égypte bien différente. Sans votre présence, mon couronnement serait un bien piètre événement. Je vous ferai prévenir dès que les astrologues auront choisi une date propice. »

Ils le regardèrent un instant sans comprendre, puis Kagemni poussa une exclamation.

« Comme nous sommes stupides, mes amis ! dit-il. Apopi est mort, le trône d'Horus est en route pour Oueset, les combats sont terminés. Réveillez-vous ! L'Égypte va enfin connaître le bonheur d'être dirigée par une véritable Incarnation. Nous avons persévéré et nous avons vaincu ! »

Un concert d'acclamations et de rires salua ses paroles. Hor-Aha se pencha vers Ahmosis.

« Ils savaient sans savoir, commenta-t-il. Il a fallu que tu mentionnes ton couronnement pour qu'ils prennent pleinement conscience de la victoire. S'habitueront-ils à la paix, selon toi ?

– On ne maintient la paix qu'en restant forts et vigilants, répondit Ahmosis. L'Égypte a bien appris cette leçon tragique. Elle n'oubliera pas, et eux non plus. » Il parcourut des yeux l'assistance bruyante et ravie. «Ton arc aura beau être accroché au mur, et ton poignard ne sortir de son fourreau que pour tuer une hyène, la défense de l'Égypte reposera toujours sur toi et sur eux, Hor-Aha.»

Le matin du quatrième jour, les divisions se levèrent, prirent leur paquetage, bouclèrent ceintures et sandales, et quittèrent Sharouhen, ne laissant dans le camp que les cinq mille hommes de Baqet. Derrière eux, la ville se dressait comme un énorme monstre et, de chaque côté de la piste, le désert pierreux s'étendait à l'infini, brûlant et malveillant. L'annonce des hérauts n'avait provoqué aucune réaction, mais des hommes étaient apparus fugitivement au sommet des remparts. Jetant un dernier regard à l'étendard de Thot qui se détachait bravement sur les formidables murailles, Ahmosis pria que le souvenir même de Sharouhen disparût un jour de sa mémoire.

Huit jours plus tard, son armée campait de nouveau, cette fois à proximité d'Het-Ouaret. Conformément à ses instructions, la division d'Osiris s'était dissimulée derrière des dunes, à un peu plus de huit kilomètres de Sharouhen. Les trois autres divisions avaient continué leur marche, et le voyage s'était déroulé sans incident.

Une fois à Het-Ouaret, Ahmosis envoya les Medjaï et la division de Rê à Oueset. Il dispersa la division de Ptah, au milieu de l'allégresse des soldats, et assista au départ de la division d'Horus pour Mennéfer. Il ne lui restait plus que la division d'Amon, diminuée de l'escorte qui, après avoir accompagné Tani, était partie pour Oueset, et celle de Sébek-khou, dont les hommes étaient toujours occupés à démolir les remparts d'Het-Ouaret. Le souverain avait beau se répéter que les années de guerre étaient terminées, que le sang ne coulerait plus en Égypte, il se sentait nu et sans défense. Il se sentait aussi étrangement vide. Le dénouement était arrivé si vite que son esprit pensait encore aux prochaines batailles, aux prochaines décisions militaires à prendre.

Ahmosis fit dresser sa tente à l'extérieur d'Het-Ouaret. Il n'avait aucun désir d'entrer dans la ville. D'ailleurs, de l'endroit où il se trouvait, il pouvait désormais voir ses ruelles étroites et ses maisons exiguës, où l'animation semblait revenue. Soldats, anciens et nouveaux habitants, charrettes et ânes s'y bousculaient, et des enfants sales jouaient dans la poussière. Ahmosis apercevait même un coin du temple de Soutekh, et il regretta de ne pas l'avoir fait abattre. Il s'était entretenu avec Sébek-khou, qui lui avait appris que

Tani y avait élu domicile. Apopi avait été conduit dans une Maison des Morts, et le général avait usé de la contrainte pour persuader un prêtre d'Iounou de venir célébrer les rites funèbres à la fin de la période de deuil.

« J'espère avoir fait ce qu'il fallait, sire, avait dit Sébek-khou d'un ton d'excuse. Le prêtre était plus qu'hésitant. Il craignait d'encourir ton courroux en accordant à l'usurpateur la bénédiction d'un enterrement égyptien.

– Tu as parfaitement agi, avait assuré Ahmosis. La reine est-elle en bonne santé ?

– Il me semble. Elle quitte rarement le temple. J'ai mis un garde et un domestique à son service. Souhaites-tu qu'un officier aille la chercher ?

– Non, avait répondu Ahmosis après un instant de réflexion. Préviens-moi quand Apopi sera conduit à sa tombe. Je la verrai à ce moment-là. »

Il passa agréablement le temps à se promener le long du fleuve en crue, jouissant du chant des oiseaux et de l'ombre bienvenue de la végétation. Le soir, il bavardait avec Ankhmahor et les gardes en buvant du vin, un luxe qu'ils pouvaient se permettre à présent qu'aucun danger ne les menaçait plus. Plus tard, étendu dans son lit, il écoutait le murmure paisible de la ville, qui lui rappelait Oueset.

On avait fêté le Nouvel An et le début du mois de thot le lendemain de l'arrivée d'Ahmosis dans le Delta. Au mois de paophi, la chaleur ne décrût pas et, bien que moins forte que dans le Sud, elle était plus désagréable en raison de l'humidité du Delta. Le quatre du mois, Abana et les généraux Baqet et Méryrênéfer vinrent trouver Ahmosis alors que, assis au bord de l'eau, il contemplait paresseusement les courants et les remous du fleuve. Le souverain les salua, cherchant vainement à lire sur leurs visages les nouvelles qu'ils lui apportaient. Quand il les invita à s'asseoir, les trois hommes obéirent avec empressement, et Baqet arracha presque à Akhtoy le pot de bière que celui-ci lui tendait.

« La mer des Roseaux devient difficile à traverser, sire, déclara-t-il, après avoir bu avec avidité. Nous avons progressé moins vite que nous ne l'espérions, et nos hommes ont été dévorés par les moustiques. Ils sont également couverts de boue. Nous ne leur avons pas permis de se laver dans les lacs du Delta mais, à présent, ils s'en donnent à cœur joie dans les canaux. Comme il fait bon être de nouveau en Égypte !

– Je suis content de vous voir, dit Ahmosis. Que s'est-il passé à Sharouhen ?

– Je me suis conduit aussi grossièrement que tu pouvais le souhaiter, Majesté, répondit Abana. Je pensais que je prendrais plaisir à provoquer le fils d'Apopi, mais ça n'a pas été le cas. À mesure que les jours passaient, j'éprouvais davantage de répugnance à accomplir cette tâche ignoble. Je faisais des rêves où je le voyais pleurer son père. J'ai eu une extinction de voix, plus par sentiment de culpabilité, je pense, que parce que j'avais pris froid. » Il jeta à Ahmosis un regard sombre. « Il fallait que ce soit fait, sire, mais cela me remplissait de honte. Lorsque je rentrerai à Nékheb, je me purifierai dans le lac sacré de la déesse et lui offrirai un sacrifice d'expiation.

– Je sais, dit doucement Ahmosis. La tâche était indigne d'un honnête homme, prince, je m'en excuse.

– Il n'empêche que cela a marché, intervint Baqet. Un matin, les portes se sont ouvertes, les soldats sétiou se sont rués à l'extérieur. Apopi le Jeune les commandait. Malgré une certaine discipline, ils ne faisaient pas le poids contre nous, et le fils d'Apopi n'était pas Pédjédkhou. La division de Thot en est venue à bout sans difficulté. J'avais envoyé prévenir Méryrênéfer dès que j'avais vu les portes s'ouvrir, mais quand la division d'Osiris est arrivée, je n'avais déjà plus besoin de son aide, elle est entrée directement dans la ville. Le temps que nous en finissions avec la garnison, Sharouhen était à nous.

– À ce propos, j'ai pris une main pendant les combats, et capturé deux femmes dans la forteresse, dit Abana. La main a été notée par le scribe de l'Armée. J'espère que tu me permettras de garder les deux femmes. Mon épouse va regretter que la guerre soit terminée, vu l'armée de serviteurs qu'elle me permettait de lui procurer. »

Il parlait d'un ton léger, mais dont Ahmosis sentit qu'il était forcé. « Racontez-moi le reste », ordonna-t-il.

Après un instant de silence, Méryrênéfer s'éclaircit la voix.

« Le prince Abana a capturé Apopi le Jeune pendant la bataille. Il hurlait des imprécations comme une femme enragée. Il ressemblait beaucoup à son père, sire. Peut-être cela a-t-il rendu son exécution un peu plus facile. » Il jeta un regard hésitant à Abana, qui gardait les yeux obstinément fixés sur le sol. « Le commandant de Sharouhen était déjà mort, tué au combat. Au centre de la ville, il y avait une sorte de palais en pierre. Toute la famille d'Apopi s'y trouvait, ainsi que beaucoup de ses ministres. Ils ont été plus nombreux à s'enfuir d'Het-Ouaret que nous ne le pensions. Tu nous avais donné l'ordre de n'exécuter qu'Apopi et Kypenpen, mais il y avait beaucoup d'enfants et de jeunes gens avec les femmes, et nous ne connaissions pas le jeune prince. Nous avons été contraints de… de… blesser un des enfants avant que Kypenpen ne se dénonce.

– Nous lui avons entouré la tête d'une corde, et nous avons serré, dit Abana d'une voix rauque. Les Égyptiens ne torturent pas les enfants. Ce pauvre petit bonhomme a hurlé et pleuré. Finalement, l'un des jeunes gens s'est détaché de la foule et a déclaré être Kypenpen. Nous savons qu'il disait vrai parce que sa mère s'est mise à crier : "Non, Kypenpen, pas toi ! Pas toi !" Nous avons emmené son frère et lui dans le jardin, et nous les avons décapités. Un officier leur a coupé la main. Il y a de beaux jardins dans Sharouhen. On ne s'en douterait pas à voir le désert qui l'environne.

– Le lendemain, les soldats ont mis la ville au pillage, déclara Méryrênéfer. Ils ramèneront à leurs femmes quelques esclaves et beaucoup de belles choses.

– Parfait, dit Ahmosis. Demain, Méryrênéfer, tu disperseras la division d'Osiris, et toi, Baqet, tu emmèneras celle de Thot à Khmounou. J'ai déjà prévenu le prince Ramosé de ton arrivée. Vous pouvez disposer, tous les deux. »

Les généraux vidèrent aussitôt leurs pots de bière et prirent congé. Ahmosis se tourna vers Abana.

« J'ai l'intention de rappeler les divisions une fois par an pour une période d'entraînement, dit-il. Penses-tu que ce soit une bonne idée ?

– Oui, sire », répondit l'amiral d'un ton morne.

Ahmosis regarda l'anneau de Pédjédkhou qui étincelait sur son torse, au bout de sa chaîne en argent.

« Je crois que je vais laisser la moitié de la flotte dans le Delta afin qu'elle subvienne à son entretien en transportant des marchandises, poursuivit-il. Quant au reste des bâtiments, je le partagerai entre Oueset et Nékheb. Cette solution a-t-elle ton approbation, amiral ?

– Oui. »

Ahmosis se pencha et le poussa avec douceur. « Tu as trop d'orgueil, Abana, reprocha-t-il. Tu as une meilleure opinion de toi-même que de ton roi. »

L'amiral ne réagit pas tout de suite à cette accusation mais, soudain, il sursauta et se tourna vers Ahmosis.

« Tu me blesses, sire, protesta-t-il. Je suis ton plus fidèle serviteur. J'ai risqué ma vie pour toi. Je suis prêt à mourir à ton service.

– Comment se fait-il alors que, ayant exécuté un ordre, tu remâches tes actes, comme si toi seul en portais la responsabilité. Serais-tu le roi ? »

Abana se détendit. Un faible sourire joua sur ses lèvres.

« Ta sagesse est grande, Taureau puissant, répondit-il tristement. Tu as raison, bien sûr. Pardonne-moi ma trop grande arrogance.

– Je l'ai déjà oubliée. Dis-moi plutôt quels Sétiou tu as ramenés.

– Nous avons pris pas mal de poissons dans notre filet, déclara Abana. C'est mon cousin Zaa qui les garde. Nous les avons enfermés dans une petite tente. » Son sourire s'élargit. « Tu parles d'arrogance, sire, mais tu devrais entendre ces hommes. Ils n'ont pas arrêté de se plaindre de tout le voyage. Sans tes instructions explicites, je les aurais volontiers abandonnés aux lions et aux hyènes du désert. Zaa est plus patient que moi, et c'est pourquoi il s'occupe d'eux. Il y a là Itjou, le premier scribe d'Apopi ; Néhmen, son premier intendant ; les hérauts Khian et Sakhetsa ; et Perémouah, l'ancien gardien du sceau sacré. Leurs femmes et leurs enfants les accompagnent. J'ai laissé la première épouse d'Apopi enterrer ses fils, et je n'ai pas emmené non plus les concubines et leurs enfants.

– Tu as bien fait, approuva Ahmosis. Dis à Zaa de conduire ses prisonniers chez la reine Tautha, dans le temple. Ils seront exilés avec elle, et ils formeront le cortège funèbre d'Apopi. Je te confie le soin de trouver un capitaine digne de confiance pour les emmener au Keftiou après les funérailles d'Apopi. Ipi te donnera l'or et les lettres nécessaires. Tu rentreras ensuite à Nékheb. »

Abana se leva.

« Mais, sire, j'avais pensé…

– Ne pense pas, coupa gentiment Ahmosis. Tu as besoin de repos, prince. Pars avec le quart de la flotte. Emmène tes prisonniers. Rends-toi dans le temple de Nekhbet. Prépare-toi pour mon couronnement. »

Brusquement, Abana tomba à genoux et, se prosternant devant Ahmosis, baisa son pied.

«Tu es un grand dieu, dit-il d'une voix rauque. Je t'aime, Ahmosis.»

Il se releva et s'éloigna aussitôt.

À la mi-paophi débuta la longue fête d'Hâpy, pendant laquelle on vénérait et remerciait le dieu du fleuve. Avec des centaines de ses sujets, Ahmosis se rendit en barque sur le fleuve, où il jeta des fleurs, répandit de l'huile et du vin, et chanta des chants d'adoration qui se répercutèrent d'une rive à l'autre. Tous les jours, il y avait un rite différent à observer, de nouvelles offrandes à faire. C'était une des fêtes religieuses les plus aimées des Égyptiens, et elle se prolongeait jusqu'au douzième jour d'athyr. Le neuf de ce même mois, on informa Ahmosis que les funérailles d'Apopi auraient lieu le lendemain. Il renonça donc à regret à participer aux dernières cérémonies. Ce serait l'ultime occasion qu'il aurait de voir sa sœur et, que cela plût ou non à Tani, il tenait à être présent.

Pour la première fois depuis son retour à Het-Ouaret, Ahmosis s'enfonça dans le dédale des ruelles de la ville. Bien que ses gardes écartassent la foule et que Khabekhnet lançât ses avertissements, tout le monde voulait le voir, et sa progression fut lente. Les gens s'agenouillaient sur son passage en criant son nom. En dépit de la vigilance de son escorte, des enfants se précipitaient vers lui, lui offraient des fleurs ou des cailloux brillants, tentaient même de lui prendre la main. Il était étonné et ému de ces manifestations d'amour et d'admiration. Cela s'adresse aussi à toi, Kamosé, pensa-t-il, assourdi par les acclamations. C'est un hommage rendu à la maison des Taâ, à nous tous. Ils nous remercient de les avoir libérés de leur asservissement. Comme Tétishéri aurait aimé être là !

Lorsqu'il entra dans le quartier des nobles, cependant, la foule s'éclaircit. De nombreux officiers s'étaient installés là, et ils saluèrent Ahmosis au passage, puis eux aussi disparurent, et le temple de Soutekh se dressa devant le souverain. Son avant-cour avait été nettoyée des détritus dont il se souvenait. À gauche de l'édifice, plus rien ne restait du palais d'Apopi qu'une vaste étendue de terre rougeâtre et quelques arbres, qui ondoyaient gracieusement dans le vent. Ahmosis détourna le regard.

Une fois encore, il refusa de pénétrer dans le domaine de Soutekh et attendit patiemment que la procession en sorte. Ce furent d'abord le prêtre de Rê et les thuriféraires, puis les bœufs roux de la tradition sacrée, tirant le traîneau sur lequel reposait le cercueil d'Apopi. Venaient ensuite Tani et les dignitaires sétiou, puis les pleureuses. Le cercueil, de simple bois, était recouvert d'or, et les yeux qui ornaient les côtés avaient été délicatement peints. Sébek-khou s'était manifestement donné beaucoup de mal pour trouver quelque chose de convenable dans un des dépôts funéraires de la ville. Vêtue de bleu, Tani avait le visage baigné de larmes, et les pleureuses – une bonne cinquantaine – se lamentaient d'une voix aiguë en se couvrant la tête de poussière. Ahmosis se promit de rembourser à son général les sommes qu'il avait dû verser à ces femmes. L'importance du défunt se mesurait à leur nombre.

Le cortège contourna le temple, et Ahmosis attendit qu'il soit passé pour le suivre avec ses gardes. Les tombes des ancêtres d'Apopi n'étaient pas loin ; elles se trouvaient derrière la maison du dieu et formaient une sorte de ville en miniature. Le long de rues pavées se dressaient de petites maisons qui, au premier coup d'œil, paraissaient devoir offrir à leurs occupants des feux de cuisine et des chambres à coucher confortables. Dès que le souverain arriva à la hauteur de la première, il vit toutefois qu'elle ne contenait qu'un autel. Les morts sétiou de noble naissance reposaient sous le sol. Ahmosis trouva que le bruit de ses pas résonnait de façon sinistre, et les lamentations discordantes des pleureuses éveillaient d'autres plaintes, ténues, qui lui semblaient la voix de lointains esprits, dérangés par les vivants qui avaient envahi leur royaume.

Le prêtre s'arrêta devant une maison qui se trouvait presque au bout de l'allée centrale. Le cercueil d'Apopi fut ôté du traîneau et mis debout. Ahmosis frissonna en découvrant le trou profond dans lequel il serait descendu. Armé du pesesh-kef et du netjéri, le prêtre commença le rituel, et Ahmosis ferma les yeux. Même l'encens avait une odeur différente dans cet endroit étrange. Elle se mêlait à celles de la pierre humide et d'une terre que ne réchauffait jamais le soleil. Ahmosis se rappela le corps puant d'Apopi et, serrant les dents, se résigna à attendre.

Le cérémonial, compliqué, dura longtemps mais, finalement, le cercueil fut porté à l'intérieur de la tombe. Tani posa un bouquet sur son couvercle, resta un instant immobile, absorbée dans ses pensées, puis se tourna vers Ahmosis. Il ignorait qu'elle avait remarqué sa présence. Ils se regardèrent un instant dans l'obscurité.

«Je n'assisterai pas au banquet funèbre, dit Ahmosis avec gêne. Je me suis acquitté de ma part du marché, Tani.» Il prit un rouleau dans l'étui qui pendait à sa ceinture. «Le sceau porte mon nom et mes titres, reprit-il en le lui tendant. Remets-le au souverain keftiou. Le prince Abana s'est occupé de tous les détails du voyage. Tout se passera bien. Je sais que tu avais exprimé le désir de ne jamais me revoir, continua-t-il d'une voix hésitante, mais je souhaitais être auprès de toi en ce jour, si maigre soit le réconfort que je puisse t'apporter. Il fallait aussi que je te dise au revoir.»

Brusquement, à sa stupéfaction, Tani s'avança vers lui et le serra dans ses bras.

«Oh ! mon cher Ahmosis, dit-elle d'une voix entrecoupée. Nous avons fait tous les deux ce que nous devions faire. Tu seras un des plus grands rois d'Égypte, je le sais, et je sais aussi que nous nous aimons toujours, en dépit de tout. Pardonnons-nous l'un à l'autre, je t'en prie, et pardonnons aux dieux qui ont décrété que nous devions vivre en ces temps terribles.» Elle s'écarta et, les joues mouillées de larmes, posa un léger baiser sur ses lèvres. «Crois-tu que nous puissions faire cela ?

– Oui, répondit-il, les yeux humides, lui aussi. Oui, ma chère Tani. Écris-moi de temps à autre pour me donner de tes nouvelles. Si tu manques de quoi que ce soit, et que je puisse te le fournir, je le ferai. Adieu.»

Il la quitta et parcourut en sens inverse la longue allée bordée des corps de ceux qui avaient écrit l'histoire de l'occupation sétiou. Des hommes qui avaient régné avec orgueil, indifférents au pays qu'ils avaient réduit en esclavage, jusqu'à ce que le dernier d'entre eux envoyât une lettre à un petit prince insignifiant d'une ville perdue du Sud et provoquât ainsi sa propre chute.

C'est fini, pensa Ahmosis. J'ai tenu mes engagements, Séqénenrê, mon père. J'ai mené notre combat à son terme, Kamosé, mon frère bien-aimé. J'ai fait ce que les dieux voulaient. Il est temps de rentrer chez moi.

Épilogue

Bien qu'il fût tôt et que le soleil ne fût pas encore levé, la foule se massait déjà de part et d'autre de la route du fleuve, entre le palais et le temple. Le Nil lui-même était encombré de petites embarcations de toutes sortes. Depuis plusieurs semaines, à mesure que la date du couronnement approchait, la population d'Oueset ne cessait de croître. Nobles et villageois affluaient de toute l'Égypte, semant le désordre dans la ville. Le maire Tétaky avait dû demander aux soldats de la division d'Amon de patrouiller dans les rues, car on s'y querellait pour la nourriture ou le logement, pour savoir qui des litières ou des ânes avaient la priorité dans les ruelles étroites, et parce qu'on trouvait injuste que seuls les marchands de la ville fussent autorisés à choisir les meilleurs emplacements pour dresser leurs étals sur la route qu'emprunterait le cortège royal.

Ahmosis s'était réveillé avant l'aube et, pour la première fois depuis que la restauration du vieux palais était achevée, il monta sur la terrasse par l'escalier dont il avait fait condamner l'accès par des portes scellées. Sur celle du bas, le cachet de cire se brisa aisément et, dès qu'il posa le pied sur la première marche, une forte odeur de moisi et de renfermé lui assaillit les narines. Sa lampe éclaira d'épaisses couches de poussière, des briques fendues ou brisées, et il monta avec précaution, une main contre le mur. Il savait qu'en ce lieu entre tous son père et son frère étaient près de lui, et il leur parla à voix basse, les implorant d'être présents dans le temple, de le soutenir de leurs prières et de leurs bénédictions en ce jour solennel. La porte du haut était scellée de l'intérieur. Il brisa de nouveau la cire marquée de son nom, et se retrouva sur le toit des appartements des femmes.

La cheminée d'aération contre laquelle s'était adossé son père avait été nettoyée des débris qui l'obstruaient et captait de nouveau le vent d'été. Ahmosis s'assit donc sur le côté, face à l'est. Une pâle lueur rosissait le ciel. Rê allait bientôt quitter le corps de Nout. Ramenant ses genoux contre sa poitrine, Ahmosis attendit. Il avait eu l'intention de passer ces minutes précieuses à évoquer le souvenir de ses chers disparus, à penser au voyage qu'ils avaient commencé ensemble et que lui seul avait eu le privilège de mener à son terme, de réfléchir à la cérémonie qui ferait enfin de lui l'incarnation de son dieu, mais, dès qu'il fut sur la terrasse, une joie profonde s'empara de lui, troublant son calme intérieur.

La bande rose qui s'allongeait à l'horizon s'élargit, s'assombrit et, au-dessous d'elle, une lueur jaune apparut, sur laquelle se découpa la ligne noire du désert. Le vent se leva. En bas, dans les jardins qui entouraient maintenant le palais, un oiseau se mit à chanter. D'autres l'imitèrent et, bientôt, un concert mélodieux se mêla au murmure assourdi de l'eau qui jaillissait des fontaines et coulait dans les bassins de pierre. À l'est, une couronne de feu chatoya, vibra, et des rayons de lumière bondirent soudain vers Ahmosis, apportant avec eux une tempête de couleurs. Il ferma les yeux. Fils de Rê, fils du Matin, pensa-t-il. Je suis cela aussi. Touche-moi de tes doigts d'or, puissant dieu ! Je suis au centre de la Maât, là où est ma place. Être l'axe autour duquel tourne la roue de l'équilibre de l'Égypte, voilà mon destin.

Il venait de souffler sa lampe quand une voix lui parvint, assourdie, du pied de l'escalier.

« Tu es là-haut, sire ? Il est temps de te rendre au temple. »

Ahmosis se leva.

« Je t'ai fait porte-éventail de la main gauche, Akhtoy, cria-t-il en réponse. Ce n'est plus à toi de courir le domaine à ma recherche. Laisse cela à l'intendant royal Héqaib et à ses assistants. À moins, bien sûr, que tu n'estimes les avoir mal formés.

– Je suis navré, sire, s'excusa Akhtoy lorsque Ahmosis le rejoignit. C'est une habitude ancienne et chérie dont j'ai du mal à me défaire. »

Devant les colonnes de l'entrée, les porteurs de litière attendaient avec Horkhouef et les gardes. Au moment où Ahmosis les saluait et s'apprêtait à s'installer sur les coussins, Héqaib accourut.

«La reine et le Faucon-dans-le-nid s'habillent, sire, dit-il, hors d'haleine. Les princes ont déjà quitté leurs appartements.

– Merci, Héqaib, mais il est inutile de t'inquiéter. Tout le monde attendra que je sois parti. Va manger un morceau. Tu as l'air à bout de forces.»

Les porteurs tirèrent les rideaux et soulevèrent la litière. Lorsqu'ils parvinrent à la porte du domaine, Horkhouef lança un ordre aux sentinelles, et les deux immenses battants plaqués d'électrum pivotèrent lentement. Ils avaient été installés la veille du retour d'Ahmosis. Lorsque son navire était arrivé aux abords d'Oueset, il les avait vus resplendir au soleil et avait éprouvé un sentiment de fierté à l'idée qu'il allait les franchir et s'installer enfin dans son nouveau palais.

Des soldats étaient rangés de chaque côté de la route du fleuve pour contenir la foule. Ahmosis ne voyait rien, mais il entendait les conversations excitées des gens massés sur le parcours. Lorsqu'il reviendrait au palais, il aurait Ahmès-Néfertari à son côté et Ahmosis-onkh à ses pieds. Paré et couronné, il serait assis sur le trône d'Horus, porté haut sur un palanquin afin que tous le voient. Pour l'instant, cependant, vêtu seulement d'un pagne court, il devait rester caché.

Le canal menant au temple était gardé, lui aussi. Seules les personnes invitées seraient admises dans l'enceinte d'Amon, et Ahmosis apprécia le silence solennel qui l'enveloppa lorsque, après être descendu de la litière et avoir ordonné aux gardes de l'attendre, il se dirigea seul vers le lac sacré. Deux prêtres l'attendaient. Lui ôtant son pagne, ils le conduisirent jusqu'à l'eau, l'y plongèrent et le frictionnèrent de natron. Ni eux ni lui ne prononcèrent une parole. Gagné par la solennité de l'occasion, Ahmosis se soumit avec gravité à ce rituel de purification.

Chaussé de simples sandales de papyrus, il fut ensuite conduit dans une pièce où on le rasa du crâne aux chevilles, toujours dans le plus parfait silence. Amonmosé apparut alors, vêtu de sa tenue de cérémonie : robe de lin blanc du douzième degré, si fine que ses plis frémissaient au rythme de sa respiration; peau de léopard jetée sur une épaule; ruban blanc autour des cheveux; et le bâton de sa charge, à la pointe d'or. Un jeune garçon l'accompagnait. Lui tendant son bâton, le grand prêtre noua un nouveau pagne autour de la taille d'Ahmosis, puis le conduisit par la main dans la cour intérieure.

Couverts de bijoux étincelants, parés d'étoffes parfumées, les yeux maquillés de khôl, ses nobles, ses généraux, ses courtisans et les ambassadeurs étrangers s'y pressaient dans la fumée odorante de dizaines d'encensoirs. Ahmosis chercha sa famille des yeux. Tétishéri et Ahhotep étaient assises contre le mur d'en face. Vêtue d'une robe cousue de feuilles d'argent et d'un manteau brodé de fils du même métal, les cheveux dissimulés par une coiffure dont les pans frôlaient ses clavicules saillantes, la vieille femme ressemblait à une statue. Ahhotep avait choisi une robe écarlate semée de perles d'or. Sur sa tête, le tabouret d'or, symbole de la déesse Neith, formait une couronne massive. De lourdes bagues scintillaient à ses doigts, et des ankhs ornaient ses poignets et son cou. Tétishéri regardait droit devant elle, toute à la solennité du moment, mais le regard d'Ahhotep s'éclaira, et elle adressa un petit sourire à Ahmosis.

Le souverain se tourna vers le sanctuaire. Sa porte était ouverte et, à l'intérieur, Amon disparaissait sous les guirlandes de fleurs. La lumière des lampes glissait comme de l'huile sur ses deux plumes et sur les courbes dorées de son corps. D'autres dieux l'entouraient : Rê à la tête de faucon avec son bec acéré et ses petits yeux brillants; Nekhbet, la déesse vautour du Sud, et Ouadjyt, la déesse cobra du Nord, prête à planter ses crochets venimeux dans quiconque menacerait le roi.

Devant le sanctuaire se trouvaient le trône d'Horus et celui de la reine, sur lequel Ahmès-Néfertari était déjà installée, resplendissante dans sa robe tissée d'or. Un pectoral où scarabées d'or et de lapis étaient pris au filet de chaînes d'or couvrait sa poitrine et, sur sa perruque, les ailes déployées, les serres refermées sur le signe shen, symbole d'éternité et de protection, Mout, l'épouse d'Amon et la gardienne des reines, dressait sa tête de vautour. Ahmosis-onkh était assis aux pieds de sa mère, sur un tabouret bas. Un ruban d'or cousu de lotus et de papyrus minuscules entourait sa mèche de jeunesse, et un Œil d'Horus reposait sur ses côtes délicates. Ahmosis lui avait donné des bracelets d'or gravés de son nom et de son titre de Faucon-dans-le-nid. Ces bijoux imitaient les insignes de commandement en argent portés par les généraux et, tout fier, l'enfant ne cessait de les faire tourner autour de ses poignets.

À l'entrée d'Ahmosis, les chanteurs s'étaient mis à chanter. Suivant le grand prêtre, Ahmosis s'approcha du dieu et, se mettant à plat ventre sur le sol, rampa jusqu'à ses pieds d'or, qu'il baisa. Puis il se releva et se tourna vers la foule. Un jeune garçon tenait deux plats, l'un contenant du natron, et l'autre de l'eau du lac sacré. Amonmosé trempa un doigt dans l'un et l'autre, puis toucha le front, les paupières, la langue, la poitrine, les mains et les pieds d'Ahmosis, en murmurant les prières de purification.

La statue de Rê sortit du sanctuaire. Le dieu tenait à la main une grande aiguière. Il éleva le récipient, frôlant de son bec cruel l'oreille d'Ahmosis, et une cascade d'eau fraîche ruissela sur la tête et le ventre du souverain.

«Tel est le pouvoir purificateur de Rê, dit le dieu. Tu es désormais parfaitement pur.»

Un prêtre s'avança aussitôt avec un linge pour sécher Ahmosis. La psalmodie des chanteurs se modifia, enfla, et Amonmosé prit des mains d'un autre prêtre un pagne de drap d'or et une ceinture ornée de pierreries. Il noua l'un et boucla l'autre autour de la taille d'Ahmosis.

«Reçois le vêtement de la lucidité et la ceinture du courage, déclara-t-il d'une voix forte.

– La lucidité et le courage appartiennent au dieu, répondit Ahmosis. Je les reçois en ma qualité de fils.»

Le grand prêtre posa ensuite sur ses épaules une cape couverte de bijoux. Elle était si lourde qu'Ahmosis se redressa instinctivement afin d'en supporter le poids.

«Reçois le manteau de l'autorité, psalmodia Amonmosé.

– L'autorité appartient au dieu, répondit de nouveau le souverain. Je la reçois en ma qualité de fils.»

Le grand prêtre lui désigna le trône, et il s'y assit enfin, les bras posés sur le dos des lions. Une main se referma un instant sur la sienne. Ahmès-Néfertari le regardait, un sourire tremblant aux lèvres.

« L'Égypte t'honorera jusqu'à la fin des temps comme son sauveur, murmura-t-elle. J'ai envie de pleurer, mais mon khôl risquerait de couler. Je t'aime, mon roi. »

Amonmosé s'était agenouillé devant Ahmosis, une paire de sandales à la main. Couvertes de feuilles d'or et décorées de lapis et de jaspe, elles avaient naguère porté sur la semelle un portrait d'Apopi qu'Ahmosis avait fait effacer. Il ne tenait pas à faire étalage de sa vengeance en cette journée.

« Reçois les sandales de la sagesse, déclara Amonmosé.

– La sagesse appartient au dieu. Je la reçois en ma qualité de fils. »

On passa autour du cou du souverain un pectoral commandé par sa mère : un grand carré d'or figurant un kiosque sacré incrusté de cornalines, de lapis et de turquoises. À l'intérieur, la Barque solaire flottait sur le Lac céleste, survolée par des faucons, et, debout de chaque côté d'Ahmosis, Rê et Amon versaient des libations sur sa tête. On lui enfila ensuite un bracelet d'or et de turquoise, également présent d'Ahhotep : sa partie droite représentait le souverain couronné par Geb, le dieu de la terre, tandis que sur la gauche, Séqénenrê et Kamosé, agenouillés, portant le masque de chacal des morts, tendaient les bras en signe d'adoration. Profondément ému, Ahmosis y appuya les lèvres.

Il vit alors s'avancer Ipi, qu'il avait nommé chef du protocole et gardien des insignes royaux pour le récompenser de sa fidélité. L'ancien scribe posa les deux coffrets devant le trône, les ouvrit, puis se retira, après s'être incliné devant Ahmosis. Aussitôt, les deux déesses qui étaient demeurées dans le sanctuaire s'avancèrent. Les chanteurs se turent, et le silence se fit également dans l'assemblée. De l'un des coffrets, la déesse Ouadjyt retira la couronne rouge, dont elle coiffa Ahmosis avec solennité en déclarant :

« Reçois le deshret et règne sur la Terre rouge pendant des millions d'années. »

Puis elle baisa la couronne et le front du souverain. Nekhbet avait déjà la couronne blanche à la main. Elle la posa délicatement à l'intérieur de la rouge en disant :

« Reçois le hédjet et règne sur la Terre noire pendant des millions d'années. »

Après s'être prosternées, les deux déesses prirent le cobra et le vautour, qu'elles installèrent à leur place, au front de la couronne rouge.

« Reçois la dame de la Flamme et la dame de l'Effroi, psalmodièrent-elles ensemble. Qu'elles causent la mort de tes ennemis et protègent Ta Majesté. »

L'acte final fut de nouveau accompli par Amonmosé. Tendant à Ahmosis le Sceptre et le Fouet, il déclara :

« Voici Ouatch-Képérou Ahmosis, fils du Soleil, Horus, Horus d'Or, Celui des Deux Maîtresses, Celui qui appartient au Jonc et à l'Abeille, le Taureau puissant de Maât, dieu d'Égypte ! Que lui soit donné à jamais vie, santé et prospérité ! »

Ahmosis se leva, imité par la reine. Aussitôt, un tumulte indescriptible se fit dans le temple. Les chanteurs chantaient, les danseuses ondulaient, les acclamations faisaient trembler les murs. Ahmosis attendit vainement que le vacarme s'apaise. Il se prolongea, enivrant et assourdissant, jusqu'à ce qu'il élève le Sceptre et le Fouet. Alors, tous les genoux plièrent, toutes les têtes touchèrent le sol et, suivi des siens, Ahmosis fendit lentement la foule de ses adorateurs pour émerger dans la lumière aveuglante d'un jour d'été.

Il fut ramené au palais sur une litière, au milieu d'une foule en effervescence qui hurlait son enthousiasme. Ankhmahor et Akhtoy, flabellifères des mains droite et gauche, se tenaient debout derrière lui. Appuyé contre son mollet, Ahmosis-onkh saluait joyeusement la foule. Ahmès-Néfertari suivait sur son propre trône. Venaient ensuite Tétishéri et Ahhotep dans des litières sans rideaux. Khabekhnet, Horkhouef et les gardes précédaient l'interminable cortège. Quand tous auraient rejoint le domaine royal, les invités banquetteraient dans la salle de réception le reste de la journée et jusque tard dans la nuit.

En arrivant en vue du palais, Ahmosis leva les yeux. Il y avait deux silhouettes sur la terrasse du palais. L'une était assise, le dos appuyé à l'ouverture de la nouvelle cheminée d'aération – ce qui était impossible. L'autre, debout et les bras croisés, contemplait d'un air pensif la surface scintillante du Nil et la crête découpée des montagnes de la rive occidentale. Ahmosis cligna les yeux et regarda de nouveau. La terrasse cuisait sous le soleil de midi… et elle était déserte, naturellement.

Dès que les porteurs eurent déposé le souverain, Ipi ordonna à ses assistants de transporter le trône d'Horus à sa place habituelle. Il tendit l'un des coffrets à Ahmosis pour qu'il y plaçât le Sceptre et le Fouet. Ahmès-Néfertari s'approcha de son mari et glissa son bras sous le sien.

«Le premier trésorier Néferpéret m'a dit que les ambassadeurs étrangers et tes nobles reconnaissants s'apprêtaient à déposer à tes pieds de véritables montagnes de présents, déclara-t-elle. Je sais que c'est une journée sacrée et d'une immense importance, sire, mais c'est aussi amusant, non?»

Il sourit et posa un baiser sur ses lèvres rougies de henné.

«Certainement, répondit-il. Veux-tu que nous allions vénérer notre fils dans sa chambre avant d'aller recevoir notre part d'adoration dans la salle de réception?»

Ahmosis-onkh tirait sur son pagne.

«Les grenouilles ne se sont pas encore installées dans le nouveau bassin, se plaignit-il. Certaines l'ont fait, mais les grosses, mes préférées, sont très lentes.

– Les *kerer* sont symboles de renaissance, dit Ahmosis, en passant tendrement la main sur le crâne rasé de l'enfant. Sois patient avec elles. Elles viendront lorsqu'elles seront prêtes. Il y a un temps pour tout dans l'omniscience de Maât. Rentrons, à présent.»

Main dans la main, tous trois quittèrent la cour ensoleillée pour la fraîcheur ombreuse du palais.

Impression réalisée sur CAMERON par
BRODARD ET TAUPIN
La Flèche

pour le compte des Éditions Stock
*27, rue Cassette, Paris VIe*
en septembre 1999

Imprimé en France
Dépôt légal : octobre 1999
N° d'édition : 8081 – N° d'impression : 6721W
54-05-5168-01/7
ISBN : 2-234-05168-1